世界史图书馆

日本简史（第三版）

A BRIEF HISTORY OF JAPAN

王新生　著

图书在版编目(CIP)数据

日本简史 / 王新生著 . —3 版 . —北京：北京大学出版社，2016.11
（世界史图书馆）
ISBN 978-7-301-27761-4

Ⅰ. ①日… Ⅱ. ①王… Ⅲ . ①日本—历史 Ⅳ . ① K313.0

中国版本图书馆 CIP 数据核字（2016）第 277502 号

书　　名　日本简史（第三版）
　　　　　RIBEN JIAN SHI
著作责任者　王新生　著
责 任 编 辑　陈　甜　李学宜
标 准 书 号　ISBN 978-7-301-27761-4
出 版 发 行　北京大学出版社
地　　址　北京市海淀区成府路 205 号　100871
网　　址　http://www.pup.cn　　新浪微博：@ 北京大学出版社
电 子 信 箱　pkuwsz@126.com
电　　话　邮购部 62752015　发行部 62750672　编辑部 62750577
印 刷 者　北京宏伟双华印刷有限公司
经 销 者　新华书店
　　　　　720 毫米 ×1020 毫米　16 开本　21.5 印张　361 千字
　　　　　2005 年 11 月第 1 版　2013 年 1 月第 2 版
　　　　　2016 年 11 月第 3 版　2022 年 2 月第 5 次印刷
定　　价　45.00 元

目录

CONTENTS

第三版导言

一

日本是一个由东北向西南延伸的弧形岛国，由北海道、本州、四国、九州四个大岛和其他 7000 多个小岛屿组成。西隔东海、黄海、朝鲜海峡、日本海，与中国、朝鲜、韩国、俄罗斯相望。其中北部的北海道隔宗谷海峡距俄罗斯的库页岛不到 25 海里，南部的九州岛隔对马海峡距朝鲜半岛约 100 海里，九州西南部的长崎距中国上海 460 海里。

日本领土面积仅 37.7 万平方公里，约为中国的 1/25。在四个大岛中，本州岛面积 22.7 万平方公里，约占其总面积的 60%，是日本最重要的岛屿。四个岛屿被不到 50 公里宽的海峡隔开。例如本州岛隔津轻海峡与北海道相望，有青函海底隧道连接。本州岛隔下关海峡与九州岛相望，有下关大桥连接。本州岛与四国岛隔濑户内海相望，有四座世界上最长的大桥相接。

日本列岛海岸线总长近 3 万公里，呈狭长形，没有纵深地带。从南端的九州到北端的北海道绵延约 1920 公里。最大的岛屿本州岛长约 1200 公里；最宽处 300 多公里，最窄处仅 100 多公里。山地约占总面积的 70%，多为南北走向；且海拔都不高，最高峰富士山也不过 3700 米。尽管如此，由于列岛生成年代较近，大约在 1 万年前到 2 万年前之间才脱离大陆，地壳活动频繁，因而地形支离破碎、崎岖难行，有的地方甚至无法通行。另外，面向太平洋的“表日本”与面向日本海的“里日本”差别较大，“表日本”多雨，常受台风的袭击；而“里日本”风雪较大，被作家川端康成称为“雪国”。在经济上，工业地带均分布在“表日本”，人口集中；“里日本”多为农业地区，人口稀少。

日本大部分国土为森林所覆盖，平原和低地约占 25%，耕地面积就更少，只占陆地面积的 13%，而且由于山川阻隔，耕地通常非常狭小和零散。最大的平原关东平原也只有一万平方公里，排名第二的北海道石狩平原近代以后才得以开发，排名第三的新潟平原最早也是在近代之前的德川时代才大规模开发。因此，在日本历史中，耕地不足是各代政府面临的重要挑战。

在近代以前的农业社会，农作物是日本社会生活的主要来源，自从公元前2世纪水稻传入日本并得到大规模推广以后，其农业一直以水稻种植为主，直到今天仍然如此，以至于在日语里米饭与吃饭是同一个词。如何养活众多的人口，在日本历史上的每个时代都是一个重要问题，即使在第二次世界大战结束以前，日本人仍然认为仅凭列岛的农业并不能解决吃饭问题。

日本自然资源十分贫乏，除森林覆盖率较高、渔业资源较为丰富外，矿产资源种类虽较多，但储藏量很少。北海道和九州有一些煤矿，前几年已陆续关闭；因此，原油、煤炭、铁矿石、铝、铜、天然气等现代工业生产所需的原料和燃料基本上依靠进口。尤其在古代，由于技术相对落后，生铁、铜更是日本从大陆进口的主要货物。

日本列岛位于环太平洋西岸地震带上，地壳变动剧烈。统计资料表明，日本平均每天有四次地震，平均每年有一次6.5级的地震，每10年有一次7.5级的地震，每二三十年有一次8级以上的地震。20世纪日本曾发生两次大地震，一次是1923年的东京大地震，震级达到7.9级，十几万人丧生；另一次是1995年的阪神大地震，震级为7.1级，死亡五千多人。2011年的东北大地震引发了大规模海啸，造成重大人员伤亡，并导致日本福岛第一核电站发生核泄漏事故。

日本也是著名的火山之国，从北海道到冲绳共有7个大的火山带，270座火山，其中有86座是活火山。日本的陆地面积虽仅是世界陆地面积的四百分之一，但活火山却占世界的十分之一。最著名的火山就是富士山，它最近一次喷发为1707年，其后一直处在休眠状态；但山上仍有喷气现象，温度高达80摄氏度。阿苏山、浅间山、云仙岳、三原山等火山活动也比较频繁。

除此之外，台风也是日本经常性的自然灾害。每年8月到10月是台风频繁发生的季节，由于台风登陆的地方往往是人口较为集中的东南沿海，因此其造成的危害不亚于地震和火山喷发。

耕地有限，资源贫乏，地震、火山喷发和台风等自然灾害频繁，是日本从古至今都不得不面对的困境，而他们所采取的应对措施，某种程度上影响，甚至决定了日本历史的发展和演进，也造就了日本今日的社会。

二

人们经常用“一衣带水”这样的词汇形容中日近邻。汤重南[1]在《高潮迭起的中日文化交流》中提出，近代以前的中日文化交流曾有四次高潮：从公元前3世纪到公元3世纪是第一次，主要是通过为躲避战乱而不断经由朝鲜半岛涌到日本的中国大陆移民，他们将当时先进的生产工具、技术和文化带到日本。在这一时期的日本，以农耕、畜牧为主的弥生文化取代了以渔猎、采集的自然经济为主的绳纹文化；中日文化交流的第二次高潮发生在公元600年到894年之间，是日本“以华为师”，全面吸收隋唐先进文化的时期；两宋、元、明朝前期是中口文化交流的第三次高潮，即使在没有官方关系的宋元时期，禅宗、朱子学也通过僧人的频繁往来传到日本，并产生重大影响。室町时代第三代将军足利义满甚至向明朝“称臣入贡”，在通过“勘合贸易”获利的同时，促使“五山文化”出现和繁荣。

前三次中日文化交流高潮的特点主要是中国文化向日本的单向传播。而从近代甲午战后到中日战争全面爆发是中日文化交流的第四次高潮，在这一时期，日本文化反过来对中国产生较大影响，出现了日本文化对中国的逆输出。在甲午战争中，清帝国败给了因学习西方先进国家而迅速现代化的日本。在“留不成西洋留东洋，通过东洋学西洋”意识的主导下，大批中国留学生赴日，“以日为师”，通过日本积极吸收西方资产阶级民主革命思想和较先进的科学技术。

实际上，1972年中日邦交正常化，特别是1978年中国实施改革开放政策以后，再次出现了中日文化交流高潮，即中国为加速现代化的进程而从日本获得经验。不仅积极引进日本的资本与技术，而且学习日本的经营方式，日本的电影、电视剧、动画、漫画等艺术也吸引了众多的中国人。

三

尚会鹏在《中国人与日本人——社会集团、行为方式和文化心理的比较研究》[2]中写道：“中国和日本既咫尺相邻又十分遥远，既相像又不同，既熟悉又陌生，既交往密切又互不信任。”其原因可能如同著名旅日华裔作家陈舜臣[3]所指

① 何芳川主编：《中外文化交流史》，国际文化出版公司，2008年。
② 北京大学出版社，1998年。
③ 陈舜臣：《日本人和中国人》，广西师范大学出版社，2009年。

出的那样："从历史上来看，日中两国的相互理解意外地有限，让人不禁大吃一惊。……如果是我们的文明'掺水'后的东西，还有研究的必要吗？只有少数的好事之人，用掠过古董店门面的眼神稍微瞥了一下邻居日本。"清末驻日公使馆书记官黄遵宪在《日本杂事记》的后记中甚至大叹："日本研究中国之书数量甚丰，中国写日本之书数量与质量都无法相提并论。"直到1928年戴季陶撰写《日本论》时仍然感叹日本人研究中国精细深刻，不遗余力，而中国人研究日本却粗疏空泛，对日本，我们大多数人只是一味地排斥反对，再不肯做踏实的研究工作。

客观地讲，尽管1949年以后，特别是改革开放以来，中国学术界大大强化了对日本的研究，成果也不少，但多数中国人仍然不了解日本。近些年来，中日之间摩擦、矛盾不断，两国的经贸关系越来越密切，但政治关系却不断恶化，"政冷经热"逐渐转向"政冷经凉"，国民感情方面也以令人吃惊的速度恶化。除结构性矛盾的冲突以及媒体倾向性报道的影响外，研究日本的书籍，尤其是普及型书籍的不足也是造成这一状况的原因之一。另外，由于日本文化是在吸收大量中国大陆文化的基础上发展起来的，无论在语言文字上，还是在生活方式上，都有较多的相似之处，因而在某种意义上减弱了人们主动了解日本的欲望。实际上，日本具有独特的历史与文化。即使在"全盘唐化"的时代，日本对中国文化也只是有选择地学习和借鉴。例如，没有采用中国大陆王朝实施的"科举制度"，而是逐渐走向"尚武"的历史发展之路。此外，直到近代以前，日本不仅游离在"朝贡体制"的边缘，而且一直对其采取对抗性战略。帮助读者注意到这些重要的历史面相，从而客观认识日本历史及其文化，是笔者撰写本书的初衷。

2005年版《日本简史》将日本历史分为十个阶段：起源、律令国家、武人政权、前近代社会、明治维新、对外侵略扩张、变革与战争、占领与战后体制、经济大国、改革的年代，在以统治主体为线索，对日本历史、社会与文化的发展演进做简明叙述的同时，注意吸收国内外史学界，特别是日本史学界的最新研究成果，反映日本历史研究的新史料、新方法及新观点。2013年的增订版正文基本保持了原有内容，每章增加了前言、图表、原始资料、年表、结语、进一步阅读资料以及最后的附录等学习工具。但本书自初版已过去十年，因而第三版专门增加一章叙述近十年来的历史。另外，本印次更新了阅读资料的内容，集中介绍最近几年国内公开发表的相关科研成果，以期为读者提供最新的信息。

第一章

日本人的起源

2000年10月22日凌晨，在鲁迅曾留学的仙台市以北50公里的上高森遗址，日本大名鼎鼎的“考古学家”藤村新一悄悄将几块石头埋在土中，然后飞快驾车离开现场。他万万没有想到的是，事先安置在周围的《每日新闻》摄像机将这一过程全部拍摄了下来，面对媒体的一再追问，藤村不得不承认旧石器时代考古的造假行为。

2001年10月7日，负责对日本东北旧石器文化研究所原副理事长藤村新一造假丑闻进行调查的日本考古学会特别调查委员会委员长户泽充则教授宣布，“经藤村参与的遗址考古全是假的。此类假造遗迹多达42处，遍及东北、关东和北海道地区的1道6个县”。消息传出，各种博物馆纷纷撤出有关展品，出版中小学教科书的山川、三省堂、东京书籍、实教等出版社分别向文部省提出申请，要求修改有关内容。城门失火，殃及池鱼，藤村的造假行为不仅使日本的考古学倒退了整整20年，日本列岛旧石器的存在时间也从70万年前退回到5万年前。人们也有充分的理由怀疑其他考古成果，曾发掘九州地区旧石器时代遗址并获得多种考古奖项的别府大学78岁教授贺川光夫因此悲痛地上吊自杀了。最大的出版社讲谈社也受到牵连，26卷本的《日本历史》还没有出齐就忙着修改第一卷《绳文生活志》，并许诺购买旧版者以旧换新。

旧石器时代

发现晚期旧石器

从考古学上讲，旧石器时代是指石器时代的早期阶段，当时的原始人使用比较粗糙的打制石器，过着采集和渔猎的生活。从社会组织形态上看，是古人类从原始群向母系氏族公社过渡时期。自20世纪40年代末以来，大批旧石器遗址的发掘和一些古人类化石的发现，改变了日本列岛没有旧石器文化以及原始人类生存的传统观点。但由于日本列岛火山较多，地震频繁发生，因而地表变化较大，且土壤酸性较强，人骨等遗物容易被腐蚀，所以保存下来的旧石器时代遗址及遗物较少，时间亦较晚近。目前能够得到学术界公认的旧石器遗址或遗物大体在距今3万年前到距今1.2万年前之间，日本考古学界称之为“后期旧石器时代”。

1946年，业余进行考古活动的商人相泽忠洋在群马县岩宿的土层中发现打制石器，因当时主流观点认为一万年以前的火山灰层中不可能发现人类生存的遗迹，所以相泽最早的发现没有被认可。直到1949年夏天，相泽发现黑曜石的石枪并立即告知东京的考古学家，最终被确认为旧石器时代人类遗物，距今约2万到3万年。其后考古学家对该遗址进行挖掘，又发现敲打形、刮削形、尖状形、刀斧形等打制石器，并将其命名为“岩宿文化”，由此证明日本列岛有旧石器时代存在。此后在日本的北海道、本州、四国、九州四个大岛均发现旧石器遗址，目前大约有4000多处。

冰河时代大陆桥

因日本列岛土壤具有酸性的特点，人骨化石很难保存。1950年原早稻田大学教授直良信夫在栃木县发现六件人类遗骨化石，取名“葛生人”，并认为是更新世人类遗骨，但后来有四件确认为动物遗骨，另外两件经碳十四测年技术检测，确认为400年前的人骨。1957年在爱知县发现“牛川人”遗骨化石，学界对其是否具备人类遗骨的特征尚存争议。1959年在静冈县发现“三日人”古人类遗骨，经碳十四测年技术检测，为9000年前绳纹时代早期的人骨。

1968年在冲绳县那霸市山下町发现的距今3.2万年前的“山下町洞人”，是目前发现的日本最古老的人骨化石。日本考古学界普遍认为，山下町洞人具备初期“新人”的特征。目前为止在日本发现的更新世人骨化石大多在冲绳出土，因为琉球群岛的碱性土质非常有利于化石的保存。

从上述古人类遗骨的身体特征上看，他们与其后的绳纹人有血缘联系，即身材较矮、眉毛粗、双眼皮、嘴唇较厚、四方脸型等。因此，“原始日本人从何处而来？”长期以来成为学术界的热门话题，但目前尚无定论。较为一致的看法是：从地质学上看，从距今数十万年前到一万年前的“更新世”为地球冰河时期，海平面比今天低得多，日本列岛的北端及南端与欧亚大陆连在一起，欧亚大陆东北部的原始人群为追逐大型野兽到达日本列岛，并在该地定居下来。后来冰川融化，海平面上升，大陆桥消失，定居日本列岛的原始人逐渐形成了最早时期的日本人——绳纹人。

狩猎采集与洞穴

旧石器遗址发掘表明，当时的原始日本人居住在天然洞穴或岩石遮阴处，另外也在丘陵的斜坡、高地、湖沼等周围建造住穴，过着“冬则宿穴，夏则住橪”的生活。食物主要是狩猎到的动物、捕获的鱼类或采集到的野生植物及果实，因而原始日本人过着频繁移动的生活，作为生产及生活工具的特定地区的打制石器也因此被带往各地。当时火已被广泛使用，在静冈县上野遗址，相当于距今2万年到1.5万年的赤土层中发现炉迹，在大阪三味山遗址甚至发现了居住遗址和煮烧肉类食物的痕迹。

需要说明的是，20世纪80年代以后在日本列岛上陆续发现了旧石器前期、中期的遗址和遗物，但2000年新闻界报道日本旧石器时代考古造假事件后，前期、中期旧石器时代的考古成果遭到否定。受其影响，上述后期旧石器时代的考古成果也遭到怀疑，但其可信性依然较大。

绳纹时代

磨制石器与陶器

考古学上的新石器时代是指人类社会出现磨制石器、陶器，以农耕、畜牧业生产食物的时期。这一时期开始了定居生活，社会形态上为母系氏族公社阶段，即以血缘为纽带的母系家庭为基本单位，若干个同一血缘的家庭构成氏族公社，氏族成员共同居住、共同劳动并共同享受劳动成果。在日本历史上，从距今1.2万年前开始进入新石器时代，这一时代持续到公元前3世纪，其最大特征是制造粗糙的陶器和使用以弓箭为主的磨制石器，并出现了最原始的农业。在这一时代的遗址中，曾发现许多手制黑色陶器，因这种陶器的外部大多留有绳纹的痕迹，故称之为“绳纹陶器”，以这种陶器为代表的文化被称为“绳纹文化”。因此，日本历史上的新石器时代也称“绳纹时代”。尽管“绳纹陶器”是世界历史上最古老的陶器之一，但在日本的新石器时代，生产及生活方式仍比较落后。

群居与原始农业

绳纹时代前期，人们的主要生产活动是狩猎、捕鱼和采集野生植物的果实，狩猎的动物主要是鹿和野猪等。生产工具仍然以石器工具为主，但这时的石器工具是充分加工过的磨制石器。除此以外，还有木制的弓箭、骨制的鱼钩及鱼叉等。在绳纹时代中后期，人们开始利用鱼网，并乘独木舟出海捕鱼。在沿海地区，发现了许多绳纹人食用过的贝壳、鱼骨、果皮以及破损陶器、石器、骨器等工具的垃圾堆，因以贝壳为主，所以被称为“贝塚”。在采集的食物中，以栗、核桃、橡实为主，并开始进行贮藏。

近些年来的考古发掘表明，至少在绳纹时代中期以后，已经出现了种植葫芦、绿豆、谷物的原始农业。在一些绳纹时代后期的遗址中，陆续发现了碳化米、大麦粒和米的压痕，甚至在北九州福冈市板付遗址中发现了水田遗址。水田置有调节水量的堰水栅、水沟以及田间小道。在该遗址发现的陶器残片上，有稻壳的压痕和一百多粒碳化稻米的痕迹，从而说明在绳纹时代后期，已经开始了原始的农耕经济，其中稻米耕作在北九州最先出现，因而有理由相信其来自中国大陆。绳纹时代之后的弥生时代之所以迅速普及水稻农耕，与绳纹时代奠定的基础不无关系。

装饰与原始信仰

由于食物供应较为稳定，因而绳纹人可以在一个地方居住较长时间，并逐渐开始过定居生活。住宅为竖穴式房屋，即从地面下挖 50 厘米左右，四周用若干根木柱支撑屋顶，房屋的平面形状有圆角方形、方形、梯形、圆形、椭圆形等，室内中间设有炉灶。每个房屋居住一个家庭，几个家庭构成一个居住区。居住区大多以弧形或环形构筑竖穴建筑群，其中央辟有召开会议、举行集体活动和从事祭祀的场所。

1993 年，在长野县鹰山黑曜石矿山遗址陆续发现了属于绳纹时代的深度 10 米左右的矿井，有 80 座之多，表明曾有大量的绳纹人长时间在此挖掘适合磨制石器的材料。同年在栃木县寺野东绳纹时代遗址发现了宽 20 米、高数米的土墙围成的直径达 180 米的场地，可能是当时的绳纹人进行集体活动的场所。1994 年，在青森市三内丸山发现 5500 年前至 4000 年前的绳纹遗址，并有数根直径 1 米的巨大木柱构成的建筑物，另外还有长达 350 米的墓地，以及食物栽培和各地物品交易的痕迹。由此可见，绳纹人不仅开始定居和农耕，而且具备了相当发达的社会组织和物质交流。

在绳纹时代，人们穿的衣服由兽皮和植物纤维的编织物制成，身上佩戴的装饰品有手镯、项链、发饰、耳饰、腰饰等。手镯多用贝壳制成，也有木制和土制的物品，项链是把贝、石、玉制品串起来。当时人们有拔齿和研齿的习俗，成年人拔掉犬牙或门牙，研齿则是将门齿研磨成带沟的叉子形状。绳纹时代的墓葬比较简单，大体相同，随葬品较少且多为装饰品，这从一个侧面反映出当时人们过着平等的原始共产生活。

由于绳纹时代的生产力低下，人们对自然灾害无能为力，对千变万化的自然现象迷惑不解，于是产生了崇拜自然的原始宗教。即相信万物有灵，因而制作许多人物、动物、山形土偶，以及精制石棒、石剑作为崇拜的对象或祭具，以求神灵保佑获得丰收和生活的安定。

从已经发掘的遗址来看，绳纹人多集中在采集食物较为丰富的关东地区。据推测，当时全日本列岛的居民共有 15 万到 25 万人，其中西日本仅有 3 万到 5 万人，平均寿命在 30 岁左右。

竖穴式房屋。

弥生时代

水稻农业普及

大约在公元前3世纪，日本历史进入一个新的发展时期。在这一时期的遗址中，发现了大量比绳纹时代陶器技术更为进步的新型陶器，形制一致、纹样简单、外形美观。由于这种陶器最早发现于东京都的弥生町，所以被命名为“弥生式陶器”，直到公元2世纪的这一时代为“弥生时代”。这一时代的文化称“弥生文化”。该文化的主要特征除弥生式陶器外，还有水稻农耕的普及、金属工具的应用、阶级及地域国家的出现等。

在弥生时代，水稻农耕获得迅速发展。从中国大陆传入的水稻栽培技术首先扎根于北九州地区，然后逐渐向本州岛传播。水稻的种植，使绳纹时代的日本人从采集、狩猎、捕捞为主的半定居生活急速转化为以农耕为主的定居生活。在弥生时代初期，水稻种植仍然比较粗放。中期以后，由于水利技术的进步，耕种地区不断扩展，不仅在有河流的冲积平原或低湿地带，而且在中部的山岳地带也开辟了水田。在属于弥生时代后期的登吕遗址中，展现了较高水平的水田耕作技术。

登吕遗址位于本州岛中部的静冈县南端。在大片低湿地上，弥生时代的日本人开垦了成块的水田。每块水田的面积不尽相同，小的300平方米，最大的达到2300平方米，一般在1400平方米左右，总面积约为7万平方米。大片水田整齐排列，畦与畦之间用木板和木桩相隔。有一条全长500米的灌溉水渠和排泄水渠，在水渠的中部有两个堰，调节灌水和排水。灌溉水渠和排泄水渠相交之处，安置了木制的过水通道。

弥生时代水稻的普及以及生产技术的提高，与生产工具的进步有关。弥生时代中期以后，已从大陆传入铁制器械，与石器、木器、骨器等工具混合使用。铁制器械的出现，推动了冶炼技术的发展，主要体现在青铜器的制作与铁器的制作上。弥生时代的青铜器也是从大陆传入的，最初作为工具使用，但后来仅作为祭祀用具或人们喜爱的珍品，并逐渐形成了以铜剑等武器为中心的北九州文化圈和以铜铎为中心的畿内文化圈。与此同时，中国大陆的铜镜也大量传入日本。铁器制作主要采用锻造法，材料是从大陆输入的。除铁制农具外，还有许多铁制的手工业器具，如锯、刨、凿等。弥生人也开始用纺织工具织布，其技术与工具大多从中国大陆传入。

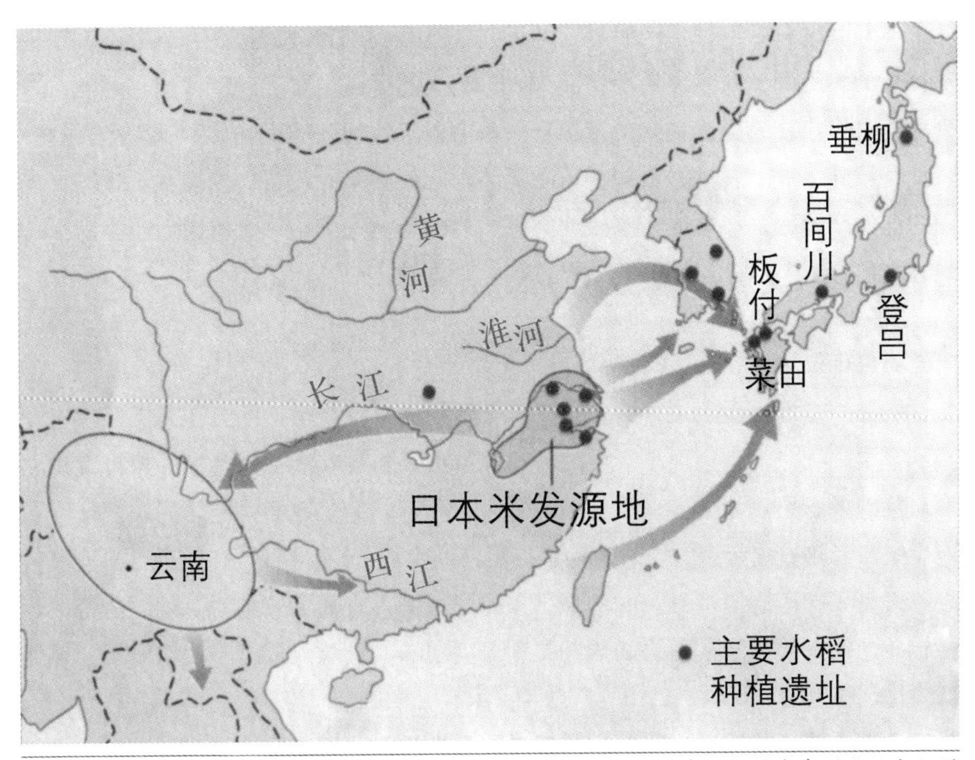

中国长江下游的水稻种植技术传入日本的途径，一是通过山东半岛、朝鲜半岛到达日本九州地区，一是从海路直接到达九州地区。

在住宅方面，弥生人与绳纹人相同，采用竖穴建筑。后来为贮藏稻谷，用木柱建造高出地面许多的仓库，人类也逐渐居住到这种高架房屋中。30座左右的高架房屋、仓库构成一个村落，周围挖有具有防御功能的壕沟。在近畿和伊势湾（本州岛中部）地区，甚至有数重壕沟的村落。1986年发掘的佐贺县吉野里弥生时代遗址具有双重城郭，内城不仅有巨大的建筑物，而且居住其内的居民地位较高。与绳纹人的屈身葬不同，弥生人多为伸展葬。就棺墓的形式来看，既有瓮棺葬，也有箱式石棺葬，还有木棺葬。

大陆移民

水稻耕种以及金属农具在较短的时间内迅速普及，显然是受到外来移民及其文化的影响，而且从体形与身高上看，绳纹人与弥生人具有较大差异。绳纹人的平均身高为150厘米左右，方脸庞；弥生人身高160厘米左右，长脸庞。学术界较为普遍的看法是，在公元前3世纪前后的绳纹时代末期和弥生时代初期，中国大陆正值秦朝统一并迅速崩溃时期，为逃避战乱和秦朝苛政，居民纷纷外逃，引发连锁性的移民潮。许多被称为“渡来人”的大陆居民主要通过朝鲜半岛移居日本列岛，家喻户晓的徐福率众多童男童女去海外寻找仙药的民间传说就发生在这一时期。另外，从以农耕技术与金属工具为中心的弥生文化首先出现在日本列岛西南的北九州地区，然后逐渐向东北方向扩展的历史进程中，也可以看出当时大陆先进文化与生产力的传播过程及其影响。

小国林立

农业的发展，金属工具的应用，极大地推动了社会生产的分工，因而在出现劳动剩余的同时，也出现了社会的分化和阶级的形成。从弥生时期的遗址发掘来看，墓地多以男性为中心，而且随葬品多少不等。另一方面，定居的农业社会在产生统治者与被统治者的同时，为争夺更好的生活资源，村落之间经常进行战争，结果推动了部落联盟基础上的地域国家的形成。具有数重壕沟的高地部落群，包括铜矛、铁剑、盾甲在内的武器，被利器刺伤的人骨等大量出土，均显示了部落群及地域国家的出现。

大约在公元前后，在北九州和畿内等先进地区开始出现地域小国家群，这些小国为增强自己的实力和统治的权威性，有意识地与强大的大陆政权交往，以学

金印印面为正方形，边长2.3厘米，印台高约0.9厘米，台上附蛇形钮，通体高约2.2厘米，现存于日本福冈市博物馆。

习先进的生产技术及文物典章制度。据中国史书《汉书·地理志》的记载："乐浪海中有倭人，分为百余国，以岁时来献见云。"《后汉书·东夷传》也记载：公元57年，"倭奴国奉贡朝贺，使人自称大夫，倭国之极南界也。光武赐以印绶"。半个世纪后，"安帝永初元年，倭国王帅升等献生口百六十人愿请见"。

在北九州地区的弥生时代中期遗址中曾发现许多青铜镜、货币等汉朝物品，1784年在福冈县志贺岛发现了汉光武帝赐给奴国王的金印，上面刻有"汉委奴国王"，由此印证了中国史籍记载的准确性，同时也可以看出日本列岛诸小国家与大陆政权之间频繁的交往。这种交往无疑加强了当时处在较高发展水平的大陆文化对日本列岛的影响，使日本列岛能够较快地从地域国家向统一国家过渡。

邪马台国

部落联盟

根据中国史书《魏志·倭人传》的记载，公元2世纪末，日本列岛上本以男性为国王的倭国发生动乱，小国之间相互攻击，一年后共同推举邪马台国的女王卑弥呼为王。女王"事鬼道，能惑众"，独身，深居简出，由其弟辅助治理国政。卑弥呼死后又立一男性国王，结果再次引发动乱，公元248年，与卑弥呼有血缘关系的13岁少女壹与成为国王后，局势才稳定下来。

30多个小国组成以邪马台国为中心的联合王国，其政治机构尚未成熟。最高统治者是女王，其下有大率、大倭、大夫等高级官员。大率是中央派到各小属国的检察官，大倭是全国管理集市的官吏，大夫是主持外交事务的官员。地方官员等级有多有少，有些属国还保留国王。邪马台国有一支维护统治秩序和对外战争的军队，并有不成文的法律和刑罚，"其犯法，轻者没其妻子，重者灭其门户及宗族"。由此可见，该国为带有母系氏族、政教合一等原始社会残余的早期国家。

邪马台国的经济以农业为主，"种禾稻、苎麻、蚕桑"等。农业生产水平日趋提高，酿酒业已相当普遍。"人性嗜酒"，说明已有足够的粮食，除供人们吃饭外，还可满足喝酒的嗜好。手工业已同农业分离，有生产兵器、工具者，还有纺织手工业者，也出现了专门制作供贵族们赏玩、装饰等工艺品的部门和工匠。根据《魏志·倭人传》的记载，新国王壹与曾向曹魏赠送白珠五千，孔青大句珠二枚，异文杂锦二十匹。"白珠"即珍珠，是九州地区的传统物产，"孔青大句珠"是用玛瑙加工而成，“异文杂锦”是精美的纺织品。

随着水稻及其他农作物耕作的普及，人们定居下来，出现了较大的村落或集市，人口逐渐增加。邪马台国有居民7万多户，其属国投马国有5万多户，奴国有2万多户，其他小国数千户不等。邪马台国普遍使用铁器农具，因而进一步推动了冶炼技术的发展。

农业的进步以及手工业产品的增多，相应地促进了贸易的发展。邪马台国及其下属各国都设有贸易集市，“国国有市，交易有无”。除特定区域的集市贸易之外，还有远距离的贸易活动，例如在对马国，“乘船南北市籴”，在一大国，“差有田地，耕田犹不足食，亦南北市籴”。

阶级社会

当时的邪马台国“尊卑各有差序”，基本居民分为“大人”和“下户”。“大人”与“下户”之间存在着森严的等级差别，两者路途相遇时，“下户”要躲到草丛中，为“大人”让路。和“大人”谈话时，“下户”或蹲或跪，两手据地，非常恭敬。“大人”可以娶四五个妻子，“下户”只能娶两三个。“下户”有向国家交纳“租赋”的义务，是社会生产的主要劳动者，也是作战时的主要军人。由此可见，“大人”为贵族，“下户”为平民。除“大人”和“下户”之外，还有“奴婢”和“生口”，两者的身份相当于奴隶，来源于战俘或罪犯。他们没有人身自由，从事家内劳动或被作为礼物赠送，甚至被当作殉葬品。例如卑弥呼女王使役奴婢千余人，其死后，“大作冢，径百余步，殉葬者奴婢百余人”。邪马台国使节数次到魏国朝贡时，均有献男女“生口”的记录。

大陆王朝册封

邪马台国与大陆政权交往频繁，仅在239—248年就四次派使者到魏国。根据史书记载，239年卑弥呼遣使魏国，被授予“亲魏倭王”印，赐给黄金、刀、铜镜、珍珠、纺织品等；248年，新国王“壹与遣倭大夫率善中郎将掖邪狗等二十人送政等还；因诣台，献上男女生口三十人，贡白珠五千，孔青大句珠二枚，异文杂锦二十匹”。

从《魏志·倭人传》记载的方位来看，邪马台国应在九州岛的北部地区，但从其记载的距离来看，则应在近畿地区，因而学术界围绕邪马台国的地理位置至今依然争论不休。

古坟时代

前方后圆巨坟

公元3世纪后半期开始，以大和（今奈良县）为中心的畿内地区出现了一个较大的国家，史称“倭国”或“大和政权”，因为此时出现了许多象征权威的巨大的前方后圆坟墓。从4世纪开始，这种古坟从畿内地区遍及列岛中西部地区，显示至少在西日本地区已经出现了统一的政治联合体。

从公元3世纪末到7世纪初，规模较大的坟墓在日本列岛已到处可见，因而在日本历史上被称为“古坟时代”。从古坟的形式和规模上看，可分早、中、晚三个时期。在从3世纪末到4世纪中期的早期古坟时代，古坟的形状为前方后圆形或圆形、方形等，其中最大的古坟为奈良县箸墓古坟，长达280米，随葬品多为铜镜、玉石、铁制农具等。

原始文献

邪马台国时期日本列岛状态

陈寿289年撰写《三国志》时，大量参考了皇帝的诏书、魏使的报告、倭国的来使以及王沈编撰的《魏书》等史籍，详细地介绍了日本列岛的道里户数、风土习俗、行政制度以及魏倭两国通交等状况，对我们认识邪马台国的一些基本情况极有帮助。

倭人在带方东南大海之中，依山岛为国邑。旧百余国，汉时有朝见者，今使译所通三十国。从郡至倭，循海岸水行，历韩国，乍南乍东，到其北岸狗邪韩国，七千余里，始度一海，千余里至对马国。其大官曰卑狗，副曰卑奴母离。所居绝岛，方可四百余里，土地山险，多深林，道路如禽鹿径。有千余户，无良田，食海物自活，乘船南北市籴。又南渡一海千余里，名曰瀚海。至一大国，官亦曰卑狗，副曰卑奴母离。方可三百里，多竹木丛林，有三千许家，差有田地，耕田犹不足食，亦南北市籴。又渡一海，千余里至末卢国，有四千余户，滨山海居，草木茂盛，行不见前人。好捕鱼鳆，水无深浅，皆沉没取之。

……

男子无大小皆黥面文身。自古以来，其使诣中国，皆自称大夫。夏后少康之子封于会稽，断发文身以避蛟龙之害，今倭水人好沉没捕鱼蛤，文身亦以厌大鱼水禽，后稍以为饰。诸国文身各异，或左或右，或大或小，尊卑有差。计其道里，当在会稽、东冶之东。其风俗不淫，男子皆露紒，以木绵招头。其衣横幅，但结束相连，略无缝。妇人被发屈紒，作衣如单被，穿其中央，贯头衣之。种禾稻、纻麻、蚕桑、缉绩，出细纻、缣绵。其地无牛马虎豹羊鹊。兵用矛、楯、木弓。木弓短下长上，竹箭或铁镞或骨镞，所有无与儋耳、朱崖同。倭地温暖，冬夏食生菜，皆徒跣。有屋室，父母兄弟卧息异处，以朱丹涂其身，如中国用粉也。食饮用笾豆，手食。其死，有棺无椁，封土作冢。

……

其俗，国大人皆四五妇，下户或二三妇。妇人不淫，不妒忌。不盗窃，少诤讼。其犯法，轻者没其妻子，重者灭其门户及宗族。尊卑各有差序，足相臣服。收租赋。有邸阁。国国有市，交易有无，使大倭监之。自女王国以北，特置一大率，检察诸国，诸国畏惮之。常治伊都国，于国中有如刺史。王遣使诣京都、带方郡、诸韩国，及郡使倭国，皆临津搜露，传送文书赐遗之物诣女王，不得差错。下户与大人相逢道路，逡巡入草。传辞说事，或蹲或跪，两手据地，为之恭敬。对应声曰噫，比如然诺。

其国本亦以男子为王，住七八十年，倭国乱，相攻伐历年，乃共立一女子为王，名曰卑弥呼，事鬼道能惑众，年已长大，无夫婿，有男弟佐治国。自为王以来，少有见者。以婢千人自侍，唯有男子一人给饮食，传辞出入。居处宫室楼观，城栅严设，常有人持兵守卫。女王国东渡海千余里，复有国，皆倭种。又有侏儒国在其南。人长三四尺，去女王四千余里。又有裸国、黑齿国复在其东南，船行一年可至。参问倭地，绝在海中洲岛之上，或绝或连，周旋可五千余里。

……

正始元年，太守弓遵遣建中校尉梯俊等奉诏书印绶诣倭国，拜假倭王。并赍诏赐金、帛、锦罽、刀、镜、采物，倭王因使上表答谢恩诏。其四年，倭王复遣使大夫伊声耆、掖邪狗等八人，上献生口、倭锦、绛青缣、绵衣、帛布、丹木、𤝔、短弓矢。掖邪狗等壹拜率善中郎将印绶。其六年，诏赐倭难升米黄幢，付郡假授。其八年，太守王颀到官。倭女王卑弥呼与狗奴国男王卑弥弓呼素不和，遣倭载斯、乌越等诣郡说相攻击状。遣塞曹掾史张政等因赍诏书、黄幢，拜假难升米为檄告喻之。卑弥呼以死，大作冢，径百余步，徇葬者奴婢百余人。更立男王，国中不服，更相诛杀，当时杀千余人。复立卑弥呼宗女壹与，年十三为王，国中遂定。政等以檄告喻壹与，壹与遣倭大夫率善中郎将掖邪狗等二十人送政等还，因诣台，献上男女生口三十人，贡白珠五千，孔青大句珠二枚，异文杂锦二十匹。

——《三国志》，魏书卷三十，乌丸鲜卑东夷传，倭人条，中华书局，1962 年。

※ 请依据上述史料推断邪马台国的国家形态、社会性质、与其后大和政权的关系。

从 4 世纪中期到整个 5 世纪，为中期古坟时代。日本列岛大部分地区出现巨大的前方后圆坟，其中最大的古坟为大阪府的仁德天皇陵（亦称大山陵古坟），长 486 米，后面的圆部直径 249 米，高 35 米，前面方部宽 306 米，高 33 米，三重壕沟，其面积甚至超过埃及的金字塔或中国的秦始皇陵，需要 2000 人连续劳动 16 年方可造成。由此可见，大和政权此时已经控制了西至九州、东至关东地区的广大地区。

另一方面，巨大古坟中的随葬品多为骑马用具和骑马作战用的武器，反映了大和政权为获得先进的生产技术和铁制工具而积极插手朝鲜半岛事务，并常常参与高句丽、新罗、百济三个朝鲜半岛国家之间的战争，结果使大和政权的军队学会了骑马作战，并将战马及武器作为战利品带回国内。朝鲜以及中国的有关史料记载了大和政权派军队参与朝鲜半岛上的战争以及日本列岛的统一过程，例如高句丽王国的《广开土王（好太王）碑》上有“倭以辛卯（公元 391 年）年来，渡海破百残”的字样。中国史书《宋书·夷蛮传》也有这样的记载：顺帝升明二年(478 年)，倭王武遣使上表，声称“封国偏远，作藩于外，自昔祖祢，躬擐甲胄，跋涉山川，不遑宁处。东征毛人五十五国，西服众夷六十六国，渡平海北九十五国。王道融泰，廓土遐畿”。

仁德天皇陵全貌。

6 世纪至 7 世纪为古坟时代晚期，这时出现了各种形式的坟群，其规模较小，而且表示身份等级的前方后圆坟消失，一般认为这与儒学以及佛教传入而带来的新统治理念有关。换句话说，包括大王在内的统治阶级可以借助儒学并通过具体的条文表示身份等级，无须利用坟墓等实物显示其权威。

大和政权

在早期古坟时代，作为统治者的贵族与作为被统治者的民众截然分开，不仅其居住地点相异，生活方式也各不相同。贵族们居住在周围有壕沟的建筑群中，除生活住宅外，还有祭祀、政务、仓库等场所，而普通民众住宅简陋，周围没有壕沟，只有栅栏，建筑群内有数个竖穴屋及平房、高架仓库、畜舍等，由数个家庭组成的大家族形成一个村落。当时人们的生活用品多为制作较为精美的陶器，相信万物有灵，祭祀对象为山、石、河、木等自然物品。与弥生时代的青铜器祭祀用具不同，4 世纪时多为金属武器及农具、玉石，5 世纪后石制的镜、剑、玉较多。

大和政权在很大程度上是以大王为中心的畿内地区贵族的联合体，进入 5 世纪以后，形成了王位由大王家族成员继承的惯例，而且为有效管理其统治地区，逐步建立了以“氏姓制度”“部民制”“县主国造制”为特征的政治体制。“氏”为具有血缘关系的同族集团，与大和政权关系密切的氏族集团分为以地名为姓氏的家族和以服务王室的职业名为姓氏的家族，前者有葛城、平群、巨势、苏我、吉备、出云等，后者有大伴、物部、土师、中臣、膳等氏族。氏族首领被称为“氏上”，同族成员被称为“氏人”，由“氏上”代表氏族参与各级政治。

5 世纪末，大和政权按照氏族的政治地位授“姓”给“氏上”。中央级的“氏上”被授予“臣”“连”姓；协助大王统治全国的葛城、平群、苏我等“氏上”授予“臣”姓；原服务王室的大伴、物部、中臣等“氏上”授予“连”姓。同时从“臣”姓和“连”姓中各选一名担任最高行政职务者，分别称“大臣”“大连”。另外，在地方上比较有实力的“氏上”被授予“君”姓；一般“氏上”被授予“直”姓；地方行政首长以及手工业氏族的“氏上”授予“造”“首”等姓。具有“姓”的“氏上”拥有占有土地、参与国政或地方行政的经济政治特权，是具有统治者身份的贵族。通过大王对“氏上”的授姓制度，完善了大和政权统治体系，巩固了大王的支配地位。

大和政权的王室、中央及地方贵族均有自己的土地及耕种者。王室的直辖领地称“屯仓”，由中央派官员管理，耕种者为“屯仓”周围服徭役的农民，他们被称为“田部”。另外，大和政权为加强对地方的统治，还将地方贵族的一部分私有民划为中央政府直辖民，称为“子代”“名代”部，由政府官员加以管理。各级贵族的私有地称为“田庄”，其土地上的劳动者归贵族所有，被称为“部曲”，冠以“氏上”之名，如苏我部、大伴部等。除土地劳动者外，大和政权还将从大陆移民来的手工业者和知识人编成各种“品部”，例如锻冶部、锦织部、制陶部、玉造部、忌部、史部等，由“伴造”管理，为大和政权制造手工艺品或从事记录历史、编制文书及账目等文字工作。这种生产关系一般称为“部民制”，但关于其性质学术界存在争论。

大和政权最初在重要的地区设置县，其首长称为“县主”，任命地方有实力的贵族担任。从 5 世纪末到 7 世纪初，又将县改造为“国”，其首长称为“国造”，仍由地方有实力的贵族担任。国造掌管特定区域的行政事务，并管理屯仓与部民，统帅军队等，但要向中央政权提供地方特产、战马、士兵等，其家族也有为大和政权服徭役的义务。

对外关系

从 3 世纪到 6 世纪，中国大陆处在魏晋南北朝的动乱时期，受其影响，朝鲜半岛也发生了较大的变化。地处中国东北部的高句丽王国不断向朝鲜半岛北部扩张领土，313 年吞并大陆西汉政权设置的乐浪郡。在朝鲜半岛南部，3 世纪时形成的三个小联合王国——即马韩、辰韩、弁韩——此时发生变化，马韩演变成百济，辰韩演变成新罗，而弁韩仍是联合王国，其地区称为伽耶。受到高句丽入侵压力的百济、伽耶，与积极插手朝鲜半岛事务的大和政权保持着密切关系。据史书记载，399 年百济曾与大和军队一道进攻新罗。

另外，根据中国史书《宋书·夷蛮传·倭国》的记载，进入 5 世纪后，大和政权的最高统治者——大王先后由赞、珍、济、兴、武五人担任。在他们执政时期，大和政权一方面通过插手朝鲜半岛各国之间的战事，保持自己在该地区的影响力，以获得必需的先进生产技术和以铁为主的金属资源。另一方面，不断派遣使节到中国大陆朝贡，获取在日本列岛与朝鲜半岛统治的权威，以及先进的文化与生产技术。从公元 413 年到 502 年，大和政权先后 13 次遣使到东晋、宋、梁各朝，要求获得册封。据中国史书记载，宋顺帝在 478 年诏授倭王武“使持节、都督倭、新罗、任那、加罗、秦韩、慕韩六国诸军事、安东大将军、倭王”，479 年齐高帝封其为“镇东大将军”，502 年梁武帝封其为“征东将军”。在公元 8 世纪成书的日

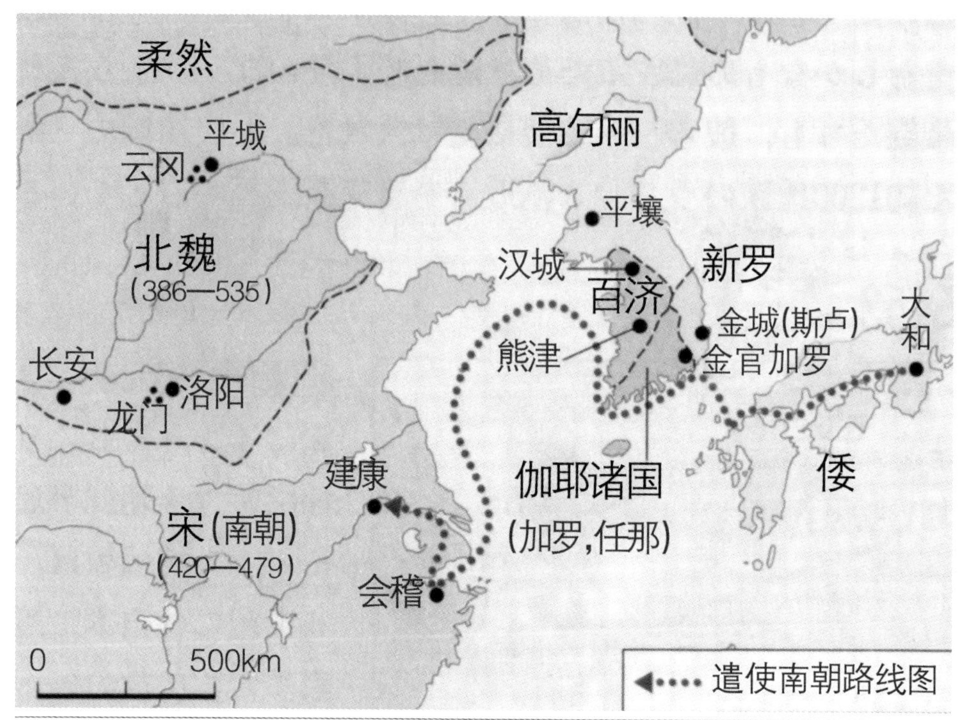

3—5 世纪的东北亚形势图。

本史书——《日本书纪》中，倭王武被记述为“雄略天皇”。

除通过朝鲜半岛间接或直接与中国大陆政权进行接触外，大陆居民移居日本列岛也是大陆先进生产技术及文化传入日本列岛的重要途径。如同前述，从 3 世纪初到 6 世纪末，中国大陆正值魏晋南北朝政权更替频繁、战事不断的时期，为逃避战乱，居民纷纷向域外迁移，甚至远航海外。日本列岛上的大和政权对外来移民持欢迎态度，例如 5 世纪初应神天皇在位时，相传为秦始皇后裔的弓月君率 127 县人口到日本列岛定居，大和政权先后派出葛城袭津彦、平群木菟等率兵到朝鲜半岛迎接。雄略天皇时还专门到中国南方招募缝制技工，可见大和政权对吸收技术性文化的渴望及全面性接受。

技术性文化包括农业、手工业、文字等方面。在农业方面，被称为“渡来人”的大陆移民不仅带来了水稻和金属工具，也带来了水稻种植所需的相关技术，例如灌溉系统、土木建设、耕牛利用等。在手工业方面，有铜镜、铜铎、铁制农具、武器、马具等的制造及冶炼术，古坟时代前期的栉目纹陶、土师器、须惠器等陶器技术均受到大陆的影响。在丝织、缝制服装方面，其有关技术也直接来自大陆。渡来人参与宫殿与陵墓的建造，使其风格也深受大陆建筑的影响；在文字方面，大和政权不仅开始借助汉字表达日本列岛的人名、地名及语言，也任命许多渡来人担任历史、出纳、外交文书等文字处理方面的官员。

6世纪时，许多百济的知识分子——“五经博士”将儒学带入日本列岛，同时百济圣明王献佛像、佛经给钦明天皇，但对于是否接受包含儒学成分在内的佛教这种思想性文化，氏族大贵族之间存在分歧。以物部氏为首的一方反对接受佛教，坚持自然崇拜和祭祀祖先的神道教，而以苏我氏为首的一方深受渡来人的影响，主张接受佛教为全体居民的统一信仰。实际上，接受佛教与否涉及国家的政治体制建设，也就是说，反对接受佛教的物部氏希望保持氏姓制度基础上的贵族联合政权，而主张接受佛教的苏我氏则希望建立以大王为中心的中央集权政治体制。

有学者估计，从公元前3世纪到公元7世纪的一千年内有百万大陆居民陆续移居日本列岛，他们在当地社会中占有重要地位，例如在9世纪编写的一部家谱中，超过三分之一的贵族声称自己具有象征荣耀的朝鲜或中国血统。尽管这些渡来人作为文化的载体，将先进的大陆文化传播到日本列岛并推动了当地经济和社会的迅速发展，但其人数并没有达到民族迁徙的规模，因而不足以使日本列岛的社会发展出现截然不同的断层。换句话说，文化接受的主导权仍然掌握在当地氏族贵族的手中，因此，无条件地全面接受技术性文化与有选择地接受思想制度性文化，就成为古代日本吸收外来文化的显著特色。

结　语

日本列岛生成时间较短，岛上居民大多从其他地区迁移而来，特别是公元前2世纪左右，大陆处在统一与王朝更替的混乱时期，在多米诺骨牌般的波及效应下，外来移民纷纷涌入日本列岛，不仅带去先进的农业技术和文化，而且也改变了当地的人种。与此同时，列岛出现了统一的趋势，最终形成了较大的大和政权。该政权建立了较为成熟的国家形态，同时向朝鲜半岛扩张势力，并与大陆王朝往来频繁，不仅获取地区统治的合法性，也积极引进先进的技术与文化。

大事记		
时　间	日　本	东北亚
距今 3 万年前	旧石器时代晚期	
距今约 1.8 万年前		北京山顶洞人
距今 5000 年前	竖穴居住村落	大陆出现农耕文化
公元前 770 年		大陆进入春秋时代
公元前 300 年	水稻、金属工具被引入	
公元前 221 年		秦始皇统一中国
公元前 202 年		西汉王朝建立
公元前 108 年		汉武帝在朝鲜半岛设四郡
25 年		东汉王朝建立
57 年	倭奴国王朝贡东汉	
220 年		大陆进入三国时代
239 年	倭女王卑弥呼遣使魏朝	
248 年	倭女王壹与遣使魏朝	
313 年		高句丽吞并乐浪、带方郡
346 年		百济政权建立
356 年		新罗政权建立
391 年	倭军队在朝鲜半岛与高句丽交战	高句丽好太王即位
420 年		大陆进入南北朝时期
478 年	倭王武遣使宋朝	

进一步阅读资料

汪国风在《日本绳文文化》(《天津师范大学学报(社会科学版)》2017 年第 1 期）一文中提出，远古日本列岛具有得天独厚的生态环境，特别是以阔叶林为主的植物形成食物“粮仓”、覆盖全岛的森林具备动物食物的“肉库”以及极其丰富的海洋食物“海鲜库”，为绳文人提供了丰富而较为稳定的食物保证，因而使他们不仅在 15000 年以前制造出可能是世界上最早的陶器，而且在上万年的时间中，生存在十分适宜的生态环境之中。但自然环境变化、特别是气温变化通过左右“粮仓”“肉库”和“海鲜库”的变迁，导演了“准伊甸园”由兴至衰的演化史；

王小甫在《东北亚地域古代史的“难民”视角》(《外国问题研究》2017年第1期)一文中指出：在古代东亚地区，逃避战乱的人口跨境流动形成“难民”群体，这是个区域性问题。“难民”的安置和融入使当地社会文化发生较大的变化，甚至对历史演进也造成较大的影响。从这一视角来考察东北亚地域历史，可以看到“难民”对朝鲜半岛古代历史的影响、日本列岛古代历史所受到的“难民”的波及、回鹘汗国崩溃与契丹勃兴的关系。因此，东北亚地域的文明共性是经由长久历史形成的，值得本地域各国倍加珍惜；

蔡凤林在《关于东亚历史视域下的古代中日民族关系史研究动态》(《中央民族大学学报(哲学社会科学版)》2018年第2期)一文中指出，古代中日文化交流在文化的各个层面持续展开，毫无疑问，日本古代文化是在中华文明哺育下形成、发展起来的。近年来有关日本文化的起源和发展，在日本学界兴起所谓的“文明之海洋史观”，有些研究者参照欧美某些所谓的新理论，强调日本历史发展的海洋性和独自性，有意识地默杀大陆文化的影响。对日本学界如此将日本历史、文化的形成、发展过程“去中国化”的现象，我国学界应予以高度关注；

王文光、徐媛媛在《三国时期倭人的历史人类学研究》(《云南师范大学学报(哲学社会科学版)》2018年第2期)一文中指出：东亚大陆上的汉族人群对日本列岛上倭人分布区域及倭人分布特点有一个逐步认识过程，认为在两汉到三国时期倭人主要分布在日本列岛南部以九州岛为中心的地区。从朝鲜半岛的带方郡沿着朝鲜半岛西海岸向南经过对马群岛及一系列倭人分布的岛屿，可以到达倭人的政治中心邪马台国，这是日本历史上第一个早期国家政权。邪马台国为代表的倭人政权在三国时期与曹魏发生了密切的交往，是中日历史上第一个文化交流的高潮；

娄雨婷在《从古坟变迁考察日本早期国家的形成》(《齐齐哈尔大学学报(哲学社会科学版)》2018年第11期)一文中指出：从列岛内部“小国”林立到以邪马台国为代表的区域性部落联盟国家的形成，日本历史与社会产生了明显的阶段性分化。公元4世纪前期，拥有强大实力的畿内政权借助前方后圆式古坟这一政治性建筑物，基本上完成了列岛内部的地域政治统合，日本早期国家正式成立。古坟形状的变迁与日本早期国家的形成及早期国家政权的动态变化互为表里，可谓日本早期国家政治动态的现实反映。通过对古坟及其时代的考察，可以窥见日本早期国家的形成与发展实况；

何星亮在《日本史前拔牙风俗的特点、分布与发展阶段》(《国外社会科学》2019年第5期))一文中综合分析了日本拔牙风俗的特点、分布、发生时间、发展分期及有关研究和观点，认为日本人的史前拔牙风俗与中国和其他国家或地区差异较大，有自己的明显特点。例如分布面较广、拔牙类型复杂多样、拔牙齿种多样、拔牙颗数多、性别差异较为明显、对称性与非对称性并存等。从相关考古资料来看，绳文时代有拔牙风俗的遗址较多，拔牙的人骨也较多；弥生时代拔牙习俗分布地区较窄，拔牙的人骨也较少。关于拔牙风俗的来源问题，存在自生说与外来说两种观点，但持自生说者较多。关于拔牙风俗发生的时间，一般认为最早发生于绳文时代前期至中期。另外，其拔牙风俗的发展阶段可大致分为四个时期，即萌芽期、发展期、盛行期和衰落期。

第二章

律令国家

圣德太子在607年派遣小野妹子出使隋朝，壮着胆子在国书中写下“日出处天子致书日没处天子无恙”的字句，脾气暴躁的隋炀帝当然不高兴，训斥负责处理外务的官员：“蛮夷书有无礼者，勿复以闻。”但为教化日本列岛的居民，同时考虑朝鲜半岛的局势，隋炀帝派遣裴世清前往日本“宣谕”。由于国书的开头是“皇帝问倭王”，所以小野妹子不愿让日本朝廷看到，谎称在途经百济时国书被抢，差一点儿被治罪。但《日本书纪》中有此国书，只是将“皇帝问倭王”改为“皇帝问倭皇”，可能就是裴世清带去的国书。

倒是推古女皇很高兴，十分谦虚地说道：“我闻海西有大隋，礼仪之国，故遣朝贡，我夷人僻在海隅，不闻礼仪，是以稽留境内不即相见，今故清道饰馆以待大使，冀闻大国惟新之化。”对此裴世清回答说：“皇帝德并二仪，泽流四海，以王慕化，故遣行人来此宣谕。”确实不错，《通志》里评论日本服饰受大陆影响的状况时指出：“先时，其王冠服仍其国俗，至是始赐于衣冠，乃以彩锦为冠，饰裳皆施襈，缀以金玉。”

608年，裴世清归国时，圣德太子再次派遣小野妹子携带国书使隋，同时派遣8名大陆移民后代的留学生、留学僧到隋朝学习。此次不再使用“天子”一词，而是“东天皇敬白西皇帝”，没有听说隋炀帝有什么不悦反应。尽管圣德太子小心翼翼地寻求对等交往，但从两国使节的官位来看却未必如此。日本使节小野妹子的官位是十二个等级中的第五位大礼（因外交有功后升为第一位的大德），而根据《日本书纪》的记载，隋朝使节裴世清是鸿胪寺的掌客，在《隋书·倭国传》中记为文林郎。鸿胪寺掌客是处理番夷事务机构鸿胪寺典客署所属的官员，定员有10人，其官位为正九品。文林郎所属秘书省，是撰写文史、检查旧事的属官，定员20人，其官位为从八品。

律令国家

大和政权危机

进入 6 世纪以后，在高句丽和新罗的强大攻势下，百济王国统治的区域日益缩小，其都城也被迫南迁。为支持百济的存续，大和政权不得不在 512 年将自己控制的伽耶西部四个县让渡给百济，513 年再让渡两个县给百济。562 年，势力逐渐强盛起来的新罗吞并伽耶其他地区，大和政权最终失去了在朝鲜半岛的据点，结果在国内引起中央氏族贵族之间的矛盾和冲突。

507 年，掌握军事大权的大伴金村拥立继体天皇，对朝鲜半岛实施消极的退让政策，将大和政权控制的地区陆续让渡给百济。527 年，大和政权准备派遣军队前往朝鲜半岛，联合百济对付新罗，但北九州地区与新罗关系密切的筑紫国造磐井发动叛乱，试图加以阻止。尽管"磐井之乱"很快就被物部麁鹿火率领的军队平息下去，但物部氏与大伴氏之间的矛盾也由此加剧。539 年，在皇位继承问题上，物部氏联合苏我氏战胜大伴氏，物部麁鹿火之子物部尾舆趁机攻击大伴金村的对朝政策。第二年，大伴金村被罢免官职。

苏我氏本来就是近畿地区的大氏族，又将文化程度较高的渡来人编入自己的氏族，因而掌管了大和政权的财政。苏我稻目在拥立钦明天皇即位的过程中发挥了重要作用，由此权力大增。苏我稻目又通过将女儿嫁给天皇的方式加强了对朝廷的影响力，并担任了初设的大臣职位。在苏我稻目的主导下，大和政权采取了完善其政治体制的改革措施，例如在全国各地增加直属皇室的土地"屯仓"及其劳动者"名代""子代"以加强王权，同时建立大氏族贵族之间的协议体制以稳定政权等。但是，其政策不仅引起地方贵族的反抗，而且也加剧了苏我氏与其他中央贵族，特别是与物部氏的矛盾。围绕是否应当接受佛教，双方进行了半个世纪的抗争，最后主张接受佛教的苏我氏获得胜利。587 年，担任大臣的苏我马子联合其他贵族消灭了物部守屋及其家族。

另一方面，隋王朝在 589 年统一中国大陆，并数次出兵进攻朝鲜半岛的高句丽。与此同时，朝鲜半岛上的新罗势力逐渐增强，其统治区域不断扩大。在大陆政权和半岛形势的压力下，大和政权感到有必要进一步实施加强中央集权和充实国防的政策。

强化天皇政权

592年，苏我马子杀死不满其专权的崇峻天皇，并将其外甥女额田部皇女推举为日本历史上的第一位女性天皇——推古天皇。593年，苏我马子又将推古天皇的外甥，也是苏我马子外孙的厩户皇子（后人称其为圣德太子）推举为摄政。在圣德太子的主导下，推行了一系列加强王权、提高国际地位的改革措施。

第一，在603年制定“冠位十二阶”。即按照德、仁、礼、信、义、智分为大小十二个等级，并以不同浓淡的紫、青、赤、黄、白、黑等色装饰冠戴，分别按才能、功绩、忠诚等标准授予各级官员，但大臣级贵族和地方贵族不在其列。冠位虽然只限本人一代，不能世袭，但如有功绩，可以升级。该制度显然受中国和朝鲜品位制、官位制的影响，并为打破过去的氏姓世袭制度、建立官僚体制、树立中央政府及天皇的权威奠定了基础。

第二，在604年制定《十七条宪法》。其精神多来自儒家以及佛教思想，例如“承诏必谨，君则天之，臣则地之”，“国靡而君，民无而主，率土兆民，以王为主”，“农桑之节，不可使民”等。名为宪法，但无法律约束力，仅为官员的道德规范或行为准则。概括地说，十七条的内容为“以和为贵、敬崇佛教、服从天皇、遵守礼仪、公平裁判、劝善惩恶、各司其职、早出晚归、信为义本、平息怒气、赏罚分明、公正征税、熟知业务、不妒他人、消除私心、据时使民、勿独断专行”。

第三，提倡并重视佛教。在594年颁布诏书，阐明以佛教为国教，并带头建立寺院。圣德太子建四天王寺、法隆寺，苏我马子建飞鸟寺，各大氏族也多建立自己的氏寺。到624年，全国共有寺院46所，僧816人，尼569人。595年，高句丽名僧慧慈到大和，圣德太子拜其为师。后来圣德太子经常在宫中讲解佛经，并撰写《三经义疏》等。利用佛教“众生平等、因果报应、生死轮回”等教义，淡化神道与佛教的矛盾，并通过信仰共同宗教的方式维护天皇治下的统一。

第四，建造宫殿，编造国史。603年，建造小垦田宫，将其作为天皇与官僚执行公务的场所，以适应官僚集权国家的需要。620年，在圣德太子与苏我马子的共同主持下，以6世纪成书的《帝纪》《旧辞》为基础编修国史。后来编成《天皇记》《国记》《臣连伴造国造百八十部并公民等本纪》等，但这些书籍在后来大化改新前夕的宫廷政变时，被苏我虾夷烧毁。

推动对外交往

圣德太子还积极恢复与中国大陆及朝鲜半岛政权的交往，在提高大和政权国际地位的同时，积极吸取大陆的先进技术与思想文化。600 年，推古朝廷为恢复在朝鲜半岛的据点，派遣万名大军征讨新罗，但没有达到目的。同年他派遣使节到隋朝，但被隋文帝训斥为“无礼”，使节空手而归。受其刺激，推古朝开始制定“冠位十二阶”和《十七条宪法》，以表示自己的文明程度。602 年，推古朝计划再次派兵征伐新罗，但没有成行。

607 年，大和政权派小野妹子使隋，在提交的国书中使用了“日出处天子致书日没处天子无恙”之语，这种平等外交的思想引起隋炀帝的愤怒。尽管如此，由于朝鲜半岛战事的需要，隋炀帝还是派裴世清作为使节，随小野妹子到日本。608 年，推古朝再次派遣小野妹子与 8 名留学生、留学僧赴隋，国书中带有“东天皇敬白西皇帝”之语，不仅显示出其希望平等外交的迫切心情，也首次在日本历史上提出了“天皇”的称号。614 年，推古朝派犬上御田锹到隋朝。圣德太子去世后第二年（623 年），推古朝再次派军队到朝鲜半岛，但仍然没有达到目的。

现在有学者怀疑圣德太子业绩的真实性，也许敢于向大陆政权叫板的姿态满足了日本人挑战强大对手的愿望，所以才使圣德太子的形象在后世具有了特殊的地位。

虽然以圣德太子为中心推行的各种改革在某种程度上抑制了氏族贵族的势力，从而加强了天皇及其政权的权威，但由于没有对氏族贵族拥有私有土地以及劳动者的生产关系进行改革，因而妨碍了中央集权政治体制的形成。另一方面，根据功绩授予官职的政策显然受到氏族贵族的抵制与反对，同时也时时受到苏我氏的牵制，因而圣德太子晚年意志消沉，沉迷佛教，“世间虚假，唯佛是真”之语显示了其孤独的心态。

由于地处飞鸟地区（今奈良县南部）的推古政权积极推崇佛教，因而在 6 世纪后半期到 7 世纪前半期形成了以佛教文化为中心的“飞鸟文化”。壮观的寺院建筑遍布全国各地，肃穆的佛像雕刻既有中国北魏文化的风格，也受中国南梁文化的影响，前者庄严古典，后者温情高雅。当时的工艺美术品不仅受到朝鲜、中国等东北亚国家的影响，同时也受到古波斯、东罗马、古希腊等中亚、欧洲文明的影响。目前保留下来的文物有法隆寺释迦三尊像、供奉佛像的玉虫厨子等雕刻及工艺美术品。另一方面，从朝鲜半岛传入的纸、墨制造方法以及历法、天文地理等书籍，不仅改变了日本列岛居民的生活方式，同时对其思想意识的变化也产生了较大的影响。

苏我氏专权

尽管推古朝进行的改革并未实现加强天皇政权的最终目的，但推动改革的内外因素在推古天皇和圣德太子死后依然存在。首先是来自中国大陆和朝鲜半岛的压力。618 年，统一中国大陆的唐朝建立，在唐太宗李世民的治理下，出现了被称为“贞观之治”的强盛态势。在其压力下，朝鲜半岛三国均出现了为变革政治而进行的政变。641 年，百济的义慈王通过政变掌握国家权力，并对新罗发动进攻；642 年，高句丽的宰相泉盖苏文屠杀国王和大臣，与百济结盟对付新罗；感到压力的新罗向唐朝求救，644 年，唐太宗出兵进攻高句丽。从 4 世纪以来一直插手朝鲜半岛事务的大和政权感到强大的压力。

与此同时，圣德太子在 608 年派往隋朝的留学僧、留学生——僧旻、高向玄理、南渊请安等人陆续回国，他们在中国逗留了二三十年，经历了隋唐两朝的更替，而且对两个朝代的文物典章制度十分熟悉，对东亚地区的形势也非常清楚。这些人回到日本后均创办学塾，传播大陆国家的先进知识和制度，对执政者的思想产生了很大的影响。为进一步学习唐朝先进的政治、经济、文化等制度，从 630 年开始，大和政权定期向大陆派出遣唐使，其活动持续了两个多世纪。

当时大和政权内部也处于不稳定的状态。大贵族们“割国县山海林野池田以为己财，争战不已。或者兼并数万顷田，或者全无容针之地”，“有势者分割水陆以为私地，卖与百姓，年索其价”，可见土地兼并盛行，租佃制盛行。这种新型生产关系严重地动摇了部民制，同时由于贵族们“各置己民，恣情驱使”，一旦遇到荒年，便“五谷不登，百姓大饥”，“老者噉草根而死于道垂，幼者含乳以母子共死”。不堪忍受的部民不断起来反抗，或逃亡或起义，“强盗窃盗并大起之，不可止”。

622 年和 628 年，圣德太子与推古女皇相继去世，苏我马子之子苏我虾夷专权，擅自废立两任天皇，并大兴土木，劳役国民，“以西民造宫，东民造寺”。643年，苏我虾夷患病不起，他不经朝廷批准，就向其子苏我入鹿私授代表最高官位的紫冠，令其执掌国政。苏我入鹿“为人暴戾”，“威权过父”，不仅派兵逼死圣德太子的儿子山背大兄皇子及其家族，而且征调“举国之民并百八十部曲”，为苏我家族建造规模宏大的宫殿和陵墓。频繁的徭役征调使得民不聊生，大批劳动力不断往返旅途，不仅带来沉重负担、耽误农时，而且常常出现“卧死路头”的景象。

苏我父子的专横跋扈，既引起其他贵族的强烈不满，同时也给希望进行改革的反对势力提供了机会。这些改革势力以中大兄皇子与中臣镰足为首，经常求教于从隋唐归来的留学生或留学僧，详细了解隋唐政治制度和唐太宗巩固统治的各种措施，立志革新政治，建立以天皇为中心的中央集权体制。在加强国内统治的同时，应付东亚地区国际形势的变化。中大兄皇子及中臣镰足等人很快便制订了铲除苏我父子和实行政治改革的计划。

645年6月，中大兄皇子等人利用朝鲜半岛三国使者向大和朝廷进赠礼品之

中大兄皇子斩杀苏我入鹿的地点。

机，斩杀了苏我入鹿，并迅速争取原苏我氏族重要成员的支持，迫使苏我虾夷及其家族自焚而亡。接着，中大兄皇子之母皇极女皇让位给其弟孝德天皇，阿倍内麻吕任左大臣，苏我仓山田石川麻吕任右大臣，中臣镰足任内大臣，僧旻、高向玄理任最高政治顾问国博士，定年号为大化，同时派官员到地方调查土地人口、维持秩序，为实行新政策做准备。

改革措施

646 年之初，新政权颁布了由四项条款组成的《改新之诏》。即：第一，禁止王族和贵族拥有土地人民，实施"公地公民制"，向贵族支付俸禄；第二，设京师、畿内、国、郡、里等中央及地方行政组织，建立中央集权的政治体制；第三，编制户籍和账簿，施行"班田收授法"，即按人头分配土地；第四，制定新的统一税收标准，有田调、户调、庸布、庸米、官马及仕丁等税种和徭役。

另外，新政权还颁布了改革葬仪（主张薄葬、火葬）及婚姻（明确子女的归属）等旧风俗，完善交通（修官道）等诏书，并宣布废除品部、名代子代部、部曲以及臣、连、伴造、国造等职称，授予新的官位和官职。647 年制定 7 色 13 阶的新冠位制，649 年又增加到 19 阶，并将大臣和贵族均纳入官僚体制。650 年改年号为"白雉"，并将都城迁到难波（今大阪市）。

直到 654 年，孝德天皇在位期间进行的上述一系列政治、经济等改革被称为"大化改新"。但这些改革在很大程度上只是一种政治宣言，因为当时并未立即加以实施，例如贵族拥有的私有土地及劳动者仍然保存了相当一段时间，直到 8 世纪初地方行政机构依然为"评"而不是"郡"等。其原因是皇位之争和出兵朝鲜半岛延缓了改革措施的实施，而且 720 年《日本书纪》成书时又将《改新之诏》做了新的润色。

654 年，孝德天皇去世，皇极天皇再次即位，称齐明天皇。因其大兴土木、修建宫殿引起社会不满，孝德天皇之子有间皇子准备趁机举兵，但被中大兄皇子所杀。655 年，朝鲜半岛的高句丽和百济联合进攻新罗，新罗向唐朝求援。唐朝在 660 年出兵，与新罗军队一道攻陷百济都城，并俘虏其国王。百济向大和政权求救，大和政权为恢复自己在朝鲜半岛的影响力，在中大兄皇子的主持下准备出兵朝鲜半岛。661 年，齐明天皇去世，忙于出兵事宜的中大兄皇子没有立即继承皇位。662 年，大和政权军队渡海在朝鲜半岛登陆，663 年 8 月，在白村江与唐朝、新罗联军交战，惨遭失败，不得不败退国内。

由于担心唐朝、新罗联军对日本列岛的进攻，尽管中大兄皇子表示继续进行改革，但为获得大贵族对其国防政策的支持，被迫承认他们对土地及人民的占有，在此基础上大力加强西日本的防卫。大和政权不仅在北九州及其周边岛屿建筑堡垒，而且从九州到近畿，沿途建造了许多山城。667 年，朝廷将都城从难波迁到内陆的近江（今滋贺县）。668 年，中大兄皇子正式即位，为天智天皇。在朝鲜半岛上，唐朝、新罗联军于同年消灭了高句丽，但很快双方发生冲突，676 年新罗驱逐唐朝军队，统一了朝鲜半岛。

668 年，天智天皇命令中臣镰足编纂名为《近江令》的法令文书，将大化改新以来的改革内容法制化。670 年，最早的全国性户籍出现，将全国所有人口登录在册。虽然户籍制度有利于征兵和征税的进行，但也引起贵族们的强烈不满。

671 年天智天皇去世，围绕皇位继承，其弟大海人皇子和其子大友皇子之间展开了一场被称为“壬申之乱”的内战。逃到东日本并得到该地贵族支持的大海人皇子占据优势，很快就打败了未能取得西日本贵族支持的大友皇子，后者兵败自杀。673 年，大海人皇子在飞鸟净御原宫即位，为天武天皇。

律令体制形成

为建立以天皇为中心的中央集权体制，天武天皇不设大臣，亲自执政，重用皇后、皇子及皇族成员，任命皇子担任各行政机关首脑及地方行政长官。同时，通过加强军事组织及其力量的方式强化天皇权力，并将各级贵族录用为不同等级的官吏，形成一套完整的业绩评定和职务提升制度。

天武天皇进行的其他改革措施还有：675 年，废除天智天皇时期制定的以氏族为单位的“民部”；681 年，着手制定《飞鸟净御原令》，同时改变私修史书的做法，由官方编修国史；682 年，制定向官吏支付俸禄的准则；684 年，制定“八色之姓”，规定贵族的等级；685 年，实施包括皇族在内的冠位制。

686 年天武天皇去世，其皇后即位，为持统天皇。689 年开始实施《飞鸟净御原令》，并在 690 年完成全国户籍的编制工作。规定每户四名成年男子，其中征兵一名，每 50 户为一里，从而形成国、评、里、户的一套地方行政体系。692 年向全国派遣班田使，开始实施大规模的班田收授制度。

694 年，朝廷迁都藤原京（今奈良县橿原市）。该城既有皇宫，又有皇城，是日本历史上最早的京城。697 年，持统天皇让位于其孙文武天皇，自己同中臣镰足（因天皇赐姓而改为藤原镰足）之子藤原不比等一道主持编制《大宝律令》，并在

原始文献

改新之诏

学术界对收录于《日本书纪》的“改新之诏”真伪有争论，主要根据是公元700年之前地方行政机构不是“郡”，而是“评”，而且作为严谨的法律文书，类似半个世纪后颁布的《大宝律令》，可能是《日本书纪》的作者参考《大宝律令》对“改新之诏”进行了润色。

其一曰，罢昔在天皇等所立子代之民，处处屯仓，及别臣、连、伴造、国造、村首所有部曲之民，处处屯仓。仍赐食封，大夫以上各有差。降以布帛，赐官人百姓有差。又曰，大夫，所使治民也。能尽其治，则民赖之。故重其禄，所以为民也。

其二曰，初修京师，置畿内、国司、郡司、关塞、斥候、防人、驿马、传马、及造铃契，定山河。凡京每坊置长一人，四坊置令一人，掌按检户门，督察奸非。其坊令，取坊内明廉强直堪时务者充，里坊长，并取里坊百姓清正强干充，若当里坊无人，听于彼里坊简用。凡畿内，东自名垦横河以来，南自纪伊山以来，西赤石栉渊以来，北自近江狭狭波合坂山以来，为畿内国。凡郡以四十里为大郡，三十里以下四十里以上为中郡，三十里以下为小郡。其郡司，并取国造性识清廉，堪时务者，为大领、小领；强干聪敏，工书算者，为主政、主账……

其三曰，初造户籍、计账、班田收授之法。凡五十户为里，每里置长一人，掌按检户口，课殖农桑，禁察非违，催驱赋役。若山谷阻险，地远人稀之处，随便量置。凡田长三十步、广十二步为段，十段为町。段租稻两束两把，町租二十二束。

其四曰，罢旧赋役而行田之调。凡绢、缰、丝、绵并随乡土所出。田一町绢一丈，四町成匹。长四丈，广二尺半；二丈，二町成匹，长广同绢；布四丈，长广同绢、缰，一町成端。别收户别之调，一户布一丈二尺。凡调副物盐亦随乡土所出。凡官马者，中马每一百户输一匹，若细马每二百户输一匹，其买马值音，一户布一丈二尺。凡兵者，人身输刀，甲、弓、矢、幡、鼓。凡仕丁者，改旧每三十户一人，而五十户一人，已充诸司，以五十户充仕丁一人之粮。一户庸布一丈二尺，庸米五斗。

——《日本书纪》，大化二年正月甲子朔条。引自日本历史学研究会编：《日本史史料·1·古代》，岩波书店，2005年，第85页。

※ 以上史料如何反映了强化中央集权体制的精神以及隋唐律令制的影响？

701年完成了这部律令齐备的法典，从702年开始实施。同年向大陆派出中断三十多年的遣唐使，向唐朝报告独立的律令、国号为日本、君主为天皇、年号为大宝等事项，以显示双方地位的对等性。718年，元正天皇命令藤原不比等修改《大宝律令》，因为当时为养老年间，所以新的律令被称为《养老律令》。但因其内容与大宝年间制定的《大宝律令》基本相同，所以放置近40年后才加以实施。至此，律令体制基本形成。

从构成律令体制的《近江令》《飞鸟净御原令》《大宝律令》及《养老律令》四部基本法律书籍来看，“律”相当于刑法，大体上模仿唐律，同时也尽量吸收了日本社会原有的惯例；“令”相当于行政法、民法、诉讼法，大体上从日本当时的社会实际出发，同时参照唐令制定而成。这些“律”以及“令”的主要内容包括班田、赋税、户籍、政府机构、军事制度、身份制度和司法制度等，基本上落实了大化改新时期提出的改革目标。具体地说，律令体制下形成的政治、经济、社会结构如下：

在政治方面，废除世袭氏姓贵族制度，确立中央集权式的官僚政治体制。也就是“改去旧制，新设百官”，在中央设置二官，即掌管祭祀的神祇官和掌管行政事务的太政官。虽然太政官的最高首脑为太政大臣，但后者是一个非常设职务。太政大臣与左大臣、右大臣、大纳言同为公卿。公卿会议决定最重要事务，然后报请天皇裁决。大纳言下设少纳言、左弁官、右弁官，少纳言掌管宫内事务，左右弁官分管八省之事务。左弁官负责掌管诏书的中务、掌管官吏的式部、掌管典礼的治部以及掌管户籍的民部四省，右弁官负责掌管军队的兵部、掌管司法的刑部、掌管财政的大藏以及掌管皇室事务的宫内四省。外设掌管监察官纪事务的弹正台，掌管军事警察事务的五卫府，即卫门府、左右卫士府、左右兵卫府。

在区域划分上，全日本分为畿内和七个道，畿内包括大和、山城（今京都府）、河内（后分出和泉国，均在今大阪府）、摄津（今大阪府）四国，七个道分别是东海道、东山道、北陆道、山阴道、山阳道、南海道和西海道。地方行政机关为国、郡、里（后改为乡），国设国司，郡设郡司，里设里长。国司由中央贵族担任，任期六年。郡司和里长由地方贵族选任，可终身任职并可世袭。在重要地区设特别行政机关，例如在京城设左、右京职，负责京城事务。在摄津设管理难波的摄津职，负责对外交往，在国防重地北九州筑紫设大宰府，统辖九州地区的民政和军事。

各级官吏的任命及罢免权属于中央政府，从而打破了氏姓贵族世袭要职的特权。官吏分为30个等级，按业绩晋升职务，五位以上官吏及其家族被称为贵族，拥有许多特权。例如根据等级和职位分给位田、职田等土地，免除赋税徭役等，犯罪时还可以减刑。

另外，在中央设置“大学”、地方设置“国学”，作为培养各级官僚的学校，但只有三位以上贵族的子孙以及五位以上贵族之子才能进入“大学”，即使他们不进入大学或不能从“大学”毕业，仍然可以获得相应的官职，即所谓的“荫位制”，从而使贵族阶层完整地保留下来。著名的藤原家族就是利用这种制度代代获得包括最高级正一位在内的高级官职。地方“国学”的学生也主要是地方贵族子弟。

在司法方面，刑罚分为笞、杖、徒、流、死五个等级。笞与杖为殴打，徒为刑期，各分五个等级；流为流放，分为近流、中流、远流三个等级；死分为绞刑和斩刑。对天皇或长辈犯法的惩罚较重，即使贵族也不能减免刑罚或赦免。

在经济领域，废除贵族私有的土地制度和部民制，将全部土地和部民收为国有，使之成为公地、公民。将全国人口以户为单位编入户籍，同时编制征收租税的账簿，户籍每六年编制一次，账簿每年编制一次。编入户籍的公民，不论有无职位、良贱、男女，均分给口分田。良民男子每人两段（约两千平方米），良民女子为良民男子的三分之二，官奴男女与良民相同，私奴为其三分之一。口分田每六年重新收授一次，不能买卖、继承，受田人死后一律交回。另外还有需交纳租税的位田、功田、赐田和免除租税的寺田、神田、职田等，永久拥有的宅地和园地可以自由买卖。这种私田的保留一方面显示了氏族贵族势力的强大，另一方面也为公地公民制度的迅速崩溃埋下了隐患。

在租税方面实行租、庸、调、徭役制，即规定得到口分田的公民每年必须向官府交纳田租，每段土地交稻二束二把，大约相当于收获量的百分之三；作为庸的徭役，规定21—60岁的男子，即所谓的正丁，每年需到京城服役10天，如果不能服役则交纳代替物品，即每天纳布二尺六寸；调是征收一定数量的地方土特产品，例如丝绸、生丝、布匹、海产品等；徭役是地方官府所征，规定正丁每年60天。其他年龄段男子的庸、调、徭役相应减轻。除此之外，公民还有从事京城建设的“仕丁”“雇役”或服兵役等义务，虽然能免除租税，并得到一定的报酬，但需要自己承担往返路费，服兵役需要自带武器和口粮。因此，对农民来讲，也是几项沉重的负担。

在身份制度方面，所有的人被划分为“良民”和“贱民”。良民除被称为“公民”的农民外，还有作为统治阶级的皇族和大小贵族，以及比公民身份低的品部和杂户。品部和杂户是一种半自由民，具有特殊的手艺，在官府的工场里生产手工艺制品。“贱民”是指那些律令体制下仍没有得到解放的奴婢，其中包括守护天皇陵墓的陵户、为官府服务的官奴以及在贵族家服务的私奴。他们没有人身自由，但数量不多。

由此可见，从推古朝开始实施的一系列改革措施，经过长达一个多世纪的时间，终于在日本建立了一整套较为完善的、以天皇为最高统治者的中央集权政治体制，构成其基础的是以班田收授制为中心的公地公民型经济形态。值得注意的是，当时日本实施的这种政治经济体制在很大程度上是受强盛唐朝的压力及影响，仿制而成的，但列岛的社会生产力以及社会结构尚未达到大陆国家的水平。因此，其内部仍然保留了氏族贵族社会的浓厚特征，影响了其后日本历史的发展方向。例如科举取士的方式并没有在日本得到实质性采用、贵族统治基础上的天皇更具有权威性、以班田收授为中心的“公地公民制”很快就被私有制的庄园所取代、武士阶层出现并夺取国家政权等。

奈良时代的社会

统治区域扩大

710 年，天皇朝廷迁都奈良盆地北部的平城京，到 794 年迁都京都的平安京，这一时期在日本历史上被称为“奈良时代”。

平城京模仿唐长安城而建，长宽各约五公里，南北走向的朱雀大街将京城分为东京和西京，棋盘式的道路又将其分成方格式建筑群。北部中央为天皇生活的皇宫，前面为处理政务的朝堂区及各行政机构。除官设的东西两市和贵族、官吏、市民的住宅外，还有不少从飞鸟地区迁移过来的寺院。整个京城的居住人口约为 10 万。

为有效地治理奈良朝廷所辖区域，联结中央和地方的交通体系很快建立起来。以京城所在的畿内地区为中心，修建了通往地方七条各国司所在地——国府——的官道，每 16 公里设一驿站，为往返京城与地方的官员提供方便。另外，在国府与郡司所在地——郡家——之间也修建了宽 6 至 12 米的道路，推动了各地的人员往来和经济交流。

在 7 世纪后半期的天武天皇时期，出现了政府铸造的“富本钱”，也是日本历史上最早的钱币。708 年，武藏国（今埼玉县）将该地冶炼的铜献给朝廷，朝廷为此将年号改为“和铜”，并模仿唐朝货币的式样，铸造“和同开珎”钱币。其后不断铸造，到 10 世纪中期共有 12 种类的钱币，称为“本朝十二钱”。

为推动钱币的广泛使用，政府颁布《蓄钱叙位令》，即以赐封官位的方式鼓励存钱、用钱。但在京城一带之外，仍然是以物物交易为主。尽管如此，因铸造钱币以及建筑宫殿、官衙、寺院和军事装备等的需要，采矿业在奈良时代有较大的进步。中央政府专门设置典铸司、锻冶司、造兵司等机构，将采矿业置于国家管辖之下。当时开采的矿业资源主要有美作国（今冈山县）、备中国（今冈山县）、备后国（今广岛县）、近江国的铁，周防国（今山口县）、长门国（今山口县）、丰前国（今大分县）的铜，下野国（今枥木县）、陆奥地区（今青森、岩手、宫城、福岛等县）的金，对马国（今长崎县）的银，伊势国（今三重县）的水银等。

在奈良时代，中央集权体制下的天皇朝廷在实力增长的基础上不断开拓疆域。一方面朝本州岛的东北方向扩展，征服那里的虾夷族。通过封官许愿拉拢虾夷族统治者和武力征服两种手段，逐渐扩大了奈良朝廷在东北地区的治理范围。724年，在太平洋沿岸设多贺城，733年，在日本海沿岸设秋田城。另一方面，在南九州隼人居住地区，中央政府设置大隅国加以治理，并将种子岛、屋久岛等近海岛屿也纳入到奈良朝廷控制的贸易中。到8世纪末，律令体制下的天皇朝廷基本控制了四国岛、本州岛和九州岛。

经济发展

天皇朝廷主要从“食之为本，是民所天，随时设策，治国要政”、“用兵之要，镇无储粮，何堪固守”的观念出发，积极奖励开垦土地，兴修水利，同时派养蚕、丝织的技术人员到各地指导蚕丝的生产。另外制定有关条例，以“务课农桑”的好坏来考核地方官吏。凡“劝课农桑，国阜家给”、“繁殖户口，增益调庸”、“敦本弃末，情务农桑”的官吏，将给予褒奖或晋升，而对那些“田蚕不修，耕织废业”，管辖境内“农事荒，奸盗起”的官吏，则予以贬斥或罢官。另外，由于铁制农具的广泛普及、牛耕及插秧技术的运用，农业生产力得到迅速提高，社会经济因而逐渐繁荣起来。

在西日本地区，农户的住宅已从竖穴居住式建筑逐渐演变为平地立柱式建筑。在婚姻方面，虽然男性15岁、女性13岁就可以结婚，但婚后一段时间仍然住在各自的父母家，流行男性到女方家的走婚制，生孩子之后建立单独的家庭。另外，女性结婚后也不改姓，并拥有自己的财产，在子女的归属问题上，女性具有较强的决定权。

当时的手工业也有了较大的进步。手工业分为官营手工业和家庭手工业，中央政府的下属机构设手工业作坊，生产较为高级的手工产品；家庭手工业则生产较为简单的产品。在诸多手工业中，最发达的是纺织业。官营作坊生产锦、绫、罗、绮、缣等高级纺织品，供皇室和贵族享用。家庭纺织业一般生产布、绝、绢之类，其目的主要是家庭自用或交纳庸及调。除纺织品外，奈良时代的造纸技术和漆器技术也相当发达。

在农业和手工业发展较快的基础上，商品交换也日趋兴盛。在国司的所在地、水陆交通的要道、较大的寺院或较大的神社门前，陆续出现了较大的集市。当时较为著名的集市有京城的东西两市，大和地区的轻市，海石榴市，河内的饵香市，另外在摄津、近江、美浓（今歧阜县）、播磨（今兵库县）、备后、纪伊（今和歌山县）、骏河（今静冈县）、越后（今新潟县）等地也出现了较大的集市。除集市贸易外，各地之间的行商贸易也相当活跃，“往来商贾，相继不绝”。

藤原家族崛起

在政治方面，天皇政权却经常处在不稳定状态，其主要原因是藤原家族的影响以及藤原家族与其他贵族之间的矛盾。藤原镰足之子藤原不比等是确立律令制的功臣，他通过将两个女儿分别嫁给文武天皇及其子圣武天皇的方式，对朝政拥有较强的政治影响力。藤原不比等的四个儿子均为政界高官，720 年藤原不比等去世，天武天皇之孙长屋王成为政界的最高首领。729 年，藤原四兄弟设计逼死时任左大臣的长屋王，破例立其姊妹光明子为圣武天皇的皇后，掌握了朝政。737 年，日本全国流行天花，四兄弟均染疾去世，藤原家族的权势暂时衰落下去。

此后出身皇族的橘诸兄掌握朝政，重用从唐朝留学归国的玄昉、吉备真备等人，引起贵族阶层的不满。740 年，藤原家族的藤原广嗣在九州起兵，要求清除玄昉等人，结果兵败被杀。由于当时瘟疫和饥荒不断，社会动荡，圣武天皇在不断迁都的同时，于 741 年下诏在各国建造国分寺和国分尼寺，743 年下诏修造大佛。749 年，圣武天皇让位其女，称孝谦天皇。752 年，高达 16 米的东大寺大佛完成，当时举行了盛大的开眼供养仪式。圣武太上天皇、光明皇太后、孝谦天皇、文武百官，包括时在日本的印度及中国僧侣在内的万名僧侣参加了这一仪式。

藤原家族的藤原仲麻吕以光明皇太后为后盾，迫使高龄的橘诸兄引退，自己掌握朝廷大权。757 年，橘诸兄之子奈良麻吕联合对藤原仲麻吕不满的皇族及贵族，计划将其铲除，但被仲麻吕所杀。第二年，仲麻吕迫使孝谦天皇退位，拥立淳仁天皇，自己升任太政大臣，掌握最高权力。但光明皇太后去世后，孝谦太上天皇及其亲信僧侣道镜与淳仁天皇对立，感到危机的仲麻吕在 764 年起兵征讨政敌，但战败被杀，淳仁天皇退位，被流放淡路岛，孝谦天皇再次登位，为称德天皇。藤原家族再次受到压制。

770 年，称德天皇去世，道镜被流放，并很快死在当地。在藤原家族的藤原百川的大力活动下，光仁天皇即位。为稳定朝廷政权、平息社会混乱，天皇陆续采取了精简机构、节约财政以及减轻公民负担的改革措施。

781 年到 806 年在位的桓武天皇进一步推行改革政策，例如长期不设左大臣以抑制大贵族的政治势力，制定国郡司考绩条例 16 条，考核地方官吏政绩，打击贪官污吏，减少定员以外的官吏，任用有才能者，设“勘解由使”监督新旧国司的交接事宜，延长班田的间隔时间，允许良民与贱民之间通婚、其所生子女皆为良民，废除军团制，设健儿制，即将征兵制改为募兵制，尽量减轻班田农民的负担，禁止滥造寺院并限制寺院的特权，禁止贵族或寺院兼并农民土地等。

794 年，桓武天皇在贵族的支持下，将都城自平城京迁往平安京（今京都）。因此，自 794 年到 1192 年镰仓幕府建立的 400 年，史称“平安时代”。平安京的规模大体与平城京相似，也是棋盘式的城市格局。

另一方面，为平息东北地区虾夷族的反抗，并进一步扩展疆土，桓武天皇不断向东北地方派遣军队。788 年，派遣的军队被当地的虾夷族打败。797 年，朝廷任命坂上田村麻吕为最早的“征夷大将军”，并获得较大的战果，逐渐拓展了天皇朝廷的统治区域。因大规模建造京城和征服虾夷族花费了较多的人力及物力，桓武天皇的改革未能取得较大成果，但其根本原因则是班田制的衰退及庄园的出现。

庄园与摄关政治

班田制的崩溃

班田制在实施半个多世纪之后就开始动摇，其主要原因有以下几点：首先，人口增加迅速，难以按时如数班田，特别是在本来就存在人多地少现象的畿内及其周边地区更是如此。为解决这一矛盾，722 年，朝廷制订了“百万町步土地开垦计划”，具体做法是向农民提供粮食和农具，让其参加为期十天的开垦新田活动，但由于规模过于庞大，该计划仅停留在探讨阶段，未能实施。于是，朝廷在 723 年将奴婢的受田年龄提高到 12 岁，801 年，又将班田年限从 6 年延长为 12 年。尽管如此，仍然有许多地区 30 年乃至 50 年未能班田。

其次，因手续烦琐，不能按时班田。进行班田时需要编制口账和校田账，然后呈报太政官，太政官核定批准后方能实施。完成这一程序往往需要数年时间，行政能力低下的地区需要时间更长，因而使得班田不能如期进行。

第三，由于各级贵族或寺院拥有不同程度的私田，因而一些有势力的贵族或地方官吏便利用职权“多占山野，妨百姓业”，兼并公有土地，将公田公民变成私田私民，严重影响到班田制的实施。当时，制度上也允许农民在耕种自己的口分田外，租种贵族或寺院的土地，并交纳五分之一的收获物作为地租。

第四，除口分田的地租外，农民还要服兵役和徭役，并亲自将庸、调运到京城，其负担十分沉重。如果再遭遇较大的自然灾害，农民便很难生存下去。尽管桓武天皇时期也采取措施减轻农民负担，但编造假户籍或逃亡已经成为农民经常使用的反抗手段，甚至出现了 453 人的家庭中有 376 名女性的户籍，严重影响到律令下的财政体系。破产的农民为逃避租税流浪到外地，或者寄身于大贵族的名下。即使那些富裕的农民也通过寄身寺院或贵族名下，逃避租税、徭役。

第五，土地私有化。为弥补田地的不足，朝廷在 723 年宣布“三世一身法”，以此鼓励开垦荒地。也就是规定新垦生荒地，可传三代，而后归公；开垦熟荒地，开荒者本人享受一生，死后归公，但该措施收效不大。因为随着归公期限的逐渐临近，土地就会重新变为荒地。因此，政府在 743 年颁布“垦田永世私财法”，即根据身份地位，开垦一定数额的土地可永久私有。身份最高的贵族可开垦 500 町步，普通农民可开垦 10 町步。这一措施推动了土地私有化的迅速发展。

庄园的出现

贵族、寺院利用权势和钱财，强行圈占荒地，驱使自己所有的奴婢、附近的班田农民以及逃亡的农民或奴婢进行大规模开垦，并在开垦的土地上修建住宅和仓库，这些建筑称为庄家或庄所，管理者称为庄长，他们管理的垦田称为庄或庄园。除垦荒外，各级贵族及寺院还利用买卖或霸占的方式，将附近班田农民的口分田或垦田纳入自己的庄园内。最初庄园大多委托庄长管理，也有土地所有者直接经营的庄园，但大部分土地仍然出租给附近的班田农民耕种。虽然庄园的出现使得国家土地所有制向土地私有制转化，但当时仍保留了国家土地所有制的形式。也就是说，不仅庄园的经营大多依靠各级行政机构，而且土地所有者需要向国家交纳田租，庄民也要向国家交纳庸、调。另外，国家的检田使和征税使等各种“国使”有权进入庄园检田、收租和征调劳力。

为维持国家财政，天皇朝廷除加强对国司、郡司征收租税的监督力度外，823

年在九州大宰府设置“公营田”，879年在畿内设置“官田”，雇佣农民耕种，收取地租，以增加朝廷的财政收入。不久，中央政府各行政机关为拥有单独财源而设置“诸司田”，给那些领不到国家俸禄的官员提供生活保障。天皇也拥有称为“敕旨田”的私田，并以“赐田”的名义赏给皇族。

桓武天皇之后的平城天皇和嵯峨天皇继续进行改革。平城天皇实施精简行政机构及其人员的措施，以减轻财政负担；嵯峨天皇设置相当于天皇秘书官的“藏人头”，并任命藤原冬嗣等人担任该职务，其机构称“藏人所”。由于“藏人头”作为天皇的亲信，负有将天皇命令传达给中央行政机构的使命，因而其政治作用十分重要，藤原家族借此重新崛起。另外，嵯峨天皇还根据现实情况对原有的律令进行修正，由此修正的有关法令称为“格”，其实施细则称为“式”，并为此编纂了“弘仁格式”。清和天皇时编纂了“贞观格式”，醍醐天皇时编纂“延喜格式”，统称为“三代格式”。

上述天皇在位时期，其政治权力较强，少数皇族、贵族以其为后盾，不仅聚集了许多私有土地，而且许多下级官员或富裕农民也将自己的土地集中在他们名下。因此，尽管朝廷在10世纪初颁布了整顿庄园的法令，取缔那些非法出现的庄园，试图阻止土地的私有化，但因承认例外，反而推动了许可庄园的增加。

面对班田制的崩溃，朝廷不得不改变对地方的支配政策。国司可以承包其管辖地域的租税，并在地方行政上取得相当的自主权，由此改变了过去在中央政府的监督下地方行政主要由郡司进行的方式。国司对地方的统治权加强，而郡司的权力逐渐削弱。国司将土地分包给有实力的农民——“田堵”，由这些农民承担这些土地上的租税和徭役。“田堵”为表示自己对土地的所有权，以自己的名字命名其所拥有的土地，这些田地称为“名田”，其所有者也被称为“名主”。与国司关系密切的“田堵”通过开垦土地而不断扩大自己的土地规模，成为“开发领主”。国司也因提高税率获得了巨额财富，并逐渐将其统治区域变成自己的独立王国。这种状况不仅引起严重的社会矛盾，使得对国司暴政的控诉接连不断，而且也引起地方政治的混乱，导致了律令体制的崩溃。

与此同时，有势力的庄园主开始争取“不输”特权，即利用各种借口向朝廷申请免除庄园的赋税。10世纪中期，随着国司对地方统治权的加强，国司批准具有“不输”特权的庄园迅速增加。其后庄园主又开始争取“不入”特权，即国家检田使、征税使等官员不得进入庄园，甚至不承认国家在庄园里拥有的司法权和警察权。这种“不输不入”特权将庄园主变成领主，庄园也变成该领主的私人领地。

实际上，庄园主为获得“不输不入”特权，通常是将自己的庄园进献给中央大贵族或大寺院，奉其为“领家”，并交纳一部分租税。如果“领家”认为自己的权势仍然不足与国司相抗衡，则将庄园进献给更有权势的贵族，奉其为“本家”。于是，“本家”成为更高一级的领主，从而形成一种领主等级土地所有的体制。由于藤原家族在中央政权中最有政治影响力，因而也成为最大的“本家”，并由此奠定了“摄关政治”的经济基础。

因具有“不输不入”特权的庄园迅速增加，严重影响到国库收入，天皇朝廷曾先后四次对庄园进行整顿，限制或取消庄园的特权，但均因中央贵族、特别是藤原家族的反对而未能成功。到 11 世纪中叶，寄进式庄园已遍及日本各地，其后逐渐成为普遍现象。

在尚存的国有（公领）土地上，国司将区域内的各级行政机构改组为郡、乡、保，任命那些具有较强势力的开发领主为郡司、乡司、保司等，让其承包区域内的租税，派遣名为“目代”“在厅官人”的官员处理具体的政务。

无论是在庄园土地上，还是在公领土地上，土地均为有势力的农民——“名主”所承包，向领主交纳称为“年贡”的租税和称为“公事”“夫役”的徭役。土地上的耕种者一部分是称为“下人”的“名主”所属农民，另一部分是称为“作人”的身份自由的农民。

摄关政治

810 年，藤原家族的藤原冬嗣不仅因才能而被嵯峨天皇任命为“藏人头”，同时还将自己的女儿顺子送入宫中嫁给仁明天皇，作为外戚插手朝政。842 年，藤原冬嗣之子藤原良房利用嵯峨太上天皇去世之际，废除原来的皇太子恒贞亲王，立其姊妹顺子与仁明天皇所生之子道康亲王为皇太子，并将自己的女儿明子嫁给道康亲王为妃，利用权势将两个主要的政敌伴氏和橘氏流放外地。

850 年，道康亲王即位为文德天皇，藤原良房胁迫其册封明子所生的、仅九个月大的惟仁亲王为皇太子，并在 857 年成为非皇族出身的第一任太政大臣。858 年，文德天皇突然去世，年仅九岁的惟仁亲王即位为清和天皇，良房以太政大臣和天皇外祖父的身份独揽朝政。866 年，良房利用皇宫应天门失火事件，再次将世家贵族源信和伴善男驱逐出权力中心，正式“摄行天下之政”，担任“摄政”之职。

藤原良房死后，清和天皇试图收回权力，不再任命太政大臣，结果引起良房养子藤原基经的不满。877 年，基经胁迫清和天皇退位，另立年仅九岁的皇太子为阳成天皇，之后又将其废黜，立 55 岁的时康亲王为光孝天皇。作为对基经的报答，年迈的光孝天皇委任基经“万政领行，入辅朕躬，出总百官”，并得到“关白”的称号。887 年，宇多天皇即位后立刻颁布诏书，明确规定“万机巨细，百官总已，皆关白于太政大臣，然后奏下”。从字面上看，“关白”本是“禀报”之意，但后来逐渐转化为官职：天皇幼年时辅政者称“摄政”，天皇成年后，辅政者称“关白”。

891 年，藤原基经去世，宇多天皇提拔当时有名的学者菅原道真任高级官职，以对抗基经之子藤原时平。醍醐天皇时进一步将菅原道真提拔为右大臣，但在时平谋划下，901 年菅原被外放北九州大宰府，并死在那里。尽管醍醐天皇及村上天皇在任时期没有设置摄政和关白职位，但藤原家族的势力依然强大。自 967 年开始，特别是 969 年将醍醐天皇之子、时任左大臣的源高明外放北九州后，一直到 1084 年，藤原家族利用担任“摄政”或“关白”职务独揽朝廷大权的“摄关政治”持续了百余年时间。

除作为全日本最大的庄园领有者，从而拥有剥夺天皇部分权力并操纵国政的坚实经济基础外，当时贵族的生活习惯也有利于藤原家族以外戚身份操纵皇室。贵族们通常实行一夫多妻制，但结婚后妻子仍然生活在自己父母家，生育的子女由外祖父照顾，并聘请优秀的家庭教师，努力将家族中的女孩培养成精通琴棋书画、魅力十足的女性，以期嫁入宫中得到天皇或皇太子的宠爱，生下皇子。藤原家族正是通过这种途径控制了皇室，在整个 11 世纪，藤原家族作为外戚，专擅朝政，随意废立天皇。管理藤原家族事务的“政所”同时也是国家的权力中心，朝廷变成只用于举行仪式的场所。由此藤原家族又掌握了国司的任命大权，不仅得到巨额贿赂，而且还可以将国司变成自己的亲信。

“摄关政治”在藤原道长及其子藤原赖通时期达到鼎盛。本来道长是藤原兼家的第四个儿子，但长兄相继去世，侄女定子嫁给一条天皇，没有生子，道长遂将自己的女儿彰子也嫁给一条天皇，所生两个儿子分别成为后一条天皇和后朱雀天皇。其后道长又将其他三个女儿妍子、威子、嬉子分别嫁给三条天皇、后一条天皇、后朱雀天皇，嬉子所生之子为后冷泉天皇，妍子所生之女嫁给后朱雀天皇，生下后三条天皇。

作为外祖父的道长在外孙之间不断更换天皇，从 995 年到 1017 年一直担任摄政职位。1017 年，道长将摄政之职传给其子赖通，自己出家当和尚，但直到 1027

年去世，道长仍然具有强大的政治影响力。藤原道长曾赋诗一首表达其专权三十多年的得意心情，其中一句便是“此世即我世，如满月无缺”。

道长之子赖通作为舅父，在后一条天皇、后朱雀天皇、后冷泉天皇时期任摄政、关白职务长达五十多年。但赖通的女儿宽子嫁给后冷泉天皇后没有生子，导致藤原家族对朝政的控制力迅速减弱。1068 年赖通辞去“关白”职务，特别是 1074 年他去世后，摄政（关白）之职不再具有实际的权力。实际上，武士阶层的出现及建立在其基础之上的院政政治是藤原家族政治影响力下降的重要社会背景。尽管如此，其后藤原家族（亦称“摄关家族”）仍然作为最重要的政治势力，起到辅助天皇政权的作用。

虽然藤原家族作为外戚控制了国家政权，但摄关政治并没有突破律令体制延续下来的政治框架。也就是说，国家政策的决定依然是在天皇、摄政（关白）、大贵族之间进行。重要的政策由天皇或摄政（关白）提出后，提交由太政大臣、左大臣、右大臣、大纳言、中纳言、参议等大贵族组成的会议加以讨论，其结果报请天皇或摄政（关白）批准。尽管在授予冠位或任命官吏方面，摄政（关白）拥有较强的决定权，但皇族、公卿贵族仍具有相当的推荐权。因此，即使在“摄关政治”时代，国家权力仍集中在天皇和摄政（关白）、公卿等中央大贵族手中。

除皇族、藤原家族、公卿贵族以外的中央贵族或高级官僚虽然通过担任国司等职务聚集了大量的财富，但无法成为最高权力所有者，大多通过特定的学问或技能为朝廷、皇族或藤原家族提供服务，从而形成了不同等级的贵族阶层。另一方面，那些不能回到京都的贵族子孙成为地方政治势力的核心，从而为新兴阶层的出现奠定了基础。

武士与院政政治

武士及武士团

随着庄园制的不断发展，庄园之间以及庄园与国家各级政权之间的矛盾和斗争日渐突出。有实力的庄园主为保护自己的利益，甚至兼并其他庄园，将一部分庄民武装起来。最初这些人以农为主，以武为辅，平时务农，战时从武，后来逐渐变成以武为主，甚至完全脱离农业，成为保卫庄园和对外争斗的职业军人，称为“兵”。他们通常按照家族的形式组织起来，族长为最高首领，称为“惣领”，成员称为“从者”，其中家族成员称为“家子”，非家族成员称为“郎党”，结成很强的主从关系。

在较大的寺院、神社所属的庄园里，也出现了以僧侣、神职人员为主的武装团体，特别是延历寺、福兴寺、东大寺等势力强大的寺院，均组织了拥有数千成员的兵队。庄园武装的出现对地方治安以及国司、郡司的权力和利益形成威胁，于是这些朝廷命官也纷纷组织自己的私人武装团体，其成员与国司、郡司结成主从关系。以天皇为首的皇族、中央贵族也聘请其中的兵士作为自己的警卫，称其为“武士”。

最初这些职业军人以庄园或公有土地为单位组成小武士团，其后逐渐以地方贵族为中心组成较大的武士集团，相互之间不断进行争斗，最后形成了关东地区的桓武平氏和畿内地区的清和源氏两大武士集团。

桓武天皇的曾孙高望王被赐姓平氏，并派往关东地区担任官职。高望王任期结束后未回京都，其八个儿子分别担任关东地区各国的官职，势力不断扩大，各养私兵，家族内部也经常发生冲突。935 年，孙辈的平将门杀其叔父国香，然后联合反抗国司的地方贵族藤原玄明在 939 年发动叛乱。平将门攻城略地，占领关东大部分地区，自称“新皇”。京都朝廷任命藤原忠文为征东大将军，率兵前往镇压，但尚未到达关东地区，国香之子平贞盛在地方贵族藤原秀乡的支持下已将平将门杀死。

与此同时，伊予国（今香川县）国司藤原纯友在四国发动叛乱，甚至向南攻占了北九州的大宰府。朝廷再次任命藤原忠文为征西大将军，率兵前往镇压，同样在尚未到达之际，清和天皇之孙源经基已将藤原纯友打败。被称为“承平之乱”和“天庆之乱”的两次叛乱使朝廷和中央贵族认识到地方武士的实力，纷纷将其作为保护自己的“侍”。例如源经基的儿子源满仲以摄津为根据地，向摄关家族提供警卫服务，满仲的两个儿子——赖光、赖信——在摄关家族的关照下，政治地位迅速上升。

平将门叛乱之后，平氏一族仍然占据关东地区，原上总国（今千叶县）国司平忠常在 1028 年发动叛乱。朝廷任命源赖信为甲裴国（今山梨县）国司，同时征讨平忠常。平忠常因源赖信武名不战而降，源氏家族由此开始进入关东地区。

1051 年，陆奥地区势力强大的贵族安倍家族与国司发生纠纷，源赖信之子源赖义被任命为陆奥守兼镇守府将军，但遭到安倍家族成员拼命抵抗，战乱长期化。源赖义之子源义家率关东地区武士前往陆奥支持其父，并得到出羽地方（今秋田县、山形县）贵族清原氏的支持，终于在 1062 年消灭了安倍家族。此后清原家族势力强大起来，但在1083年发生族内纠纷。先是清原真衡与清原家衡兄弟相争，清原真衡死后，清原家衡又同异父之弟藤原清衡相争。源义家与藤原清衡联合，经过三年苦战后平息其内乱。

称为“前九年之战”及“后三年之战”的两次战事，加强了源氏家族与关东武士团的主从关系，并巩固了作为最大武士团首领的地位。因此，关东地区其他的庄园领主或公领名主也纷纷求其保护，并作为源氏的家人被组织到武士团中。

桓武平氏家族因“平忠常之乱”失去关东地区，但在平息“平将门之乱”中立有战功的平贞盛之子平维衡将地盘转移到近畿地区的伊贺、伊势（均为今三重县）地方，同时集结了较大的新武士集团，等待时机再起。

进入11世纪以后，由于武士阶层的逐渐壮大，地方各国的行政事务官员逐渐由武士担任，同时因为国司不到任地，地方文化的中心也逐渐从国司之馆转移到武士之馆，武家社会的色彩已初见端倪。

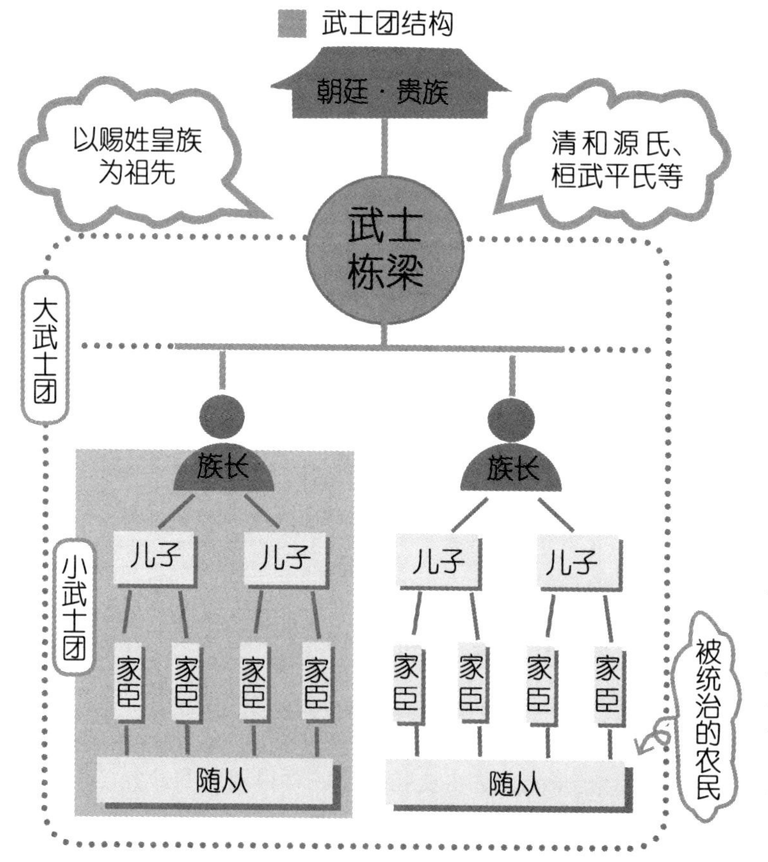

以包括土地劳动者农民在内的家族成员为单位组成小武士团，以地方贵族为中心组成较大武士团，最后结成以平氏、源氏为中心的两大武士集团。

院政政治

1068年，与时任摄政（关白）没有直接血缘关系的后三条天皇即位。人到壮年且具有较强个性的天皇力图摆脱藤原家族的控制，联合对藤原家族不满的贵族，任命有才能者担任重要官职，并实施了加强天皇权力的改革措施，其中最主要的改革是整顿庄园，以此达到打击藤原家族势力的目的。

针对庄园不断增加、朝廷直辖领地逐渐减少的局面，后三条天皇在1069年颁布内容严厉的《延久庄园整理令》，并成立“记录庄园券契所”，任命亲信担任其官员，对庄园文书进行严格的审查。除庄园主提交有关证书外，国司也要提交相关的报告书。如果有关的证书不全，将没收其庄园，甚至摄关家族的庄园也如此办理。此次整顿庄园取得了较好的收效，例如在石清水八幡宫寺所有的34所庄园中，有13所因证书不全而被没收为公领。这样一来，不仅加强了朝廷的经济基础，而且使许多寄进在藤原家族名下的庄园与其脱离关系，纷纷投靠皇室，结果使天皇拥有的庄园迅速增加。

1072年，后三条天皇让位给其子白河天皇，自己设置“院厅”，准备以上皇的名义继续掌握政权，推进改革，但很快去世。白河天皇即位14年后让位给年仅八岁的堀河天皇，自己成为上皇，并在其居住的宫殿内设立“院厅”，亲自掌握朝政，从此开始了由上皇“执天下政”的百余年“院政时代”。

上皇实施的院政不仅得到中下级贵族、特别是国司的支持，因为他们不满藤原家族的专权，并对整顿庄园持欢迎态度；而且设置“北面武士”和“武者所”等机构，将源氏和平氏的武士团作为其主要成员，担任守卫工作，由此大大强化了“院厅”的权力。“院厅”的职员称为“院司”，由地位不高的天皇亲信担任。院厅下达的文书称为“院厅下文”，上皇颁布的诏令称为“院宣”，其效力大大超过天皇的诏令。

除拥有大量的寄进庄园以外，院政的经济基础还包括实施“知行国”制度。也就是将一国的支配权封给特定贵族，该国的大部分租税上交朝廷。另外，上皇本身也拥有许多“知行国”，并任命自己的亲信担任国司，收取该国的全部租税。

院政时代共经历了白河上皇、鸟羽上皇和后白河上皇三代，而且三代上皇均出家到寺院为僧，称为“法皇”。上皇在京都近郊建造华丽的离宫，法皇则建造许多寺院、佛像。为弥补巨额财政支出，“院厅”在卖官鬻爵的同时，也通过对庄园和公领的调整增加收入。例如鸟羽法皇将百余所寄进庄园转赠给皇女八条院，后白河法皇将百余所寄进庄园赠给长讲堂寺院，具有“不输不入”权的庄园因此迅速增加，以兴福寺、延历寺为首的寺院势力也急剧增强。其结果不仅激化了朝廷与领主、领主与领主之间的矛盾和冲突，而且也引发了皇族、氏族贵族、武士集团内部的矛盾与冲突。皇族与贵族纷纷依靠武士保护自己的利益，从而为武士干预政治提供了条件。

1091 年，朝廷禁止关东地区的领主向源氏家族寄进土地，受其打击，源义家之子源义亲、源义国分别起兵反抗，但遭到镇压。1106 年，源义家去世，源义亲在流放地出云（今岛根县）再次发动叛乱，仍然被镇压下去。与此同时，平氏家族的势力迅速增强。平维衡曾孙平正盛将伊贺国的庄园寄进给白河上皇，由此进入政界，并因平息源义亲叛乱得到重要官职。平正盛之子平忠盛因平定濑户内海的海盗而得到鸟羽上皇的器重，被赐予上殿的资格，从而获得贵族身份。到平忠盛之子平清盛一代，平氏家族的势力达到鼎盛。但源氏家族并没有彻底衰败，源义亲之子源为义接近摄关家族，以图复兴。源为义之子源义朝再次回到关东地区，以镰仓为基地，结成主从关系较强的大武士集团。

1156 年鸟羽法皇去世，崇德上皇为掌握实权与后白河天皇发生冲突。与此同时，藤原家族的藤原忠通与藤原赖长兄弟、平氏家族的平忠正与平清盛叔侄、源氏家族的源为义与源义朝父子均围绕家族的继承权发生矛盾。结果，以崇德上皇、藤原赖长、平忠正、源为义为一方，后白河天皇、藤原忠通、平清盛、源义朝为另一方，展开激烈的争斗。后白河天皇一方先发制人，崇德上皇落败，被流放到讃岐（今香川县），藤原赖长、平忠正、源为义等人被杀，史称“保元之乱”。

1159 年，在后白河上皇的近臣之间发生冲突。其原因是“保元之乱”中立有大功的源义朝不满受封官位低于平清盛，转而与藤原信赖合作，在平氏家族离开京城到外地参拜神社时，趁机起兵拘禁后白河上皇，并杀死天皇的亲信藤原信西。武力较强的平清盛得知消息后立刻率兵回到京城，藤原信赖被杀，源义朝被追杀，其直系家族几乎全遭株连，只有年仅 13 岁的源赖朝及其同父异母之弟源范赖、源义经幸免一死，史称“平治之乱”。

前后两次动乱均有武士集团参加，并且以京城为舞台，不仅显示了贵族统治阶层的迅速没落，而且也显示出武士阶层已经成为主导社会的力量，其首领平清盛甚至成为最高的权力者。

平氏专权

“平治之乱”后，平清盛得到后白河上皇的信任，从正三位的参谋，很快升任为纳言和内大臣，1167年成为太政大臣，获得了显赫的政治地位。其后平清盛采取各种方式巩固自己的权力，不仅将亲属以及亲信安插在中央和地方机构中担任重要官职，而且通过联姻的形式控制皇室和以藤原家族为首的中央贵族，另外还不断增加自己拥有的庄园，以加强经济实力。据统计，平氏家族在全日本拥有的庄园多达500余所，其拥有的知行国最多时达到全日本的一半。平清盛将追随自己的武士任命为管理庄园或公领的“地头”，成功地将畿内和西日本地区的武士变为家臣，同时通过担任镇压各地叛乱的重要官职，将势力渗透到关东地区。

另一方面，平清盛将自己的女儿德子嫁给高德天皇，然后立其外孙为安德天皇，进一步强化了其政治权力。平氏家族不仅纷纷成为公卿贵族，而且把持了朝廷的高级官职，甚至因平清盛的住宅在京都六波罗而产生了“六波罗政权”。同时，平氏政权积极修建港口，保障海路安全，推进与朝鲜半岛、中国大陆南宋王朝的贸易，大量进口大陆的铜钱、书籍、货物、珍宝等。对外贸易的巨额利润不仅加强了平氏的执政基础，而且对日本的经济与文化也产生了重大影响。

但平氏的专权不仅招致了以天皇为中心的旧大贵族阶层的不满，还引起广大地方武士阶层的反对。1177年，后白河法皇的近臣藤原成亲等贵族密谋推翻平氏，但因事先泄密而失败；1179年，再次出现了以后白河法皇为中心的反抗平氏动向，平清盛采取了严厉的打击措施，禁闭法皇，剥夺“摄关”等众多贵族的官职；1180年，后白河法皇之子以仁王联合寺院武装起兵反对平氏，虽然被平清盛打败身亡，但以仁王撰写的呼吁起兵反抗平氏之文书却传到全国各地，那些不满平氏家族专权的地方武士纷纷起兵，其中势力最强的是关东地区的源赖朝。

“平治之乱”后被流放伊豆半岛的源赖朝在该地苦心经营多年，身边聚集了许多源氏家族的旧武士，同时当地的武士也不断集中在其旗下，逐渐形成了较大的武士团。1180年8月，源赖朝与其岳父北条时政举兵讨伐平氏，但在石桥山之战中大败，源赖朝从海路逃到安房国（今千叶县）。由于得到关东地区武士团的支持，遂以镰仓为基地，集结反对平氏的势力，同年10月在富士川之战中打败了前来征讨的平氏大军。赖源朝并没有乘胜追击平氏军队，而是回到镰仓，集结实力，等待时机。

近江、畿内地区也出现了反对平氏家族的势力，平氏家族对其进行镇压，但因平清盛在1181年去世，而且畿内和西日本地区发生大灾荒，平氏政权受到严重打击。1183年，源赖朝堂兄源义仲在北陆地区打败支持平氏的势力以及前来征讨的平氏军队，并乘胜追击，在畿内武士和寺院僧兵的配合下，同年 7 月将平氏家族赶出京都。但源义仲未能处理好与后白河法皇的关系，法皇催促源赖朝进入京都，由此挑起源氏家族的内部矛盾。源赖朝派其两个同父异母的兄弟源范赖和源义经率军攻击源义仲，缺乏武士支持的源义仲战死在近江国的粟津。

在源氏家族内部争斗之际，平氏趁机回到京都附近。后白河法皇向源赖朝下达征讨平氏的“院宣”，源赖朝随即进攻平氏，并在一谷之战中打败平氏军队。其后源赖朝向全国各地派遣军队，平息平氏和源义仲的残余势力。1185 年 2 月，逐渐得到四国、九州地区武士支持的源义经进攻讃岐国的平氏，并乘胜追击到长门国（今山口县）。经过一场海战，同年 3 月，平氏家族成员与安德天皇沉海身亡。

担心源赖朝势力过大的后白河法皇重用具有军事才能的源义经，试图再次挑起源氏家族的内部矛盾。法皇任命源义经统率九州、四国的武士征讨源赖朝，但因各地武士拒绝服从其命令，源义经被迫投靠奥羽地区的藤原秀衡。1187 年藤原秀衡去世后，其子藤原泰衡杀死源义经以求和解。1189 年，源赖朝亲率大军进攻奥羽，最后将该地的藤原家族消灭，由此确立了源赖朝统治日本全境的地位。

唐风文化与国风文化

遣唐使及对外交往

618 年唐朝建立后，很快出现国力强盛、各方来朝的局面。623 年，曾为遣隋使成员的惠日上书天皇，认为“唐律令齐备”，应派遣使者前往。630 年，朝廷任命犬上御田锹为最初的遣唐使，出使唐朝。一直到 894 年菅原道真建议停止派遣，日本前后共任命 20 次遣唐使节团，成行 16 次。另外还有 10 次非正式的出使。唐朝也曾 10 次派使节团访问日本。遣唐使节团成员有大使、副使、留学生、留学僧、水手、医师等，早期 200 人左右，后期多达 500 人左右，分乘四艘船。但到达长安或洛阳的使节仅几十人，其他多数留在中国沿海地区进行交流或学习。留学生、留学僧在唐朝逗留时间较长，深受中国文化的影响，回国后往往积极加以传播。

遣唐使团最初从北九州出发，经对马岛到达朝鲜半岛，沿朝鲜半岛西岸向北航行，横渡渤海登陆山东半岛，然后从陆路到唐朝京城长安，这条路线称“北路”。进入 8 世纪后，日本与新罗的关系处在紧张状态，因而从北九州向西南横渡中国东海，在长江口登陆，然后从陆路到长安。但在造船、航海技术尚不发达的当时，这条线路充满危险，常常因风暴船破人亡或漂流到蛮夷地区被杀害，据说使团人员的死亡率接近50%。例如第九次遣唐使团在734年10月返回日本时，从长江口出海后不久就遇上风暴，团队的四条船被吹散，大使乘坐的船同年11月到达日本九州南部的种子岛，副使乘坐的船736年8月才回到日本。判官平群广成乘坐的船漂流到东南亚的昆仑国，其乘员或被杀，或逃亡，该船115人最后仅剩平群广成等4人，并受到软禁。735年，平群广成等人躲藏在昆仑商人的船中回到唐朝长安，在唐玄宗信任的阿倍仲麻吕的斡旋下，准许经由渤海国回日本。但从渤海国出发横渡日本海时再次遇上风暴，渤海国大使等40余人落海遇难，平群广成漂流到东北地方的出羽，回到奈良时已是739年10月。从长江口出发的另外一艘船只始终没有消息，下落不明。在这样的风险下仍不断派出使团，可见当时的日本政权积极吸取大陆先进文化的决心。

遣唐使的任务除在政治上发展同唐朝的睦邻关系以及在经济上换取宫廷贵族需求的珍贵物产外，更重要的是护送留学生和留学僧到中国，学习唐朝先进的政治制度、律令、文化及佛教等。这些留学生或留学僧在唐朝居留时间较长，有些长达20年左右，十分熟悉中国文化的精髓，回国后大多身居高位，对中日文化的交流以及日本社会文化的发展起到巨大推动作用。其中最为著名的有阿倍仲麻吕、藤原清河、玄昉、吉备真备、空海、最澄、山上忆良等人。阿倍仲麻吕、藤原清河等留学生因故没有回国，在唐朝任高官直到去世；玄昉、吉备真备等留学生回国后被天皇任命为高级官员，对完善律令体制起到了很大的作用；而空海、最澄等留学僧学成回国后分别创建不同的佛教流派，对社会产生了较大的影响；山上忆良则是著名诗歌集《万叶集》的作者之一。

实际上，日本最后一次成行的遣唐使团是在838年，也是规模最大的使团，由600余人组成。本来此次使团在836年出发，但因暴风雨损失一艘船只，100多人不幸遇难。第二年三艘船只出发时再次受挫，第三次出发时副使小野篁称病拒绝参加使团，改由藤原丰并担任副使。三艘船只回国时也遭受了许多困苦，又有一艘船只遇难。半个多世纪后的894年，朝廷任命菅原道真为大使，准备再次派遣使团时，鉴于海上航路的危险，同时又收到入唐僧中瓘通报“大唐凋敝”的书信，于是停止派遣。因为在中国，875—884年爆发了大规模的黄巢农民起义，严重地打击了唐王朝，其后各地军阀割据。对于日本来讲，派遣使团的必要性大大降低。尽管如此，两国之间连续200多年的频繁往来，对日本的政治、经济、社会、文化等均产生了巨大的影响。

在唐朝东渡日本的中国人中最值得一提的是鉴真和尚。鉴真是扬州地区著名的律宗权威和授戒大师，应日本朝廷的邀请，在743—748年曾五次计划东渡，均因风暴或人祸没有成行。特别是在第五次东渡时，因风暴漂流到海南岛，千辛万苦回到扬州时，已双目失明。753年，日本遣唐大使藤原清河邀请鉴真一同赴日，尽管藤原清河乘坐的船被风暴吹到安南，后又回到长安，客死他乡，但鉴真却成功到达日本。鉴真在日本不仅为众多信徒授戒，而且也使律宗成为一个独立且有影响的教派。

907年，唐朝灭亡，大陆进入“五代十国”的动乱时期。979年北宋王朝统一中国，但经常受到北方少数民族政权的侵扰，因此，除民间贸易和双方僧侣往来并推动了更为频繁的文物交流之外，日本朝廷与大陆政权之间没有恢复政府间的关系，这种状况一直持续到15世纪初的室町幕府时期。

676年，新罗统一朝鲜半岛，新罗与唐朝的关系冷淡，因而与日本的关系较为密切，新罗派往日本的“新罗使”和日本派往新罗的“遣新罗使”往来频繁。但进入8世纪以后，新罗与唐朝因共同对付渤海国而恢复密切关系，日本与新罗却因在东亚“朝贡体系”中的地位问题产生矛盾，即日本将新罗作为朝贡国，为此发生了数次拒绝“新罗使”的事件。755—763年，唐朝发生“安史之乱”，时任太政大臣的藤原仲麻吕甚至制订了入侵新罗的战争计划。虽然此后双方还有官方往来，但数量非常少。9世纪中期以后，新罗国内混乱，其流民与海盗经常出现在西日本，日本对新罗的关系进一步消极化。935年，王氏高丽取代新罗统一朝鲜半岛，并多次遣使到日本要求恢复两国关系，但没有成功。虽然双方的民间贸易频繁，但海盗的不断骚扰加强了日本的对外孤立主义倾向。

713年，居住在中国东北地方的靺鞨人建立渤海国，为对抗唐朝和新罗，在727年遣使到日本，要求建立邦交关系。日本出于牵制新罗的战略也希望与其和好，于是双方正式使节往来不断。8世纪中期以后，渤海国与唐朝的关系好转，因而其对日关系开始转向以贸易为主，关系一直持续到926年渤海国被辽国所灭为止。正如遣唐使有时也利用渤海国路线那样，日本与渤海国的交往是日本吸收中国文化的一个重要途径。

综上所述，9世纪中期以后，东亚大陆地区再次呈现出混乱状态，日本天皇朝廷为防止这种混乱影响到日本，开始从积极的对外主义转向消极的孤立主义，因而推动了其文化从“唐风”向“国风”的转化。换句话说，其文化状态从全面引进阶段过渡到消化吸收阶段，并在传统文化的影响下逐渐呈现出日本特色。

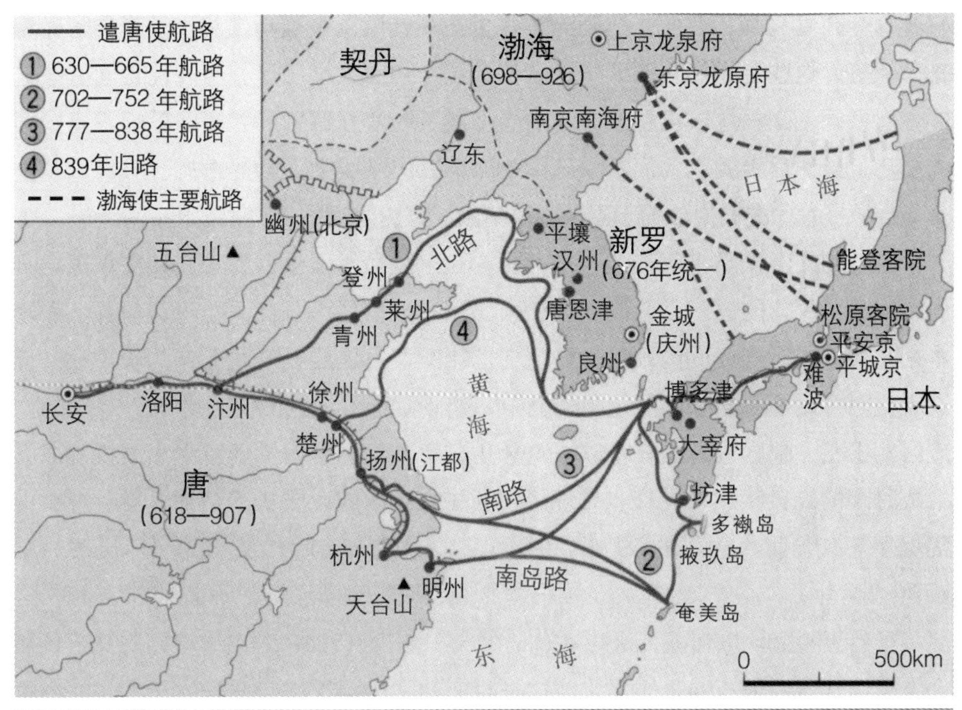

8 世纪之前遣唐使船多沿朝鲜半岛近海到大陆，遇难率近 50%。

唐风文化

通过与东北亚大陆各国的交往，特别是以遣唐使为中心的中日两国频繁交往，在日本相继出现了深受大唐文化影响的白凤文化、天平（奈良）文化以及平安前期（弘仁·贞观）文化，通常统称为唐风文化。

白凤文化是指从 645 年大化改新到 710 年迁都奈良为止这段时期的文化，因“白雉”年号（650—654）而得名。尽管这一文化仍以佛教文化为中心，但前期受大陆六朝文化影响，后期受唐朝文化影响。天武天皇时期确立了以伊势神宫为中心的神祇制度以及新天皇即位的“大尝会”制度，同时大力保护佛教，实施佛教国教化，为此建造大官大寺、药师寺等官寺，举行讲解护国经典的法会。各地贵族也纷纷建立自己的氏寺，692 年时，全日本共有 545 所寺院。

作为白凤文化的遗产，至今保留下来的代表性建筑物有法隆寺金堂及五重塔、药师寺东塔、山田寺回廊等。法隆寺的建筑虽然是重建之物，但仍然保留了当时的风格。药师寺东塔是原物。山田寺回廊 7 世纪建成后突然在地基上倒塌，1982 年才作为文物被挖掘出土，可以帮助我们了解当时的建筑风格和技术。雕像作品有药师寺金堂药师三尊像、药师寺东院堂圣观音像、兴福寺佛头、法隆寺阿弥陀三尊像等。这些金铜像线条明晰，表情柔和，初唐风格明显。代表性绘画有法隆寺金堂壁画、高松塚古坟壁画等，前者吸取了印度石窟壁画和中国敦煌石窟壁画的技巧，虽然后者受高句丽古坟壁画的影响，但从画中人物的形态、服饰以及色彩、技巧来看，类似中国的永泰公主墓壁画，盛唐时期的风格很突出。

当时的文学作品有汉诗与和歌。白村江之战后，不少百济贵族和文人流亡日本，推动了汉诗的盛行，大友皇子、大津皇子创作了许多优秀的汉诗作品。和歌本来是流传在日本民间的歌谣，受汉诗的影响，发展成五音或七音的长短歌。天武天皇时开始用汉字表述日语的发音，最终形成了和歌这种艺术体裁。当时的作者以额田王、柿本人麻吕等皇族成员为主，但其作品不仅体现了中央集权制国家形成时期的社会状态，而且也体现了包括民众在内的氏族集团精神。当时没有文集保留下来，时人创作的汉诗与和歌大多收录在奈良时代编撰的《怀风藻》和《万叶集》中。

虽然天平文化取自圣武天皇在位时的天平年号（724—748），但在广义上指整个奈良时代（710—794）的文化。这一时期的文化深受盛唐文化的影响，并形成了包含佛教文化在内的贵族文化。这一文化首先体现在为树立天皇家族神圣权威而编撰国史上，712 年，由太安万侣编撰的三卷本《古事记》成书。该书利用假名表记，以天皇家族为中心，记述了从神话时代到 628 年推古天皇去世的历史，内容多神话传说，例如天神伊奘诺及伊奘冉创造日本列岛，其女天照大神之孙迩迩芸神统治大地并得到镜、剑、玉三件神器，迩迩芸神之孙神武天皇从九州日向东征并于公元前 660 年在大和地区建国等等，但从中也可以看出日本民族最初形成时期的某些痕迹。

720 年成书的 30 卷本《日本书纪》，由舍人亲王等人编撰，为汉文编年体史书，内容从神话时代一直到 697 年的持统天皇，具有一定的史料价值，但仍需要分析性引用。官府修史一直持续到平安时代中期，共有六部用汉文撰写的历史书籍，即《续日本纪》《日本后纪》《续日本书纪》《续日本后纪》《日本文德天皇实录》及《日本三代实录》，包括《日本书纪》在内，统称《六国史》。另外在 713 年，朝廷命令诸国收集山川名称来源、乡土特产、古老传说等，并编撰成书，即汉文记载的地方志《风土记》，目前仅剩常陆（今茨城县）、出云、播磨、丰后（今大分县）、肥前（今佐贺县）五国的《风土记》，而且大多残缺不全。

在统治思想方面，天皇朝廷大力提倡儒学和佛教。例如在“大学”的课程中，有习《论语》《孝经》等经书的明经道、习律令的明法道、习汉文历史的纪传道等，另外，还教授阴阳、历法、天文、医学等学问。为让自己家族的子弟能够掌握更多的知识，大贵族建造附属“大学”的寄宿设施——“大学别曹”，例如藤原家族的“劝学院”、和气家族的“弘文院”、橘氏家族的“学馆院”、在原家族的“奖学院”等。学生住在其中，利用其藏书，同时在“大学”里接受教育。

佛教在国家保护下继续兴盛，圣武天皇在741年下诏建立国分寺，即每个“国”建立一个国家寺院，同时在743年下诏造大佛塑像，历经10年终于建成东大寺大佛。当时还有“七大寺”以及“南都六宗”之说，也就是建造药师、大安、元兴、兴福、东大、西大、法隆七个较大的寺院及三论、成实、法相、俱舍、华严、律六个佛教流派。但在奈良时代的初期，主张“若顺经典，能护国土，如违宪章，不利人民”的法相宗深得朝廷的支持，因而比较兴盛。754年，大唐和尚鉴真东渡日本以后，天皇朝廷赐田地、建寺院，予以支持，因而律宗在日本得到广泛传播。由于佛教的国家化，当时名声较大的僧侣既是宗教家、学者，又是地位较高的政治家，深受天皇的信任。

8世纪末到9世纪末的平安初期文化也称弘仁·贞观文化，“弘仁”是嵯峨天皇（809—823年在位）的年号，“贞观”是清河天皇（858—876年在位）的年号。虽然这一时期遣唐使基本停止，但文化仍深受大唐的影响，其特征是出现了与国家佛教不同的新佛教流派以及“神佛共祀”风俗，汉文学兴盛等。

著名僧侣最澄804年随遣唐使到唐朝，在天台山国清寺学密教，回日本后创天台宗，自建大乘戒坛，确立了延历寺在日本佛教界的中心地位。最澄的弟子圆仁、圆珍也先后到唐朝学习密教，回国后弘扬天台宗密教。另外一位著名僧侣空海亦在804年到唐朝习密教，回国创真言宗。天台宗、真言宗在祈祷国泰民安的同时，更主张驱灾求福的现实利益，因而吸引了包括皇族、贵族在内的众多信徒。另一方面，两派作为密教，均主张山中修行，因而其寺院据山形而建，留下的代表性建筑物有室生寺金堂、五重塔等，其中塑造的诸多佛像也大多带有神秘感。

密教追求现实利益以及在山中修行的主张与传统的神道教相吻合，结果推动了外来宗教与本地宗教的融合。因为以自然崇拜和祭祀氏族之神为中心的神道教大多坐落在远离人群的山中，为高大树木所环绕。尽管推古朝以来政府极力推崇佛教，但神道教仍然保存下来，随着佛教向民间的传播，将神佛同等看待的“神佛共祀”习俗逐渐流传开来。或在神社中建造寺院，或在寺院中祭祀守护神，或在神前诵经等。神像也多带有佛像的特征，代表作有药师寺的僧形八幡神像、神功皇后像等。

在文学艺术方面，奈良时代也较前一个时代出现了长足的进展。其中以假名写成的《万叶集》收集了759年以前的约4500首和歌，作者有天皇也有平民，包括关东的农民及服兵役的防人等。继白凤文化时期的额田王、柿本人麻吕之后，山上忆良、大伴家持为奈良时代的歌人代表，统称为四代歌人。奈良时代留下的代表性建筑物有东大寺法华堂、正仓院、唐招提寺等，代表性雕塑有东大寺法华堂执金刚神像等，代表性绘画有鸟毛立女屏风——树下美人图等，均具有盛唐文化影响的痕迹。特别是在收藏皇室宝物的正仓院中，来自大陆各国的物品充分显示了东西文化交流的结果。

唐朝书法深受贵族喜爱并得到模仿，嵯峨天皇、空海、橘逸势作为最有名的书法家，被称为“三笔”。唐朝宫廷礼仪也受到朝廷重视，嵯峨天皇时甚至编纂了以唐朝为标准的礼仪书《内里式》。由于政府官员多为擅长唐文化的文人、学者，而且宫廷时常举行咏汉诗的宴会，因而出现了许多优秀的汉诗集，如《凌云集》《文华秀丽集》《经国集》等，致使该时代在文学史上被称为“国风黑暗时代”。

国风文化

遣唐使停派，特别是在唐朝于907年灭亡后，日本逐渐形成在吸收、消化中国文化基础上的独特审美意识，并出现了体现其意识的假名文字、美术、生活及独特观念，因而被称为国风文化。即使如此，日本文化仍然继续受到中国文化的影响。国风文化包括10—11世纪摄关政治时期的藤原文化，以及11世纪末至12世纪末院政时代的平安末期文化。

藤原文化仍然是以京城贵族为中心的文化，其特征包括外来宗教与本地宗教进一步融合、假名文字基础上的女性文学以及具有日本特色的艺术、建筑的流行等。

平安时代出现的“神佛共祀”习俗，此时进一步发展为“佛神合一”（即“本地垂迹说”）的意识，也就是用佛教释迦现身、普济众生的思想来解释日本历来崇拜的神灵，甚至将天照大神看作是大日如来之化身。不仅消除灾难的神道信仰与祈求冥福的佛教思想相结合，而且对亡灵作祟的担忧推动了神社的发展。当时著名的神社有北野神社、八坂神社、贺茂神社等。

另外也出现了以民间传播为社会基础的净土宗，与过去追求现世利益的佛教不同，净土宗主张逃脱今世的苦难，最终进入极乐净土。最初它由天台宗的圆仁从大陆传来，因不需特定的仪式或供奉，只要诚心念佛便可得救，从而获得信徒的欢迎。其后空也、源信、良忍及源空等僧人积极传播净土宗，特别是进入 11 世纪以后，频繁的自然灾害和社会混乱加重了人们对来世的追求意识，信徒由此增加很快，甚至吸纳了藤原道长等大贵族，并出现了《往生要集》《日本往生极乐记》《拾遗往生传》等宣扬净土宗的书籍。

尽管从 5 世纪开始日本人就利用汉字表述其发音，并出现了“万叶假名”，但假名字母到 11 世纪初才大体成型。当时贵族女性，特别是宫廷女性大多数没有接受过严格的汉文教育，而是利用草体假名，即平假名撰写书信、日记或歌词；僧侣用汉字的偏旁，即片假名记述佛经，平安中期以后逐渐统一成完善的语言体系。但是，当时的男性贵族依然利用汉文作为正式的书面语言，因而假名日记或文学大多由女性创造。即使第一部男性假名日记、即纪贯之的《土佐日记》也是以女性的名义撰写的。

女性文学发达的原因除女性最先使用平假名文字外，还有贵族社会的逐渐成熟使有闲文化女性增加、摄关家族的女性常以其文学修养获得天皇的宠幸等因素。其代表性作品有紫式部的《源氏物语》和《紫式部日记》、藤原道纲之母的《蜻蛉日记》、和泉式部的《和泉式日记》、清少纳言的日记《枕草子》、菅原孝标之女的《更级日记》等，其中最为引人注目的是清少纳言的《枕草子》和紫式部的《紫式部日记》及其长篇小说《源氏物语》。两者均为宫中女官，却因分别服侍藤原道长的侄女和女儿而成为政敌，因为藤原道长将自己的女儿彰子嫁给一条天皇作妃，是希望击败同为一条天皇之皇后的侄女定子及其兄藤原伊周。她们的日记深刻记录了宫中浪漫多情与钩心斗角并存的生活。

但紫式部名扬中外却是因其长篇小说《源氏物语》。紫式部本姓藤原，因为父兄均任过“式部丞”一职，《源氏物语》中的女主角紫姬又被传诵一时，因而被称为紫式部。《源氏物语》的背景是藤原道长执政下的平安王朝贵族社会盛极而衰的转折时期，主人公源氏本是天皇桐壶与一爱嫔所生之子，长大后相貌堂堂，多才多艺，极受天皇宠爱。但源氏竟与皇妃藤壶私通，并生下一子。其后源氏凭着他的才情与特殊权势，狂热追逐女性。其异母兄长接任皇位后，源氏被逐山乡，但在源氏与藤壶的私生子冷泉天皇登基后，源氏东山再起，执掌朝廷，享尽荣华富贵。但其最后一位夫人与他人私通并生一子，万念俱灰的源氏出家，很快死去。小说艺术地再现了贵族内部尔虞我诈的权力斗争，揭露了贵族统治阶级的腐朽和罪恶及其必然崩溃的趋势，是日本从贵族社会向武家社会过渡的历史画卷。

除假名日记或文学之外，大量和歌集的出现也体现了国风文学的发展与兴盛。

尽管在宫廷活动中汉诗仍占一定地位，但吟诵和歌逐渐成为时尚。从902年到1205年，共有《古今和歌集》等八部根据天皇或上皇敕令编纂的和歌集。另外，也出现了许多作者不详、民间故事体裁的“物语”小说，如描述竹生之女故事的《竹取物语》、用和歌讲述爱情故事的《伊势物语》以及《宇津保物语》《落窪物语》等。

在艺术方面，出现了利用中国画技巧描绘日本风景的“大和绘”，其作品大多绘制在屏风和卧具上。在建筑方面也出现了日本式的寺院，也就是以水池为中心、正面建造佛殿的建筑群，其代表为藤原赖通建造的平等院凤凰堂等。与此同时，贵族住宅也形成了称为“寝殿造”的宫殿式建筑风格，即在一公顷左右的土地上，建造以寝殿为中心的对称建筑物，以走廊相连，寝殿前方为水池、庭园、水阁。房间较少墙壁，大多用屏风和帏幛相隔，可以随时隔成适用的房间。

平安末期文化的特征是贵族文化融入了以武士、平民为中心的地方文化色彩。例如藤原明衡的《新猿乐记》、大江匡房的《傀儡子记》和《永长田乐记》均描绘了社会各阶层，特别是艺术界的状况。“田乐”“猿乐”等平民艺术也深受贵族的喜爱，后白河天皇甚至搜集编写了民间的流行歌谣，起名为《梁尘秘抄》。

在平安时代末期，物语文学也带有较多的民间或军事色彩，例如收集印度、中国、日本民间故事的《今昔物语集》，描述平将门之乱的《将门记》，描述陆奥

平等院凤凰堂建于1053年，是藤原赖道建成的阿弥陀堂。因屋顶饰以凤凰，建筑本身有左右翼廊，形似展翅欲飞的凤凰，后世称凤凰堂。位于京都近郊的宇治市。作为日本平安时期现存的唯一贵族遗构，是日本贵族文化的象征性建筑，被列入世界文化遗产。

地区前九年之战的《陆奥话记》等军旅物语。这些作品均描述了地方武士及平民的生活。另外还有叙述藤原家族等贵族盛衰的《荣华物语》《大镜》《今镜》等国文体历史书籍。

受净土宗末世思想的影响，同时作为文化从城市向地方乡村普及的象征，全国各地均建造了能够通往来世的阿弥陀堂，其中代表性的建筑有陆奥地区的中尊寺金色堂和白水阿弥陀堂、九州丰后的富贵寺大堂及其臼杵石佛等。

特别在绘画方面，不仅出现了类似连环画的“绘卷”，题材上也开始包括武士、平民的生活情形。其中著名的作品有描述京城平民生活的《年中行事绘卷》、描述宫廷贵族女性的《源氏物语绘卷》、描述应天门之变的《伴大纳言绘卷》、描述平民宗教信仰的《信贵山缘起绘卷》、描述平氏家族荣华富贵及其贵族生活的《平家纳经》、描述地方平民生活的《扇面古写经》等。除此之外，还有以动物形象讽刺贵族的《鸟兽戏画》等。

结 语

从表面上看，在律令体制的建设过程中，日本受隋唐的影响很大。例如在经济制度方面，模仿隋唐的均田制和租庸调制实施“公地公民制”“班田收授制”“租庸调制”；在行政制度方面，仿照隋唐三省六部制在中央设置两官八省制，地方设国、郡、里等行政机构；在法律制度方面，隋唐有五刑、八议、十恶诸刑律，输入日本后就变成了五等、六议、八虐等；另外在官僚制度方面，日本学习隋唐的科举制度，京都设大学，地方设国学，按照考试成绩录用官吏，等等。但是，这些制度性建设并没有在日本扎下根。公地公民制和班田收授制实施了不到半个世纪就发生动摇，很快被具有“不输不入”权的庄园制所取代；中央行政机构也逐渐演变为藤原家族专权的“摄关政治”、上皇掌权的“院政政治”，及武家统治的“幕府政治”；地方行政机构也演变成世袭的家族领地；公法制度转化为武家“家训”“家法”“分国法”等私法制度。即使被看作中国政治制度核心的科举制度，在日本一开始就没有得到认真对待。尽管在中央设置“大学”、地方设置“国学”作为培养各级官僚的学校，但只有三位以上贵族的子孙以及五位以上贵族之子才能进入“大学”，即使他们不进入“大学”或者不能从“大学”毕业，仍然可以获得相应的官职，即所谓的“荫位制”。地方“国学”的学生也主要是地方贵族子弟，从而使贵族阶层完整地保留下来。包括佛教、建筑、绘画、音乐、雕刻、文学甚至史学在内的技术性文化在制度性文化的制约下迅速发生变化，从短暂的“唐风文化”转向“国风文化”。

大事记

时间	日本	东北亚
527年	磐井之乱	
538年	佛教传入	
589年		隋统一中国
603年	制定“冠位十二阶”	
604年	制定《十七条宪法》	
607年	小野妹子遣隋	
618年		隋灭亡，唐朝建立
630年	第一次遣唐使	
645年	大化改新	
660年		唐与新罗联军灭百济
663年	白村江之战	
668年		唐灭高句丽
672年	壬申之乱	
674年		唐出兵新罗
676年		新罗统一朝鲜半岛
694年	迁都藤原京	
698年		渤海国建立
710年	迁都平城京	
712年	太安万侣撰《古事记》	
720年	舍人亲王等撰《日本书纪》	
729年	长屋王之变	

（续表）

时　间	日　本	东北亚
740 年	藤原广嗣之乱	
741 年	颁诏建立国分寺、国分尼寺	
755—763 年		安史之乱
757 年	橘奈良麻吕之乱	
788 年	最澄于比叡山建一乘止观院（后之延历寺）	
794 年	迁都平安京	
806 年	空海归国	
810 年	藤原药子之乱	
842 年	承和之变	
866 年	应天门之变	
887 年	阿衡纷争	
894 年	遣唐使废止	
901 年	菅原道真左迁太宰府	
902 年	首次庄园整理令	
907 年		唐灭亡，进入五代十国
916 年		契丹建国
918 年		高丽建国
926 年		契丹灭渤海国
935—941 年	承平、天庆之乱	
936 年		高丽统一朝鲜半岛
939—941 年	藤原纯友之乱	
946 年		契丹灭后晋，称辽
960 年		北宋建立
969 年	安和之变	
1004 年		辽宋议和
1017 年	藤原赖通成为摄政	
1051—1062 年	前九年之战	

（续表）

时　间	日　本	东北亚
1083—1087 年	后三年之战	
1086 年	白河上皇开始院政	
1125 年		金灭辽
1127 年		金灭北宋，南宋开始
1156 年	保元之乱	
1159 年	平治之乱	
1167 年	平清盛成为太政大臣	
1177 年	鹿之谷阴谋	
1180 年	以仁王下达平氏追讨令，源赖朝伊豆举兵	
1184 年	设置公文所和问注所	
1185 年	坛之浦战役，设置守护、地头	
1191 年	荣西归国，传禅宗（临济宗）	

进一步阅读资料

曹永洁在《日本摄关政治下的贵族伦理探析》（《延边大学学报（社会科学版）》2017 年第 1 期）一文中指出：日本平安时代随着“摄关政治”体制的确立，儒家思想也开始在贵族群体中传播，以人伦、道德为中心的价值取向开始通过儒家经典、律令、文学作品等媒介进一步深入日本社会各个层次。君臣之别、等级之分以“礼”的形式得以强化，以“孝”为中心的道德通过物语式故事，夹杂着佛教的劝善思想在民间传播。这是自律令时代以来，儒家思想持续作用于日本社会的产物，使原本伦理色彩较为淡薄的日本思想染上了人伦气息。另一方面，“摄关政治”和国风文化的兴起，使贵族伦理朝着“人情”方向发展，具有情感主义色彩的日本传统伦理意识在这一时代突出表现为强调“以心传心”“感物之心”和以自由开放恋爱为中心的两性意识。在宗教领域，从上一时代起就开始影响日本人精神世界的佛教思想进一步向社会基层渗透，逐渐酿成因果报应观和出世、彼岸的思想；

何勤华在《中华法系之法律学术考——以古代中国的律学与日本的明法道为中心》（《中外法学》2018 年第 1 期）一文中指出：中华法系是人类文明史上重要的法律体系之一，这一体系能够在东亚土地上生存、发展 1300 余年，不仅有《唐律疏议》等一批著名法典，以及长孙无忌、大和长冈等一批著名律学家，而且有《令集解》《律例笺释》等一批作品构成的法律学术、即律学，它们支撑着中华法系的发展、繁荣和延续。古代中日两国的律学（日本称明法道）是中华法系法律学术主体，正因如此，认真梳理、详细阐述古代中日法律学术的起源与发展、主要内容和基本特征、律学发展的内在逻辑以及其历史文化遗产是法学研究尤其是中华法系研究的一个重要课题；

纪微在《从天皇退位看日本"院政时期"的政治结构》(《宗教信仰与民族文化》2018年第2期)一文揭示了"院政时期"的政治结构特点，该文以日本当代天皇"生前退位"作为话题，对日本平安时代后期出现的天皇退位、"上皇""院政"等相关历史进行了深入分析。表明"院政"作为平安时代后期的主要政治形态，一出现则导致了之前统一集中于朝廷的日本国家权力出现崩裂，逐渐分散到不同的政治集团之中，出现了"双重王权结构"甚至"三重王权结构"的奇特政治现象。同时，原本无缘于朝廷政治生活的中下层军事贵族走进权力中心，带来武士阶级的发展壮大乃至武家政权的确立，使其后的日本政治结构乃至社会形态都发生了根本性的转变；

郭娜在《日本律令国家的土地国有制研究》(《日本问题研究》2018年第5期)一文中指出：7世纪中叶，日本政权为缓和土地兼并所激化的社会矛盾，通过"大化改新"建立起中央集权的律令制国家，将贵族的私地私民均收归国有，实施"班田收授"。日本律令时代的土地所有形态是土地国有制，但国家对土地的权利不是所有权，而是调节贵族与农民阶级对立的国家公权力。因此，土地国有制是国家公权力为抑制阶级矛盾呈现出来的外在形态，土地和人民实质上仍为贵族阶级共同所有；

吴虹在《飞鸟前期佛教造像服饰问题研究——兼论日本早期佛教发展》(《东南文化》2019年第2期)一文中指出：通常认为飞鸟时期引进佛教是日本列岛早期一系列重要社会变革的关键，对飞鸟时代佛教进行研究对认识日本早期社会的形成意义重大。然而，文献和考古资料的不足导致相关研究难以进展，以致佛教在日本的早期发展状况依然不明。通过考察日本飞鸟前期佛教造像的服饰表现，重点分析造像造型上不合理的服饰细节，可以看出佛教图像形式作为一种外来文化在当时还未被本土充分理解的状态，体现了佛教传播初期的发展特征。同时，服饰问题在飞鸟时代前期造像上集中出现，进入飞鸟时代后期基本消失，反映了飞鸟时代前后期佛教发展的内部变化；

娄雨婷在《日本古代律令制国家的形成与特点》(《北华大学学报（社会科学版）》2019年第3期)一文中指出：集权与分权并立的早期国家权力关系结构使得日本很难凭借自身的改革实现集权状态，但在来自中国大陆的外部冲击下，大和朝廷以唐朝律令制为蓝本建立起了古代天皇制律令国家。但国家的政治统治形态具有时代性，亦具有深层次的民族性，由于外来儒佛思想与日本本土神道思想的融合与互动，日本古代律令制国家呈现出上层建筑（律令官僚制）与社会基础（旧氏姓制）相互依赖，又相互矛盾的两重统治结构及神国性特点；

孙伏辰、张慧在《遣唐使文学对长安文化的接受与传播》(《西部学刊》2019年第5期)一文中从五部日本古代诗集及两部中国古代诗集中搜集、整理出公元701年至853年间日本遣唐使撰写的诗文，从家国情怀、悲心仁心、文化传播三大主题进行研究，认为遣唐使在唐代长安所接受的儒佛思想与日本神道信仰相互融合，在文学中表现出多元化思想倾向。其在长安接受的中国优秀文化不仅传播于日本国内，遣唐使文学在译介的过程中还推动了以长安文化为代表的唐代文化走向世界。

第三章

武人政权

源赖朝心狠手辣，为保住家天下，吸取平家未能斩草除根的教训，不仅将平氏家族赶尽杀绝，而且寻机将最后一个兄弟、忠心耿耿的范赖除掉。1198年末，赖朝参加相模川大桥建成典礼仪式，突然从马上跌落下来，伤重不治，第二年正月去世，年仅53岁。作为经常在马上活动的武士最高首领，坠马而死不可思议，因而引发许多猜想。特别是专门记录幕府活动的《吾妻镜》不仅在赖朝去世之日没有任何记事，而且缺少赖朝死前三年的记录。有人推测赖朝长期患糖尿病，因腿脚虚弱而落马；也有传说在典礼仪式时突然刮来一股怪风，安德天皇、平清盛、源义经等冤魂陆续显现在河面上，赖朝惊而坠马；甚至有人猜想他是死于北条政子的毒杀。赖朝的死因成为历史之谜。

赖朝有两个儿子——长子赖家，次子实朝。18岁的赖家继承将军职位，年少气盛，独断专行，引起众多“御家人”的不满。已经出家为尼的政子重新回到幕府，与其父时政协议组成元老决策体制，剥夺赖家的裁判权。其后剪除赖家的亲信，并消灭赖家岳父家族、杀害赖家长子一幡。赖家遭软禁后被杀，其弟、12岁的实朝继任将军职位。时政以辅佐将军的名义掌握大权，称“执权”。后受小老婆的蛊惑，准备杀害实朝，让自己的女婿做将军。关键时刻政子挺身而出，迫使时政出家为僧，其子义时继承“执权”。

实朝生在武士之家，但喜文厌武，爱好书法、和歌，擅长蹴鞠，甚至计划到大陆宋朝比试一番，武士们对其颇有微词。因憧憬公家文化，他自作主张与京都贵族之女成婚，并与掌握朝廷实权的后鸟羽上皇结成连襟。为恢复公家的统治权，后鸟羽上皇投实朝所好，不断为其封官加爵，在很短的时间内升任为右大臣。当时的贵族社会流行“官打”忌讳，即获得超越家族地位的官职会带来噩运甚至杀身之祸，据说后鸟羽上皇在京都河畔建诅咒幕府的祭坛，并用迅速升职的方式离间将军与执权的关系。确实如此，实朝的亲朝廷做法引起幕府高级官员的不满，在大雪飞舞、夜色茫茫的右大臣就职典礼上，受人唆使的实朝之侄、赖家次子公晓轻而易举地刺死了实朝，随后携实朝首级到朋友家从容吃喝，被迅速赶来的幕府捕快杀死。时为1219年，实朝28岁，公晓19岁。因实朝没有子嗣，源氏家族断绝，但公晓为何杀死实朝？实朝首级下落何处？义时为何临时离开就职典礼？至今仍是历史之谜。

镰仓幕府

幕府机构与御家人

在源平之战的过程中，镰仓幕府的统治机构陆续建立起来。1180年，富士川之战获得胜利后，源赖朝在镰仓（今神奈川县镰仓市）设置统率“御家人”的“侍所”，其长官“别当”由源赖朝的亲信和田义盛担任；1183年，源赖朝从后白河法皇处获得统治关东、东北地区的任命；1184年，设置处理行政事务和财政事务的“公文所”（后改称“政所”）、司法机构“问注所”，其长官“别当”“执事”分别由原朝廷下级官员大江广元及三善康信担任；1185年，源赖朝又从后白河法皇处获得往各国派遣“守护”、往庄园或公领派遣“地头”以及每段田收五升兵粮米，和向地方官员下达命令的权力；1186年，源赖朝在京都设置“京都守护”一职，由其妹夫一条能保担任，其职责是维护京都的治安和统帅在京都的御家人；其后又在北九州大宰府设置“镇西奉行”、在东北设置“奥州总奉行”职位，分别统率当地的御家人。

1190年，源赖朝到达京都，被朝廷任命为近卫大将。1192年，源赖朝从二条上皇处得到“征夷大将军”的称号，正式成立武家政权——幕府。因设在镰仓，所以史称“镰仓幕府”，其在位的1192—1333年称为“镰仓时代”。

守护最初称为“总追捕使”，原则上每国一人，由关东地区与源赖朝结成主从关系的高级御家人担任。守护平时的职责为“大犯三条”，即监督区域内的御家人定期到京都或镰仓担任警备，逮捕谋反者和杀人犯，行使警察权。守护战时的职责是率领任职国的御家人为将军作战。在镰仓时代，尽管朝廷任命各国的国司，但守护可以向国衙的官员下达命令，因而也具有较强的行政权，后来逐渐演变成一国的实际统治者。

作为庄园监管人的地头也由御家人担任，其职责是督促土地耕种者向领主或国衙缴纳租税，同时也负有镇压庄民反抗以及追捕强盗、维持治安的任务。最初没有规定地头的具体收入，“承久之乱”以后幕府颁布《新补率法》，规定地头的收入为每11町步土地中1町步的收获量、每段田加征五升米、山野河海收益中的一半等。

由此可见，镰仓幕府的统治基础是“御家人制度”。御家人是在源平战争中同源赖朝结成主从关系的武士，即其家臣。本来这些武士是各地的在乡领主、庄官或名主等，源赖朝为得到他们的长期效忠，明确宣布“私领本宅，领掌如故”，也就是所谓的“本领安堵”，即承认并保护他们原有的土地所有权。除此之外，还根据战功授予新的领地，即所谓的“新恩给与”。为此，御家人要无条件地服从主君源赖朝，并在战争中为其出生入死，从而形成“恩给”与“奉公”的主从关系。镰仓幕府成立后，将军任命高级御家人担任各地的守护或地头等官职，作为回报，御家人率领自己的随从定期前往京都或镰仓，担任警备的任务，其费用完全由自己承担。

镰仓幕府通过任命守护或地头的方式建立了覆盖全日本的统治机构，形成了与京都朝廷并立的双重政权结构，天皇朝廷的权力也因此受到严重削弱。尽管朝廷对其进行了抵抗，最初地头的设置也仅限于平氏家族或与平氏家族关系密切者被没收的领地，但随着幕府的权力越来越大，地头遂遍及全日本所有土地，与守护一道成为幕府统治的重要支柱。但是，地头仅拥有土地的监督权，并没有否定天皇朝廷的土地所有权，正是在这种经济基础上，“公家政权”得以保留。另一方面，虽然“武家政权”具有压倒性的军事力量，但其统治的合法性仍需借助天皇的精神权威，例如将军职位的继承须得到天皇的任命，在形式上京都政权仍然通过任命国司掌握着全日本的行政机关等。正因如此，在此后的几个世纪中，双方围绕实际的统治权时常发生冲突。

尽管源赖朝创建了日本历史上第一个武家政权——镰仓幕府，但莫名其妙地坠马而死，而且家族世系很快断绝，这也许是因果报应的迷信，也许是公武之争的必然。

镰仓幕府的经济基础以将军所有的封地和直辖领地为中心，即“关东知行国”和“关东御领”。“关东知行国”也称为“关东御分国”，为将军的封地，最多时达到九个，即为相模（今神奈川县）、伊豆（今静冈县）、上总（今千叶县）、信浓（今长野县）、越后（今新潟县）、骏河（今静冈县）、武藏（今埼玉县）、下总（今千野县）、丰后（今大分县）。在这些封地上，将军可推荐知行国的长官国司，并获得该国的部分收入；“关东御领”是以源赖朝为本家或领家的庄园和公领，以及被没收的平氏家族领地，共有 500 所。“关东御领”是将军的直辖领地，由幕府政所统一管理及征收租税，是幕府的主要财政来源。

北条氏专权

1199 年初，镰仓幕府的创始人源赖朝去世，其子年仅 18 岁的赖家继任将军。赖家精于弓箭马术，但缺乏其父的政治才能及权威，而且独断专行，重用其岳父，排挤幕府元老，遂引起许多高级御家人的不满。源赖朝死后出家为尼的北条政子重新回到幕府，并在其父北条时政以及大江广元、三善信康等幕府元老的策动下，首先剥夺了赖家的裁判权，然后组成 13 名元老决定重大政策的协议制，实际上是以北条家族为中心的决策体制。

1199 年底，北条家族将赖家的亲信、时任侍所别当的梶原景时驱逐出镰仓，第二年又将梶原家族消灭。1203 年，赖家病倒，北条时政与北条政子乘机策划分割将军权限，由赖家的弟弟实朝和赖家的儿子一幡同时继承其职位。赖家及其岳父比企能员计划反击，结果北条家族先发制人，一幡、比企能员及其家族成员均被杀死，赖家被软禁，实朝成为将军。北条时政成为政所别当，以辅佐将军的名义掌握幕府大权，被称为“执权”。

1204 年，北条时政杀害赖家，准备立自己的女婿平贺朝雅为将军，但遭到北条政子等人的反对，时政被迫引退，由时政之子北条义时担任执权职位。1213 年，义时灭侍所别当和田义盛及其家族，巩固了执权的地位。但此时实朝已经成人，并积极参与幕政，喜爱公家文化，与朝廷关系颇佳。1219 年，实朝在就任右大臣仪式的途中被其侄公晓所杀，公晓亦被杀，源氏一族断绝。义时希望立皇族亲王为将军，但遭到后鸟羽上皇的反对，只好立源氏远亲摄关家三岁的藤原赖经为将军，自己继续掌握幕府政权，自此以后将军成为虚设。

面对武家势力的不断增长以及幕府的建立，公家政权充满了危机感，特别是随着地头逐渐渗透到朝廷、贵族拥有的庄园中，进一步增加了朝廷及贵族对幕府的不满，幕府内部的争斗就为天皇提供了恢复公家权力的机会。1198 年，后鸟羽上皇开始执掌院政，重用反幕府人士，并将分散在各个皇族的领地集中到天皇手中，以加强朝廷的经济实力。

另外，天皇通过恩赐土地的方式吸引近畿地区的武士以及对北条家族不满的御家人。为安置这些武士，在“北面武士”机构之外，还增设了“西面武士”组织。后鸟羽上皇利用源氏家族与北条家族的矛盾，热情对待将军源实朝，赐其高官厚禄，并将皇后家族之女嫁给源实朝。因此，源实朝被杀后，朝廷与北条家族掌握的幕府关系恶化，后鸟羽上皇不仅拒绝了皇子做幕府将军的请求，而且在 1221 年 5 月向各国武士颁布讨伐北条义时的“院宣”，双方迅速进入战争状态。因时值承久三年，所以被称为“承久之乱”。

虽然也有支持朝廷的御家人，但大多数御家人在北条政子的鼓动下，重新集结在幕府旗下。在北条义时之子北条泰时率领下，从镰仓出发，分兵东海、东山、北陆三路向京都方向进攻。面对 19 万之众的幕府军队，万余人的朝廷军队一击即溃，不到一个月，幕府军就打败了朝廷军，并占领了京都。幕府迫使仲恭天皇退位，拥立后堀河新天皇，同时将后鸟羽上皇、顺德上皇、土御门上皇三人分别流放到隐歧岛（今岛根县）、佐渡岛（今新潟县）、四国岛，并处死参与计划讨幕的贵族与武士。天皇被处罚以及贵族被处死的事情前所未有，从中不仅可以看出武家势力的增长，而且对当时的社会也产生了较大影响。

幕府没收了参与讨幕的贵族及武士的 3000 所领地，将其作为幕府的直辖领地，并任命在此次平息内乱中立有战功的御家人为新地头，称其为“新补地头”，同时决定了新地头的俸禄标准。另外，幕府在京都设“六波罗府”，由北条义时之弟北条时房及其子北条泰时担任长官——“六波罗探题”，取代过去的京都守护。六波罗府的职责除警卫京都、监督皇室活动外，还兼有统帅西日本御家人以及执掌西日本的行政、司法等事务之责。六波罗探题的权力仅次于执权，通常由北条家族的重要成员担任。“承久之乱”之后朝廷拥有军队的权力受到严格限制，皇位继承及朝廷政治也由幕府决定，国家权力严重倾向武家。

1224 年，北条义时去世，翌年大江广元、北条政子亦去世，继任幕府执权的北条泰时针对时弊进行了一系列改革。首先改变执权独断的体制，在 1125 年设置“联署”一职，并由其叔父北条时房担任此职，辅助执权掌管政务；同时任命 11 名精通政务的御家人组成“评定众”，作为幕府的最高决策机构，与执权、联署协商决定重大行政、司法事务；其次，在 1232 年制定了名为《御成败式目》（亦称《贞永式目》）的武家法规，由 51 条组成。该法规以简单易懂的语言概述了行政、司法的规则以及武士应遵守的行为准则和道德规范，其中要求各级武士严守自己的职责，向公背私，不得越权妄为，严禁“非国司而妨国务，非地头而贪地利”等。

原始文献

《御成败式目》（摘录）

“式目”为条款，“成败”为裁决是非。该法规是依据当时武士社会公认的“道理”而制定的行为规范，其宗旨是将审判基准的重要法规成文化，统一判案尺度，是武家社会的基本法典。最初适用范围限于幕府管辖区域，后逐渐扩大，而且其内容也不断增加。

可修理神社専祭祀事

神者依人之敬增威，人者依神之德流运。……

诸国守护人奉行之事

右々大将家御时所被定置者、大番催促谋叛杀害人〈付、夜讨强盗山贼海贼〉等事也、而近年分补代官于郡鄕、充课公事于庄保、非国司而贪地利、所行之企甚以无道也、抑虽为重代之御家人、无当时之所带者、不能駈催、兼又所々下司庄官以下其名于御家人、对悍国司领家之下知云々、如然之辈可勤守护役之由、縦虽望申一切不可加催、早任右大将家御时之例、大番役并谋叛杀害之外、可令停止守护之沙汰、若背此式目相交自余事者、或依国司领家之诉讼、或依地头土民之愁欝、非法之至为顕然者、被改所带之职、可补穏便之辈也、又至代官者可定一人也

……

诸国地头令抑留年贡所当事

右抑留年贡之由、有本所之诉讼者、即遂结解可请勘定、犯用之条若无所遁者、任员数可弁偿之、但于少分者早速可致沙汰、至于过分者三ヵ年中可弁済也、犹背此令难渋者、可被改易所职也

国司领家成败不及关东御口入事

右国衙庄园神社仏寺领、为本所进止、于沙汰出来者、今更不及御口入、若虽有申旨、敢不被叙用、次不带本所挙状、致越诉事、诸国庄公并神社仏寺、以本所挙状可経诉讼之处、不带其状者既背道理欤、自今以后不及成败

……

女人养子事

右如法意者、虽不许之、大将家御时以来至子当世、无其子之女人等譲与所领于养子事、不易之法不可胜计、加之都鄙之例先踪惟多、评议之处尤足信用欤

……

——选自日本历史学研究会编：《日本史史料·2·中世》，岩波书店，2007年，第123—126页。

※ 试从选文分析镰仓时代武家社会的特征。

到北条泰时之孙北条时赖任执权时，进一步完善了以执权为中心的政治体制。即在1249年设置数名官员组成的“引付众”，其职责是协助评定众审理文书及裁判；通过各种手段清除了北条旁系家族，将幕府权力集中在北条嫡系家族——“得宗”，同时铲除了对北条家族形成威胁的名越家族和三浦家族；连续废除藤原家族出身的两任将军，拥立完全由幕府摆布的皇族亲王为将军。

武士领主化

在镰仓时代，武士领主化的现象越来越明显。“御家人”武士担任地头，那些“非御家人”武士通常被任命为庄官，监督“下人”、“所从”、农民进行农业生产。武士的所有子女均有继承权，分家后亦听从本家的调遣，形成一大家族，族长称为“惣领”，战时率家族成员作战，平时带领子弟到京都或镰仓履行警备义务。在这种家族基础上构成的武士团称为“惣领制”。武士家族的女性成员不参与军事活动，但也有可能成为地头或御家人。当时流行出嫁婚姻制，但结婚后仍用原姓氏。武士住在“武士馆”中，平时练习骑、射武艺，逐渐形成重武勇、礼节、廉耻、正直及节俭等内容的“兵道文化”。

农民分为上层农民“名主”和下层农民“作人”“下人”“所从”等，前者拥有少量土地，后者没有自己的土地，但都是从事农业的主要劳动力。名主向领主交纳 30% 左右的收获量作为“年贡”，另外还有交纳土特产的“公事”，并需提供称为“夫役”的徭役。当时已开始采取水稻和小麦轮作的两季农业，并普及了牛耕、肥料及水车灌溉等，因而推动了农业生产力有了较大提高。在此基础上，包括金属冶炼、锻造、纺织、酿酒、陶瓷在内的手工业以及出售这些产品的商业也得到发展，并出现了定期集市和货币经济。到镰仓幕府末期，84% 的货物交易使用货币，因而出现了高利贷“借上”、远距离汇兑“替钱”、同业公会的“座”以及从事货物管理、运输、贩卖的“问丸”。

元军征日

两次征日

在东亚大陆北部，金王朝于 1115 年建立，并于 1125 年消灭辽王朝，接着在 1127 年占领了北宋都城汴梁（今河南开封），宋王朝被迫南迁，在临安（今浙江杭州）建南宋王朝。1206 年成吉思汗的蒙古王朝出现，迅速发展为横跨欧亚大陆的帝国。在东亚地区，蒙古军队 1234 年消灭金王朝，1259 年征服高丽王朝。1260 年，成吉思汗之孙忽必烈成为蒙古国王，并在 1267 年将都城迁至大都（今北京）。其后将目光转向日本，在 1268、1269、1271 年，忽必烈连续三次遣使要求日本朝贡，均被幕府拒绝。执权北条时宗命令在九州具有领地的关东地区御家人奔赴北九州，加强当地的防守。1271 年，忽必烈定国号为元，在加紧攻击南宋的同时，集结兵力进攻日本。

九州武士竹崎季长与元军对阵图。元军集团作战，有火器，习惯单独作战的武士难以适应。

1274 年 10 月，2 万元军和 1 万高丽军乘坐 900 艘战船，从朝鲜半岛南端出发，占领对马、壹岐两岛后在北九州登陆，筑前（今福冈县）守护少式资国率九州御家人迎战。元军采用集团作战方式，并有火器助威，以骑射为主的日军苦战，不断败退。日落时分元军回船休息，但当晚暴风雨骤起，多数兵船沉没，元军损失惨重，被迫退回朝鲜半岛。因为此战发生在文永年间，遂史称“文永之役”。

1275 年，元朝再次派使节到日本要求臣服，执权时宗下令斩杀来使，并命令京都以西的御家人、非御家人武士、寺院、贵族等均由各国守护率领，加强备战，同时在北九州沿海修筑防止元军登陆的堤坝。

1279 年，元灭南宋后，忽必烈再次筹划远征日本。1281 年，元军分东、南两路进攻日本。5 月，4 万东路元军从朝鲜半岛出发，经对马岛攻入北九州的博多湾，但因日军防守严密，未能登陆，于是退守鹰岛等待援军。7 月，从中国宁波出发的 10 万元军出现在北九州海面，两路大军合流，准备发动总攻击。此时遭到大型台风袭击，元军 4000 艘船只沉没大半，兵力损失四分之三，又一次被迫败退。因为此次战役发生在弘安年间，所以史称“弘安之役”。

幕府衰退

尽管元军征日未能成功，但两次战役对镰仓幕府产生了重大的影响。首先是加强了幕府的专制统治。早在北条时赖执政末期，集体协商制度就遭到破坏，北条嫡系家族“得宗”时常决定重要事项。1268 年，任幕府执权的北条时宗进一步发展了北条家族专制的趋势，以防御元军来犯为借口，不仅“评定众”“引付众”的多数成员来自北条家族，而且各国的守护职务也多更换为北条家族成员。

在镰仓时代初期，担任守护职务的北条家族成员只有两名，到元军第二次败退后的 1285 年增加到 33 名，占全部 60 名守护的半数以上，到镰仓时代末期进一步增加到 38 名。

1185 年，幕府将北九州的“镇西奉行”改为“镇西探题”，其所在地也由大宰府迁移到沿海的博多。“镇西探题”由北条家族成员担任，其职责为统帅九州地区的御家人及处理该地区的行政、司法事务。北条时宗这种任人唯亲的做法使御家人发生分裂，被称为“御内人”的得宗家臣掌握大权，其他御家人受到歧视。1284 年，时宗去世后第二年，御内人首领平赖纲与大御家人安达泰盛发生冲突，安达家族被灭。在得宗专制政治形成的同时，也削弱了幕府的统治基础。

另一方面，抗元战争后镰仓幕府没有土地或财力赏赐那些有战功的御家人，破坏了由“奉公”而得到“恩赏”的幕府与御家人的关系基础，加剧了御家人对幕府的不满情绪。镰仓时代中期以后，御家人的收入因分割继承家产而逐渐减少，在削减家庭女性所继承家产之后演变成单子继承制，从而出现了大量生活困难的御家人。这些御家人因战争负担而进一步穷困没落，开始将自己拥有的少量土地典当给高利贷者或出卖。幕府为维持其政治和军事体制，曾禁止御家人出卖或典当土地，难以取得实效后又在 1297 年颁布《德政令》，命令商人归还购买或抵押的御家人土地。结果引起经济混乱以及商人的不满，不得不很快将其取消，进一步刺激了御家人的不满。

更为重要的是，御家人为弥补战争给自己造成的经济损失，恢复自己的经济实力，在加紧侵占公有领地的同时，那些担任地头的御家人拒绝向领主交纳赋税，并蚕食庄园土地。这种行为不仅使统治阶级内部产生严重的对立，也加剧了领主、地头与土地耕种者之间的阶级矛盾。因为领主与地头均加重了对农民的剥夺，导致许多庄园农民或被迫逃亡他地，或铤而走险沦为强盗。他们以非御家人出身的新兴武士为中心，占山为王，时常成群结队地攻击庄园，掠夺财物，时称“恶党”运动。

进入 14 世纪以后，幕政更为混乱。1317 年，14 岁继任执权的北条高时热衷于歌舞与斗狗，不理政事，大权旁落。1322 年，奥州地区的豪族安东氏因领地问题与其他家族发生纠纷，上诉幕府以求解决。独揽幕府大权的内管领（首席家臣）长崎高资收受双方贿赂，故意拖而不决，结果导致安东家族叛乱。尽管叛乱被镇压了下去，但幕府的权威一落千丈，御家人的离心倾向进一步加剧。

对外交往与文化

尽管从平安时代末期到镰仓时代的日本与中国南宋王朝没有正式的邦交关系，但官方许可下的民间贸易却十分盛行，镰仓时代中期以后，幕府也派船到中国进行贸易。日本积极贸易的一个主要原因是，随着商业的发展，缺乏铜钱的日本需要从中国进口。铜钱大量外流甚至使南宋一度出现“钱荒”，南宋朝廷不得不下令加以限制。除铜钱以外，陶瓷器、丝绸、书籍、茶叶、砂糖以及来自东南亚的香料、药品也是日本从南宋进口的物品，日本向南宋出口的主要商品为金、水银、硫黄、木材、漆器、刀剑等。

即使在元军征日以后，日本与中国的民间贸易仍然十分频繁，其形式大多是日本船只到元朝指定的港口进行贸易。日本从元朝进口的商品有铜钱、经卷、书籍、佛事用具、茶具及绘画等，其中铜钱仍然是主要商品，“日本遣商人持金来易铜钱”，元朝政府也曾一度禁止铜钱外流。

在镰仓时代特别值得注目的是两国宗教界人士的交往，南宋期间大约有八十多名日本僧侣到中国，二十多名宋朝僧侣到日本列岛，元代双方僧侣的往来就更加频繁。其中日本著名的僧侣有荣西、道元等，中国著名的僧侣有兰溪道隆、一山一宁等。这些僧侣的交往推动了禅宗在日本的兴盛，而且将程朱理学、饮茶风俗等传到日本。

如果说奈良时代日本吸收中国先进文化的方式为官方主导，那么镰仓时代则是民间主导。也就是说，正是在民间贸易和民间僧侣的频繁往来中，以禅宗及朱子学为中心的中国文化传到日本。因此，镰仓文化在具有平民化、武士化特征的同时，也受到宋元文化的浓厚影响，其主要体现是新兴佛教及武士文学的出现。

平安时代末期社会动乱，而且随着武士阶层的兴起，社会结构发生较大的变化。过去以贵族利益为中心的宗教思想已不适应普通民众在“末世”中寻求拯救的心愿，因而在镰仓时代形成了六个新的佛教流派。它们分别是法然在1175年创立的净土宗、亲鸾在1224年创立的净土真宗（一向宗）、一遍在1274年创立的时宗、日莲在1253年创立的日莲宗（法华宗）、荣西在1191年创立的临济宗、道元在1227年创立的曹洞宗。前四个流派均是从本土的旧佛教中产生，主张简单修行就可以得救，因而在普通民众中影响很大。例如净土宗主张只要专心念诵“南无阿弥陀佛”就可以得救；净土真宗甚至主张只要有一次真心念佛就可以得救，而且恶人优先得救；时宗主张所有的人均可通过念佛得救；日莲宗主张信仰法华经，口念“南无妙法莲华经”就可以得救等。

创立临济、曹洞两禅宗的荣西和道元均曾到中国大陆宋朝修学，回国后大力传播佛法。禅宗宣扬“自力本愿”，即通过主观意志便可以“成佛”。虽然禅宗修炼方式简单，但追求“一念不生”的最终境界，因而适合缺乏文化且强调视死如归的武士。在具体的修行上，两宗有所不同。临济宗主张通过坐禅激发内心的佛性，同时通过机智问答，达到大彻大悟的境地。荣西撰写了《兴禅护国论》等著作，由于将军源赖朝、执权北条氏等均信仰该教，因而临济宗在武士阶层中的影响较大，成为幕府的宗教。曹洞宗也主张坐禅省悟，但“只管打坐”，否定在家修行。道元数次拒绝幕府的邀请，但其修行方式更适合武士的风格，因而信仰该教的武士很多。

程朱理学在日本被称为“朱子学”，也称为“宋学”，主要指以南宋朱熹为中心形成的儒家学派，在镰仓时代末期传入日本。“理学”宣扬精神先于物质，认为“理”是世界万物产生的根源，其中包括社会秩序以及忠、孝、仁、义等社会道德。“理学”提倡万民百姓要“各依本分，凡事循理”，决不能“以下犯上，以卑凌尊”，更不可有“悖逆作乱之心”。由于这些主张十分适合幕府的统治，所以受到执政者的大力支持和宣扬。但在当时是与禅宗融合在一起传到日本并渗透到武家政治中的，而且因各自立场的不同，对“理学”的理解也有很大差别。例如在镰仓幕府末期朝廷的倒幕运动中，“理学”的“大义名分论”对后醍醐天皇产生了较大的影响。

镰仓时代的文学艺术超越宫廷贵族文学的局限性，出现了大量描写武士阶层和民间世俗人情的作品，例如《平家物语》《保元物语》《平治物语》等。特别是讲述平清盛一族兴衰故事的《平家物语》，着重渲染了“诸行无常、盛者必衰”的观念。这部作品原本是说唱艺人的剧本，后经人加工整理，并因广受欢迎，后来又改编成《源平盛衰记》等作品；随笔的代表作有鸭长明的《方丈记》和吉田兼好的《徒然草》，两位作者均为僧侣，他们从佛教思想出发，在其作品中深刻反映了自然灾害、饥荒、病疫以及社会动乱；和歌的代表作有宫廷贵族的《新古今和歌集》以及第三代将军源实朝的《金槐和歌集》，前者感伤，后者威武；游记文学有《东关纪行》《海道记》《十六夜日记》等，主要内容是从京都到镰仓的东海道沿途的风俗人情与抒怀；史书方面的代表作有慈元著的《愚管抄》和幕府编撰的《吾妻镜》，前者描述了从神武天皇到顺德天皇的历史，试图从中寻找社会发展的规律，但充满了佛教的末世思想；后者以日记体的形式记录了幕府的历史，贯穿了将北条家族统治正当化的主题。

在雕刻、绘画方面，受宋朝影响的写实作品逐渐增加。例如东大寺的佛像、世俗肖像雕刻、水墨画等均以宋朝式样为标准。大陆文人咏诗作画的习俗也由禅僧传入日本，在茶室或厅堂里悬挂诗轴画成为上流社会的风俗。

在建筑方面，出现了称为“和样”的日本式寺院和“武家造”的武士住宅，前者纤细精巧，后者简洁实用。

南北朝

后醍醐天皇

1221 年“承久之乱”后，朝廷仍然是上皇主持院政，但皇位的继承和上皇的当政由幕府决定。围绕皇位及皇室所属庄园的继承，皇室逐渐分为持明院系及大觉寺系两派。1317 年，在幕府的劝告下，两派协商决定轮流出任天皇，幕府也表示不再干预皇位的继承。1318 年，大觉寺系的后醍醐天皇即位，他深受朱子学影响，渴望恢复天皇直接掌握国家大权的局面。因此，后醍醐天皇停止其父后宇多上皇的院政，亲自执政，录用政治人才，并利用幕府权威下降、“恶党”盛行之机秘密进行武力倒幕活动。

后醍醐天皇希望自己像 10 世纪末的醍醐天皇那样亲掌大权，不受摄政、关白牵制。但时过境迁，武人专政，明知不可为而为之，并没能达到目的。不过他打破天皇死后才追赠谥号的惯例，生前亲自决定为“后醍醐”。

1324 年，天皇与近臣商议发动畿内武士、僧兵袭击六波罗探题，但计划泄露，近臣被逮捕、流放，史称“正中之变”；1331 年，天皇又派自己的两个儿子——护良亲王、宗良亲王到延历寺发动僧兵反对幕府，计划再次泄密，天皇被迫逃出京都，“恶党”楠木正成起兵响应，但很快被幕府镇压下去。后醍醐天皇被捕并被流放到隐岐岛，数名近臣被斩首，持明院系的光严天皇即位，史称“元弘之变”。

尽管如此，各地武士的反幕府运动开始高涨，以楠木正成为中心的畿内“恶党”尤为活跃。

护良亲王在近畿山区招募武士，播磨（今兵库县）的赤松元心起兵响应。后醍醐天皇也很快从流放地隐歧岛逃到伯耆（今岛根县），并在其旗下集结了许多武士。

镰仓幕府为镇压这些反幕活动，在1333年派遣大将足利高氏前往京都。足利氏系源氏后裔，世代与北条氏关系密切，但在赴京都的途中却与后醍醐天皇秘密联系，并表明自己的反幕态度。在其影响下，各地的武士纷纷倒戈，攻击幕府及北条氏的据点。足利高氏与畿内的“恶党”攻陷六波罗府，上野（今群马县）的源氏后裔新田义贞率关东地区的反幕武士攻入镰仓，激战之后北条家族及近臣八百余人自杀，镰仓幕府灭亡。后醍醐天皇回到京都，废黜光严天皇，重登皇位，建立公家政权。

建武新政

后醍醐天皇重新即位后，改元“建武”，实施新政。任命高级贵族为中央各机构的大臣以及地方的国司，并强化天皇本人的权限。一方面否定对天皇权力构成威胁的幕府、院政、摄政、关白等机构或职务；另一方面，废除知行国制度，土地所有权的证书均由后醍醐天皇亲手写成。中央机构设有处理重要政务的记录所、处理诉讼的杂诉决断所、统率军队的武者所、掌管奖赏的恩赏方等机构。地方机构每国均设守护、国司，同时设镰仓将军、陆奥将军，由后醍醐天皇的两个儿子成良亲王和义良亲王担任。

后醍醐天皇实施的新政不到三年就失败了，其主要原因首先是权力过于集中，赏赐严重不均。重要的政务完全由天皇本人决定，并亲自签发每份土地所有权证书，难以做到客观公正；其次是讨幕各派之间的矛盾。公卿贵族希望恢复公家政治，武士希望恢复武家政治，传统势力要求复古，新兴势力要求革新，没有强大武力做后盾的后醍醐天皇难以平衡各派的利益冲突；另外，在百废待兴之际，朝廷还大兴土木，修建宫殿，并为此发行大量货币，增加税收，结果引起社会各界，特别是农民的不满；最重要的是，在进入武家时代以后，难以恢复律令时代的天皇制政治结构。虽然镰仓幕府倒台，但武士的力量反而有所增强，他们对天皇朝廷未满足其要求而心怀怨恨。

镰仓幕府灭亡以后，统帅旧御家人的是足利高氏，因倒幕有功，后醍醐天皇将自己名字中的“尊”字赐予足利，称足利尊氏。作为新兴武士领袖的护良亲王为对抗足利尊氏，自己就任征夷大将军，但遭到后醍醐天皇的怒斥，因为这个职位容易使人联想到武家政权。护良亲王被流放到镰仓，很快被足利尊氏之弟足利直义杀死。对新政不满的武士大多集中到足利尊氏旗下，为其恢复武家政治奠定了基础。

1335 年，北条高时之子北条时行在信浓（今长野县）起兵，进军关东并打败足利直义军队后占领镰仓。足利尊氏要求率兵东征，同时要求得到征夷大将军的称号，但遭到后醍醐天皇的拒绝。足利擅自率兵进军关东，打败北条时行，夺回镰仓，同时明确表示反对天皇朝廷的新政。后醍醐天皇派遣新田义贞率兵攻打足利尊氏，但在箱根被足利尊氏打败。后者乘胜追击，进入京都。

1336 年，足利尊氏被从东北地方进军京都的北畠显家打败，流落北九州地区，但各地武士纷纷投奔足利尊氏。足利率军返回近畿地区，在凑川打败楠木正成，重新占领京都。足利尊氏废黜后醍醐天皇，另立持明院系的光明天皇即位，并颁布了显示其执政方针的《建武式目》。这一文件由 17 项条款组成，其主要内容包括禁奢侈，行俭约；镇暴行，止贿赂；戒官员缓怠，选贤者为吏；京中空地归还原主；受理贫弱之辈的诉讼；兴办专营金融借贷的土仓等。与此同时，足利尊氏决定在京都建立幕府。1338 年，足利尊氏从光明天皇那里正式得到“征夷大将军”的称号。

南北朝对立

1336 年底，被废黜的后醍醐天皇逃出京都，在京都南部吉野山组成另外一个朝廷，并声称自己是正统天皇，从而形成南北朝对峙的局面。最初两年南北朝尚有战事，但支持南朝的北畠显家、新田义贞等相继战死，1339 年后醍醐天皇去世后，南朝已经没有实力与北朝对抗，只剩下北畠亲房领导的东北、关东、九州等地区的少数反抗幕府据点。偏居一隅又缺乏武力的南部朝廷之所以能够经历四代天皇，维持 57 年的时间，是室町幕府内部足利兄弟争权夺利的结果。

幕府成立之初，将军足利尊氏作为最高的统治者执掌恩赐、军事大权，其弟足利直义行使政务实权，但两人因统治理念的差异而发生冲突。足利尊氏的亲信高师直是打败北畠亲房及楠木正成之子楠木正行的高级将领，藐视传统权威，否定庄园制，并主张尽快建立全国性武家政权。足利尊氏赞成高师直的主张，但足利直义尊重传统权威，主张在协调的基础上渐进统一。足利兄弟之间的矛盾后来发展成全国性的动乱，并轮流与南朝合作。首先是 1350 年足利直义转向南朝，打败北朝军队后兄弟和好，但足利尊氏在取得南朝天皇的支持后，在 1352 年消灭了足利直义。其后，尊氏及其子义诠、直义的养子直冬、南朝势力三方继续混战，反幕府势力曾数度攻入京都。

足利家族内部混战的背后是武士家族结构的变化。在从过去的分割继承制向单独继承制过渡的过程中，以家族关系为基础的“惣领制”逐渐瓦解，由此产生了以地缘为基础的武士团，相互之间为争夺地区的主导权而战，即使在武士家族内部也是如此，从而使整个社会处在不稳定状态。直到第三代将军足利义满 1368 年执政后，采取各种措施成功削弱了称霸一方的守护势力，并将各国武士编入幕府任命的守护之下。在逐步巩固幕府统治的同时，使南朝丧失了抵抗幕府的社会基础。

1392 年，足利义满呼吁南北朝统一，并得到南朝的积极反应。南朝后龟山天皇回到京都，将象征天皇权威的三件神器交给北朝的后小松天皇，长达半个多世纪的南北朝对立基本结束。但幕府并没有履行两派皇室轮流出任天皇的约定，而是不断迫使南朝皇族成员出家为僧，使其不能继承皇位，结果引起南朝皇族的怨恨和反抗，成为室町时代社会始终难以稳定的一个原因。

室町幕府

幕府机构

1368 年，10 岁的足利义满任幕府将军，最初由细川赖之辅助，后亲掌大权并采取诸多措施，在强化将军权力的基础上巩固了幕府的统治。1378 年，义满在京都室町建成称为“花之御所”的豪华住宅，“室町幕府”由此得名。

室町幕府的统治机构在足利义满时期逐渐完善。辅助将军执掌幕政的人称为“管领”，由斯波、细川及畠山三个家族的守护轮流担任，俗称“三管领”。三个家族均与足利家族有血缘关系。管领统辖侍所、政所、问注所等机构，同时传达幕府将军的命令给各国守护。掌管京都守卫及诉讼的侍所长官“所司”通常由山名、赤松、京极、一色四家族的守护轮流担任，俗称“四职”。

在掌管幕府财政以及行政事务的政所，虽然有长官“执事”，但具体事务由直属将军的家臣“奉行人”担任。问注所的权限也大大缩减，仅负责保管幕府的文书或审理诉讼等事务。因此，虽然也设置了“评定众”或“引付众”等机构，但其作用逐渐减小。

足利义满将足利家族的家臣、担任守护的家族成员、地方有实力的武士编成直辖于将军的军队，称为“奉公众”。奉公众除定期率家臣到京都守卫幕府外，还被任命为将军直辖地的管理者——“代官”，以部分“年贡”为其俸禄，并负有监督守护的使命。奉公众被编为五支军队，足利义满依靠这支实力较强的军队，陆续打败了那些不听从幕府命令的守护，将全日本统一起来。

1390 年，义满率军征讨管辖美浓、尾张、伊势三国的守护土歧康行，将其变为美浓一国的守护，此役史称“土歧氏之乱”；1391 年，义满再次率军征讨山阴地方（西日本面向日本海地区）的山名家族。该家族原追随足利直义，担任 11 国的守护，其领土相当于全日本的六分之一。义满利用山名家族的内乱，灭山名氏清等有实力的武士，将其余山名家族成员转为管辖三国的守护，史称“明德之乱”；1394 年，义满把将军职务让给其子义持，自己任朝廷的太政大臣职务，成为名副其实的最高统治者；1399 年，义满再次率领大军征讨周防的大内义弘，最后消灭了这位掌握对外贸易的守护，史称“应永之乱”。

在稳定全日本统治的基础上，地方机构也陆续健全。除在各国设守护外，还专门在镰仓设“镰仓府”，其长官“镰仓公方”由第二代将军足利义诠之弟足利基氏及其子孙世袭，管辖关东 10 国。辅助镰仓公方的管领称“关东管领”，由上杉家族世袭。镰仓府下设机构与幕府机构相同，有政所、侍所、问注所、评定众等，俗称“第二幕府”。另外，幕府分别在九州、东北东部、东北西部设九州探题、奥州探题和出羽探题，统辖那里的军事与民政。无论守护还是探题，均由足利家族成员或将军的亲信担任。近畿地区及其附近的守护大多在京都幕府机构任职，因而多由其代理人——“守护代”对其任职国进行治理。

在室町时代，特别是足利义满任将军之后，公武之间的关系发生变化。朝廷拥有的许多权限转移到幕府手中，例如确认领地所有权、审判领地纠纷、皇室重大仪式时的临时课税权、京都的警察权、对都市商人征税、外交权限等。同时，过去将军在朝廷的官职仅到二位，权大纳言，但从足利义满开始可升为最高的太政大臣，将摄关家族以下的公卿贵族均视为臣下。因此，天皇朝廷失去了作为政权存在的意义，镰仓时代以来的公家政治、武家政治并存的二元政治体制已基本转化为武家政治。其变化的经济基础是庄园制崩溃过程中形成的守护领国制。

室町幕府的财政结构特征是取自流通领域的税收比例增加，这反映了货币经济发展的状况。将军的直辖地称为“御料所”，大多为足利家族的旧领地以及南北朝动乱时期得到的领地，规模不大，且分散在全日本各地，大约有 200 处。直辖地大多由奉公众管理，上缴部分税收给“政所”；除守护以各种名目征收的赋税外，建造宫殿或者皇位继承时征收临时货币赋税，如按“段”征收的土地税——“段钱”；按“间”征收的房屋税，称“栋别钱”；另外还有对仓库业者和金融业者征收的“(土) 仓役”，对酒店、高利贷者征收“酒屋役”，在通往京都的主要道路设“关所”，征收“关钱”，征收的港口使用费称为“津料”，对明贸易征收一成的税，称为“抽分钱”。

在室町时代，农业呈现出多元化、集约化的趋势，即在米、麦双季作普及的基础上，畿内地区出现了米、麦、荞麦三季作以及早稻、中稻、晚稻，并因水车、农家肥、草木灰的普及使用，单位产量也有较大提高。与此同时，在近畿地区，桑、麻、茶等经济作物普遍栽培，推动了以此为原料的手工业的发展。其中以铸造出口刀剑、炊具为主的冶金业较为发达，从明朝进口生丝也推动了以“西阵织”为中心的丝绸业。

在农业和手工业发展的基础上，商业也兴盛起来。每月举行六次的六斋市、从事批发行业的“问屋”、工商领域的行会组织“座”等纷纷出现。因输入铜钱不足，劣质的“私铸钱”盛行，但其币值较低，幕府屡次颁布禁止不等价交换的“撰钱令”，促进货币流通。由于货币经济的发展，经营借贷业务的土仓、酒屋逐渐增多，仅在京都一地就有350家。由于各地交易频繁，由从事沿海运输的船业者、出租车马的租赁业者、从事工商业者构成的新兴城市——“城下町”也发展起来。

社会动乱

在整个室町幕府240年间，前后共有15代将军，但除第三代将军足利义满执政时期有过短暂的社会稳定外，其余时间均处在动乱之中。尤其是进入15世纪后，在庄园制逐渐瓦解造成土地所有制发生变化、在此基础上社会及阶级关系发生变化的背景下，社会愈发混乱，其主要表现形式是守护大名的崛起和下层人民的反抗。

室町幕府的统治基础并不是镰仓幕府时期御家人那种主从关系很强的家臣，而是各国的守护。1336年的《建武式目》中明确规定，“委任守护之本意，为治国安民也”，各国的守护大多出自足利家族。为加强守护的权力，1346年规定除镰仓时期守护已拥有的三项职责外，增加可以调查处理有关领地纠纷或领地继承，以及执行幕府诉讼案件裁决的权力；1352年，幕府又颁布《半济法》，规定守护有权以“兵粮米”的名义征收公家领地、庄园和寺院领地的半数年贡。开始时仅为战事较为频繁的近江、美浓、尾张三国，而且限期一年，但后来在守护的要求下，逐渐扩展到全日本，并成为永久性权力；1368年，幕府再次颁布《半济令》，规定守护可获得任职国的半数土地，庄园、公家领地也成为蚕食的对象，庄园制经济不可避免地趋于解体。

后来守护一职逐渐世袭化，由于他们经常住在京都参加幕政，因而委托“守护代”管理任职国。同时，守护又获得了承包其任职国内上缴幕府的年贡，以及在其管辖区域内征收土地税、房税和其他赋税的权力，称为“守护请”。守护利用这些权限，拖延甚至侵吞应上缴庄园主乃至幕府的年贡，插手庄园事务并将其所有者培养成自己的家臣，收编任职国内大大小小的武士，并与他们结成主从关系。尽管被称为“国人”的在乡武士对其进行反抗，但进入 15 世纪后，守护完全确立了对任职国的统治权，成为割据一方的大领主。

当时这种守护称为“守护大名”，其任职国称为“领国”或“分国”，这种统治体制称为“守护领国制”。因此，室町幕府在很大程度上是守护大名的联合体。面对尾大不掉的守护，15 世纪中期以后的幕府将军也曾试图像足利义满那样削弱其实力，但没有取得多大实效，幕府内部、幕府与守护大名、守护大名之间的矛盾日益激化。

在上述变化过程中，社会主要生产者——农民——不仅时刻处在不稳定状态，而且承担了所有的经济负担，“公事课役重叠，年贡难以按约缴纳”。因此，室町时代后期农民斗争的目标主要是减免年贡和繁杂的赋税、劳役，而且这一时期出现了由自然村落组成的自治组织。被称为“惣”“惣村”“惣庄”“惣乡”的这些自治组织有自己的领导人物、议事规则和裁决方式，农民大多以其为单位，或集体请愿，或集体起义、逃亡。

1428 年，京都爆发要求取消债务的起义。1429 年，播磨国爆发要求解除该国守护的起义。1441 年，京都地区再次爆发要求减免债务的大规模起义，幕府被迫颁布减免债务的《德政令》。1446 年，上久世村的农民集体请愿，并坚持了 30 个昼夜。1457 年，河内国的农民及脚夫起义，反抗沉重的赋税，一连捣毁了六百余处税卡、关所。1462 年，连续几年的自然灾害造成生活困难，近畿地区的农民被迫揭竿而起，围攻京都达 10 天之久。室町时代这些持续不断的农民起义或暴乱被称为“德政一揆”或“土一揆”。

与此同时，幕府内部的矛盾也激化起来。尽管继足利义满任将军的足利义持尚能维持实力大名之间的平衡，但在 1416 年仍然爆发了关东管领上杉氏宪的叛乱。1423 年，四代将军义持让位给其子义量，但义量因嗜酒而早逝，重新担任将军职务的义持亦很快去世，由其四个弟弟抽签决定将军人选，结果已出家为僧的义教成为六代将军。义教试图加强将军的专制统治，引起各国守护的不满。1438

年，任镰仓公方的足利持氏图谋将军职位，并与关东管领上杉宪实产生对立，义教乘机出兵关东，打败持氏；1440年，义教设计谋杀了实力守护一色义贯、土岐持赖，结果引起其他守护的恐慌；1441年，义教被播磨国的守护赤松满祐杀死，赤松也被幕府军镇压。

1443年任八代将军的义政沉迷享乐，不理政事，其妻日野富子玩弄大权，本来内定义政之弟义视为下一代将军，但日野富子生子义尚后推翻先前决定，立义尚为下一代将军。掌握幕府实权的细川胜元、山名宗全因双方矛盾而分别支持一方，明争暗斗，其他幕府高级官员和各国守护也因家族内外矛盾卷入其中，最后形成两大武装集团，终于在1467年5月爆发了称为“应仁之乱”的大规模内战。

细川胜元率领的东军共有24国、16万兵力，山名宗全率领的西军共有20国、11万兵力。最初战事对拥护足利义政的东军有利，之后得到援助的西军逐渐占上风，并拥立足利义视为将军，形成两个幕府对立的局面。但此后战事处于胶着状态，作为主要战场的京都大部分地区化为灰烬，同时战事向地方蔓延。1473年，细川胜元、山名宗全相继死去，厌战的双方终于在1477年握手言和。尽管此次战乱最终未见胜负，但幕府权威却一落千丈，沦落为只能控制京都及其周边领地的地区性政权，各国守护大名却发展成为拥兵自重、雄霸一方的实力者。因此，从“应仁之乱”开始的1467年，日本历史进入战国时代，原来的守护大名也变为与幕府对立的“战国大名”。

正当守护大名们在京都忙于战事时，其领国的实权逐渐转移到守护代和有实力的国人手中，这些国人为维护自己的权益经常团结起来进行斗争，称为“国人一揆”。1485年，在山城国国人的集体压力下，畠山家族内战双方军队被迫撤离山城国。其后山城国组成36人的代表机构，制定相关法规，召开集会决定重要事项，推举人员处理日常政务等。这种自治状态持续了8年，类似的现象在其他地区也可以看到，史称“下克上”。1488年加贺国发生一向宗起义，信徒和国人联合推翻守护富樫政亲的统治，自治长达近一个世纪。

对外关系

元军征日失败后，尽管日本与元朝没有建立邦交关系，但民间贸易依然频繁。镰仓幕府为修缮建长寺在1325年派遣建长寺船到中国进行贸易，室町幕府的创始人足利尊氏为建造天龙寺也从1342年开始派遣天龙寺船数次到中国进行贸易。其后，两国间贸易受到倭寇的严重骚扰。

因镰仓时代末期与南北朝时期的社会混乱，日本西南沿海地区许多生活没有着落的武士和农民组成武装集团，以对马岛、壹岐岛、北九州的松浦为根据地，侵扰中国大陆和朝鲜半岛，掠夺财富，转卖人口，这些海盗史称“倭寇”。从14世纪到16世纪，倭寇横行三百余年，但14世纪的倭寇主要以日本人为主，其后以中国人为主。

实际上，倭寇从13世纪中期就出现在朝鲜半岛沿海，镰仓幕府灭亡后骤然增加，其主要掠夺对象也是朝鲜半岛。在14世纪，有记录的倭寇对朝鲜半岛的骚扰就有400件。这些海盗不仅蹂躏半岛南部沿海地区，而且深入内地，“妇女婴孩，屠杀无遗”，“掳我人民，焚荡我府库，千里萧然”，成为高丽王朝的重大灾难。高丽曾派使节前往日本要求禁止倭寇，但处在南北朝混乱时期的幕府无能为力，猖獗的倭寇成为高丽王朝崩溃的一个重要原因。与此同时，倭寇也不断骚扰中国沿海地区。

1368年明朝建立，第二年便因邦交和倭寇问题派使节赴日交涉，当时控制九州地区的是后醍醐天皇之子、征西将军怀良亲王。但因正值南北朝对立时期，怀良亲王对明朝也不了解，不仅态度较为消极，还杀死了几名使节。1372年，明太祖派遣的使节见到幕府将军足利义满，但也因南北朝尚未统一，没有达到目的。

南北朝统一后，经济上利用对明贸易可充实幕府财政，政治上亦可借助明帝国的声望巩固将军地位，因而在1401年，足利义满派使节赴明朝，约定以明朝属国的名义进行朝贡贸易。1406年，双方签订协议，规定“十年一贡，人止二百，船止三艘，不得携军器，违者以寇论”。当年明成祖派使节赴日本，带去永乐年号“勘合”一百道，并赐足利义满“日本国王”金印一枚。双方进行贸易时，须出示各持一半的勘合加以验证，因而称为“勘合贸易”。日本船只首先到宁波进行验证，然后到北京进行贸易。

1408年，义满去世后，继任将军的义持反对向明称臣，中断贸易。1428年足利义教任将军后，迫于财政上的困难，通过琉球国王的斡旋，再开勘合贸易。1404年到1547年，日本共派遣17次贸易船到明朝。因在中国大陆的逗留费、搬运费均由明朝承担，因而日本获利甚大。

除幕府外，有实力的守护和寺院也参加勘合贸易。本来规定每次朝贡贸易有三艘船只参加，但有时会达到10艘。“应仁之乱”后，幕府实力大为衰退，贸易的主导权转移到以堺市商人为基础的细川家族和以博多商人为基础的大内家族手中。双方竞争激烈，1523年在中国宁波发生冲突，细川家族的人员被杀，船只被焚，史称“宁波之乱”。其后大内家族垄断对明贸易，直到1551年该家族灭亡。

从日明贸易的商品看，日本向明朝出口铜、硫黄、刀剑等，从明朝进口生丝、铜钱、瓷器、书籍、字画等。其结果不仅对室町文化产生了较大的影响，而且铜钱的大量进口也进一步推动了日本国内的货币流通。

在朝鲜半岛，1392年，在打击倭寇中卓有声望的武将李成桂推翻高丽王朝，建立李氏王朝，同时派遣使节到日本，要求禁止倭寇，恢复邦交。1404年，两国恢复了终止六百多年的邦交，同时开展贸易。1419年，朝鲜为彻底消灭倭寇，派大军袭击对马岛，称为“应永外寇”的此次军事行动使日朝贸易一度中断，但很快又恢复。

朝鲜开设富山浦（今釜山）、乃而浦（今齐浦）、盐浦（今蔚山）三个港口允许日本商人从事两国贸易，史称“三浦贸易”。朝鲜在三浦和首都设倭馆，接待日本使节及其商人。15世纪末住在三浦的日本商人达到三千余人，1510年曾因贸易纠纷发生暴动，史称“三浦之乱”，其后日朝贸易逐渐衰落。

日本除向朝鲜出口铜、硫黄外，还经营东南亚地区出产的胡椒、药材、香木等商品。日本从朝鲜半岛进口纺织品，其中棉制品为多。这对日本人的生产及生活方式产生了较大的影响。

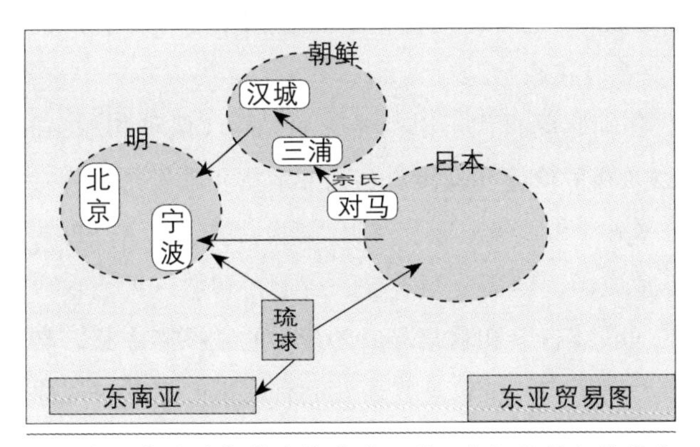

1372年明朝派遣杨戴出使琉球三国，太祖派闽人善操舟者三十六姓到琉球，允许其一年一次朝贡，但琉球往往一年数贡，“天朝虽厌其烦，不能却也”。琉球将明朝的产品贩卖到东北亚、东南亚各地，遂在15世纪形成以其为中心的东亚跨海域贸易圈。

1429年，琉球群岛建立琉球王国，同大陆明朝和日本均建立邦交关系，并积极进行海外贸易。琉球船只往返于东南亚和东北亚各国，那霸港口充斥了各国的特产，由此形成了以琉球为中转地的东亚多角贸易圈。

文化的演变

南北朝文化

尽管经过了镰仓幕府时代的武家政权，但后醍醐天皇时期的“建武中兴”又为朝廷贵族带来恢复传统政治、经济制度的希望，因而出现了历史上最后的贵族文化，同时也存在武家文化和平民文化，相互之间不断渗透与融合。

在历史文学方面，因镰仓幕府末期及南北朝时期的社会动乱，公家的历史意识与武家的时代意识相互对抗，由此产生了从不同角度叙述史实的历史书籍和军事小说。

公家方面的历史书籍有《神皇正统记》和《增镜》。“朱子学”在南北朝时代经过义堂周信等人的传播，不仅对社会形成较大的影响，而且也成为“建武新政”失败后南朝对抗幕府的思想武器。例如以伊势神道思想为背景论述从上古时代到后村上天皇时期历史的《神皇正统记》，作者为奥州地区的统治者北畠亲房。该书站在公家的立场上，大力宣扬“大义名分论”，抨击“乱臣贼子”，列举大量史实论证皇位的神圣性，并通过“神器授受论”说明南朝皇室的正统性；从皇位继承和贵族情爱角度描述从源平之争到建武新政 150 年历史的《增镜》，作者不详，但其明显的公家意识使该书很少涉及幕府和武士。

作为贵族文化的象征，和歌在南北朝时代得以回光返照。除《风雅和歌集》《新千载和歌集》《新拾遗和歌集》《新后拾遗和歌集》等四部敕撰和歌集外，还有后醍醐天皇之子宗良亲王编辑的《新叶和歌集》以及《李花集》，前书作者是辗转各地的南朝歌人，后书作者是皇室成员。随着公家政权的衰退，和歌这种艺术形式逐渐衰落下去，1439 年出现的《新续古今和歌集》成为最后的敕撰和歌集。与此同时，也出现了怀念贵族政治的书籍，其中较具代表性的有北畠亲房的《职原抄》和后醍醐天皇的《建武年中行事》，前者系统分析了日本历史上的官职制度，后者详细描述了宫中的各种仪式。另外，还有四辻善成编写的《河海抄》，是注释《源氏物语》的书籍。

武家文化也兴盛起来，例如从武家的立场记述从皇室分为两大派系到足利家族获得政权历史的《梅松论》；以军事题材写成的小说《太平记》，其内容为从后醍醐天皇计划倒幕到足利义满任第三代将军的 50 年历史，其中重点描述了镰仓幕府的灭亡、建武新政、南北朝对立等历史事实。该书最初出现在 1370 年，作者是惠镇上人等僧侣；另外还有描写源义经生平的《义经记》、描写镰仓初期关东地区武家社会的《曾我物语》等。

与此同时，公家、武家均喜爱的连歌流行起来。连歌将和歌分成上下句，众多参与者依次接下去，有的甚至长达百句。二条良基为此撰写了《菟玖波集》和《应安新式》，论述了连歌的艺术性和规则。另外，随着饮茶习俗逐渐成风，除各地经常举行茶会外，还兴起斗茶的风俗，即带有赌博性质的饮茶活动。

在佛教方面，镰仓时代在武家上层盛行的临济禅宗因足利尊氏的皈依而得到发展，并在著名僧侣梦窗疏石的提议下，实行一寺一塔制，即每个国均建造安国寺、利生塔，以祭祀战死者的灵魂。梦窗疏石还是著名的庭园建造大师，其代表性建筑有西芳寺庭园、天龙寺庭园等。梦窗疏石与幕府将军的密切关系不仅扩大了临济禅宗的社会影响，而且也推动了禅宗文化的兴盛。

北山文化

北山文化是室町幕府第三代将军足利义满时期的文化，因义满在京都北山山庄建造豪华的新将军府邸而得名。其特色是公家文化与武家文化的相互融合，以及大陆禅宗文化的深刻影响。这一特色在很大程度上是武家文化贵族化的结果，因为足利尊氏将其开创的幕府设在京都，体现了足利家族对宫廷贵族生活的追求。

集中体现北山文化的建筑物是金阁，它是传统贵族统治时代结构复杂的宫殿式风格与禅宗寺院简洁实用的书院式风格相结合的产物，书院是指建筑物中配有悬挂字画的壁龛以及书架、书桌的房间。金阁最初为北山山庄的佛殿，为三层楼阁式建筑，一层是平安时代的寝殿式风格，二层是镰仓时代的日本式风格，三层是禅宗的书院式风格，西侧有水阁式建筑。足利义满去世后，北山山庄改名为鹿苑寺。

义满对临济禅宗厚爱有加，除仿照祖父足利尊氏的天龙寺建造相国寺外，还为寺院制定了不同的等级，即“五山十刹制”。禅宗在镰仓时代末期传入日本后，幕府的执政者北条家族就设立了“五山制”，其完善是在足利义满执政时期，也就是在京都和镰仓分别规定五个寺院为禅宗最高寺院。京都的“五山”是南禅寺、天龙寺、建仁寺、东福寺、万寿寺，镰仓的“五山”是建长寺、圆觉寺、寿福寺、净智寺、净妙寺。“十刹”并非十个寺院，总数不定，室町时代末期有230个。幕府专门设置“僧录司”机构和“僧录”职，管理官寺，任命寺院住持等。

“五山”寺院的禅僧精通中国文化，不仅将禅宗精神融入水墨画、建筑物中，而且还创作了大量的汉诗、日记、语录、文章等文艺作品，被誉为“五山文学”。前者的代表作有如拙的《瓢鲇图》、周文的《寒山拾得图》、永保寺开山堂等；后者的代表人物有绝海中津、义堂周信等。

在民间艺术“猿乐”“田乐”的基础上，出现了称为“能”的艺术形式，其高度程式化的情节通过音乐、舞蹈、诗歌、服饰等表现出来，讲述古代武士、鬼魂和冤妇的故事。演出时演员戴有各种面具，其动作缓慢而有节奏。“我孤独寂寞，似苇叶飘零，与溪水相约，定将随它而去”，具有某种禅宗精神的台词吸引了将军与权贵。“能”最初经常为建造寺院募集费用，因而在寺院的保护下结成剧团“座”。其后逐渐形成观世座、宝生座、金春座、金刚座四大“能”剧团。观世座的著名演员观阿弥、世阿弥父子受到将军足利义满的支持，不仅写有许多剧本和《风姿花传》《花镜》等理论书籍，大大提高了“能”的艺术性，而且使观世座的艺术风格成为“能”戏的主流。

在建筑物方面，代表性作品有池泉回游式的庭园“西芳寺”，其林中小径、木屋及流水的形式反映了对空寂、幽静的禅宗精神的追求。

东山文化

尽管室町幕府第八代将军足利义政在任期间（1443—1473）基本不务政事，而且爆发了几乎将京都化为灰烬的“应仁之乱”，但这位热衷于艺术与娱乐的将军不仅在京都东山建造了具有特色的府邸，同时也创造了著名的“东山文化”。虽然这一文化带有浓厚的武家文化色彩，但在中国文化、传统文化、地方文化的影响下，同时融合了贵族文化以及平民文化，逐渐形成了流传至今的日本民族文化。

东山文化最为著名的代表性建筑“银阁”是传统文化与禅宗文化结合的典范，原为东山山庄的佛殿。该两层楼阁建筑当初称为“观音殿”，下层是书院风格的心空殿，上层是禅宗风格的潮音阁。足利义政死后，银阁成为禅宗的慈照寺。书院式建筑具有用木板隔出不同房间、地板全部铺有草垫、装饰天花板、有透明度较强的拉门等特征，成为延续至今的日本式住宅建筑。

具有禅宗特色的庭园在此时大量建造，例如在书院式住宅和禅宗寺院中，以岩石、砂砾构成的枯山水式庭园或者青翠花园、曲径通幽式庭园均体现了“山水草木悉皆成佛”，“枯淡幽寂、简素闲静”，“无心”，“宗法无门、千径相连、悟得此道、达天通地”的禅宗精神，其代表性建筑有大德寺的大仙院、龙安寺的石庭等。另一方面，禅宗强调与大自然统一的主张适应了日本的传统，在庭园艺术

在经济社会尚未恢复元气的1482年，义政开始着手建造东山山庄（现在的银阁寺），以便“品赏茶道，收集字画”。为筹措巨额费用增加赋税；寺院与大名为缴纳摊派，还向富子借钱。本来想向义满金阁寺叫板的银阁寺，最终因钱财不足未能贴上银箔，但“东山文化”却由此形成。

上巧妙地与自然环境融为一体的建筑风格也是东山文化的一个重要特征，被称为“借景”，这一特征至今仍影响着日本人的生活方式。

在这一时期，日本的绘画艺术有了较大的提高。曾游学明朝的雪舟创造了日本水墨画的技法，其代表性作品有《四季山水图卷》《秋冬山水图》《天桥立图》等。另一方面，狩野正信、狩野元信父子在水墨画中融入传统的大和绘技法，形成了被称为“狩野派”的日本画流派。其强烈的装饰风格通常以金色为背景描绘四季变化中的大自然，由此构成的山水壁画异常精美，光彩夺目。

被视为日本传统文化代表的茶道以及花道也在这一时期逐渐奠定基础。村田珠光首创在简朴的茶室中追求心静的清寂之茶，经武野绍鸥的传承，战国末期的千利休确立了融入禅宗精神的茶道艺术。花道为插花艺术，由佛前供花而来，多用于装饰书斋、客厅，逐渐演变成一种欣赏艺术，并渗透到平民生活中。

平民文化在室町时代末期也兴盛起来，例如出现了穿插在“能”剧幕间演出的滑稽戏“狂言”。与“能”注重歌舞不同，“狂言”着重模仿，其题材也大多来自民间，并使用日常会话，因而深受平民的喜爱。由于以连歌为职业的连歌师云游四方，其内容也逐渐生活化，因而在民间流行开来。另外也出现了一种图文并茂的民间故事书“御伽草子”，其作品《一寸法师》《浦岛太郎》等流传至今。

在宗教方面，随着幕府权威的衰落，不在“五山”之列的寺院开始活跃起来，例如大德寺、妙心寺等。特别是大德寺的一休宗纯，作为南北朝统一后的小松天皇之子，受到幕府的严厉监视，因而形成蔑视权贵和荣华的意识，追求放荡不羁的生活方式，并撰有诗集《狂云集》。净土宗、日莲宗、一向宗等佛教流派此时也深入民间，迅速扩大了势力。如前所述，一向宗将信徒组织起来，与守护大名等领主进行了长期的斗争。

结 语

日本史学大家内藤湖南曾说过，研究日本历史知道室町时代之后就完全可以了，因为以前的日本完全如同外国一样，具体说来就是，“应仁之乱以前的事，我们只会觉得和外国历史一样，而应仁之乱以后的历史才是与我们的身体骨肉息息相关的”（引自《日本文化史研究》）。确实如此，日本现在的生活方式以及社会文化大多从室町时代肇源，例如插花、茶道、水墨画、能剧、狂言剧、壁龛、挂轴、庭院、纳豆、豆腐等。无论从社会、文化上看，还是从政治、经济上看，室町时代确确实实是日本历史上的转折时期。政治上武家政治彻底取代公家政治，经济上领主制彻底取代庄园制，社会上从分割继承制向单独继承制转化，因而导致家族关系迅速向地缘关系过渡，文化上融合贵族文化、武家文化、平民文化的日本传统文化也逐渐形成。

大事记

时　间	日　本	东北亚
1192 年	源赖朝就任征夷大将军	
1221 年	承久之乱，六波罗探题设立	
1224 年	北条泰时成为执权	
1226 年		倭寇约于此时开始活跃
1227 年	道元归国，传曹洞宗	
1234 年		蒙古灭金
1253 年	日莲在镰仓传法华宗	
1259 年		高丽向蒙古称臣
1268 年	北条时宗成为执权。金泽文库约于此时创立	
1271 年		蒙古改国号为元
1274 年	文永之役。一遍初传时宗	
1279 年		元灭南宋
1281 年	弘安之役	
1285 年	霜月骚动	
1297 年	幕府初行《德政令》（永仁德政令）	
1317 年	文保御和谈	
1324 年	正中之变	
1331 年	元弘之变	
1333 年	镰仓幕府灭亡，建武新政开始	
1336 年	足利尊氏再入京，室町幕府建立。后醍醐天皇走吉野，南北朝开始	
1342 年	幕府设定“五山十刹”	
1350 年	观永扰乱	
1368 年	足利义满任幕府将军	明建国
1392 年	南北朝统一	高丽灭亡，李氏朝鲜建立
1399 年	应永之乱	

（续表）

时　间	日　本	东北亚
1402 年	足利义满接受明国书	
1404 年	勘合贸易开始	
1405—1430 年		郑和航海
1438 年	永享之乱	
1439 年	上杉宪实复兴足利学校	
1441 年	嘉吉之乱	
1454 年	足利成氏诱杀上杉宪忠，关东乱	
1467—1477 年	应仁之乱	
1523 年	宁波之乱	
1549 年	耶稣会士沙勿略来日传教	
1557 年		倭寇头目汪直降明，葡萄牙人获准居住在澳门
1573 年	织田信长追讨将军足利义昭，室町幕府灭亡	

进一步阅读资料

陈尚胜在《东亚海域前期倭寇与朝贡体系的防控功能》(《中国边疆史地研究》2017 年第 1 期）一文中指出：14 世纪中叶至 16 世纪中叶是东亚海域史中倭寇的活跃时期，学术界把 14 世纪中叶至 15 世纪的倭寇称为前期倭寇。该文通过考察高丽、明朝围绕前期倭寇与日本南北朝及室町幕府之间的交涉活动，得出的结论是高丽在 14 世纪后期与日本南北朝以及明朝之间，在倭寇情报和防范、解救被掳他国人口、帮助缉捕海洋犯罪逃犯等方面均有初步合作。特别是进入 15 世纪以后，随着明朝与朝鲜王朝、明朝与日本室町幕府之间封贡关系的建立，在防范、控制和打击倭寇活动方面的合作进一步加强。因此，15 世纪的朝贡体系曾是维护东亚海域秩序的重要机制；

孙卫国在《朝鲜王朝官修〈高丽史〉对元东征日本的历史书写》(《古代文明》2017 年第 4 期）一文中指出：朝鲜半岛王朝立国之初，以编年体官修《高丽史》，持续不断。世宗年间改为纪传体，最终编成 139 卷本的《高丽史》，塑造朝鲜王朝的正统性。其中在对元东征日本历史的描述中强调高丽的自主性，特意刻画高丽对元朝需索的巧妙周旋，细致地记录了高丽所供给的粮草、人工等，凡背叛高丽、投身元朝的高丽人称作“反人”，入《叛逆传》，体现了宗藩关系下高丽追求自主意识的努力。编写者在《忠烈王世家》与《金方庆传》中塑造了两个元东征日本历史的版本，高丽将领被视作左右战场胜负的关键，蒙古统帅刚愎自用、一意孤行，加上“大风雨”，最终酿成失败。与《元史》比较，《高丽史》对元东征日本的书写极为偏颇。因此，对涉及东北亚地区三国的历史事件，需摆脱“一国史”的局限，用区域史的视角方能趋近历史的真相；

王玉玲在《日本室町时期的德政一揆及其影响》(《世界历史》2018 年第 4 期）一文中指出：始于室町正长元年(1428 年)的德政一揆是日本中世民众斗争的最高形态，在此后的百余年间，德政一揆频繁爆发，成为民众斗争的主要形式。德政一揆源于高利贷借贷双方的经济矛盾，其主要诉求为合法取消债务关系。由于室町幕府掌握着高利贷的税收权，是高利贷资本的保护者，因而德政一揆的斗争矛头转向幕府，要求幕府颁布德政令便成为德政一揆的最高斗争目标。民众使用武力威胁、打砸破坏等暴力手段攻击高利贷经营者，还利用宗教对幕府施加压力，成功迫使室町幕府颁布相关的德政令。不仅打破了室町社会的经济秩序，严重影响了幕府的财政收入，更冲击了幕府的权威及权力结构，撼动了室町幕府的统治根基，为室町幕府的解体埋下伏笔；

郄汀洁在《日本镰仓末期“茶禅一味”之考辨——以〈大鉴清规〉为解读文本》(《农业考古》2018 年第 5 期）一文中指出：日本茶道书籍中经常会提到“茶禅一味”一词，但对茶与禅究竟在哪些方面达到“一味”状态，尚无法言明。该文以对日本禅林制度影响最为深远的《大鉴清规》为文本，重点研读了吃茶与茶礼情况，进而探寻“茶禅一味”的真意。通过解读文本可知，从吃茶氛围、坐席安排等情况来看，寺院茶事与茶道茶事的过程一样，均庄重而有序，并且在吃茶前都会进食和焚香。但在茶事构成、沏茶方式及饮茶目的方面，二者有明显区别。“茶禅一味”的真意并非指吃茶与参禅外在形式上的一致，更多的是指彼此在精神境界层面的相似；

冯青在《宋代“尚意”书风影响下的日本镰仓时代书法研究》(《艺术百家》2019 年第 1 期）一文在对宋代书法深入研究的基础上，分析宋代禅宗思想的发展与“尚意”书风形成之间的关系，特别提出禅宗思想促进了宋代文人士大夫自我意识的觉醒，而且“尚意”书风正是在这样的禅理精神下孕育而出的。通过入宋僧和归化僧之间的学习和传播，宋代书法的精神内涵被镰仓时代的武家政权接受，并由此产生了“墨跡”及随后的“五山样”体式。接受中国文化渗透的日本文化对中国书法和文化也产生了反影响，对了解中日文化之间的关系具有特别重要的启示意义；

王晚霞在《日本镰仓、室町时代的濂溪学》(《福州大学学报(哲学社会科学版)》2019 年第 3 期）一文中指出：如果从文献载体传播角度看，僧俊芿是传入濂溪学的先驱者，而从思想传播角度看，僧圆尔辨圆和兰溪道隆是最早的研习传播者，时间最早是在 1211 年，至晚是在 1241

年，即镰仓时代前期。室町时代五山禅僧对周濂溪及其道统地位、《太极图》的万物衍生逻辑以及濂溪风范的推崇与受容，直接推动了宋学在日本的发展，为宋学在江户时代崛起为社会主流思潮奠定了理论基础；

董子云在《中世日本百姓逃散浅析》（《日本研究》2019 年第 2 期）一文中指出：逃散是中世时期常见的民众抗争形式。早在律令制国家的时代已有零星的有关逃散的记录。在中世社会，百姓逃散呈现出从零星日益走向集体行动的趋势，具有固定的习惯和仪式。在权力“私有化”过程中的中世，对百姓逃散的处置办法，可以反映中世国家政治结构的演变。由于百姓逃散直接影响领主利益，地方领主和代官采取残酷而激烈的惩罚措施。但幕府对逃散的态度具有弹性，室町幕府颁布的“逃散许容禁令”禁止地方领主藏匿其他地方逃散而来的百姓，看似在禁止逃散，实则意在调整领主之间的利害关系。因此，百姓逃散的形式和对策的变迁可以折射出日本中世国家权力结构内在的复杂性；

孙文祺在《“日本国王”与“东山御物”——浅谈足利将军家的中国画收藏》（《中国美术》2019 年第 4 期）一文中指出：遣唐使的派遣中断后，日本逐渐形成吸收、消化唐文化基础上的独特审美意识，形成了所谓的“国风文化”。平安时代结束后，日本执政阶层从以天皇为首的公家转为以征夷大将军为首的武家。公元 1194 年，源赖朝在镰仓建立幕府政权，确定了武士掌权的局面，迫切需要一种与公家“王朝文化”对抗的文化，室町时代频繁的中日交流，武家大量学习宋元文化，逐渐形成日本特有的“武家文化”；

马云超在《〈新唐书 · 日本传〉天皇谱系的真实与虚构——以〈王年代纪〉的加工创作为线索》（《古代文明》2019 年第 4 期）一文中指出：《新唐书 · 日本传》的天皇谱系来源于日僧奝然向宋太宗进献的《王年代纪》，这一点从《宋史 · 日本国传》转录的《王年代纪》可以看出，而且《新唐书 · 日本传》在《王年代纪》基础上进行了加工和创作。在时代选取上以唐朝灭亡作为下限，删去唐朝以后的内容。其中以奝然的按语作为线索，将僧人来华求法的内容置换为遣唐使入贡的记载。由于种种制约，《新唐书 · 日本传》在加工创作的过程中出现文字错讹、理解偏差等问题，但仍然反映出北宋士人对日本历史的基本认知，具有较高的史料价值。

第四章

前近代社会

织田与丰臣既没有成为征夷大将军，也未开幕府，原因来自当时的两大政治思想，即武家栋梁源平两氏轮流担任将军；源氏若为将军，平氏则担任公家职务。历史上首先是源氏当权，然后是平清盛政权、源氏三代的镰仓幕府、平氏北条氏专权，室町幕府是出自源氏的足利氏。因而足利氏之后应轮到平氏掌权，织田本为忌部氏，有时署名藤原信长，后来转为平氏。秀吉也是如此，从本能寺之变到 1585 年以平秀吉的身份获取官职，以表示自己是织田的继承者。但按照源平轮流的思想，平氏的织田之后应是源氏，因而秀吉寻找成为源氏的机会，与卸任的第 15 代将军足利义昭商议成为其“犹子”（不是养子而是名义上的儿子），但义昭倒驴不倒架子，拒绝了秀吉的要求。

没有办法，秀吉只好担任公家的最高职务“关白”，但该职务只能出自藤原氏分出的五大家族（五个摄政家族）——近卫、鹰司、一条、三条、九条。秀吉以近卫前久的“犹子”身份，获得“关白”职务，但因得到天皇赐姓“丰臣”，“五摄家”变成了“六摄家”。从制度上看，“关白”地位远高于“将军”（1583 年秀吉得到正三位的权大纳言官位，相当于征夷大将军），因而是公武统一政权。秀吉建造富丽堂皇的聚乐第，邀请天皇临幸，并接受文武百官的祝贺。后来秀吉将“关白”职务让给养子秀次，作为太阁掌握大权。太阁原指卸任的“关白”，但慢慢演变成专指秀吉的称呼。像织田、秀吉这样的有实力者可能不相信源平轮流的思想，但为使其他武人臣服，也需利用这种惯例。

战国大名

战国大名来源

室町幕府九代将军足利义尚 1489 年病死后，继任为十代将军的足利义植与管领细川政元对立，1493 年被废黜。细川政元立足利义澄为十一代将军，但实权很快从细川转到其家臣三好长庆手中，之后又转到三好家臣松永久秀手中，松永甚至暗杀了十三代将军足利义辉，幕府的统治机能完全丧失。地方独立趋势进一步增强，各国实力大名纷纷建立自己的独立王国，成为独霸一方的统治者——战国大名。

战国大名与守护大名不同，后者由幕府任命，虽在其管辖区域内有一定的独立性，但受到幕府的制约；战国大名则独立于幕府统治体制之外，以军事力量为基础，将其管辖区域变成独立王国，并为争夺或扩大领地相互争斗不已。

战国大名的主要来源有两种，一是来自原来的守护大名，乘战乱之际宣布独立，这种状况大多发生在偏远落后的东北、关东和九州地区，例如南九州地区的岛津氏、关东地区的今川氏、武田氏，但数量较少；大多数战国大名来自守护大名的家臣或地方武士，他们凭借武力或权术，排挤或杀掉守护大名，跻身于战国群雄之列，这种状况大多发生在经济比较发达的中部地区，例如安艺国（今广岛县）的毛利氏、尾张国的织田氏、三河国的德川氏等；还有极少数的战国大名由其他人士转化而来，例如美浓国的斋藤氏原为卖油商人、关东地区的北条氏是来自京都的伊势氏等。

之所以会出现这种被称为“下克上”的现象，是因为室町幕府与守护大名是相互对立且相互依赖的关系。也就是说，尽管双方存在着矛盾和冲突，但幕府依靠守护大名维持自己在全日本的统治地位，而守护大名则依靠幕府的权威进行对地方的统治，一旦大名不承认幕府的权威，那么其家臣或地位更低的人也会加以仿效，取代他们的位置。

推动经济发展

战国大名为巩固自己的统治并在相互间的斗争中获胜，均在其管辖区域内实施了诸多改革政策。在土地制度方面，将领内土地的一部分作为战国大名的直属领地，派官员加以管理，另一部分则以封地的名义授予自己的家臣。获得封地的家臣必须绝对服从自己的主君，按其封地的收入负担相应比例的兵役或其他义务。

与此同时，战国大名削弱或剥夺原有小领主的经济及军事势力，虽然仍保留其原领地，但已在形式上变成战国大名恩赏给他们的封地，从而将其纳入自己的家臣行列，同样需对主君保持忠诚，承担兵役或其他义务。这样一来，战国大名就成为其管辖区域内的最高土地所有者，庄园制彻底崩溃。

获得封地的家臣与领地变为封地的家臣在身份上有所不同，前者是直属战国大名的亲信，属上层家臣，在战国大名侧近担任较为重要的行政职务。后者是地方上的下层家臣，较少参与政权。有领地的武士称为“国人”，管理土地；仅领取俸禄的武士称为“地侍”，前者组成骑兵，后者组成步兵。家臣一般集中居住在战国大名所在城镇，形成城下町。为有效地控制这些家臣，多数战国大名均制定被称为“分国法”的家法，详细规定主君与家臣之间的关系以及家臣必须遵守的规则。这些家法除具有强烈的忠君色彩外，其主要内容还包括禁止领有土地的买卖和转移、实行长子继承制、婚姻和财产的继承须得到主君许可、家臣之间不得相争、对违法者根据情节实施不同惩罚等。

战国大名为增加自己的经济实力，从而在与其他战国大名的战争中获胜，均采取富国强兵的政策。例如推动金、银矿山的开采，著名矿山有甲州的金矿、大森的银矿等；完善水利灌溉系统，开发新田，增加粮食生产，例如甲斐地区的武田氏就修筑了堤坝，大面积增加了水田种植。在一个世纪的战国时期内，日本全国的土地面积增加了73%；撤销关卡，采取措施吸引商人在城下町居住，例如织田氏在尾张国取消行会“座”，实行自由买卖的“乐座”“乐市”等；为征集农民参与战争，尽量不在农忙季节进行战争，从“应仁之乱”到17世纪初德川幕府成立，数百次的大会战多是在农闲时期进行的；整顿包括地租在内的赋税制度。战国大名的直辖领地较少，因而年贡也较少，其财政主要依靠普遍征收的“段钱”“栋别钱”和“夫役钱”等。为提高征兵或征税的数量，多数战国大名均实施“检地”制度，即丈量或核实土地面积，并核算其收获量——“贯高”或“石高”。

商业与文化

因战国大名积极发展工商业，将手工业者和商人集中到自己居住的城堡之下，因此形成了作为领国内政治、经济、文化中心的“城下町”。著名的城下町有越前的一乘谷（今福井市）、关东地区的府中（今静冈市）、越后的春日山（今上越市）、长门（今山口县）的山口、九州的府内（今大分市）等。

除城下町外，在寺院的门前和大的寺院内也出现了自由市场“门前町”“寺内

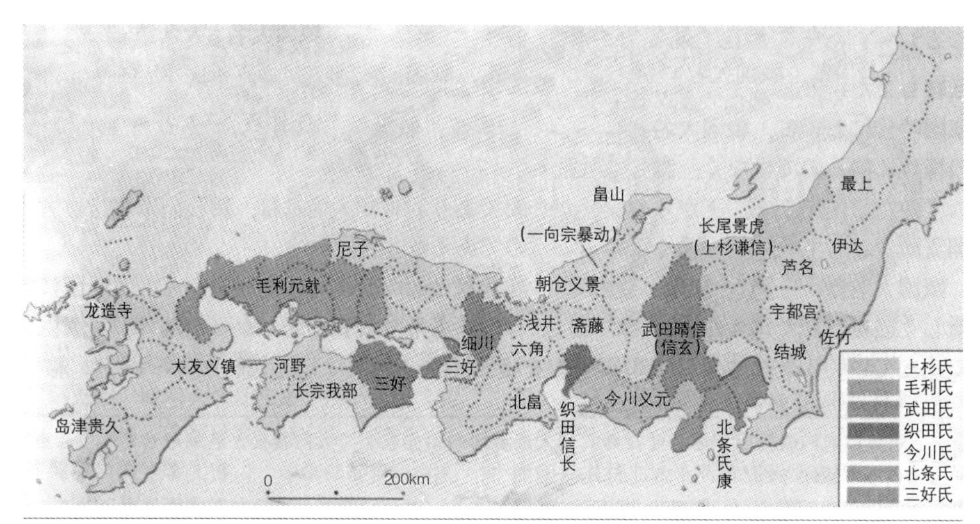

由于电子游戏的盛行，即使在中国，青少年对日本战国时代的名将及其进行的战役也耳熟能详。当然其中也有渲染、夸张的成分，例如在上杉谦信与武田信玄的川中岛之战中，双方的兵力总共近三万人，比想象中要少得多。除战场激烈画面的刺激外，能够以武力、智慧甚至阴谋诡计达到地位迅速上升的目的，也是人们热衷战国时代的主要原因。

町”，并具有免税的特权，甚至出现了堺、博多、平野等自治城市。例如堺的市政运营是掌握在 36 人组成的“会合众”手里，博多的市政运营是掌握在 12 人组成的“年行司”手里。在其他一些较大的城镇中，被称为“町众”的富裕工商业者组成自治性团体，制定有关规则，组织祭祀等集体活动。

随着京都朝廷和幕府的衰败，服务公武两个政权的知识分子流落地方，战国大名对他们的到来持欢迎态度，并为他们提供讲授儒学、诗歌等的条件，由此也出现了不同地区的儒学流派。另一方面，地方的武上或富裕的工商业者也希望自己的子弟接受必要的教育，因而开办学校，聘请教师。武士子弟多在寺院中接受教育，其内容有武家法典、儒学、佛教等，工商业者的子弟除学习儒学外，更多的是需掌握读、写、计算等技能。各种学校的出现，提高了地方上的文化水平。

织丰时代

织丰统一日本

正当战国大名为争夺地盘混战时，西方人来到日本。1543 年，葡萄牙人乘坐的中国走私船漂流到九州南部的种子岛，同时带来了火绳枪，岛主购买了两支火绳枪并加以仿造。火枪随即传到日本各地，大量生产的结果是对作战方式产生了重大影响。不仅各国大名均组成步兵火枪队，而且城堡的建筑方式也发生变化。城堡从山上迁移到平地，其规模也增大，并带有高墙、深壕、射击孔等。

最初来到东方的西方人以葡萄牙人、西班牙人为主，他们一方面从事贸易，一方面传播天主教。为同他们进行贸易，西日本地区的各国大名不仅允许其传教活动，而且自己也接受洗礼，成为天主教徒。1546—1565 年任室町幕府第十三代将军的足利义辉许可传教活动，结果渴望结束动乱的下层民众纷纷加入教会。

与此同时，强有力的战国大名开始积极谋求全日本的统一，其中以地处中部战略要地的尾张、远江等国最为积极。尾张国（今爱知县）面积不大，但因最早种植棉花以及地处近畿与关东之间的交通要道，农业经济与货币经济较为发达。织田信长的父亲为尾张国守护代的家臣，1555 年，信长灭掉守护代，成为尾张国的统治者。其后一方面采取各种措施充实经济实力，一方面为加强军事力量，推行“兵农分离”政策。上层农民不再从事农业，组成称为“足轻”的步兵，同时利用梯队轮流射击的方式大大提高了火枪的效率，其战斗力得到迅速提高。

距尾张国不远的远江国（今静冈县）大名今川义元势力比较雄厚。今川首先迫使近邻三河国（今爱知县）领主德川家康向自己臣服，然后与关东地区的武田信玄、北条氏康结成同盟，在 1560 年借“上洛”（进京觐见将军）为名率 25000 军队进入尾张国，但因初战告捷而轻敌，在夜宿桶狭间时被织田率领的 3000 人军队击败，今川也被杀。织田将今川的领地让给德川家康，并与其结成同盟（清洲盟约），约定织田向西发展，德川向东发展。

1567 年，织田借口美浓国斋藤家族的内乱进军其地，并将美浓国首府稻叶山城改为岐阜，作为自己的大本营。同年，织田开始使用“天下布武”的印章，表明统一全国的决心。1568 年，织田应天皇和足利义昭之邀率兵进入京都，废黜幕府十四代将军足利义荣，扶植义昭为十五代将军，挟天皇和将军号令天下。

1569 年，织田迫使实施自治半个多世纪的堺市服从其控制，从而掌握了富裕的近畿地区城市与农村。1570 年，织田打败近江国浅井长政和越前国朝仓义景的联合军队，并在第二年攻占寺院武装的重镇延历寺，焚烧该寺。幕府将军足利义昭不满于自己的傀儡地位，联合部分战国大名反抗织田。1573 年，织田打败其联军，同时将足利义昭驱逐出京都，室町幕府正式灭亡。

1574 年，织田镇压越前国、加贺国（今石川县）等地的“一向宗”农民起义，屠杀数万民众。1575 年，织田与德川家康联手在三河国长筱城与武田胜赖进行决战，以火枪与栅栏相结合的战术打败武田的强大骑兵，排除了关东地区的劲敌。1576 年，织田在琵琶湖畔筑安土城，作为控制近畿地区的根据地。1580 年，织田征服地处大阪的一向宗大本营本愿寺，全日本半数地区统一在织田名下。1582 年，织田在甲斐（今山梨县）的天目山彻底打败武田胜赖，全日本统一过半。同年，织田派遣部下大将羽柴（丰臣）秀吉进攻备中国（今冈山县）的高松城，但陷入重围。织田率军前往救援，途中停留京都本能寺时，家臣明智光秀叛变，经过激战后被迫自焚而死。

织田信长死后，羽柴秀吉继承了其统一事业。秀吉出身尾张国的上层农民家庭，其父为织田亲兵，初称木下藤吉郎秀吉。他参加织田的军队后因表现突出而成为重要将领，并在 1573 年改称羽柴秀吉，以期成为丹羽长秀、柴田胜家那样的织田家臣。“本能寺之变”后，秀吉与作战对手毛利氏讲和，然后率军回京都，打败明智光秀，迫使其自杀，并以织田的后继者自居。1583 年，秀吉在近江打败柴田胜家，并迫使与其联合的织田之子信孝自杀。同年秀吉修建壮观的大阪城，作为自己统一全日本的根据地。

与织田信长一味使用战争手段不同，秀吉在统一日本的过程中采用战争与和谈相结合的手段。1584 年，秀吉与织田之子信雄、德川家康的联军在尾张进行激战，结果未分胜负，双方讲和。1585 年，秀吉进军四国，迫使长宗我部氏投降，天皇授秀吉“关白”职务。1586 年，天皇任命秀吉为太政大臣，并赐姓“丰臣”，遂称丰臣秀吉。

1587 年，秀吉南征九州，岛津义久投降。1590 年，秀吉率军出征关东地区，包围小田原城，迫使北条氏政自杀，并使东北的伊达政宗臣服，同时平息奥羽地区的叛乱，至此统一大业终于完成。1591 年，丰臣将“关白”之职让给养子秀次，自称“太阁”。1593 年，秀吉之子秀赖出生，第二年以谋反的名义处死秀次。秀吉晚年在京都伏山筑城居住，伏山因种植大量桃树而被称为桃山。因此，织田、秀吉时代也被称为“安土桃山”时代。

丰臣侵朝战争

丰臣秀吉在世时大权独握，因而中央政府组织并不完备。最初设“五奉行”，由前田玄以、浅野长政、增田长胜、石田三成、长束正家五位亲信分别掌管行政、司法、财政等事务。平时各司其职，如有重大事务则“五人合议，妥善裁决”。后来又任命德川家康、前田利家、毛利辉元、小早川隆景、宇喜多秀家、上杉景胜六位实力最强的大名为“大老”，小早川隆景死后称为“五大老”，共同商定重大事务。这种因人设位的做法隐藏着危机，一旦丰臣去世，平衡立即被打破。丰臣政权的经济基础主要是直辖领地，其收获量约200万石，占全日本总收获量的九分之一。另外，丰臣秀吉控制了主要金银矿山的开采和货币铸造，以及京都、大阪、堺等工商业城市的税收。

除丰臣秀吉的直辖领地外，其他大部分土地赐封给各个大名，受封者在自己的领地内具有统治权。尽管丰臣采取转换封地的方式削弱大名实力，但其措施并不彻底。例如德川家康从东海地区转封到关东地区后，其领地的收获量仍高达250万石，上杉氏、毛利氏的封地也有百万石以上。

为巩固对全日本的统治，丰臣秀吉政权采取了诸多严厉的措施。第一，在1588年颁布《刀狩令》，借口铸造京都方广寺大佛需要铁钉，收缴农民手中的武器。其真正目的是防止“贮藏武器，必使年贡杂赋滞纳，企谋暴动”，因而必须没收“诸国百姓所持刀、腰刀、弓、枪支等武器”；第二，实施“太阁检地”，即通过丈量全日本的土地面积，确定土地耕种者以及年贡（即赋税）的承担者。在1591年全日本检地完成后，命令各国大名提交账册和地图，以总收获量即“石高”核定其提供军役的准确数量；第三，颁布《身份统制令》，规定武士、町人、百姓各守其业，实施兵农分离、农商分离政策。禁止农民流动，武士脱离农业，居住在主君所在的城下町，并随主君移动；第四，统一度量衡，推动手工业、商业的发展。如废除行业垄断制度、减轻商人的赋税负担、撤销关卡、修建道路等。

丰臣秀吉在征服西南地区各战国大名时，虽对天主教在该地区的传播感到威胁，因而对大名信仰天主教采取了许可制，甚至颁布了《驱逐传教士令》，但为推进对外贸易，并没有采取严厉的禁教措施。只是在扫除倭寇等海盗的同时，因葡萄牙人的挑拨，镇压了西班牙的传教士和信徒。

与此同时，丰臣秀吉为继续提高自己的声望，同时也是为满足领主对土地的追求以及商人进行海外贸易的需要，转移丧失土地者的不满情绪和迎合武士们的好战心理，积极发动对外战争，试图建立以日本为中心的东亚新秩序。丰臣不仅要求印度果阿的葡萄牙政权、菲律宾马尼拉的西班牙政权以及中国台湾等地对其臣服与纳贡，而且早在1587年就派使节到朝鲜，要求其臣服，并作为进攻明朝的向导。朝鲜明确拒绝其要求后，丰臣在北九州设立大本营，并在1592年派遣15万大军入侵朝鲜半岛。

因长期内战以及火枪的利用，由武士组成的日本军队战斗力较强，所以战争

福泽谕吉在《文明论概略》中批判明治时期最有声望的丰臣秀吉，“尾张的木下藤吉成为太阁后也没有改变百姓的习性。藤吉只是脱离了百姓集团而成为武家一员，没有提高普通百姓的地位”。岂止如此，秀吉本人也未改变农民的习性，结果江山送给了家康，才有了“信长找米，秀吉做饭，家康就餐”的说法。

初期日军进展顺利，很快攻占了汉城和平壤，其先头部队甚至沿朝鲜半岛东岸到达最北面的图门江畔会宁，丰臣也开始计划迁都北京，但其后日军遭到朝鲜军民的顽强抵抗和明朝援军的打击。首先是朝鲜水军在李舜臣指挥下，利用灵活作战的龟甲船连连击败日本水军，完全掌握了制海权。接着明朝援军入朝作战，一番激战后占领平壤，在朝日军被迫求和。明朝万历皇帝按照惯例封丰臣为日本国王，允许朝贡，结果引起丰臣极大不满。1597年1月，丰臣再次派遣14万大军、数百艘舰船入侵朝鲜。

尽管日军在海上初战告捷，但朝鲜重新起用李舜臣后，日水军大败，陆上之战也因明朝军队与朝鲜军队联合进攻而节节败退，龟缩在朝鲜半岛南端一隅。1598年8月，丰臣秀吉病死，“五大老”决定结束侵朝战争，同年底，日军撤回国内。史称“文禄之役”和“庆长之役”的两次侵朝战争不仅给朝鲜人民带来巨大灾难，而且其巨额战费也是丰臣政权垮台的主要原因。

安土桃山文化

安土桃山时代不仅指织田信长、丰臣秀吉统治时期，也包括17世纪初德川幕府时代初期的文化。虽然经历了长达一个多世纪的战乱，日本各地的经济文化交流依然频繁，财富与权力逐渐集中在战国大名手中，佛教势力急剧衰落，同时西方人带来了不同的商品与文化，诸多因素赋予安土桃山文化以豪华、现实、新颖等特色。其中最具代表性的遗产有城堡建筑及其内部装饰性壁画、以茶道及歌舞伎为代表的平民艺术、西班牙人与葡萄牙人带来的“南蛮文化”等。

与过去的山城不同，战国时代的城堡多建在平地或高地上，在具备军事功能的同时，又作为大名处理政务、生活居住的场所。如同当时的名城安土城、大阪城、伏见城那样，气势雄伟，面积广阔，内部装饰华丽。主城堡周围有数层高的城墙及深壕沟，内部还设有居住场所和军营，尤其作为瞭望塔的最高建筑天守阁，更是构思巧妙，十分壮观。尽管17世纪初建造的城堡返璞归真，但其雄伟之风依然不改，其代表性城堡有保留至今的姬路城、松本城、彦根城、二条城等。

豪华壮丽的城堡内部装修推动了绘画的发展，尤其是狩野派的绘画。狩野永德进一步发展了水墨画与大和绘相融合的绘画技法，即在壁画上镶嵌称为“浓绘”的金箔，其鲜艳的色彩、有力的线条、宏伟的构图形成新的装饰画，其保留至今的作品有《唐狮子图屏风》《桧图屏风》等。同时，狩野派绘画也突破了传统的绘画题材，出现了表现城市平民生活及其风俗的绘画，例如狩野长信的《花下游乐图屏风》、狩野吉信的《职人尽图屏风》等。与此同时，以海北友松、长谷川等伯为代表的水墨画家也留下了《山水图屏风》《松林图屏风》等优秀作品。

随着京都、大阪、堺、博多等大城市的发展，富裕的市民阶层成为文化的创造者和承继者，其中以千利休的茶道最为著名。千利休以简朴、寂静的禅宗精神为基础，制定了饮茶的礼仪和程序，在狭窄的茶室中利用简单的道具追求禅僧打坐的功能，将其发展为茶道。也就是将煮茶、饮茶与诗歌、艺术相结合，构成一种“生活艺术的宗教”，为人们提供一个体验生活真谛的机会，即在饮用苦涩的沉重之茶时清除自己的欲望。由于得到丰臣秀吉和众多大名的保护和提倡，茶道甚为流行。但丰臣追求茶道的情趣与众不同，不仅建造黄金茶室，而且经常举行上流社会参加的大规模茶会。千利休也成为政界的要人，甚至卷入丰臣家族的内部纠纷，后被迫自杀身亡。

另一方面，在茶道流行的刺激下，陶瓷业发展迅速。特别是作为俘虏的朝鲜工匠将朝鲜半岛较高的陶瓷技术带到日本后，大大提高了日本陶瓷业的制造水平。在日本，有名的陶瓷器——佐贺的“伊万里烧（有田烧）”和“唐津烧”、山口的“荻烧”以及鹿儿岛的“萨摩烧”均为其产物。

17世纪初，出云地方的阿国到京都演出歌舞，因形式新颖受到平民的喜爱，被称为“歌舞伎”。最初演员为女性，但因风俗问题遭到禁止，后来少年演出的“若众歌舞伎”也遭到德川幕府的禁止，再后来就演变成由成年男子担任演员的

“野郎歌舞伎”，逐渐在民间流行开来。与此同时，以从琉球传来的三弦琴作为伴奏乐器、操纵木偶进行演出并带说唱的“人形净瑠璃”也在民间得到广泛流行。

在日常生活方面，过去每日早、晚两餐的习惯改为每日早、中、晚三餐。贵族与武士多食用大米，普通百姓食用杂粮。在农村，住宅仍然是草屋顶的平房，城市多为瓦顶的两层楼建筑。

另外值得一提的是所谓的“南蛮文化”及其对日本文化的巨大影响。当时的日本人将葡萄牙人、西班牙人称为“南蛮人”，并将其乘坐的船只、从事的贸易、传来的文化称为“南蛮船”“南蛮贸易”和“南蛮文化”。葡萄牙人及西班牙人不仅带来了机械钟表、眼镜、火绳枪、葡萄酒、乐器、烟草、西方绘画、金属活字的印刷术及印刷机、饮食、服装等西洋产品以及天文学、医学、地理学等科学知识，而且也带来了反对偶像崇拜及祖先信仰、主张神权高于君权、男女平等、个人自由等天主教伦理道德，均对日本文化产生了较大的影响。

早期德川幕府

幕藩体制

1590 年，德川家康被丰臣秀吉转封关东六国，成为拥有 250 万石领地的大名。德川家康以江户城为据点，苦心经营，势力大增，地盘稳固。不仅位居丰臣政权中“五大老”之首，同时也因未参加对朝战争而保存了实力。1598 年丰臣秀吉死后，其近臣分成两大集团。1600 年 9 月，拥戴丰臣之子秀赖的石田三成联合小西行长、毛利辉元等大名率 8 万西军东征，德川家康率 10 万东军迎战，两军会战于美浓国关原。因西军出现倒戈者，东军大获全胜。石田成三、小西行长被处死，没收、削减西军各大名的领地高达 630 万石，德川家康将这些领地转封给东军各大名。

“关原之战”确立了德川家康对全日本的统治地位。1603 年，德川家康从天皇处获得征夷大将军称号，并在江户（今东京）建立幕府，为江户幕府，亦称德川幕府，其时代称为江户时代或德川时代。

1605 年，德川家康让将军之位给其子秀忠，以表示家天下之意，但仍将丰臣秀吉之子秀赖看作心腹之患。秀赖居住在大阪城内，虽然其领地仅有 65 万石，但名义上继承了丰臣秀吉的地位。为彻底消除后患，1614 年，家康借口丰臣秀赖铸造的方广寺大钟所刻“国家安康，君臣丰乐”之文是诅咒自己，在同年 10 月发动战役，攻打大阪城，但未能达到目的。1615 年 4 月，再次发动战役，终于攻陷大阪城，丰臣秀赖及其母自杀身亡。第二年德川家康去世。

1623年，德川秀忠让将军之位给其子家光，如同其父家康那样作为幕后将军掌握最高权力。前三代将军均以强大的军事力量为后盾，通过没收、减少、转封领地的方式削弱大名的实力，仅没收的领地就有120家，占全部大名的半数以上。这种武力政治不仅稳固了德川幕府，也完善了其统治体制。

在政权建设方面，德川幕府采用的是“幕藩体制”。即中央政权是幕府，地方分为二百多个半独立的藩。幕府组织分为统治全日本的中央机构和负责幕府直辖领地的地方机构。中央机构在将军之下设大老、老中、若年寄三个职务，其中大老是非常设最高官职，老中是负责日常行政的最高常设官员，若年寄辅助老中管理旗本、御家人等。同时，设置监察大名的大目付、监察一般武士的目付、管理寺院的寺社奉行、管理幕府直辖领地的勘定奉行，以及大番头、小姓组番头、书院番头等军队首领。地方机构设有京都司代、城代、町奉行以及奉行等职，其中京都司代负责与皇室、公卿贵族的交涉和监督事务，城代是管理重要城市的官员，町奉行是管理特殊城市的官员，奉行是管理指定城市的官员。另外还设有相当于将军秘书的“御用人”，其通常职能是传达将军命令给老中，但因这些人员多为将军的亲信或政治顾问，容易掌握大权。

幕府之所以能够号令天下，其背景是强大的经济实力和军事实力。幕府拥有收获量400万石的直辖领地，另外还有300万石的家臣旗本封地，共700万石，约占全日本3000万石总收获量的四分之一，任何一个大名也难以与其对抗，即使最大的加贺藩前田氏的领地也仅有102万石。同时，幕府垄断金银矿山开采和货币铸造，并控制江户、京都、大阪、长崎、堺等大城市的工商税金。

全日本的军事指挥权也由幕府将军直接掌握，直辖将军的常备军称为“家臣团”，成员为拥有封地并能觐见将军的旗本，以及仅领取俸禄（大米）不能觐见将军的御家人。旗本可构成8万人规模的军队，御家人也有2万人左右。旗本组成大番、书院番及小姓组番等军警机构，御家人组成徒士组、铁炮百人组等军警机构。旗本及御家人除平时担任幕府的守卫工作外，还担任幕府的中下级官员以及管理幕府直辖领地的代官等职务。

幕府将直辖领地及家臣封地以外的土地封给二百多个藩主（大名），这些大名按照与幕府的亲疏关系分为三类，即亲藩大名、谱代大名和外样大名。亲藩大名与德川家族具有血缘关系，其中有能够继承将军职务的御三家（水户、尾张、纪伊三藩）以及御三卿（田安、一桥、清水三藩）。谱代大名是在“关原之战”前臣

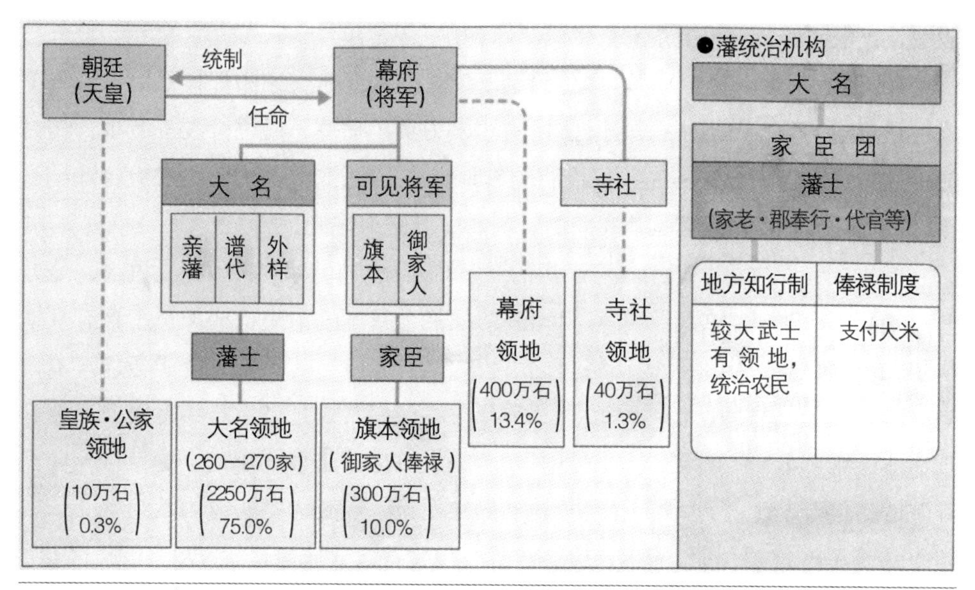

幕藩体制结构（收获量为18世纪初的估算）。

服德川家族的大名，外样大名则是在其后臣服德川家族的大名。亲藩大名和谱代大名大多配置在重要地区，前者拥有较高的名誉，但没有实权，后者领地虽然较少，但可以担任幕府重要职务。外样大名虽然领地较多，但不仅被置于偏远地区，周边还有谱代大名对其进行监视，而且不能参与幕政。

为有效控制各藩大名，幕府在1615年颁布《一国一城令》，即规定一个藩只能修建一座城堡，供大名居住和处理政务。1635年幕府颁布《武家诸法度》，其中规定大名负有“参觐交代”的义务，即在江户及领地间轮流居住一年。同时，各大名还要负担幕府的军役和重大工程。另一方面，诸藩大名在自己领地内具有相对独立的统治权，设置藩机构和官职，武士组成家臣团。这种双重统治结构史称“幕藩体制”。

1611年，德川家康拥立后水尾天皇，表示幕府拥有干预皇室的权利。1613年，幕府颁布《公家众法度》，规定天皇及朝廷贵族以学问为第一要事。1615年，幕府再次颁布《禁中并公家诸法度》，进一步限制天皇及公卿贵族的权力，例如规定武家官位须由幕府任命，防止大名与朝廷勾结。朝廷与幕府之间专设联络机构，禁止天皇出访，朝廷的领地也只有10万石。1620年，第二代将军秀忠将其女嫁给天皇。1627年，幕府借口大德寺、妙心寺违犯法规，处分其住持，并剥夺天皇赐给的象征最高荣誉的紫衣。1629年，秀忠立其外孙女为明正天皇，成为与奈良时代称德天皇相隔 859 年的又一名女天皇。

德川幕府将整个社会划分为士、农、工、商四个等级。士即武士，是统治阶级，连其家属约占全日本总人口的十分之一。其中又分为上至将军、大名、家臣，下至散居乡村的乡士和失去俸禄的浪人等二十多个等级。尽管地位各有不同，但都有氏姓、带刀和无故斩杀平民百姓的特权。

农是农民，他们被禁锢在土地上，交纳沉重的苛捐杂税。由于农业是当时最重要的经济基础，所以幕府十分重视对农村的统治，先后制定了许多有关法令，例如禁止农民出卖土地、禁止迁移、禁止过度分家、禁止过奢侈生活、禁止自由种植农作物等，并在农村实施"五人组"连座制度。没有土地的贫穷农民为"水吞百姓"，不能参加村政。拥有土地的"本百姓"选举三名村官员——"名主""组头""百姓代"，接受幕藩官员"郡代""代官"的命令，统治村民。

工是手工业者，商是商人，他们均居住在城下町中，因而被称为町人。町人不到全日本人口总数的十分之一，其中有资产的"地主""家持"才能参加町的政治活动，例如选举"町年寄""町名主"等。除上述四个等级之外，还有少数被称为"秽多""非人"的贱民，他们的住处、职业、婚姻均受到严格限制。

禁教与锁国

最初幕府为对外贸易而默认天主教在日本的传播，但很快就采取了限制性措施。其原因首先是信奉新教的荷兰人与信奉天主教的西班牙人、葡萄牙人在日本发生冲突，而西班牙及葡萄牙在传教名义下的殖民扩张行为也引起幕府的警觉。其次是天主教人人平等的教义与幕府身份等级制存在矛盾，而且离心倾向较强的西部大名多信奉天主教，普通民众信徒的迅速增加也使幕府感到担心。1550 年，西方传教士开始在日本传播天主教，到 1610 年，日本全国的天主教信徒已达到 70 万人。

1612 年，幕府颁布禁教法令，禁止直辖领地上的传教活动。1613 年，禁教法令在全日本实施，同时强迫天主教徒改变其信仰，其后幕府和各藩陆续对传教士、信徒采取刑罚或流放的打击措施。1622 年，幕府在长崎判处 55 名传教士和信徒死刑，史称"元和大殉教"。1637 年，九州南部岛原、天草的农民及浪人武士为反抗大名沉重的剥削，同时也是反对镇压天主教徒的政策而起义，因为当地多为天主教信徒。三万余名起义军拥戴小西行长部下益田好次之子、16 岁的少年天草四郎时贞为首领，占据原城进行抵抗。幕府最初的镇压失败后，集合九州各大名的 12 万兵力经过两个月的激战，将起义镇压下去。

原始文献

禁中并公家诸法度

该法令将天皇和公卿贵族作为适用对象，在历史上第一次对天皇的行为作出规定，但即使在如何解读该史料第一条“天子诸芸能之事、第一御学问也”上，国内学术界也存在不同看法，可参看冯玮的《日本通史》（上海社会科学院出版社，2008 年）和刘岳兵的《日本史研究的几个问题感言》（载《读书》2010 年第 11 期）。

天子诸芸能之事、第一御学问也、不学则不明古道、而能政致太平者未有之也、贞观政要明文也、宽平遗诫虽不穷绎史、可诵习群书治要云々、和歌自光孝天皇未绝、虽为绮语、我国习俗也、不可弃置云々、所载禁秘抄、御习学専要候之事

三公之下亲王、其故者右大臣不比等着舍人亲王之上、殊舍人亲王、仲野亲王、赠太政大臣穗积亲王准右大臣、是皆一品亲王以后、被赠大臣时者、三公之下、可为勿论欤、亲王之次、前官之大臣、三公、在官之内者、为亲王之上、辞表之后者、可为次座、其次诸亲王、但储君各别、前官大臣、关白职再任之时者、摄家之内、可为位次事

清花之大臣辞表之后、座位可为诸亲王之次座事

虽为摄家、无其器用者、不可被任三公摄关、况其外乎

器用之御仁体虽被及老年、三公摄关不可有辞表、但虽有辞表、可有再任事

养子者连绵、但可被用同姓、女缘者家督相统、古今一切无之事

武家之官位者、可为公家当官之外事

改元、汉朝之年号之内、以吉例可相定、但重而于习礼相熟者、可为本朝先规之作法事

天子礼服、大袖、小袖、裳、御纹十二象诸臣礼服各别、御袍、麹尘、青色、帛、生气御袍、或御引直衣、御小直衣等之事、仙洞御袍、赤色橡、或甘御衣、大臣袍、橡异文、小直衣、亲王袍、橡小直衣、公卿着禁色雑袍、虽殿上人、大臣息或孙听着禁色雑袍、贯首、五位藏人、六位藏人、着禁色、至极臈着麹尘袍、是申下御服之仪也、晴之时虽下臈着之、袍色、四位以上橡、五位绯、地下赤之、六位深绿、七位浅绿、八位深缥、初位浅缥、袍之纹、辔唐草轮无、家々以旧例着用之、任槐以后异文也、直衣、公卿禁色直衣、始或拜领任先规着用之、殿上人直衣、羽林家之外不着之、虽殿上人、大臣息亦孙听着禁色、直衣、直垂、随所着用也、小袖、公卿衣冠时者着绫、殿上人不着绫、练贯、羽林家三十六岁迄着之、此外不着之、红梅、十六岁三月迄诸家着之此外者平绢也、冠十六未满透额帷子、公卿从端午、殿上人从四月西贺茂祭、着用普通事

诸家升进之次第、其家々守旧例、可申上、但学问、有职、歌道令勤学、其外于积奉公劳者、虽为超越、可被成御推任御推叙、下道真备虽从八位下、衣有才智誉、右大臣拜任、尤规摸也、萤雪之功不可弃捐事

关白、伝奏并奉行职事等申渡仪、堂上地下辈于相背者、可为流罪事

罪轻重、可被守名例律事

摄家门迹者、可为亲王门迹之次座、摄家三公之时者、虽为亲王之上、前官大臣者、次座相定上者、可准之、但皇子连枝之外之门迹者、亲王宣下有间敷也、门迹之室之位者、可依其仁体、考先规、法中之亲王、稀有之仪也、近年及繁多、无其谓、摄家门迹、亲王门迹之外门迹者、可为准门迹事

僧正大正權、门迹、院家、可守先例、至平民者、器用卓抜之仁、稀有虽任之、可为准僧正也、但国王大臣之师范者各别事

门迹者僧都大正少法印任叙之事、院家者僧都大正少權律师、法印、法眼、任先例任叙勿论、但平人者本寺推学之上、犹以相撰器用、可申沙汰事

紫衣之寺往持职、先规稀有之事也、近年猥勅许之事、且乱臈次、且污官寺、甚不可然、于向后者、撰其器用、戒腊相积有智者闻者、入院之仪可有申沙汰事

上人号之事、硕学之辈者、为本寺撰正權之差别、于申上者、可被成勅许、但其仁体、佛法修行及廿个年者、可为正、年序未满、可为權、猥竞望之仪于有之者、可被行流罪事

右、可被相守此旨者也

——选自日本历史学研究会编：《日本史史料·3·近世》，岩波书店，2006年，第82—83页。

※ 请从上述史料判断权威性天皇与权力性将军之间的关系。

在镇压“岛原天草起义”后，幕府在各地，特别是九州地区实施“踏绘”制，即踩踏圣像以表示自己不是天主教信徒，否则将予以严惩。与此同时，由寺院提供证明其信仰的“寺请证文”。后来所有人员均须在寺院登记，形成了称为“寺请”的户籍制度。

在禁教的同时，幕府逐渐采取禁止私自对外贸易或往来的“锁国政策”。在德川幕府成立之初，为确立德川家族对日本统治的权威性以及获取对外贸易的巨额利润，不仅积极与明政府联系，而且许可各藩大名、商人进行海外贸易。

早在1599年，德川家康就借送还战俘为由试图与明朝取得联系。1606年，幕府通过萨摩藩与琉球向明朝表达了恢复两国邦交之意。1610年，幕府再次利用中国商船到达日本之机委托转交“致福建道书”，1624年，长崎代官致信福建官员希望进行朝贡贸易。但当时的明朝因倭寇及丰臣秀吉侵朝而对日本十分警惕，厉行海禁，同时国内形势也不太稳定，所以拒绝了幕府的要求。即使在清朝建立以后，双方也没有建立正式的邦交关系。

在16世纪后半期，日本对外贸易，特别是对东南亚贸易发展迅速，当时在东南亚地区出现了许多日本人集中居住的城镇——日本町。幕府实施许可贸易制，即日本商船或外国商船均须具有幕府颁发的许可书——“朱印状”。1600年，一艘

荷兰商船漂流到北九州地区，德川家康将其中的一名荷兰船员和一名英国船员邀请到江户，聘请他们作为外交及贸易的顾问。信奉新教、被称为“红毛人”的荷兰人和英国人受到幕府的欢迎，1609 年和 1613 年，荷兰、英国分别在九州平户设立商馆，但英国与荷兰竞争失败，1623 年放弃了在日本的贸易。

随着禁教政策的实施，且幕府也希望垄断对外贸易，限制措施逐渐加强。1624 年禁止西班牙商船到日本；1633 年规定除具有“朱印状”外，还必须具有幕府颁发的“老中奉书”方可进行海外贸易；1635 年，全面禁止日本人到海外，已在海外的日本人也不准回国；1639 年，禁止葡萄牙的商船到日本。1641 年，将平户的荷兰商馆迁移到长崎的人工小岛——出岛上，并禁止与日本人自由交往，从而形成“锁国体制”。

尽管德川时代未能与中国大陆政权恢复邦交关系，但仍通过四个窗口与周边地区或国家进行频繁的交往，即通过对马藩与朝鲜进行外交往来与贸易，通过长崎的荷兰商人、中国民间商人进行对外贸易，通过萨摩藩与琉球进行人员往来和商品贸易，通过松前藩与北海道的虾夷族进行交往。

1609 年，幕府与朝鲜签订《己酉条约》，通过对马藩主宗氏进行双边贸易和往来，朝鲜在釜山设倭馆与对马藩进行贸易，并通常在幕府新将军即位时派使节前往江户祝贺。从 1607 年到 1811 年，前后共派出 12 次使节团。前三次称“回答兼刷还使”，即对日本国书的回应，同时带回丰臣秀吉侵略朝鲜时被掠到日本的朝鲜人，其后称“通信使”。后来因使节团人员较多，费用负担过重，逐渐减少次数，最后一次仅到达对马藩。

在长崎，荷兰商人将生丝、毛纺织品、棉纺织品、药品、钟表、书籍带到日本，将日本的银、铜、瓷器贩卖到欧洲。除此之外，荷兰商船到日本时向幕府提供有关海外事情的“荷兰风见书”，每年还组成一百多人的队伍前往江户参拜将军。中国大陆民间商船也经常到长崎，初期与日本人杂居，1689 年幕府建设称为“唐人屋敷”的华人街，以方便对其商人进行管理。

1609 年，萨摩藩借口送还漂流民没有得到答谢，派兵入侵琉球，控制了尚氏王族。1663 年，清王朝遣使琉球，封尚质王为“琉球国中山王”，结果琉球王国在向清朝进贡的同时，还需在新幕府将军即位或新琉球王即位时向江户派遣“庆贺使”或“谢恩使”。在德川时代，前后共派出 21 次。

北海道古称“虾夷岛”，为虾夷人居住之地。从 14 世纪末开始，本州岛的日本人渡过津轻海峡到北海道南部居住，进行贸易。1593 年，统治该地区的蛎崎家

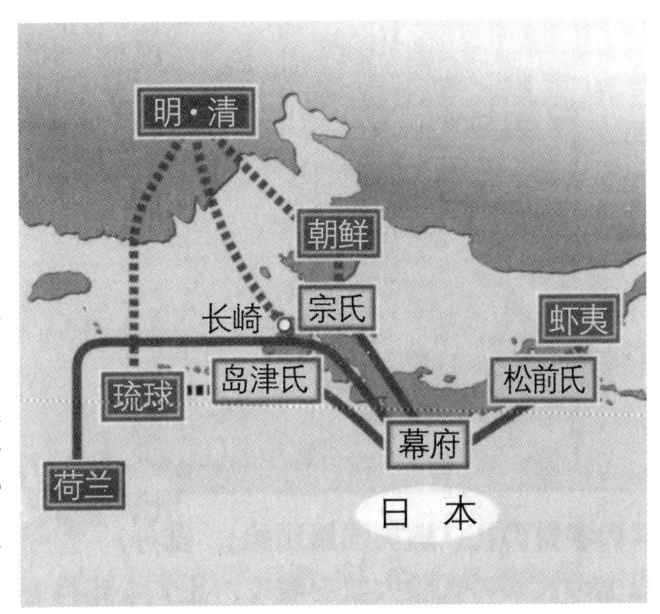

德川时代仍通过四条途径与周边地区或国家进行交往：通过对马藩与朝鲜进行外交往来与贸易，通过长崎的荷兰商人、中国民间商人进行对外贸易，通过萨摩藩与琉球进行人员往来和商品贸易，通过松前藩与北海道的虾夷族进行交往，也有日本学者称其为“小型华夷秩序”。

族得到丰臣秀吉的委任，1599年改姓为松前，并在1604年得到德川家康的委任，成为松前藩的大名，同时垄断与虾夷人的贸易。1669年，因不平等贸易，北海道爆发大规模虾夷人起义，但很快被镇压下去，贸易也完全被日本人垄断。

政治与经济

德川幕府前三代将军通过武力稳固了政权，但借口大名无继承人而没收其领地的做法使许多武士失去主君，这些被称为“浪人”的武士在三代将军家光去世时达到40万，其中一部分武士在兵学家由比正雪的率领下计划发动推翻幕府的起义。1651年，11岁的德川家纲继任第四代将军，在大老酒井忠胜、老中松平信纲的辅助下，镇压了谋反的浪人，同时修改不准收领养子的禁令，允许50岁以下的大名收领养子继承其家产。

1663年，幕府颁布新的《武家诸法度》，禁止主君去世时其下属殉死，提倡为新的主君尽忠效力，并提倡儒学的“仁政”“忠孝”，对不孝父母者严加处罚，同时废除将大名家眷扣留江户的人质制度。1664年，家纲向所有的大名颁发领地证明书，将军的权力基础由此得到进一步的加强。在幕府和各藩政治稳定的基础上，不仅经济得到发展，许多藩还设立了讲授朱子学的学校。水户藩主德川光圀在其江户藩邸设彰考馆，并邀请明朝流亡学者朱舜水编撰《大日本史》等。因此，从四代将军开始，幕府实施“文治政治”，即利用儒家的治国理念维持其政权。

1680年纲吉任五代将军，不仅自己笃信、钻研儒学，而且亲自向大名、旗本宣讲，并建造汤岛圣堂，聘请著名学者讲授朱子学。在1683年颁布的新《武家诸法度》中，将武士首先应遵守的“习文武弓马之道”改为“文武忠孝及礼仪之事”。另外，纲吉十分注重农村的稳定，认为官吏的首要职责是“常察民之辛苦，无饥寒之愁”，因此，对那些玩忽职守致使诸民贫困的官吏严加惩处，同时严禁武士之间或武士家族内部的争斗。1701年，赤穗藩主浅野长矩与幕府仪礼官吉良义央发生争执而遭到切腹的惩罚，长矩的家臣大石良雄等46人杀死义央一家为主报仇，幕府命令他们全部切腹自杀，然后大肆宣传他们的“义举”，结果收到稳定思想与政治的双重效果。

从1685年开始，纲吉为获得男性继承人，听信谗言，禁止杀生，陆续颁布以《怜悯生类令》为首的60个爱护动物令，禁止虐待猫、狗甚至昆虫，并花费巨额资金建造收容流浪狗的场所，其规模之大可收容8万条狗，并动用大量人力、物力、财力饲养。不仅如此，有几十万人因不小心伤害生灵而受到逮捕、流放甚至处死等惩罚。另一方面，纲吉大兴土木，修建寺庙神社及其他建筑，开支过度，为弥补幕府财政亏空而大量铸造劣币，结果引起物价暴涨和社会的动荡。

1709年纲吉去世，其外甥家宣任第六代将军，起用著名儒学者新井白石辅政，实施了一些新政策，如废除《怜悯生类令》，释放因违反该法令而被逮捕的万余名犯人；修改《武家诸法度》，提倡“仁政”，强调武士之责在“修文武之道，明人伦，正风俗”以及“国郡家中之政务，各尽其心力，不致士民怨苦”；减少幕府财政开支，改善与皇室的关系，整顿财政与贸易，铸造新币等。家宣任将军三年后去世，其3岁的儿子家继任第七代将军。新井白石继续推行其改革政策，但1716年，任将军只有5年的家继去世，其改革政策未能获得较好的效果，从此幕府开始走下坡路。

在整个17世纪，社会经济得到迅速发展，体现为农业进步、手工业兴盛、全国交通发达、城市增加、商业兴旺与豪商的出现等。农民得到份地，社会环境较为稳定，尽管土地租税较高，但仍然提高了农民的生产积极性，因而在江户时代前半期，农业生产获得显著的进步。其首要表现就是耕地面积的增加，这主要得益于幕府鼓励开发新田。开发新田者既有乡村官吏，也有富裕的农民，还有富裕商人承包开发。同时，幕府和各藩积极进行的水利建设也有力地推动了新田的开发。例如在德川幕府初年，全日本的耕地面积为163万町步，到18世纪初增加到297万町步，增长了80%。

其次是农业工具的进步，灌溉用水车、多种肥料的运用、备中锹及千齿机等先进农具的出现均提高了农业生产力。另外，经济作物得到普遍种植。各藩大名甚至幕府为获得更多的货币收入，允许农民在一定范围内种植经济作物。因此，桑、茶、棉花、麻、油菜、染料等推广到各地，同时也出现了有名的特定农作物生产地区，例如大阪的油菜、三河及尾张（今爱知县）的棉花、上野与武藏（今琦玉、群马县）的养蚕生丝、宇治（今三重县）的茶叶以及最上（今山形县）的红花等。

经济作物的普遍种植，首先促进了农村家庭手工业以及城镇手工业的发展，例如桐生地区（今群马县）的丝织业、西阵（今京都府）的丝绸业、伊丹（今兵库县）的酿酒业、大阪的酱油酿造业、有田（今佐贺县）的陶瓷业都非常发达。除农村家庭手工业外，城镇手工业也有了长足的发展。在批发商控制下的家庭手工业基础上，甚至出现了手工工场。商品性农业及手工业的发展推动了城市人口的急剧增加和交通的发达，另外，德川幕府实行的参觐交代制和武士居住在城市中的规定也刺激了商品经济的发展和物资流通的频繁。在江户、大阪、京都等大城市，集中了许多大的批发商人和金融商人，并出现了鸿池、三井和住友等著名的商业家族。

后期德川幕府

享保改革

五代将军纲吉晚年的恶政以及商品经济的发展造成两个深远的影响，一是武士阶层的贫困，一是农民的分化。商品经济发展使得上至将军、大名，下至一般武士均追求奢侈，结果开支增大。另一方面，货币经济使得依靠地租收入的幕藩财政入不敷出。“国用不足年事已久，上下穷困日甚。”幕府以及各藩大名经常向商人借贷，最后只好克扣普通武士的俸禄，部分下级武士沦落为平民。“商人过富，武士贫困。武士贫乏，则取民之事益多。”统治阶级将负担转嫁到农民身上，不断提高地租，结果又造成农民的贫困与分化，直接影响到社会稳定。尽管在六代和七代将军时期新井白石曾对此进行改革，但因时间过短未能奏效。

1716 年，33 岁的纪州藩（今和歌山县）藩主德川吉宗因七代将军德川家继无嗣而成为八代将军，当时阶级矛盾激化，幕府财政危机严重。吉宗立志改革，首先改变三代将军以来不亲政的做法，大权独揽，提拔身份较低但有才能的人担任重要官职，为此设立提高这些官员俸禄的“足高制”。同时强化掌握民政与财政的勘定奉行所，以期改革幕府财政。

当时幕府实行的主要改革措施有：第一，调查全国土地与人口，颁布节俭令；第二，公布“上米令”，即要求各藩大名按照百分之一的比例贡献米给幕府，作为交换，大名参觐交代时在江户的时间缩短为半年；第三，实施“定免法”，即将地租固定化，废除过去的“检见法”，即每年根据收成决定地租的方式，同时提高地租，鼓励种植经济作物；第四，整顿司法制度，编纂法典，颁布不受理因债务纠纷引起诉讼的“相对济令”；第五，加强对工商业的控制，通过组织流通业的行会来控制米价；第六，颁布“流地禁止令”，命令债权人将抵押过期的土地还给农民。除此之外，德川吉宗还解除洋学进口的禁令，奖励实学，建立城市消防制度，设立举报箱，“以广开言路，沟通下情”等。

吉宗实施的改革大多在享保年间，因而称为“享保改革”。其改革也取得了一定实效，幕府财政有所好转，吉宗也被誉为“幕府中兴将军”。但许多改革措施因大名、新兴地主、商人的反对而未能贯彻到底，如“上米令”“相对济令”“流地禁止令”等。同时，其提高地租和对工商业的严厉统制措施引起农民、町人的强烈不满，再加上 1732 年出现了称为“享保饥馑”的大灾荒，致使农村中的农民起义、城市中的市民暴动频频发生。

实际上，18 世纪中期以后，构成幕藩体制的社会基础发生较大变化。在农村，有实力的村官以及富裕农民不断兼并土地，然后将土地出租给无地或少地的农民耕种，成为新兴地主阶层——“豪农”。一方面无地农民、少地农民为降低地租或争取公正，不断与豪农进行斗争。另一方面，他们也利用农闲季节到城市中打工，甚至到城市居住，成为贫穷市民。这种现象反映了商品经济的发展以及城市人口的增加，同时在灾荒之时也时常引发市民的抢米风潮。

宽政改革

1745 年，家重任九代将军，但其身体多病且喜酒色，智力也有缺陷，在任 15 年无甚业绩。尽管 1760 年成为第十代将军的家治十分聪明，亦得到祖父吉宗的亲自培养，但幕府权力为田沼意次所垄断。田沼之父为纪州足轻，随八代将军吉宗进入江户。田沼在家重任将军时成为幕臣，升迁迅速，其俸禄从 600 俵增加到 1 万石，随后成为有实权的“侧用人”。1772 年开始担任老中职务，俸禄高达 5.7 万石，直到 1786 年，史称“田沼时代”。

田沼意次为改善幕府财政，积极利用商品经济。其具体措施包括：许可并强化工商业行会组织“株仲间”，向其征收被称为“运上金”“冥加金”的税金，并对铜、人参等商品实施专卖制度。同时进行货币改革，使其更加便利化，并计划扩大对外贸易，进口金、银等货币材料。鼓励商人开垦新田，同时准备开发虾夷地区（今北海道）。但田沼执政时期贿赂政治盛行，同时因浅间山火山爆发、关东地区洪水泛滥，各地暴乱不断，其政策遭到各阶层，特别是以松平定信为首的上层保守派的反对。1784 年，担任若年寄的田沼之子被旗本暗杀，1786 年，将军家治去世，田沼被迫辞职，其政策也随之终止。

1787 年，15 岁的家齐任十一代将军，30 岁的白河藩主松平定信任老中。松平为八代将军吉宗之孙，因藩政改革成功而备受瞩目。他担任幕府老中时正值连年天灾、农业歉收、米价暴涨的“天明饥馑”，江户发生了长达 6 天的市民捣毁米店运动，并迅速波及全日本 35 个城市。松平定信决心进行改革，因从 1789 年宽政元年开始，所以称为“宽政改革”。

“宽政改革”的核心思想仍然遵循享保年间改革的方针，即努力稳定农村，抑制商品经济的发展，以巩固幕藩体制。首先颁布严厉的《节俭令》，要求各藩大名、百姓、町人节衣缩食，将军后府经费压缩三分之二，朝廷亦被要求节约。为挽救穷困的旗本、御家人，颁布《弃捐令》，免除其债务；其农村政策的着眼点是恢复和增加农村人口以及耕地面积，保证年贡的稳定收入。增加农村人口的主要措施是命令流入城市的农民返回乡里，贷给口粮和农具，并禁止溺婴。同时向农村提供贷款，推动开垦荒地和修建水利工程，奖励业绩突出的代官；1789 年颁布《粮食储备令》，即“围米令”，命令各大名按收入的千分之五比例储备粮食，以备荒年；取消田沼时代给予商人的专卖权，废除商业行会，借助大商人的力量稳定市场价格；建立收容所，培训流浪者从事各种手工业；在思想领域，推崇朱子学，严禁以兰学为主的异学。不仅取缔有伤风化的读物，连林子平主张加强海防以备外国入侵的《三国通览图说》和《海国图兵》亦被禁止发行，其人也遭到监禁。

尽管松平定信实施的改革在一定程度上恢复了幕府的财政均衡，同时也提高了幕府的权威，但其严厉的统制引起民众的不满，加上与成年后急于亲政的将军家齐产生对立，因而松平定信在 1793 年被迫辞职。

幕府衰退

1837 年，家齐将幕府将军职位让给其子家庆，但仍在幕后操纵政权，一直到 1841 年他去世为止，史称“大御所（前将军）时代”，又因其年号为文化、文政，

大名迎娶将军家女儿时须建造红门。图为1827年加贺藩第十二代藩主前田齐泰迎娶第十一代将军德川家齐女儿溶姬时建造，现为东京大学红门，为国家级重要文化遗产。

所以亦称“化政时代”。家齐实行放任政治，即很少理会幕政，喜爱家庭生活。他有40个妻子，其中16个妻子为其生育了28个儿子和27个女儿。家齐令其子女与大名子女通婚，共结下36个大名亲家，为此花费巨额钱财。

另一方面，西方列强逐渐接近日本。首先是沙皇俄国不断向东扩张，18世纪末沿千岛群岛南下，直接窥探虾夷。1792年，俄使节拉克斯曼到达北海道的根室，要求通商，但遭到幕府的拒绝，其后双方在北方经常发生摩擦。1807年，幕府将松前藩及虾夷地区全部作为直辖领地，同时设松前奉行，以对抗俄国的入侵。在南方，因英国船只经常靠近日本港口并引起纠纷，幕府在1825年颁布《驱逐夷国船只令》，要求各藩驱逐靠近日本港口或近海的外国船只。洋学者渡边华山及高野长英等批判幕府的这种无差别攻击政策，结果遭到幕府的严厉处分，史称“蛮社之狱”。

因经营虾夷地区与将军子女嫁娶的费用惊人，为弥补幕府财政的严重亏空，这一时期大量铸造被称为“化政小判”的恶币。尽管幕府因此得到550万两黄金的利润，但引起物价的急剧上升，结果进一步推动了商品经济的发展以及商人力量的壮大，并出现了以城市民众为中心的“化政文化”。与此同时，农民的分化与贫困造成社会治安上的严重问题，幕府专门成立了“关东取缔出役”机构，加强对犯罪活动的打击。

从天保元年、即1830年开始，农业连年歉收。1832年到1833年，全国的农产品收获量减少一半。饿死者无数，社会动乱不稳，农民起义与市民的捣毁运动接连不断。在大阪地区，富商们趁机囤积居奇，市政官员不仅不救济百姓，反而勾结奸商哄抬物价。信奉阳明学的大盐平八郎本是维持治安的下级武士，因对幕府腐败不满而辞职，开办洗心洞私塾教授学生。1837 年初，大盐忍无可忍，率其门徒在大阪发动武装暴动，横扫五分之一的市区，捣毁富豪住宅及米店等房屋万余间。尽管在幕府大军的镇压下这次暴动很快失败，但由于大盐平八郎是武士出身，暴动又发生在被称为“天下厨房”的大阪，同时提出了改革幕藩体制的要求，因而对幕府产生了较大的冲击。

1841 年 8 月，德川家齐去世，受十二代将军德川家庆信任的水野邦忠被任命为幕府首席老中，并在其主导下进行“天保改革”。其改革内容有以下几点：第一，精简幕府机构人员，推行节俭政策，严禁买卖高价物品。同时严厉统制出版业，禁止出版批评幕府和有伤风化的作品；第二，抑制商业和手工业，颁布《解散行会令》，促进商品自由流通，以期实现物价的下降；第三，再次颁布《返乡令》，禁止农村人口流入城市，并将短期流入城市的农民送还乡里；第四，颁布《禁止藩国产专卖令》，试图减弱各藩的经济实力。颁布《上交知行地令》，即“上知令”，将江户、大阪周围的大名及旗本所属土地交换为幕府直辖领地；第五，取消 1825 年颁布的《驱逐异国船只令》，训练洋式军队，制造大炮，防止外敌入侵。

但是，各项改革措施大多执行不利，例如《解散行会令》造成商业萧条、物价上涨，只好终止，《禁止藩国产专卖令》和《上交知行地令》也因大名、旗本的抵制而取消。此次改革失败的最大原因是商品经济的迅速发展，造成自然经济基础上的幕藩体制难以适应。正因如此，不仅改革没有成功，反而进一步激化了社会矛盾。

实际上，进入 19 世纪以后，因货币经济的发展及工场手工业的发展，农村人口急剧减少，城市人口增加迅速。例如关东北部下野国（今枥木县）的人口在 18 世纪初到 19 世纪初的百年间减少了三分之一，流入城市的农民多成为批发商控制下的家庭手工业或集中手工业工场的劳动者。

与此同时，许多藩为解决财政困难，不仅大力推行藩政改革，而且积极适应商品经济的发展，实施藩营专卖制度，并设立藩营的工场，尤其是地处西南的萨摩、长州、佐贺、土佐等外样大名之藩。例如萨摩藩在 1827 年集资进行离岛的砂糖专卖，并通过琉球与清朝进行走私贸易。同时实行“殖产兴业”政策，即在外国技师的指导下，建造造船厂、炼铁厂、玻璃厂、纺织厂等新式工厂。另外，从外国商人那里购买洋式武器装备军队等，因而成为实力较强的“雄藩”。

思想与文化

朱子学、古学

在德川时代前期的学术思想界，儒学占统治地位，尤其是朱子学作为“官学”达到鼎盛阶段。由于朱子学提倡维护封建等级秩序的“大义名分论”，因而在镰仓时代随禅宗传到日本时就受到统治阶级的欢迎，但当时及其后很长一段时间都与禅宗混合在一起。战国时代末期，京都相国寺僧侣藤原惺窝热心儒学，并经常与各国大名交往，后来受到朝鲜学者姜沆的影响，专心朱子学，同时逐渐脱离佛教的世界观，还俗后致力于朱子学的独立。京都建仁寺僧侣林罗山成为惺窝的学生后还俗，因未经许可讲授《论语》险遭迫害，后被惺窝推荐给德川家康。

林罗山积极肯定身份制社会，认为“世界万物均有上下名分，人间社会也是如此，君臣父子尊卑贵贱各有其位，不得混淆”。以这种天命论、名分论为主要特征的朱子学对于否定战国时代“下克上”的行为、维护幕藩体制是极为合适的，因而林罗山深得德川家康将军的信任。不仅成为家康的政治顾问，而且其学问也得到发扬光大。三代将军家光设立学塾，教育幕府士族子弟，林家世袭儒官。到五代将军纲吉时，建幕府最高学府昌平黉，并任命林家三代孙风冈为大学头，使林家的私塾成为官学，使朱子学在元禄、天保年间达到全盛。被称为“京学”的这一流派著名人物还有木下顺庵、新井白石等。另外还有以土佐（今高知县）南村梅轩为中心的南学朱子学，这一流派倾向道学，主张儒神合一。

除朱子学外，同为儒学的还有阳明学和古学。被称为“近江圣人”的中江藤树及其学生熊泽蕃山最初研习朱子学，但逐渐对朱子学产生怀疑，于是将明朝的王阳明学说介绍到日本。他们借用王阳明“知行合一”的观点，批判朱子学的“知先于行”思想，同时批判现实，主张个人的、省悟的儒学。中江藤树晚年放弃武士籍，从事教育。熊泽蕃山积极从事冈山藩政的建设，并在著作《大学或问》中批判幕政，受到禁闭的处分。会津藩、熊本藩的阳明学者也因其革新性而遭到镇压。阳明学到幕末时期的传人有大盐平八郎、吉田松阴等。这些人大多原为朱子学者，但在研究过程中逐渐转而钻研阳明学。

古学派的多数学者原来也是朱子学的信徒，后来怀疑朱子学与孔子、孟子的原意多有不同，改而提倡古学，呼吁从孔孟的原著中探索儒学的真意，同时他们也反对阳明学。例如山鹿素行在其《圣教要录》中认为朱子学以及阳明学均不是真正的孔孟精神，只有直接研究孔孟经典，才能恢复先秦儒学的本来面目，山鹿因此受到幕府流放的处分。另外在《中朝事实》中，山鹿素行认为，比起明清的“中华”来，日本是“中朝”。另一位古学派的创始人伊藤仁斋在京都开设私塾，依据《论语》《孟子》等儒学经典，讲述经验性知识的重要。古学派成员还有荻生徂徕、太宰春台等人。荻生主张政治和道德分开，以科学态度治学，反对朱子学的空谈理性，坚持学习历史或“事实”。其弟子太宰春台更是关心政治经济，主张促进商品货币经济的发展。

国学、兰学

早在元禄时代就出现了实证性研究《万叶集》的学者，例如户田茂睡、契冲等。到18世纪后半期，对日本古典的研究扩展到《古事记》《日本书纪》等历史书籍，逐渐形成了从中寻找日本固有文化及精神的国学。从师契冲的荷田春满提倡建立国学学校，其学生贺茂真渊撰写《国意考》《万叶考》等书，探讨未受儒学、佛教影响的日本古代思想。国学的集大成者是本居宣长，拥有门徒近500人。本居不仅提出《源氏物语》的中心思想是“物哀”，而且通过对《古事记》的详细研究阐明了日本固有文化，主张排除外来思想，回归古代精神，同时明确规定国学“乃皇朝之学问也”。接受其影响的平田笃胤更是激烈排除儒学及佛教，提倡尊重古代信仰的复古神道，其思想受到农村上层农民的欢迎，广泛流行。国学者的思想极大地影响了后来的尊王攘夷运动，同时又是幕末时期排外主义、明治中期国粹主义的历史渊源。

兰学本来称西学或洋学，因德川幕府初期实行锁国政策，欧洲科学技术及知识只能通过长崎的荷兰人传入日本，因而称为“兰学”。1720年，将军吉宗提倡实学，宣布不再禁止与天主教无关的西书。1740年，幕府命令青木昆阳、野吕元丈等人学习荷兰语，推动了兰学的发展。1774年，杉田玄白等人翻译《解体新书》，介绍西方的解剖学，是日本第一部大型西洋医学译著。兰学后来从医学、军事发展到各种学科，在日本全国形成了学习西方知识的知识分子集团。到19世纪中期，翻译西方书籍约五百多部，其中较为著名的兰学者有杉田玄白、大槻玄泽、高野长英、绪方洪庵等人。同时也出现了由兰学者开办的学校，例如仙台医师大槻玄泽在江户开设“芝兰堂”私塾，培养了许多优秀学生；绪方洪庵在大阪创办“适适斋”学塾，也培养了许多著名的人才，其中包括明治初期日本兵制的创办人大村益次郎以及著名的启蒙思想家福泽谕吉等。

除国学、兰学外，幕末时期还出现了许多批判幕藩体制、提倡改良、应对外来危机的政治及社会思想，称为“经世学派”。例如安藤昌益著《自然真营道》，主张人人耕种，反对剥削与身份等级；海保青陵在《稽古谈》中认为，重建幕藩财政不能依靠消极的节俭政策，而应积极适应商品经济，实施藩营专卖等措施；本多利明著《西域物语》《经世秘策》，主张开发虾夷地区，并通过与西方各国进行贸易而增加国富；佐藤信渊在《农政本论》《经济要录》等书中主张振兴产业，国家统制流通领域，同时向海外扩张。

另外，在最初推崇朱子学的水户藩，逐渐形成将朱子学、国学、神道教相结合的“水户学”，主张尊崇天皇，服从将军，其代表有藤田幽谷、藤田东湖父子与会泽正志斋等人。这一学派的观点对幕末时期“尊王攘夷运动”的形成有很大影响。

值得一提的是德川时代的教育。18 世纪末，除幕府设立昌平坂学问所（昌平黉）作为向幕臣灌输朱子学的教育机构外，许多藩也设立藩校，教育藩士的子弟，培养解决藩财政等问题的人才。藩校最多时达到 280 间左右，最初讲授朱子学等儒学，后来根据需要又加设洋学、国学，同时根据年龄、学习能力设置不同的年级。这些藩校不仅使武士受到教育，其影响也扩展到其他社会阶层。例如 1841 年水户藩创办的“弘道馆”，不仅规模最大，而且成为幕末“尊王论”的大本营。

除官办学校外，民间有武士、学者、町人开办的众多私塾。例如大阪町人设立的“怀德堂”，讲授朱子学、阳明学，但也出现了批判儒学、主张实学的山片蟠桃。其他著名的私塾还有大盐平八郎的“洗心洞”、吉田松阴的松下村塾以及上面提及的大槻玄泽“芝兰堂”、绪方洪庵“适适斋”等。同时，也出现了许多著名的教育家，例如提出以“报德仕法”振兴农村的二宫尊德、主张节俭正直的商业道德及“心学”的石田梅岩等。

另外，民间初等教育机构“寺子屋”在 19 世纪初数量急剧增加，全日本达到 1.2 万所，其中十分之一在江户。这些小学大多由村长、僧侣、浪人武士和富裕的町人经营，通常有 20 名左右的 6—13 岁儿童就读，学习读写、算数等。

文学艺术

从 17 世纪后半期到 18 世纪前半期，幕藩政治较为稳定，商品经济发展迅速，因而以富裕的大阪、京都町人为中心，形成了现实主义的市民文化。由于从 1688 年到 1703 年为五代将军纲吉的年号“元禄”，所以被称为“元禄文化”。其特征是豪华、充满活力，而且此时娱乐成为一种商业活动。

在诗歌领域，松永贞德及西山宗因将俳句从连歌中独立出来，并在形式和内容上加以创新。松尾芭蕉进一步将他们充满技巧的形式以及细腻的内容结合起来，创造了许多脍炙人口的“俳句”，即用短短17个音节勾画简洁而意味深长的景象及心情，例如“路远人已老，茫然四野皆枯秋，新梦仍缭绕”。其作品不仅带有“幽玄闲寂”的美学观点，而且其走遍日本寻求自然题材的写作方式也深受人们喜爱，其游记有《奥州细道》《野曝纪行》等。

当时的繁荣景象被誉为“浮华世界”，而描写现实生活的写实小说“浮世草子”流行开来，其中最为著名的作者是井原西鹤。其作品《好色一代男》《好色一代女》描写了市民阶层的性爱，《日本永代藏》形象地刻画了商人的行为准则及其赚钱术，《武道传来记》则讲述了武士的仁义道德等。

在艺术方面，德川时代初期的歌舞伎不仅演变为融合舞蹈、音乐、戏剧、绘画为一体的综合艺术，而且也发展成具有豪华舞台的固定演出艺术节目。既涌现出著名演员坂田藤十郎、市川团十郎等，也出现了有名的剧作家近松门左卫门。近松为歌舞伎和“人形净瑠璃”撰写剧本，其描写武士为主君复仇的《本忠臣藏》、描写年轻人为爱情殉死的《曾根崎心中》、描写郑成功复兴明朝的《国姓爷合战》等均以现实生活为题材，对社会影响很大。

在绘画方面，除传统的绘画技术外，面向普通民众、以现实生活为题材的风俗画得到流行，特别是能够大量生产的木板刻印“浮世绘”深受一般市民欢迎。“浮世绘”创始者菱川师宣留有《美人回首图》等名作。著名的庭园建筑有德川初期因茶道兴起而建的桂离宫庭园及大名藩邸六义园、后乐园等。

在自然科学方面，这一时期也出现了贝原益轩的《大和本草》、稻生若水的《庶物类纂》等博物学著作，宫崎安贞的《农业全书》等农学著作，反映了当时经济的发展及社会生产力的提高。

以江户町人为中心的“化政文化”出现在德川幕府时代后期的文化、文政年间，即1804年到1830年，其特征为现实主义、享乐主义，显示了商品经济急速发展下町人生活的多样性、享乐性甚至颓废性。江户的吉原很快发展成为与大阪的新町、京都的岛原相提并论的三大娱乐场所，各种消遣方式应有尽有，其中名声最大的是妓院和戏院。原则上武士不能进入这些娱乐场所。追求感官享受的社会风气推动了性爱小说的流行，另外还有适合町人口味的讽刺小说、滑稽小说、传奇小说等。因一些作品过于露骨地描述色情或讽刺时政，山东京传、为永春水、柳亭种彦等作家均受到幕府的严厉惩罚。

在戏剧方面，尽管剧作家竹田出云、近松半二等人为“人形净瑠璃”创作了许多传世之作，但该艺术形式受到歌舞伎的冲击，逐渐与木偶脱离，成为以唱为主的“歌净瑠璃”。与其相反，歌舞伎却因舞台设计、演唱内容的改进等进一步受到民众的欢迎，不仅出现了中村座、市村座、森田座等江户三大剧团，而且也出现了不少描写江户町人生活的著名剧本，例如鹤屋南北的《东海道四谷仙谈》、河竹默阿弥的《白浪五人男》等。

在美术方面，此时的“浮世绘”也大多以普通人生活和自然风景为题材，例如著名画家喜多川歌麿、东洲斋写乐、葛饰北斋、安藤（歌川）广重等。喜多川歌麿善画年轻女性，留有《妇女人相十品》等作品；东洲斋写乐善画具有个性的人物特写，留有《市串虾藏》等作品；葛饰北斋善画风景，其代表作有《富岳三十六景》，利用各种手法表现了象征日本的富士山；安藤（歌川）广重的代表作有《东海道五十三次》，以连画的形式描述了东海道沿途的风土人情。

结　语

“参觐交代”并非江户时代特有，镰仓幕府时代称为“御家人”的亲信武士定期到镰仓或京都值勤、室町幕府时代前期守护大名居住在京都、丰臣秀吉时代大名到京都拜见“关白”都是其历史渊源，只不过德川幕府最终将其制度化了。“参觐”最重要的象征意义是各地大名臣服于将军，否则意味着反叛幕府。例如第二代将军德川秀忠的外甥越前藩大名松平忠直在“大阪之战”后长期不“参觐”将军，大名之间流传松平要谋反，秀忠最终将其流放。

虽然“参觐交代”在削弱大名的经济实力上达到了目的，但也带来了意想不到的结果。首先是推动了江户文化向地方的传播，同时也推动了各地居民民族认同意识的出现，从而在外部压力下很快形成近代国民国家。但在另一方面，众多的人员、物资流动不仅完善了列岛的交通网及旅馆业，江户、大阪、京都这些特大城市的出现，更是推动了商品经济的急速发展，冲击了自给自足的自然经济，使幕藩体制岌岌可危。为解决其矛盾，江户时代幕府前后进行了四次改革，但均无功而返。结果作为权势阶层的武士成为穷人，最受歧视的商人却掌握了社会财富，因此，社会变革势必来临。

大事记

时间	日本	东北亚
1495 年	北条早云入小田原城	
1521 年	关东管领两上杉氏之争	
1549 年	耶稣会士沙勿略来日传教	
1553—1564 年	五次川中岛战役	
1560 年	桶狭间之战	
1568 年	织田信长进京	
1571 年	织田信长烧延历寺	
1573 年	织田信长讨伐将军足利义昭，室町幕府灭亡	
1575 年	三河长筱之战	朝鲜党争开始
1582 年	本能寺之变	
1583 年	贱岳之战，秀吉大阪筑城	
1586 年	秀吉就任太政大臣，被赐姓丰臣	
1592 年	文禄之役	
1597 年	庆长之役	
1600 年	关原战役	
1600—1604 年		英、荷、法设立东印度公司
1603 年	德川家康就任征夷大将军。出云阿国于京都始兴歌舞伎	
1615 年	大阪冬之阵。制定《武家诸法度》和《禁中并公家诸法度》	
1616 年		努尔哈赤建立后金
1631—1639 年	制定锁国政策	
1637 年	岛原天草起义	
1644 年		明亡，清迁都北京
1651 年	由比正雪之乱	
1654 年	隐元传黄檗宗	
1657 年	江户明历大火。《大日本史》编纂开始（至 1906 年）	

（续表）

时　间	日　本	东北亚
1661 年		南明灭亡
1673 年		清三藩之乱
1685—1709 年	颁行《怜悯生类令》	
1689 年	松尾芭蕉开始“奥州细道”之旅	
1690 年	汤岛圣堂落成	
1695 年	金银货币改铸	
1709—1716 年	新井白石正德之治	
1716 年	吉宗就任将军，开始享保改革	
1732 年	享保饥馑	
1767 年	田沼意次成为侧用人	
1774 年	《解体新书》出版	
1783—1787 年	天明饥馑	
1787—1793 年	宽政改革	
1790 年	宽政异学之禁	
1800—1816 年	伊能忠敬全国测量	
1825 年	颁布《驱逐夷国船只令》	
1833—1839 年	天保饥馑	
1837 年	大盐平八郎之乱	
1838 年	绪方洪庵在大阪开设兰学塾“适适斋”	
1840 年		中英鸦片战争
1841 年	天保改革	
1842 年		中英《南京条约》签订
1851—1864 年		清太平天国运动
1867 年	大政奉还，德川幕府结束	

进一步阅读资料

刘晨在《日本近世武家节日的确立及其政治意义》(《日本研究》2018 年第 1 期）一文中指出：日本在历经战乱重获统一之后进入近世，由江户幕府所推行的武家年中行事当中包括继承传统的正月新年和人日、上巳、端午、七夕、重阳“五节句”，以及新兴的嘉祥、八朔、玄猪等节日。不同节日在各具特色的同时，也带有“武家拜谒将军”内容的共通性，构成了完整统一的近世武家节日体系。该体系确立于三代将军家光时期，既是建立在对传统节日习俗的继承之上，又兼具武家政权独特的创造和发展，同时还受到现实政治的深刻影响和积极利用；

赵彦民在《壬辰战争：耳冢历史记忆的再建构、越境与交涉》(《民俗研究》2018 年第 4 期）一文中指出：德川政权在否定丰臣秀吉侵略朝鲜的同时，有意识地保留了耳冢，一方面与朝鲜半岛政权保持往来，另一方面通过前代丰臣秀吉的“武威”来震慑对方，把耳冢当作与朝鲜进行外交的政治工具。进入明治以后，在明治天皇倡导下，日本举国上下重建丰国神社并举办各种纪念活动，丰臣秀吉的历史记忆得以复旧和圣化，耳冢也被赋予了新的意义。战后耳冢在很长一段时期都是被忘却的对象，但 90 年代后，随着在日韩国人和朝鲜人的耳冢祭奠活动定期化，耳冢的历史记忆成为日韩间共有的记忆，至今在耳冢未来归属问题上日韩双方的交涉仍在持续；

雷晓敏在《本居宣长“物哀”论的学术价值探讨》(《唐都学刊》2018 年第 6 期）一文中指出：“物哀”论是本居宣长倡导的诗学理论，也是一种有争议的文学思想，其中包含本居宣长极力排斥和反对中国文化的狭隘民族主义观念。在中日两国学术界，有学者赞赏其挑战中国“劝善惩恶”文学观的胆识，有学者批评其“历史虚无主义”倾向，有学者惊讶其对日本文学的广泛影响力，也有学者痛斥其是将日本社会引入歧途的首恶凡例。客观地看，本居宣长“物哀”论是反观中国文论的重要参数，其局限性在于歪曲中日文化交流的事实甚至杜撰历史。该学说留给学界的警示是：应该平实而公允地对待本土文化与外来文化的关系——在当下全球化人文交流的大背景下，强调这一点尤为重要；

张建立在《试析丰臣秀吉的海权意识及其影响》(《北京社会科学》2019 年第 2 期）一文中写道：丰臣秀吉出身低微，却凭借能力和军功位极人臣，终于在 1590 年统一日本，攀升至权力的顶点。具有草莽英雄魅力的丰臣秀吉，将其个人奋斗的成功经验错误地带入日本国家的外交行为中，穷兵黩武夺取朝鲜半岛和大明江山，进而统率亚洲。丰臣秀吉发动的万历朝鲜战争最终以失败告终，成为后世日本人思考海权问题的明鉴。但丰臣秀吉蓄谋已久的大日本版图构想，则成为后世日本人构建海洋国家的一贯指针；

徐克伟在《日本江户兰学中的中国知识及其局限——以〈厚生新编〉(1811–1845) 对〈本草纲目〉的参考为中心》(《自然辩证法通讯》2019 年第 7 期）一文中指出：学界将日本学者系统翻译介绍西方近代知识追溯至江户时代的兰学，即借助荷兰语翻译、介绍欧洲科技文献的学术运动。值得注意的是，兰学并非单纯的西学移入，兰学家于翻译之际积极参考并利用相关的中国知识，尤以作为幕府翻译事业的日用百科全书《厚生新编》对本草学巨著《本草纲目》的参考最为显著。译者群体普遍具有的汉学素养与医学背景，使其在翻译之初构建起西方百科知识与东方本草学的对应，在利用本草学相关资源吸收消化译文内容的过程中，译者亦逐渐强化了对二者的区别意识，在诸多具体问题上对本草知识予以批判，并通过评判性的比较研究，获取更为实用、准确的新知识；

陈县樑、金国平在《明清官学对琉球学子的教育及影响》（《史林》2019 年第 3 期）一文中指出：琉球官生和勤学是中琉之间朝贡体系的衍生，自 1392 年琉球首批官生入学国子监开始，琉球王府在明清两朝政府高层支持下，派遣官生和勤学赴华学习汉文化便形成一种定制。这些留学生在学习与汲取儒家文化经典、业成归琉后，以其所学服务于中琉友好关系的维持与发展，这一体制在 1879 年琉球被日本吞并、设立冲绳县之后废止。但无论是中国传统儒学或是社会生活方面的诸多知识都对琉球产生了深刻影响，琉球学子所创作的琉球文献记载和汉诗更成为了中琉友好关系的见证；

刘晓东、年旭在《明袁琎“被掳”像的形成与中日朝交涉》（《历史研究》2019 年第 1 期）一文中指出：1523 年日本大名细川氏和大内氏分别派遣使团赴明，抵达浙江宁波后双方因勘合真伪问题引发武力冲突，伤及明朝军民，史称“宁波争贡事件”。嘉靖皇帝对此事的处理态度明显前后不一，应与明朝指挥袁琎“为贼向导”的“隐情”有某些内在关联性。相较于“被掳”，前者更有损于天朝威严与东亚区域秩序的稳定，成为后来东亚诸国交涉中的一个重要问题。事件发生后，明朝虽然表现出较为强硬的态度，但并未断绝与日本的朝贡贸易往来。日本方面也积极寻求解决途径，希望消除误会。在各方的斗争与妥协中，所谓“为贼向导”的言说逐渐被淡化，最终完成袁琎“被掳”形象的塑造，并成为东亚区域各国共有的一种主流描述。基于自身利益需求，各方都有意无意地选择了对传统东亚区域秩序体系的修复与维护，从一个侧面反映了这一秩序体系“事大字小”的伦理关系及其历史合理性；

杨立影在《日本近世幕藩体制的矛盾与困境——以赤穗事件为中心的考察》（《世界历史》2019 年第 3 期）一文中指出：1703 年江户发生赤穗藩浪人刺杀幕府高官、为主君报仇的事件，围绕如何处置参与事件的 46 名浪人，幕府、儒者、民间有着不同的观点和价值取向。幕府欲“以法治国”，最终严惩复仇者；儒者间掀起旷日持久的礼法之争，对浪人复仇行为是否有罪呈对立态势；三百年来常演不衰的《忠臣藏》更是成为民间崇尚忠义的情感象征。观念冲突背后反映日本近世幕藩体制下，集权与分权、家族制度与国家权力、儒家伦理与法律的矛盾，幕府最终决定运用公权力、以法之名严惩浪人的逻辑暗示出社会演变的可能趋势，其中蕴含的机理凸显出近代转型的契机。

第五章

明治维新

作为欧亚大陆边缘的岛国，日本在吸收外来文化上没有什么负担，只要认为值得学习便不遗余力地加以模仿，明治初年的“文明开化”便是如此。“文明”一词来自《易经》，为光彩、光辉之意，“开化”一词来自顾恺之的《定命论》，为教导开化、推动社会进步之意。在日本历史上，“文明开化”特指1870年到1889年之间对西方文化、风俗的学习，最初有启蒙之意，但后来成为西方社会风俗的代表。正如当时报纸杂志所说的那样：“敲敲半发头，发出因循守旧的声音；敲敲全发头，发出王政复古的声音；敲敲短发头，发出文明开化的声音。”从里到外全盘西化。

从衣食住行上看，日本1867年出现牛肉店，1870年开始穿西装、制鞋、使用洋伞、发明人力车、使用自行车，1871年政府颁布《散发令》提倡理发、出现西餐店及西洋建筑、使用桌椅，1872年流行戴帽子、喝啤酒、开通铁路，1873年出现卷烟，1874年银座出现煤气灯，1887年使用电灯等。“文明开化”也有大力改革风俗习惯的一面，例如1876年京都府告谕中除奖励上学、落实卫生法外，还禁止在户外张贴神佛画像、唱念诅咒，禁止观星术、风水、看相、算卦等，甚至废除盂兰盆节会、六斋念佛、歌唱念佛等。在新政府看来，这些民间传统是不可理喻的邪教，妨碍现代化，必须加以破除。

内外危机

封建制度危机

从 18 世纪初开始，随着农业生产力的提高和商品经济的急剧发展，特别是因棉花、蚕桑、茶叶、烟草等经济作物的普遍栽种，德川幕府中期以后，在农业较为发达的中部和畿内地区，农户在很大程度上变成小商品经济生产者，从而不可避免地被卷入市场体系。由于这些商品生产者各自的生产条件不同，必然引起两极分化。一些条件较好的生产者不断积累财富，收购破产农民的土地，逐渐上升为地主。因为幕藩领主禁止土地买卖，所以土地兼并主要是采取抵押的方式，通过这种方式发展起来的地主一般称为“村方地主”。另外还有一种开发型地主，也就是一些商人、高利贷者和手工工场主，他们利用逐渐积累的资金，通过幕藩领主承包垦荒，成为大量土地的所有者。到明治维新前夕，新兴地主通过上述两种途径占有的土地约占全日本土地总面积的三分之一。

较大的地主将土地出租给农民耕种，中小地主通常是采取雇工经营的方式，但无论是出租土地的地主，还是雇工经营的地主，他们与直接生产者的关系完全是一种经济关系，并不具有领主与农民之间的身份依附关系。另一方面，由于他们是伴随着商品经济的发展成长起来的土地所有者和资本拥有者，因而与手工业生产、商品贸易具有密切的关系。即在土地经营之外，或者从事手工业，或者从事商品流通，成为一身二任的“豪农豪商”。在幕藩体制下，土地禁止买卖，新兴地主的土地所有权得不到承认，其发展也受到压制。于是，他们容易成为社会变革的支持者，例如幕末动乱时期参与“尊王倒幕运动”的许多“草莽志士”均来自这个阶层。

与此同时，在一些经济比较发达的地区，开始出现资本主义性质的家庭手工业或手工工场。例如在大阪附近的棉织业中心河内，出现了许多被称为“木棉寄屋”的农村商人，他们收购农村手工业者的棉纺织产品，然后转卖给大阪的棉布批发商。接下来，他们进一步通过“换棉”和“出机”的方式控制农村家庭手工业。所谓“换棉”是指商人供给棉花，农民在家里纺成纱或织成布，商人按成品数量支付酬金；所谓“出机”是指商人不仅提供生产原料，而且提供纺织机械，农民在家里织成布匹，按照成品获得酬金。

在蚕丝业领域也是如此。早在 18 世纪后半期，其生产过程已经分化为养蚕、制丝和丝织三个部分，并出现了桐生、足利、福岛、丹后等著名的缫丝业、丝织业中心。进入19世纪以后，在养蚕业比较发达的关东和信州地区，农村商人不仅将原料蚕茧提供给农民，而且也将缫丝的工具——“釜”“坐缫器”等提供给农民(所谓的“出釜制”)，让农民在家加工生丝，然后按照产品的数量付给劳动报酬。

接下来，商人们在较大的城镇中建设厂房，出资招募贫穷的农村妇女或城镇妇女集中生产。此时的商人已变为资本家，生产者变为出卖劳动力的雇佣工人，从而形成了具有资本主义性质的手工工场。除棉纺业和丝织业外，在陶瓷、制纸、酿酒等行业也出现了一些集中的手工工场。

幕藩领主为维护自己的统治，采取许多措施限制手工工场的发展。例如幕府在1842年曾颁布法令，严禁手工工厂主招雇“机织下女”，禁止农民荒废本业，并强迫外出做工的农民返回家乡从事农业生产。因此，具有资本主义性质的手工工场在幕末时期尚处在较低的水平上，其生产资料所有者——资本家——亦未形成一支独立的政治力量。尽管他们是社会变革的支持者，但难以成为领导者。

在商品经济的推动下，城市商人，特别是以金融高利贷商人为主的特权商人力量逐渐增强，所谓特权商人是指那些与幕藩领主具有密切关系的商人。到19世纪中期，仅在大阪一地经营汇兑业务、资本金在20万两以上的钱庄就有五十多家。这些金融特权商人拥有巨额财富，不仅通过贩卖各级武士的禄米控制了幕藩财政，而且对整个社会也具有举足轻重的影响。仅是他们借给各地大名的款项就高达六千多万两，这些款项每年的利息就值300万石大米，而各地大名每年运往京都、大阪和江户的大米也不过400万石，以至于形成了“幕藩疲敝，权落商人”，“大阪富商一怒而天下诸侯惊”的局面。

幕藩领主为维护自己的统治，时常采取抑制或压迫特权商人的措施。例如频繁地向特权商人征收额外的赋税——“御用金”，并通过颁布《弃捐令》的方式取消武士对特权商人的债务，甚至以莫须有的罪名没收特权商人的财产，因此，双方存在矛盾、冲突。尽管如此，由于这些特权商人与幕藩领主是相互依赖的关系，即幕藩领主依赖特权商人解决财政和生活上的需要，特权商人利用幕藩领主积累财富，所以，这些特权商人对社会变革多持观望态度，如果形势对其有利，他们会转向反体制立场。

与上述新兴阶级逐渐强大的情景相反，传统的统治阶级与被统治阶级却趋于没落。首先是中下级武士在商品经济的影响下实际收入减少，幕府或大名为转嫁财政危机也不断削减他们的禄米，致使其生活日益窘迫，被迫转为教师、医生、手工业者或小商贩等，有的成为失去士籍的浪人，有的成为商人的养子。这些下级武士的变革意识较强，特别是接触西方文明较早、影响亦较大的西南诸藩下级武士，大多主张对旧制度进行改革，因而在社会动乱时期容易成为领导力量，尽管当时他们的社会变革目标并非十分明确。

下层农民则在沉重赋税的压迫以及商品经济的侵蚀下逐渐失去土地，成为一无所有的佃农，生活极为贫困，天灾人祸迫使他们不断起来反抗幕府的封建专制统治。据统计，在明治维新前的80年间共爆发了千余次农民暴乱，有力地打击了幕藩领主的封建统治。尽管多数农民暴乱均提出了“改革世道”口号，因而加速了幕府的倒台，但由于他们并不代表新的生产关系，其要求也大多停留在希望改善自己的生活水平上，因而难以成为社会变革的主力。

总而言之，到19世纪中叶的德川幕府末期，日本国内新型经济的发展及其基础上的阶级力量变化尚未达到使传统生产关系崩溃的程度，但西方资本主义扩张势力的入侵却加快了社会变革的步伐。

培里叩关

与早期殖民扩张不同的是，进入19世纪以后，以英国为首的西方资本主义国家积极寻找国外市场和原料产地，以适应工业革命大规模兴起后的需求，而以中国和日本为中心的远东地区是其扩张的最后和最重要的目标。早在19世纪初期，英、俄、美等国不断派使节到日本，要求开港通商，但均遭到德川幕府的拒绝。幕府甚至在1825年颁布了《驱逐夷国船只令》，命令各藩击退靠近日本沿海的外国船只。

1842年，清朝在鸦片战争中失败的消息传到日本，幕府被迫改变对待外国船只的政策，颁布《薪水给予令》，为漂流到日本沿海的外国船只提供燃料和食品，同时强化江户与大阪的海防。1844年，荷兰国王写信给幕府，劝告将军接受清朝的教训，开国通商，但幕府没有听取其劝告，仍然实施锁国政策。

1846年，美国东印度舰队司令比德尔率舰队到达日本浦贺，要求建立邦交关系以及通商，但遭到幕府的拒绝。1848年，北美太平洋沿岸的加利福尼亚成为美国的领土，为寻找通往中国和捕鲸船的中途停泊地，美国政府决定以武力迫使日本开国。1853年6月，美国东印度舰队司令培里率四艘涂成黑色的军舰闯入东京湾，威逼幕府接受美国总统要求日本开国的亲笔信，并约定第二年春天给予回答，史称“黑船来航”。同年7月，俄国闻讯派舰队到长崎，要求划定两国边界，同时要求日本开国通商。美国舰队到达东京湾的消息震惊了日本，主持幕政的老中阿部正弘打破惯例，不仅将情况上报天皇，而且将翻译成日文的美国国书分发给各藩，征求诸大名的意见。

1854 年 1 月，培里率领七艘军舰再次到达浦贺，并在江户湾进行实地测量。在其压力下，幕府被迫同培里签订了《日美亲善条约》，规定日本开放伊豆半岛的下田和北海道的箱馆（今函馆）两个港口，向美国舰船提供煤、水、食品及其他需用品，救护遇难船员，美国可在两个港口设领事馆，给予美国最惠国待遇等。随后英国、俄国、荷兰又同日本签订了类似的条约，但在日俄签订的条约中，除增加了治外法权以及设长崎为开港城市外，还规定了日俄两国在千岛群岛的边界。

培里完成了让日本开港的任务，将迫使日本通商的任务留给美国第一任驻日总领事哈里斯，培里本人没有等到这一天，他回国后监修了三卷本《日本远征记》，1858 年 3 月去世。

被迫开国

1856 年 8 月，美国总领事哈里斯到日本，在下田设领事馆。1857 年，哈里斯到江户会见幕府将军，要求签订通商条约。首席老中堀田正睦为得到天皇的批准专赴京都，但孝明天皇反对缔结通商条约。1858 年，清朝在第二次鸦片战争中再次失败，被迫与英法联军签订丧权辱国的《天津条约》。哈里斯借机进行恐吓，幕府大老井伊直弼在没有得到天皇批准的状况下，与其签订了《日美修好通商条约》。该条约由 14 项条款组成，主要内容有日本增加开放神奈川、长崎、新潟和兵库等港口及江户、大阪两城市；自由贸易，承认外国人在开港地的居住权，但禁止其到内地旅行；美国具有本国公民在开港地犯罪由其领事按照美国法律进行审判的领事裁判权，实施协定关税等。

随后英、法、俄、荷也相继与幕府签订了类似内容的条约。由于这些条约均在安政五年签订，因而统称为“安政五国条约”。西方资本主义各国通过这些条约不仅剥夺了日本的关税自主权，而且也得到领事裁判权和建立租界、行使治外法权等特权。不平等条约的签订迫使日本向西方国家开放，并成为西方资本主义国家的商品市场和原料产地，结果引起了日本政治、经济、社会的巨大变化。

围绕是否开国，朝廷、幕府、诸藩之间爆发激烈争论，同时在将军继承问题上，幕府内部也出现矛盾，使政治局面进一步复杂化。幕府十三代将军德川家定1858年去世，身后无子，以越前藩主松平庆永为首的强藩大名主张推举一桥家的德川庆喜，并通过强藩联合的方式应付时局；而以彦根藩主井伊直弼为首的谱代大名则主张由纪伊藩的德川家茂继任将军职务，并坚持幕府的专制统治。井伊直弼任幕府大老后，不仅擅自与美国签订了《日美修好通商条约》，而且决定由德川家茂任幕府将军，同时对反对派进行残酷镇压。德川庆喜、松平庆永等大名被禁闭，越前藩士桥本左内、长州藩士吉田松阴等人被处死，其他遭受处罚者超过百人，史称“安政大狱”。

幕府的镇压措施引起激烈的反抗。1860年，井伊直弼在江户城樱田门外遭到水户藩浪人武士的袭击，被杀身亡，此次“樱田门事件”标志着幕府专制统治的终结。受其冲击的天皇朝廷和幕府被迫转向相互联合的“公武合体”，其具体行动就是撮合孝明天皇之妹和宫与幕府将军德川家茂的婚姻。由于在此之前和宫已经与炽仁亲王定婚，因而遭到强烈反对。尽管在“公武合体派”的推动下，和宫在1862年初与将军家茂举行婚礼，但幕府主导下的“公武合体”未能持续下去，因为积极推动此事的幕府老中安藤信正于1862年1月在江户坂下门遭到水户藩浪人武士的袭击，负伤后辞职。

接下来，强藩大名继续积极推动“公武合体”，他们在压制下级武士激进活动的同时，要求幕府进行改革，以便分享最高权力，其中以萨摩藩主监护人岛津久光最为积极。1862年3月，岛津久光率兵到京都，在寺田屋旅馆镇压了下级武士激进派，然后到江户督促幕府进行改革。幕府被迫任命强藩大名担任要职，同时缓和“参觐交代”制度，采用西式军制，赦免安政大狱的受罚者等。但是，社会形势的混乱以及诸藩之间的矛盾使由强藩大名主导的“公武合体”也未能持续太长时间。

根据“安政五国条约”的规定，日本在1859年7月正式开港，其对外贸易由此迅速增长。1860年出口为470万美元，进口为160万美元。到1867年，出口为1200万美元，进口为2160万美元。8年间进出口总值增加了5倍多，而且入超情形严重。一方面生丝、茶叶、蚕种及棉花等原材料大量出口，造成价格飞速上涨。例如生丝在开港后不到一年就上涨了3倍多，使日本的丝织业遭受严重打击。同时，出口商品价格上涨也影响到一般物价的波动，例如米价在1858年到1865年之间增加了3倍。另一方面，以棉、毛纺织品为主的大量廉价外国工业品充斥日本市场，日本的手工工场无法与之竞争，纷纷倒闭，其劳动者大量失业。

开港后的另外一个直接后果是黄金外流。当时日本金银比价是一比五，而国际市场的比价是一比十五。西方商人与各国使馆人员利用其差额，以墨西哥银元套购日本黄金，攫取暴利。日本黄金大量外流，仅在1859年下半年就高达100万两，结果引起金融市场的严重混乱，并导致包括米、麦、盐等生活必需品在内的物价持续上涨，从而使农民、城市贫民和下级武士的生活更加困难。

外国势力的入侵及其引发的经济混乱进一步激化了国内的阶级矛盾，具有反抗领主土地所有制性质的农民起义次数剧增，在1865年到1867年之间，平均每年发生55次。以反对粮食投机及涨价为中心的城市贫民暴动也显著增加，在1865年到1867年之间，平均每年发生16次。尤其是在1867年波及全日本的“这样可好了”动乱——即为数甚多的下层民众成群结队，唱着“这样可好了”的歌谣，冲击富豪住宅及幕府机关——极大地动摇了幕府的统治。农民及城市贫民的这些反抗和斗争有力地推动了以下级武士为中心的改革派走上社会变革之路。

王政复古运动

尊王攘夷

下级武士最初将社会混乱以及自己生活艰难的原因归结为外国势力的入侵，因而袭击外国人的“攘夷行动”接连不断。1859年7月，俄国两名水兵被水户藩浪人武士杀死；1860年12月，美国领事哈里斯的荷兰籍翻译休斯根在江户三田被萨摩藩的浪人武士杀死；1861年5月，水户藩浪人武士袭击品川东禅寺的英国临时公使馆，致使其馆员受伤；1862年8月，萨摩藩“参觐交代”的队伍在神奈川生麦村与英国人发生冲突，一名英国商人被杀；同年底，长州藩武士高杉晋作、久坂玄瑞袭击并烧毁了品川正在建设的英国公使馆。为保护在日本的本国商人和领事馆人员，英、法两国在1863年向幕府提出在居留地驻扎军队，并得到许可。两国军队从1864年开始驻扎横滨，直到1875年才撤出。

在各地不断出现“攘夷活动”的同时，以长州藩为中心的下级武士云集京都，不仅反对幕府或强藩大名主导的“公武合体”，而且打出“尊王攘夷”的旗帜，即在天皇的权威下打击外国势力。受其影响，天皇朝廷不断督促幕府采取“攘夷”行动，重新锁国，幕府被迫通知各藩从1863年5月10日开始“攘夷”。积极主张

“攘夷”的长州藩迅速响应，同日炮击了通过下关海峡的外国舰船。

观念转变

1863 年 6 月，为解决“生麦事件”，英国七艘军舰驶入鹿儿岛湾，要求萨摩藩处罚凶手和赔款。由于不满萨摩藩的答复，英国军舰采取行动，萨摩藩的部分炮台和鹿儿岛部分市区被摧毁，英军也出现伤亡，史称“萨英战争”。后来英国与萨摩藩在横滨达成协议，萨摩藩被迫接受“惩凶”“赔偿”等条件。

1863 年 8 月 18 日，以萨摩藩、会津藩为首的“公武合体派”发动政变，将长州藩的势力和朝廷中的“尊王攘夷派”赶出京都，各藩的“尊王攘夷”活动也遭受挫折。1864 年 6 月，担任京都警备的幕府武装“新撰组”袭击了长州等藩“尊王攘夷”武士所在的池田屋旅馆，致使数人伤亡。长州藩军队为此进攻京都，但被击退，史称“禁门之变”。幕府以此为借口，并得到天皇的支持，纠集 35 个藩的兵力讨伐长州藩。英国、法国、美国、荷兰四国联合舰队趁机炮击并攻占下关炮台，报复长州藩前一年炮击外国舰船的行为，长州藩战败，被迫求和，史称“下关战争”。其后幕府军队大兵压境，长州藩再次谢罪求和，藩政为保守派所掌握。

1864 年底，高杉晋作率领新式军队“奇兵队”在下关起兵，改革派重新掌握长州藩政权。经过“下关战争”后，长州藩的下级武士意识到“攘夷”是不可能的，只有向西方先进国家学习，发展经济实力，才能达到独立自强的目的。因此，他们掌握藩政后，不仅推行军事改革，而且陆续建立造船、冶金等藩营手工工场。

1865 年 9 月，英、法、美、荷四国联合舰队驶入兵库海面，要求天皇朝廷批准通商条约。其行动不仅导致通商条约得到天皇的批准，而且关税也从 20% 下降到 5%。其后英国意识到幕府的统治难以持续下去，因而开始接近反幕府政治势力。以西乡隆盛、大久保利通为中心的萨摩藩下级武士也意识到在武力相差悬殊的状况下进行“攘夷”是轻率的，应当开国进取。在他们的推动下，萨摩藩采取了购买英国武器、向英国派遣留学生、建设新式工场等改革措施。

尊王倒幕

针对长州藩的变化，1865 年初，幕府调兵遣将，准备再次讨伐长州藩。已经转向“开国论”的萨摩藩不仅抵制幕府的命令，而且暗中支持长州藩。1866 年 1

月，在土佐藩武士坂本龙马、中冈慎太郎的斡旋下，长州藩代表木户孝允和萨摩藩代表西乡隆盛签订相互支援的密约。从此以后，下级武士领导的“尊王攘夷运动”转向“尊王倒幕运动”。

1866 年 6 月，幕府以“私购武器”“私自对外贸易”等罪名正式发动第二次讨伐长州的战争。由于遭到顽强的抵抗，幕府军未能攻入长州藩地区，其在北九州的据点小仓城反而被长州藩军队攻陷。7 月，在大阪城指挥作战的将军家茂病死，幕府以此为借口草草结束了这场不得人心的战争。继任将军职务的德川庆喜接受法国公使的建议，对幕政实施改革，其内容包括整编幕府机构、加强其权力，招聘法国军官训练日本的军队，利用法国的贷款购入武器，成立商社增加幕府收入等。

1866 年 12 月，顽固的攘夷主义者、主张“公武合体”的孝明天皇去世，年仅 15 岁的太子睦仁即位，为明治天皇。朝廷公卿三条实美、岩仓具视等立即与萨摩、长州等藩的“倒幕派”取得联系，策划武装讨幕。面对如此局势，十五代将军德川庆喜接受土佐藩的建议，在 1867 年 10 月提出“大政奉还”，即将统治权交还天皇，但“倒幕派”并没有停止其行动。

1867 年底，在“倒幕派”的推动下，明治天皇颁布“王政复古大号令”，即宣布废除幕府，成立由总裁、议定、参议构成的新政府。当天晚上，新政府召开会议，讨论对幕府将军的处理问题。其结果是命令将军庆喜“辞官纳地”，即辞去将军、内大臣等所有职务，交出半数领地给朝廷，此后一切权力重新归天皇。

德川庆喜并不甘心彻底交出政权，在会津、桑名两藩的支持下，立即率兵从大阪向京都进军。1868 年 1 月，以萨摩藩和长州藩为主力的新政府军与幕府军在京都附近的鸟羽、伏见地区激战 3 天，结果数量占优势的幕府军被打败，德川庆喜从海路退回江户。因 1868 年正值农历戊辰年，故这一年新政府与幕府之间的战争被称为“戊辰战争”。

新政府组成东征军，兵分三路进军关东地区，并迅速兵临江户城下。幕府知道取胜的可能性很小，于是在英国公使的斡旋下，献城投降，仅在上野地区有幕府的“彰义队”进行抵抗，但很快被消灭。在东北地区，以会津藩为首组成“奥羽越列藩同盟”，继续抵抗新政府。由于当地农民纷纷起义，新政府军进展顺利。到 9 月，东北地区的抵抗势力被平定。幕府海军将领榎本武扬率八艘军舰以及幕府残兵逃至北海道箱馆，并在 1868 年 12 月建立“虾夷岛政权”。1869 年 5 月，在新政府军的进攻下，榎本武扬兵败投降。至此，历时 1 年 5 个月的“戊辰战争”结束，新政府军方面战死 3550 人，旧幕府军战死 4690 人。

新政权的改革

1868 年 3 月，新政府颁布了《五条誓文》，即施政纲领。其具体内容为：广兴会议，万机决于公论；上下一心，盛行经纶；公武同心，以至于庶民，须使各遂其志，人心不倦；破旧来之陋习，立基于天地之公道；求知识于世界，大振皇基。4 月，颁布《政体书》，仿效奈良时代实行太政官制，最高职位为太政官，下设立法、行政、司法机构，并规定官员的任命及职责。其中议会官分管立法，分上下两局；行政官、神祇官、会计官、军务官、外国官分管行政，刑法官分管司法。

1868 年 7 月，将江户改为“东京”，作为新首都。9 月，改年号为“明治”，取自中国古书《易经》中的“圣人南面而听天下，向明而治”。10 月，明治天皇到东京巡视。1869 年初，天皇以及政府机构迁至东京。此后明治政府实施一系列改革措施，在巩固新政权的同时，推动资本主义经济的迅速发展。其措施主要有以下几项：

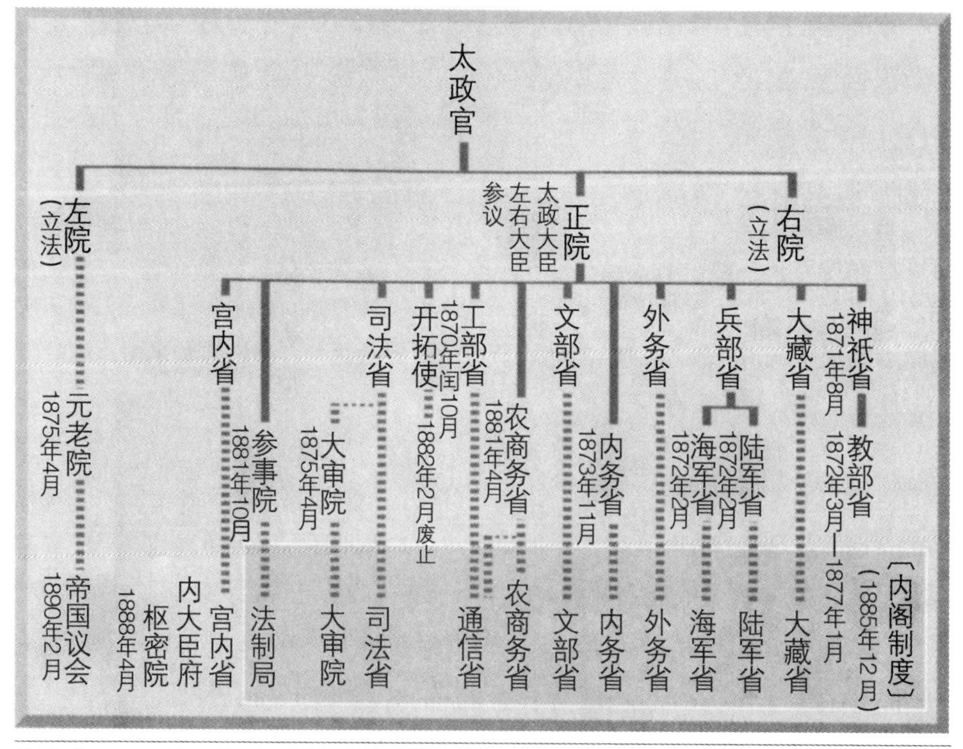

按照“王政复古”的原义，明治维新后的中央行政机构与 7 世纪“大化改新”后建立的行政机构相同，但随后在 1875 年发生变化，1885 年进一步改为内阁制。

中央集权体制

明治政府成立之初，地方行政单位为府、藩、县，皇室领地、旧幕府领地多数改为府和县，由政府任命其首长“知事”，藩仍由旧藩主统治。1869 年 1 月，萨摩、长州等藩带头“奉还版籍”，即将领地和人民的统治权上交中央政府。6 月政府正式颁布《奉还版籍令》，将所有藩的统治权收归中央，旧藩主成为中央政府任命的藩知事，同时对士族的俸禄进行改革。

“奉还版籍”后，陆续出现藩主因财政困难主动请求废藩的状况。1871 年 7 月，明治天皇颁布《废藩置县》诏书，将旧藩主迁住东京，坐食俸禄。将藩改为府县制单位，最初共有 3 府 302 个县，后改为 3 府 72 县，1888 年合并为 3 府 42 县。尽管各藩具有的债务负担以及建立中央集权体制以对抗西方列强的意识使废藩置县得以顺利进行，但中央政府也为此承担了相当于两年国家预算的债务。

废除身份制度

从 1869 年到 1872 年，政府连续颁布法令，废除传统时代的士、农、工、商身份制度，将过去的公卿诸侯等贵族改称为“华族”，将藩主以下的武士改为“士族”，废除“秽多”“非人”等贱民称呼，与过去的农、工、商统称为平民。同时准许武士从事工商业，平民担任文武官职等。1873 年 1 月，颁布《征兵令》，规定年满 20 岁男性均有服兵役义务。

另外，为减轻财政负担，政府逐步减少士族的俸禄，并鼓励士族一次性领取 5 年的俸禄作为从业资金。1876 年 9 月，政府颁布《金禄公债条例》，由政府一次性发给士族“金禄公债”，从而废除了封建俸禄制度。为解决领取少量公债的一般士族生活困难问题，政府优先录用旧士族充任官吏、教师、军人、警察等公职，同时鼓励士族向地广人稀的北部地区或北海道移民，在内地各府县低价出售土地给士族等。尽管如此，遗留问题仍然较多，成为后来士族叛乱的重要原因。

经济改革

1871 年 9 月，明治政府废除过去农作物栽培品种的限制。1872 年 2 月，允许土地进行买卖，同时向土地所有者颁发地券。同年 10 月，允许农民从事其他职业。1873 年 7 月，政府颁布《地税改革条例》，其主要内容为：按照地价的 3% 征收货币地税，征收对象为土地所有者，其他附加税不得超过地税的三分之一。尽管允许土地买卖等政策适应了资本主义的发展，但地税占到收获量的三分之一，

原始文献

征兵告谕

对广大农民来说，服兵役不仅从观念上难以接受，因为传统意识中当兵打仗是武士的职责；更是一项沉重的负担，意味着失去了重要的劳动力；再加上《征兵告谕》中说服兵役是“以血报国”，文化程度不高的农民担心当兵后被抽血等。因此，各地农民纷纷举行反对征兵的暴动。

我朝上古之制，海内皆兵。有事之日，天子为元帅，募堪任丁壮兵役者以惩不逞。解甲归家则为农，为工，为商贾。原非如后世配双刀，称武士，抗颜坐食，甚至杀人而官不问其罪者。盖自神武天皇以珍彦为葛城之国造以来，尔后设军团，定卫士防人之制。至神龟天平之际，六府二镇之设始备，保元平治以后，朝纲颓弛，兵权遂坠武门之手，国为封建之势，人有兵农之别。降至后世，名分全泯，其弊不可胜言。然自大政维新，列藩奉还版图，及辛未之岁，远复郡县之古。准许世袭坐食之士减其禄，脱刀剑，以求四民渐获自由之权。斯乃上下平均，人权齐一之道，即兵农合一之基也。于是士已非从前之士，民亦非从前之民，均为皇国一般之子民，报国之道本应无别。凡天地间一事一物无不有税，以充国用。然则，凡为人者本应尽其心力以报国焉。西人称之为血税，以其鲜血报国之谓也。且国家如有灾患，人人皆须有分，是故各尽心力以防国家之灾患，则为一己防患之基。苟有国，则有兵备，有兵备，则人人须服其役。由是观之，民兵之法原乃天然之理，非偶然人为之法。然而，言其制度，则必须斟酌古今，因时制宜。西洋各国以数百年余之研究实践而定兵制，故其法极为精密。然而政体地理有异，不可全部沿用之。今者应取其所长，补古昔之军制，备陆海二军。全国四民凡年满二十岁者，皆应编入军籍，以备应急之用。乡长里正均须深体此意，按征兵命晓谕民庶，使知保护国家之大本也。

——选自日本历史学研究会编：《日本史史料·4·近代》，岩波书店，1997年，第99—100页。

※ 通过史料思考强制性征兵制度与近代国家的形成。

因而对农民仍然是一项沉重的负担。

明治政府废除各藩设立的关卡，撤销工商业界的行会制度和垄断组织。为统一货币，政府在1871年颁布《新货币条例》，并发行不能兑换的新政府纸币奖励贸易。1872年，政府颁布《国立银行条例》，依靠民间资本陆续创办了四家银行。另外，政府大力推进电信事业和邮政事业，在70年代末普及到日本各地。由政府出资经营的东京—横滨间的第一条铁路在1872年通车，此后陆续开通了大阪—神户线、大阪—京都线等。同时，对民间企业给予资金或技术上的扶植，例如大力支持三井、三菱等大商社从事海运业等。

富冈缫丝厂经过两年时间的建设，完成二层木架砖瓦的法式建筑，引进12台法国缫丝机械，1台蒸汽机。万事俱备，等待开工，但女工迟迟招募不到。原因是当地盛传："如果进厂工作，将被外国人吸血。"原来，工厂雇佣了包括法国技师在内的11名外国人，他们吃饭时喝红葡萄酒，日本人以为是在喝生血。

另一方面，为鼓励民间资本投资近代工业，政府首先在1870年10月设立工部省，其后在1873年设立内务省，作为培育官营工业的机构。同时投入大量资金，进口西方国家的先进设备，高薪雇佣外国技术人员，建立许多具有示范效应的国营“模范工厂”，其范围涉及军工、铁路、矿山、造船、机械、水泥、玻璃、纺织、制丝等产业。例如在制丝业中，政府引进法国设备，聘用法国技术人员，在群马县设立富冈缫丝厂，招聘士族子女为工人，利用蒸气动力进行机械缫丝。

在农业及畜牧业方面，设立育种场、种畜场，改良农作物和家畜的品种。同时设置东京驹场农学校、北海道札幌农学校，招聘外国教师任教，培养农业专家和技术人员，推动农业生产力的提高。

自由民权运动

精英分裂

1871 年 10 月，明治政府为修改同欧美国家签订的不平等条约，派出了以右大臣岩仓具视为正使，木户孝允、大久保利通、伊藤博文等政府主要领导人为副使的大型使节团前往美国与欧洲，同时参观、学习西方的文明与技术。该使节团花费 1 年 9 个月的时间，访问了欧美 11 个国家。尽管欧美各国均以日本国内法制尚未完备为由拒绝了其修改条约的要求，但欧美各国的先进生产力和社会制度却使这些日本人大开眼界。使节团成员详细考察了欧美各国的议会、政府、工厂、学校、医院等近代设施，充分感受了西方的立宪政治、产业发达、自立精神及其基础上的国力强盛，痛感只有通过学习西方使自身迅速富强，才有可能实现真正的平等及独立。

明治政府成立以后，曾命令对马藩官员携带国书出使朝鲜，通知新政府成立，希望两国建立新的邦交关系。奉清朝为宗主国的朝鲜因不满日本国书中带有“天皇”词汇，再三拒绝了日本的要求。在使节团访问欧美期间，日本国内的留守政府成员以西乡隆盛、板垣退助为中心，主张以武力为后盾迫使朝鲜开国，其背后也隐藏着将没落士族对政府的不满转移至国外的企图。提前回国的岩仓使节团成员岩仓具视、大久保利通等人对此坚决反对，他们认为日本的当务之急是发展国力。由此，“内治优先派”与“征韩派”相持不下，1873 年 10 月，在“内治优先派”的操纵下，天皇下达“整顿国政，富国文明之进步，乃燃眉之课题”的圣旨，从而决定了“征韩派”的败北。西乡隆盛、副岛种臣、后藤象二郎、板垣退助、江藤新平等“征韩论者”被迫辞职下野。史称“明治六年政变”。

然而，下野的“征韩派者”却走上截然不同的道路。江藤新平、西乡隆盛等人以武力反对新政权，结果身败名裂。最初江藤新平参加了要求开设民选议院的“爱国公党”，但在 1874 年 2 月率领万余名佐贺县士族举兵叛乱，结果兵败后被处以死刑。

下野后返回故乡鹿儿岛的西乡隆盛，为帮助贫困的士族，自费建立“私学校”，召集士族子弟入学。“私学校”后来发展出百余所分校，学员多达 3 万余名，实际上具有军队的性质。在西乡隆盛的影响下，鹿儿岛县拒不执行包括俸禄处分及地税改革在内的诸多中央政府政策。为防不测，政府在 1877 年 1 月命令将鹿儿岛弹药库中的弹药运出该地，但“私学校”的学员闻讯后抢先袭击了弹药库，并将弹药抢走。同年2月15日，西乡率兵从鹿儿岛向北进发，同时向政府发出“质问”，史称“西南战争”的内战由此爆发。政府先后共出动6万多人的军队前往九州地区作战，西乡军队最多时也达到4万余人，双方参战士兵的规模乃至伤亡数量均超过“戊辰战争”。最初战事呈胶着状态，但局势很快向政府军倾斜。同年9月，西乡隆盛兵败自杀，“西南战争”结束。

除江藤新平、西乡隆盛率领的士族叛乱外，还有称为“神风连之乱”“秋月之乱”“荻之乱”等士族的武装叛乱，但均被政府军镇压下去。士族武装被由平民组成的军队打败，由此证明了征兵制的效果。从此，士族不再以武力反抗政府，而是通过言论或其他方式批判政府。1878年，大久保利通被心怀不满的士族暗杀。

与西乡隆盛同时辞去政府官职的副岛种臣、后藤象二郎、板垣退助等人在1874年初组成了“爱国公党”，提倡“天赋人权”，要求设立民选议院。在随后向政府提出的《设立民选议院建议书》中，他们批判以岩仓具视、大久保利通为中心的政权是“有司专制”，将使国家趋于瓦解，只有设立民选议院，给人民以选举权、租税共议权，才是拯救国家之道。

1874年4月，板垣退助与片冈健吉等人在其故乡高知县组成“立志社”，大力提倡“天赋人权”，主张“人民尽皆平等，无贵贱尊卑之别”。同时，他们呼吁为伸张人民的权利，必须建立民选议会。在“立志社”的影响下，各地出现了许多类似的政治团体。

1875年2月，以“立志社”为中心，各地政治团体的代表四十余人在大阪举行集会，并组成“爱国社”。该政治团体积极主张“各伸张其自主之权利，尽人类本分之义务，小则保全一身一家，大则维持天下国家”，以“增进天皇陛下之尊荣福利，使我帝国和欧美各国对峙屹立”。

针对上述自由民权运动骤然兴起的局面，明治政府一方面进行部分政治改革，即在天皇颁布逐渐建立立宪政体诏书的同时，废除左右两院，设置元老院和大审院；另一方面，劝诱自由民权派的中心人物板垣退助再度入阁，以达到瓦解运动的目的。1875年3月，板垣退助重新担任政府参议，爱国社也因此在1875年4月解散。

1875年6月，政府制定《新闻纸条例》，严格限制言论，违者处以罚款和监禁。同时颁布《谗谤律》，禁止对官员的批评，违者给予罚款处分。同年10月，板垣退助因政府未遵守建立宪政体制的约定而退出政府，继续从事自由民权活动。

1877年6月，立志社代表片冈健吉再次向明治政府提交设立民选议院的建议书。建议书批评明治政府具有“有司专政”“中央集权”“国民无权”“负担沉重”“弱势外交”等八大弊端，认为只有建立民选议院、确立宪政体制才能消除这些弊端，同时提出了“开设国会”“减轻地税”“修改不平等条约”等自由民权运动的三大纲领。

建议书遭到政府的拒绝，以片冈健吉为中心的自由民权派将其印刷出来，广为散发和宣传。通过广泛吸引社会各个阶层参加，自由民权运动开始具有群众性基础。1878年9月，自由民权派在大阪召开重建“爱国社”大会，全日本有13个县派代表参加。1880年3月，“爱国社”在大阪召开第四次全国代表大会，并成立了“国会期成同盟”。会议选举片冈健吉、河野广中为代表，向政府递交开设国会请愿书。

为限制自由民权派的活动，政府颁布了《集会条例》，规定集会事先必须得到警察的批准、警察有权解散集会、禁止发行议论政治的广告或文件、集会不得在室外举行等。正因如此，片冈健吉等人向政府递交的要求开设国会请愿书被政府拒绝。但其后各地要求召开国会的请愿活动此起彼伏，仅在1880年就向政府递交了58份开设国会的建议书或请愿书，在这些建议书或请愿书上签名者达25万人。

1880年11月，“国会期成同盟”在东京召开第二次大会，在64名代表中，平民超过士族。大会决定努力争取开设国会，并要求各地政治团体拟定宪法草案。当时全日本共有二百多个民权团体，由集体或个人起草的日本宪法草案达数十种，其中有著名启蒙思想家植木枝盛起草的《日本宪法预定案》和《日本国国宪案》，这两个草案在强调主权在民的同时，主张人民具有“革命权”。即“当政府肆意违背宪法，擅自蹂躏人民自由权利，妨害建国宗旨时，日本人民可推翻它，建立新政府”。

文明开化

明治初年，日本政府提出的三大口号是“富国强兵”“殖产兴业”和“文明开化”。所谓“文明开化”，就是在政治制度、思想文化甚至生活方式上向西方学习，结果对日本的宗教、教育、国民生活、思想文化、大众媒体等均产生了巨大的影响，同时也成为自由民权运动的思想文化基础。

在宗教领域，明治政府在“王政复古”旗号下，大力扶植日本传统的神道教，从“祭政一体”的立场树立天皇的统治权威。首先在政府机构中设置神祇官一职，其地位在太政官之上，同时任命宣教使，向国民灌输神道教。其后设置神社制度，将神社置于政府的保护之下。1869年，为祭祀在戊辰战争中死去的政府军士兵，政府建立“招魂社”，1879年，将其改为“靖国神社”。

1868 年 3 月，政府颁布《神佛判然令》，即将神道教和佛教分离开来，禁止古代延续下来的“神佛习合”风俗。尽管其政策并非否定佛教、寺院，但在许多地方相继出现了烧毁寺院、佛像，廉价出卖佛具、佛经等现象，即“废佛毁释运动”。政府不得不在 6 月发布通告强调，说明《神佛判然令》并不是废除佛教。

在基督教方面，明治政府最初仍然延续幕府时期的禁教政策，并发生了逮捕长崎基督教徒、强迫其改变信仰的事件。西方各国对此提出抗议，岩仓使节团访问欧美时也意识到禁止基督教将妨碍与西方国家修改不平等条约，建议政府开禁。因此，1873 年 2 月，明治政府撤销禁止基督教的法令，允许在日本传播基督教。西方教会在传播教义、增加教徒的同时，对明治时期日本的教育、医疗救济事业，特别是女子教育的发展起到了重要推动作用，例如由教会创办的大学有明治学院大学、立教大学、青山学院大学、神户女子学院等。

另外，明治新政府将国民教育作为现代化事业的一项重要内容，始终致力于其普及与发展。早在 1871 年政府就设置了负责教育行政的文部省，第二年颁布了将全日本划为众多学区的《学制》。根据其计划，全日本分为 8 大学区、256 所中学、53760 所小学，以期达到“邑无不学之户，家无不学之人”。在学制上，小学分为下等小学和上等小学，各为 4 年，中学也分为下等中学和上等中学，各为 3 年，义务教育为 8 年。但由于财政困难等原因，到 1878 年，全日本仅建设了 26584 所小学，小学就学率达到 41%，其中男性儿童为 57%，女性儿童为 23%。为培养普及教育所需的师资，从 1872 年到 1874 年，明治政府陆续在各大学区设立师范学校，同时在东京设立女子师范学校。

但是，明治政府的教育政策不仅过于理想化，而且带有强制性，再加上过高的小学经费多由家长承担，因而遭到居民的不满和反对，部分地区甚至爆发了反对学制、破坏校舍的动乱。1879 年，明治政府废除《学制》，颁布《教育令》，其主要内容是终止学区制，学校的设置、废止、管理等权限均委托给地方政府，就学的义务也规定为 4 年，每年为 4 个月。因担心这种放任主义政策将引起教育的衰退，明治政府遂在第二年大幅度修改《教育令》，强化中央政府对学校教育的内容以及学校运营的管理，并将最低接受教育年限定为 3 年。

在高等教育方面，1868 年，明治政府将幕府时期的开成所、昌平坂学问所和医学校改为开成学校、昌平学校和医学校。1869 年 7 月，将其合并为大学校及分校。同年底再次将其划分为大学本校、大学南校和大学东校，聘请日本的洋学家及外国人讲授“洋学”，同时兼管高等教育行政。1877 年，成立最早的近代综合大学——东京大学，同时成为学术研究和高等教育管理的中心。为充实高等教育，明治政府在向海外派遣大批留学生的同时，邀请许多西方国家的学者到日本担任外籍教师。

另一方面，具有西方色彩的私立学校或私立高等院校也迅速建立起来。例如1868年福泽谕吉创办的庆应义塾（后来的庆应义塾大学）、1875年新岛襄创办的同志社英文学校（后来的同志社大学）、1882年大隈重信创办的东京专门学校（后来的早稻田大学）。另外还有1879年的东京法学校（后来的法政大学）、1881年的明治法律学校（后来的明治大学）、1885年的英吉利法律学校（后来的中央大学）、1886年的关西法律学校（后来的关西大学）等专门学校。当时还创办了许多女子高等院校。

在明治政府的大力提倡下，以东京等大城市为中心，普通国民的生活方式也出现许多新气象。1871年，政府颁布《理发脱刀令》，鼓励人们剪去发结，解除配刀；1872年，政府再次颁布第373号《太政官布告》，废除幕府时期的传统礼服，定西式礼服为官员礼服；同年政府利用东京银座一带火灾之际，建造了带有浓厚西方风格的砖瓦建筑群，城市街道两侧设有路灯，道路上行驶人力车或马车。另外，住洋房、吃西餐、喝啤酒也成为社会时尚；1872年11月，政府宣布废除旧历，转而实施阳历，旧历明治5年12月3日为阳历1873年1月1日。1873年，日本出现棒球运动，1876年，开始实施星期天为休息日的规定。但“文明开化”风潮也带来负面影响：日本的传统文化及传统工艺遭到抛弃，许多文物被廉价出售甚至肆意破坏。另一方面，西方生活方式主要在大城市中流行，广大农村仍然以传统方式生活。

在“文明开化”风潮中，思想文化界十分活跃，不仅翻译出版了许多有关西方思想及文化的著作，而且撰写出版了许多介绍英国的功利主义、法国的天赋人权等自由民主思想以及西方国家政治制度、经济组织、法律知识的书籍。在这一过程中，出现了许多宣传西方文明的社会活动家和启蒙思想家，其中最为著名的是福泽谕吉。福泽谕吉出身下级武士家庭，年轻时即开始学习西方文化，曾随幕府使节团多次访问欧美各国，痛感日本开国进取之必要。明治维新前夕福泽谕吉就创办了“庆应义塾”，并著书立说，力倡文明开化。其《劝学篇》中提出的“天不造人上人，也不造人下人”平等观一时成为人人皆知的名言，其《文明论概略》提出知识进步是文明发展动力的观点也对社会产生了巨大影响。

除福泽谕吉之外，著名的启蒙思想家还有撰写《立宪政体略》《真政大意》《国体新书》等书、宣扬立宪政治及天赋人权的加藤弘之，翻译《西国立志编》《自由之理》等书并传播自由主义、功利主义的中村正直，翻译《社会契约论》、提倡自由平等的中江兆民，撰写《日本文明小史》、宣扬文明史观的田口卯吉，撰写《民权自由论》的植木枝盛等。他们主张的天赋人权、自由平等思想对自由民权运动起到很大影响。

1873 年 8 月，以福泽谕吉、加藤弘之、中村正直等为中心，启蒙思想家们结成学术团体“明六社”，并发行旬刊《明六杂志》。同时，该团体经常召开讲演会、座谈会，大力宣扬新的学术、知识及思想。由于遭到政府的压制，《明六杂志》在 1875 年 11 月被迫停刊。

随着“文明开化”的发展，以报纸为中心的传媒也发展起来。尽管戊辰战争时就已经出现了平民报纸《中外新闻》及政府报纸《太政官日志》，但最早的日报是 1870 年的《横滨每日新闻》。在 19 世纪 70 年代，《东京日日新闻》《朝野新闻》《朝日新闻》等报纸陆续创刊，同时也出现了杂志。到 80 年代，受自由民权运动的影响，多数报纸成为发表政治主张的政论报纸，称为“大新闻”，当时也有提倡中立立场的《时事新报》。另一方面，还出现了称为“小新闻”的娱乐性报纸，例如 1875 年创办的《读卖新闻》等。

运动高潮

因改革身份制度、废除封建俸禄、实行征兵制等措施，士族阶级受到沉重打击，绝大多数士族不仅沦为被统治阶级，而且生活困难，自然对政府心怀不满。如同前述，19 世纪 70 年代爆发了许多士族武装叛乱。即使那些已经转化为土地所有者、手工工场主的中小士族也同中小地主资产阶级一样，反对主要由原长州藩、萨摩藩出身者垄断国家政权的“藩阀政府”。

另一方面，明治政府实施的土地制度和地税改革并没有减轻农民的实际负担，而且强制推行义务教育及征兵制又使农民背上了新的沉重负担，因而农民不断以暴动的形式进行反抗。1873 年爆发了 61 次农民暴动，其中以福冈县发生的农民暴动规模最大，有三十多万人参加。暴动的农民冲击政府部门和邮电局，捣毁富豪的住宅以及高利贷者的钱庄，要求免除 3 年地税和停止建立学校，反对投机商人，反对征兵制。1876 年，三重、岐阜、爱知、堺四县爆发了大规模反对地税改革的农民暴动，政府不得不在 1877 年初将地税从地价的 3% 下降到 2.5%，并规定附加税不得超过地税的五分之一。士族与农民的反政府活动及暴乱构成了自由民权运动的社会基础。

尽管迫于社会的压力，明治政府成员均赞成立宪政治，但以伊藤博文为首的多数官员主张需要充分的时间进行准备，并采用德国式强化君权的宪法，只有参议大隈重信等少数官员主张尽快开设国会，并引进英国式的政党政治、即议会内阁制。1881 年 10 月，政府罢免了大隈重信等激进派官员，同时颁布在 1890 年开设民选议院以及制定宪法的诏书，并威胁“如仍有故意逞躁急煽事变，为害治安者，将绳以国法”。史称“明治十四年政变”。

开设国会诏书的颁布推动了各种政治势力的分化组合，出现了三个不同纲领的政党。首先在 1881 年 10 月，以“国会期成同盟”为基础组成自由党，党首为板垣退助，主要干部有后藤象二郎、片冈健吉、河野广中等。自由党的社会基础主要是中小地主、自耕农民、中小工商业者、士族激进知识分子等，其纲领为扩大自由、保障权利、改善社会、促成立宪政体等，其行动也较为激进。

1882 年 4 月，以大隈重信为首组成立宪改进党。该党主张渐进的政治改良以及立宪君主制，要求实行限制性选举，其成员主要是城市工商业者、大地主、大资产阶级。为对抗自由党和立宪改进党，在伊藤博文的操纵下，同年 3 月，成立了以政治评论家福地源一郎为首的立宪帝政党。该党的支持者多为保守的神官、僧侣、国学者、儒学者、市町村官员等，其主张也是天皇中心主义、主权在君、钦定宪法等，因而被称为“御用政党”。但该党存在时间不长，第二年根据政府授意而解散。

明治政府一方面采取高压手段取缔自由民权派的活动，另一方面采取怀柔手段，拉拢自由民权运动的领导者。1882 年 4 月，板垣退助进行全国巡回演说，在岐阜县被右翼分子刺伤。其后在伊藤博文和井上馨的劝诱下，自由党最高领导人板垣退助和后藤象二郎接受三井商业集团的资助游历欧洲，结果引起自由党内部的分裂。另外，政府极力挑拨自由党与立宪改进党的矛盾，两党相互指责对方被大资本家集团收买。对自由党中央领导人不满的基层党员逐渐转向激进道路，领导农民、市民等群众进行了一系列反抗政府的暴力斗争。

1882 年，明治政府开始采取财政紧缩政策，结果造成大米价格暴跌，农民贫困、分化现象日益突出。在其背景下，自由党基层成员领导农民进行了多起反政府的暴力斗争。1882 年 11 月，为抗议福岛县知事因修筑公路而征收沉重的赋税，以河野广中为首的自由党成员率领数千农民发动暴乱。暴乱遭到政府的镇压，包括河野广中在内，多名自由党成员被捕并被判刑，史称“福岛事件”。

1883 年 3 月，新潟县高田警察署以暗杀政府高官为名逮捕数十名自由党成员，其中一人以预备阴谋内乱罪被判处 9 年徒刑，史称“高田事件”。

1884 年 5 月，群马县自由党成员计划利用铁路高崎站开通典礼之机袭击政府官员，但计划泄露，开通典礼延期。随后自由党成员率领数千农民捣毁高利贷者住宅，并袭击了警察分署，但因缺乏经验而失败，领导者被判有期徒刑。史称“群马事件”。

1884 年 9 月，自由党成员准备在栃木县厅落成之际袭击政府高官，计划泄露后 16 名自由党成员以加波山为根据地，袭击警察和高利贷者。3 天后袭击被镇压，结果 7 人被判死刑，7 人被判无期徒刑，史称“加波山事件”。

1884 年 10 月，埼玉县秩父地区的农民因生丝价格暴跌负债累累，农民代表到地方政府请愿遭到拒绝。在自由党成员的鼓动下，他们成立“困民党”“借金党”，并推举豪农田代荣助及自由党成员加藤织平为首领，袭击地方政府、警察署、高利贷者。政府出动军队将暴乱镇压下去，田代荣助、加藤织平等人被处死，多达数百人被逮捕，史称“秩父事件”。与此同时，还爆发了试图推翻政府的“名古屋事件”“饭田事件”等，但均被镇压。

实际上，在“加波山事件”之后，因无法控制基层党员的行动，自由党中央做出解散自由党的决定。同年 12 月，立宪改进党也因大隈重信等主要领导人脱党而基本停止活动。自由民权运动因此一度衰落下去。

1886 年底，后藤象二郎等人为反对“藩阀专权”，掀起联合反政府势力的“大同团结运动”。与此同时，外务卿井上馨主导的修改不平等条约谈判正在进行，明治政府为收回领事裁判权和关税自主权，计划向外国人开放内地。同时为表示日本已经进入文明社会，特地修建西式建筑“鹿鸣馆”，并时常在此举行大型舞会，招待外国使节等来宾。结果引起社会各界的强烈不满，自由民权派趁机提出签订平等条约、言论自由、减轻地税等三大要求，自由民权运动再次出现高潮。

为镇压再次兴起的自由民权运动，政府在 1887 年 12 月制定《保安条例》，其主要内容为：禁止一切秘密结社及其集会，必要时警察有权禁止已经得到许可的室外集会，将危及社会安全的可疑者驱逐到离皇居 12 公里以外且 3 年内不准其进入等。根据《保安条例》，数千名自由民权分子被逮捕，包括中江兆民、片冈健吉在内的数百名原自由党及立宪改进党成员遭到驱逐，自由民权运动遂告结束。

明治宪法体制

民族主义

1870年，明治政府派使节到中国，要求与清政府签订双边条约。1871年6月，日本全权大使伊达宗城到天津，与清政府代表李鸿章进行谈判。日本提出的条约草案模仿欧美各国与中国签订的不平等条约，因而遭到李鸿章的拒绝。最后以清政府提出的草案为基础签订了《日清修好条规》，其主要内容包括互不侵犯领土、相互支援、相互承认领事裁判权、在开港地进行贸易等。由于没有得到预想的权益，日本政府直到1873年才批准该条约。

1871年11月，琉球船只因风暴漂流到中国台湾，部分船员被当地土著杀害。明治政府认为这是将琉球并入日本领土的好时机，首先在1872年设置琉球藩，琉球王尚泰作为藩主列为华族，然后在1874年5月派遣西乡从道率3600人的日本军队进犯台湾。清政府对此提出抗议，并准备派军队前往台湾。日本政府代表大久保利通到北京与清政府谈判，同年10月双方达成协议，软弱的清政府承认日本出兵台湾为“保民义举”，并赔偿日本50万两白银，日本从台湾撤兵。1875年，日本迫使琉球断绝与清政府的一切关系，1879年，将琉球藩改为冲绳县。清政府对此提出强烈抗议，其纠纷一直持续到“甲午战争”。

1869年8月，明治政府将虾夷地改称“北海道”，将过去称为北虾夷的库页岛改称“桦太”（俄国称为“萨哈林”）。尽管在该岛上日本人与俄国人杂居，但自幕末以来日本和俄国之间一直没有解决库页岛的归属问题。明治政府内部致力开拓北海道的意见较强，因而在1875年5月，日俄签订《库页岛千岛群岛交换条约》，即库页岛全部为俄国所有，作为补偿，千岛群岛为日本所有。

为迫使朝鲜开国，1875年9月，日本军舰云扬号闯入朝鲜西海岸的江华湾，并与朝鲜守军发生冲突，双方各有伤亡。1876年1月，日本政府派陆军中将黑田清隆为全权代表前往朝鲜谈判，同时在山口县下关港集结军队，伺机而动。同年2月，朝鲜被迫与日本签订《日朝修好条规》，即《江华条约》。该条约规定朝鲜向日本开放港口，日本商人可自由在朝鲜从事贸易活动，日本在朝鲜境内具有领事裁判权，并可以任意测量朝鲜海岸等。这个不平等条约不仅使朝鲜开始陷入殖民地危机，而且也是日本对外侵略扩张的最初体现。

19世纪80年代初，朝鲜王室闵妃集团聘用日本军事顾问进行改革，但遭到大院君集团的反对。1882年7月，具有反日情绪的朝鲜士兵与市民袭击了亲日官员，杀死日本军事教官，并焚烧了日本使馆，史称“壬午兵变”。日本国内主战论骤然高涨，明治政府下令召集军队，并进行全国规模的战争动员。在此压力下，日本迫使朝鲜签订《利物浦条约》，其内容包括严厉惩处冲击日本公使馆者、赔偿日本有关损失、允许日本派兵守卫其在朝鲜京城的公使馆等。

1884 年 12 月，日本支持的朝鲜开化党发动政变，占领王宫，推翻亲清政府的政权，清政府出兵平息了政变，史称“甲申事件”。尽管日本控制朝鲜的企图没有得逞，但在 1885 年 4 月，日本诱迫清政府与之签订《天津条约》，由此获得朝鲜发生重大事件时可派兵干预的权利，从而为日本向朝鲜半岛侵略扩张埋下伏笔。

朝鲜半岛的局势刺激了日本国民的民族主义情绪，甚至激进的自由民权派成员也主张与清朝进行战争。例如“甲申事件”爆发后，板垣退助、片冈健吉等人在高知县招募“义勇军”，准备协助政府进行对外战争。1885 年，福泽谕吉发表《脱亚论》，提出了著名的“脱亚入欧论”，主张日本应按照西方各国对待殖民地的方式对待中国、朝鲜等邻国。中日签订《天津条约》以后，自由民权派攻击政府的“软弱外交”。自由党激进派成员大井宪太郎筹集资金，购买武器，准备到朝鲜建立亲日政府。因其计划泄露，1885 年 11 月，大井宪太郎等 139 人在大阪被捕。

另一方面，日本政府开始放弃全盘欧化的政策，利用传统的价值观念培养忠君爱国思想。起因是 1878 年天皇巡视地方时，对学校中的自由主义教育感到担忧，于是在第二年下达了《教学大旨》和《小学条目二项》，指出“教学之要乃明确仁义忠孝”。尽管存在不同意见，文部省在 1881 年 5 月制定《小学校教育规则纲领》，将修身课放在首位，同时强调历史课以培养忠君爱国精神为目的。1886 年，文部省陆续制定了《帝国大学令》《师范学校令》《中学校令》《小学校令》，不仅确立了系列学校教育，而且从小学到大学系统地灌输民族主义和天皇中心主义思想。

与此同时，明治政府还在军队中培养忠君爱国思想。1878 年，陆军卿山县有朋发表《军人训诫》，提出维持军人精神的“三德”是忠实、勇敢、服从。1882 年，天皇颁布《军人敕谕》，规定军人必须遵守尽忠节、正礼仪、尚武勇、重信义、崇俭朴五项准则。

在社会思潮方面，也开始出现重新认识、保护日本传统文化的主张。1888 年，三宅雪岭、志贺重昂等人组成“政教社”，出版发行杂志《日本人》和报纸《日本》。他们批判政府的极端欧化主义，主张保存民族文化，坚持“基于本国立场考虑内外政策”的国粹主义。

甲午战争爆发以后，板垣退助立即率领自由党转而积极支持政府的预算方案及对外战争，并在1895年11月发表了自由党与第二届伊藤内阁的合作宣言，板垣在第二年获得政府内务大臣的职位。1898年自由党与大隈重信领导的进步党合并，成立宪政党，并组成大隈任内阁总理大臣、板垣任内务大臣的第一届政党内阁，但很快倒台，原自由党成员继承宪政党。1900年伊藤博文组建立宪政友会，宪政党大部分成员参加，板垣退出政界。

为制定强化以天皇为中心的国家权力的宪法，1882年，伊藤博文等人前往欧洲，主要考察德国、奥地利的宪法体系，准备以君主立宪专制政体的普鲁士宪法、德意志帝国宪法为蓝本制定日本宪法。1883年，伊藤博文回国后在宫中设置制度调查局，自任局长，并兼任宫内卿，为立宪政治做制度上的准备。

1884年，为培养维护天皇体制的特权阶层，同时为将来国会贵族院做成员上的准备，政府颁布《华族令》，将华族分为公、侯、伯、子、男五个爵位，除过去的宫廷公卿贵族、旧藩主外，对明治维新的功臣、自由民权运动的领导者、旧幕府时的高级官员等也授予爵位，例如伊藤博文、山县有朋等人均被授予伯爵。另外，迅速扩大皇室财产，将大量山林、有价证券等划归皇室，以确立不受议会约束的天皇制经济基础。

1885年12月，废除太政官制，设立内阁制，由总理大臣（亦称“首相”）及其统辖下的各省大臣（即国务大臣，亦称为“某某相”，例如“外务大臣”亦称为“外相”等）组成内阁。第一届内阁由伊藤博文任内阁总理大臣。在10名内阁成员中，出身旧萨摩、长州藩者有8名，平均年龄只有46岁。在内阁之外，另设内大臣和宫内省，管理包括皇室在内的宫内事务。

1885年，政府颁布《关于各省事务整理的五项纲领》，明确规定通过考试任用官员的原则。1887年，又颁布《文官考试试补及见习规则》，规定作为高等官员候补者的“试补”必须从高等考试合格者中录用，也可从帝国大学法科及文科毕业生中录用，同时又规定帝国大学毕业生不经考试就可任用为“试补”。

1886年，伊藤博文等人在德国法律顾问的协助下开始起草宪法草案。1888年设置由元老级政治家组成的枢密院，伊藤博文辞去首相职务，任枢密院议长，在天皇亲自出席的会议上非公开审议宪法草案。1889 年 2 月，在文武百官、外国使节参加的大典上，由明治天皇亲自颁布了《大日本帝国宪法》，亦称《明治宪法》。

立宪政治

《明治宪法》由 7 章 76 条组成，该宪法首先明确规定了天皇所拥有的绝对权力及其神圣性，例如“大日本帝国由万世一系之天皇统治之”，“天皇神圣不可侵犯”，“天皇为国家之元首，总揽统治权，并以宪法之条规行使之”，“天皇以帝国议会之协助，行使立法权”，“天皇裁可法律，并命其公布及执行”，“天皇决定行政各部之官制及文武官吏之俸给，并任免文武官吏”，“召集帝国议会、令其开会、闭会、休会及众议院的解散”，“天皇统帅陆海军”，“天皇宣战、媾和及缔结各种条约”等。由此可见，立法、军事、行政、外交等权力全部集中在天皇手里，司法权亦“以天皇之名，依照法律行之”。

《明治宪法》规定，国务大臣的职责是“辅弼天皇”，由天皇任命，对天皇负责，不对帝国议会和帝国臣民负责，同时规定“枢密顾问依枢密院官制之规定，应天皇之咨询，审议重要国务”。

宪法规定帝国议会采取两院制，贵族院由皇族、华族和“敕选议员”组成，众议院由具有一定财产资格的选民选举产生。两院协助天皇行使立法权，但不具有宣战或媾和、缔结条约、统帅军队、任命首相等权限。即使在审议政府提出的预算方案方面，议会的权限也受到限制，例如削减支出必须得到政府的同意，如果预算方案得不到议会的通过，政府可实施上一年度的预算等。

《明治宪法》将国民称为“臣民”，规定帝国臣民除负有服兵役、纳赋税的义务外，同时具有“信教之自由”，“言论、著作、刊行、集会及结社之自由”，“居住与迁徙之自由”以及所有权不受侵犯、请愿等权利，但又规定其自由、权利是在“不妨碍安宁秩序及不违背臣民义务之范围内”及在“法律范围内”。

由此可见，《明治宪法》具有天皇拥有一切大权、行政权高于其他国家权力、立法权受到较大限制、军事统帅权独立等特征，因而从制度上奠定了天皇君主专制主义政治体制的基础。但是，由于天皇被塑造成“现人神”，很少干预人间政治，所以其政治体制是极少数军阀、官僚、贵族借“天皇大权”之名、行寡头政治之实的体制。尽管如此，该宪法是亚洲的第一部近代宪法，从法制建设的意义上来说无疑是一种历史的进步。

为控制国会开设后的地方政治局势，1890 年政府颁布《府县制·郡制》，同

1888 年颁布的《市制·町村制》一道构成了所谓的“地方自治制度”。由于在地方实施复杂的选举制度，而且府、县知事由中央政府任命，郡长由府、县知事任命，因而“地方自治”大多有名无实。

1890 年，政府颁布《教育敕谕》。该敕谕以儒家的家族主义道德以及近代国家主义式的爱国理念为基础，强调“忠君爱国”“忠孝一致”等观念，同时显示天皇不仅是最高的统治者，也是国民道德以及思想的中心。政府规定学校奉读《教育敕语》，同时加强对修身课的讲授。这些措施通过将以天皇为中心的国体观念渗透到国民意识中，从意识形态方面维护天皇专制制度。

在法制建设方面，除 1880 年颁布的《刑法·治罪法》外，1890 年前后，政府陆续颁布了《民法》《商法》《民事诉讼法》《刑事诉讼法》等法律。但《民法》出台后，其具有的法国自由主义风格遭到保守势力的强烈反对，其理由是将破坏日本传统的家族制度。政府被迫再次修改《民法》，加入强化父权、夫权的内容，从 1898 年开始实施。受其影响，《商法》也进行了修改，从 1899 年开始实施。至此，“六法”完备。

1890 年 7 月，举行第一届众议院议员选举。由于选举法规定只有每年交纳 15 日元以上直接国税、年满 25 岁的男子才有选举权，交纳同等直接国税、年满 30 岁的男子才有被选举权，因此，当时仅有占全日本人口 1% 的男性日本臣民具有选举权。另一方面，因地税约占政府财政收入的 60%，所以具有选举权以及被选举权者大多是交纳高额地税者，在第一次选举中当选的 300 名众议院议员中有半数是大土地所有者及从事农业者。正因如此，具有政府预算案审批权的众议院经常围绕减轻地税问题与政府发生冲突。

朕惟フニ我カ皇祖皇宗國ヲ肇ムルコト
宏遠ニ德ヲ樹ツルコト深厚ナリ我カ臣
民克ク忠ニ克ク孝ニ億兆心ヲ一ニシテ
世世厥ノ美ヲ濟セルハ此レ我カ國體ノ
精華ニシテ教育ノ淵源亦實ニ此ニ存ス
爾臣民父母ニ孝ニ兄弟ニ友ニ夫婦相和
シ朋友相信シ恭儉己レヲ持シ博愛衆ニ
及ホシ學ヲ修メ業ヲ習ヒ以テ智能ヲ啓
發シ德器ヲ成就シ進テ公益ヲ廣メ世務
ヲ開キ常ニ國憲ヲ重シ國法ニ遵ヒ一旦
緩急アレハ義勇公ニ奉シ以テ天壤無窮
ノ皇運ヲ扶翼スヘシ是ノ如キハ獨リ朕
カ忠良ノ臣民タルノミナラス又以テ爾
祖先ノ遺風ヲ顯彰スルニ足ラン
斯ノ道ハ實ニ我カ皇祖皇宗ノ遺訓ニシ
テ子孫臣民ノ倶ニ遵守スヘキ所之ヲ古
今ニ通シテ謬ラス之ヲ中外ニ施シテ悖
ラス朕爾臣民ト倶ニ拳拳服膺シテ咸其
德ヲ一ニセンコトヲ庶幾フ
明治二十三年十月三十日
睦仁

《教育敕语》强调“一旦有缓急，则应义勇奉公，辅佐皇运”，因此，六年的义务教育与其说使受教育者掌握了一些生活技能，不如说灌输了忠君爱国的意识，培养了具有服从、纪律、贡献、牺牲精神的盲从国民。

第一届众议院议员选举后，在300名众议院议员中，称为“民党”的在野党——立宪自由党和立宪改进党共有171名。在1890年召开的第一届帝国议会上，这两个政党从反对“藩阀政治”的立场出发，打着“修养民力”“节约经费”的口号，要求大幅度削减政府提出的预算方案。山县有朋内阁被迫做出让步，在立宪自由党部分成员的支持下通过了政府预算方案。

1891年11月，第二届帝国议会开幕。两个“民党”再次否决包括扩大军舰建造费在内的政府预算方案，松方正义首相被迫解散众议院。尽管政府露骨地干预选举，甚至在选举期间造成400人伤亡，但“民党”仍然获得过半数席位，松方正义内阁不得不总辞职。

1892年11月第四届议会召开之前，伊藤博文率领旧萨摩藩、长州藩“开国元勋”，组成“元勋内阁”，准备进行“明治政府的最后一战”，而国会中的反对派也组织力量，准备“一举打垮整个藩阀”，结果双方在议会中僵持不下。伊藤博文策动天皇下达诏书，声称“国防之事，苟缓一日，或将遗恨万年”，表示今后6年内每年节省30万日元宫廷用费，加上文武官员月薪的十分之一，以补造船军费之不足。在天皇权威的压制下，政府预算方案好不容易才通过了议会的审议。

1893年12月，第五届帝国议会开幕后，围绕修改涉外条约问题，立宪改进党、国民协会等六个党派强烈批评政府的“软弱外交”，结果导致众议院再次被解散。在1894年3月的选举中，自由党获得119个席位、改进党获48个席位、国民协会获26个席位。同年5月，第六届帝国议会开幕，“民党”仍然一致主张对外强硬政策，并通过了弹劾内阁的上奏案，众议院第三次被解散。此时东北亚局势骤然紧张起来。

工业革命

明治政府成立后，为“殖产兴业”和解决财政困难，曾发行大量不兑换纸币。同时，因发行士族俸禄公债以及西南战争军费，政府准许银行发行纸币。1872年，政府发行的纸币流通额为6880万日元，1880年，政府及银行发行的纸币流通总额达到15936万日元，结果引起严重的通货膨胀和财政金融危机。大藏卿大隈重信提出利用外资削减纸币的建议，但遭到否决。政府最后决定通过减少开支、提高税收、拍卖官营企业的方式减轻财政负担，因为官营企业几乎全部处在亏损状态。

1881年10月，松方正义任大藏卿，首先采取减少开支和增加收入的措施。即固定1882年度到1884年度的政府财政开支，同时将原来由中央政府承担的基础设施、公共事业等改由地方政府承担，另外增加酿酒税、烟草税。1882 年，成立中央银行——日本银行，发行日本银行券，处理不兑换纸币。

松方正义推行的通货紧缩政策很快收到相应效果，物价下降，纸币流通量减少且与银币的差价逐渐消失，利息率降低，公债价格上升，对外贸易也转为出超。但通货紧缩政策同时也引起经济萧条、中小工商业者相继破产、农民因大米和蚕茧的价格下跌而陷入负债等负面影响。1885 年，因无力交纳地税而被迫拍卖土地者达到 10 万人。

1881 年 11 月，政府颁布《处理官营企业条例》，将大部分官营企业处理给民间，不仅价格极其低廉，而且获得者均为与政府关系密切的“政商”。例如投资 62 万日元的长崎造船所以 9.1 万日元一次性付款就转让给三菱商业集团，投资 59 万日元的兵库造船局以 5.9 万日元一次性付款就转让给川崎商业集团。院内银矿、阿仁铜矿被转让给古河商业集团，佐渡金矿、生野银矿转让给三菱商业集团，深川水泥制造所转让给浅野商业集团，新町纺织所、富冈缫丝厂转让给三井商业集团等。处理官营企业的结果不仅推动了商业资本向产业资本的转化，而且也奠定了这些“政商”转化为“财阀”的基础。

尽管政府处理了许多官营企业，但没有放弃军事工业，四大军工企业——东京炮兵工厂、大阪炮兵工厂、横须贺海军工厂、海军兵工厂仍然在政府的控制下，并得到大力发展。无论在蒸汽动力的运用上，还是在职工人数上，均大大超过民营企业。比较两家拥有最多职工的官营企业和民营企业就可以充分看出这一点。官营的横须贺海军工厂拥有 2500 名职工，32 台蒸汽机，共 520 马力；民营的川崎造船厂拥有 730 名职工，5 台蒸汽机，共 111 马力。1883 年，日本官营军工企业开始生产各式大炮、炮弹甚至制造军舰。这些官营军工企业的发展不仅带动了日本机械大工业的发展，而且也推动了民间的钢铁、造船、矿业等工业的发展。

1883 年，与政府关系密切的涩泽荣一等人筹集华族、商人资本 25 万日元，创建拥有 1 万纱锭的大阪纺织厂。雇佣 300 多名工人，首次利用电灯昼夜双班作业，同时利用蒸汽动力和英国纺织机械，因而取得较大的利润。到 1889 年，该厂发展成为拥有 120 万日元资本、6 万纱锭的大企业。受其刺激，在 1886 年到 1890 年之间，先后出现了三重、钟渊、平野、摄津、尼崎等纺织厂。这些纺织企业的资本大多在 25 万日元以上，拥有 1 万以上纱锭，均采用先进机械生产，因而极大地提高了棉纱的产量。1890 年，日本国产棉纱数量超过了进口的棉纱数量。

在缫丝业方面，利用国产蚕茧以及改造的外国器械进行生产的机器缫丝业迅速发展。这些器械缫丝工厂大多在长野、山梨、岐阜等县的农村，经营者以当地商人和富裕农民为主。1884 年时，雇佣 10 名工人以上的器械缫丝厂有一千多家，但仍有相当数量的传统手工缫丝工场。尽管如此，到 1894 年，器械缫丝的产量开始超过手工缫丝的产量。

除纺织、缫丝业外，在丝织、棉织、造纸、制糖等领域也出现了利用蒸汽动力和机械的近代化工厂。在 1887 年到 1889 年间，陆续出现了日本纺织品、京都纺织品、天满纺织、精棉纺织、大阪织布等棉织大企业。在造纸业，除 1875 年创建的王子制纸外，80 年代出现了富士造纸、四日市造纸、阿部造纸等企业。1891 年创建的铃木制糖厂是最早使用机器生产的制糖工厂。

交通运输业方面，民间资本也迅速发展起来。1881 年 11 月，创办了以华族俸禄公债为主要资本的日本铁路公司，政府给予其承包铁路工程、免征用地税、保证铁路正式营运前的股东红利等优惠待遇。从 1882 年到 1891 年，该公司修通了东京到青森之间的铁路。80 年代后半期，阪堺铁路、伊予铁路、两毛铁路等公司陆续创办。到 1889 年，民营铁路的公里数超过了官营铁路。

在海运业领域，1895 年，三菱邮船公司和共同运输公司合并，成为拥有 1100 万日元资本的日本邮船公司。1893 年，该公司改为民营企业，成为三菱财阀的直系企业，仍然与政府具有密切的关系。另外还有得到政府保护的大阪商船公司，两个海运公司不仅承担近海运输业务，而且积极开辟到达外国的远洋运输。

明治初期日本出口产品以生丝、茶叶为主，主要进口机械、棉毛织品，而且基本以入超居多。80 年代以后，日本仍然从欧美进口工业产品与机械设备，但开始向亚洲近邻国家出口棉纱、棉布等工业产品。在出口产品中，生丝占重要地位，1895 年达到出口总额的 35%，其对象主要是美国。

为尽快摆脱外国商人垄断日本对外贸易的局面，1876 年，日本商人创办“三井物产会社”，最初经营煤炭出口业务，后来逐渐扩大到粮食、生丝、茶叶、棉纱、机械等原料和产品的进出口等。1887 年创办“内外棉会社”，1892 年创办“日本棉花株式会社”，1893 年创办“江商会社”等，均是经营棉纺织业原料和产品的进出口业务。日本商人及其创办的贸易公司在明治时期的工业经济发展以及对外贸易方面发挥了重要作用。

综上所述，从 19 世纪 80 年代中期到 90 年代中期，日本出现了以轻工业为主的“产业革命”，其工业经济发展迅速。例如从 1884 年到 1893 年，工业资本增长了 15.5 倍，与其相对应，地税在国家财政收入中的比重从 58.96% 下降到

37.38%。但在这一过程中，1890 年日本出现了最早的经济危机，其表现为棉纺织业生产过剩、物价及股票价格下跌、工资下降等。为此，日本银行积极向民间银行提供资金，较快地度过了危机。

在急速工业化的同时，工人阶级的队伍也逐渐扩大。早期日本工人的来源主要有三个途径，即破产的农民或贫穷农民的子女、没落士族的子女以及旧手工业者。从 1873 年到 1890 年，农村居民减少 5 万户，同时兼业农户迅速增加，均反映了工业劳动者的增加。但当时工人不仅劳动时间长，劳动强度高，而且工资也非常低。在纺织、缫丝工厂，女工的劳动时间长达 15 个小时或者更多，劳动环境及居住条件恶劣，常常患上肺结核等职业病。为此，女工们被迫采取各种手段进行斗争。1886 年，山梨县甲府的雨宫生丝厂百余名女工举行罢工，反对降低工资和延长劳动时间，是日本历史上的首次工人运动。矿工的劳动状况及生活更为悲惨，迫使他们时常以暴动的形式反抗非人待遇。1888 年，九州的高岛煤矿 3000 名矿工因恶劣待遇而暴动。在这一时期，也出现了同行业工人一起行动的同盟罢工以及自发的工人组织。

结　语

过去曾有中国学者如此评价板垣退助：“虽然有进步的政治思想，并能果断实践，但在对邻国的关系上却坚持武士阶级的反动立场。”实际上，在板垣退助等近代日本改革者的眼中，民权与国权是对立的统一体。对内争取民权，对外争取国权，两者相辅相成。涩泽荣一等日本近代资本家除创办了许多成功的企业和公益事业外，还留给后世一整套结合了西方资本主义的近代产业、经济制度与东方儒家伦理的精神遗产。另外，强制性征兵制度和义务教育制度有利于忠君爱国观念在普通民众中扎根。所有这些构成了促使近代日本迅速成功的因素。

大事记

时　间	日　本	东北亚
1792 年	俄国使节抵达根室要求通商	
1804 年	俄国使节抵达长崎要求通商	
1844 年	荷兰使节呈上国王信件劝日本开国	
1846 年	美国东印度舰队抵达浦贺要求通商	
1853 年	培里来航，俄国远东舰队长崎来航	
1854 年	签订日美、日英、日俄亲善条约	
1858 年	签订“安政五国条约”，安政大狱开始	
1860 年	樱田门事件	
1862 年	生麦事件	
1863 年	长州藩下关炮击，萨英战争；八月十八日政变	
1864 年	禁门之变，第一次征讨长州藩	
1866 年	萨长同盟密约；第二次征讨长州藩	
1867 年	大政奉还，讨幕密敕，小御所会议	
1868 年	《神佛判然令》、废佛毁释运动开始	
1868—1869 年	戊辰战争	
1869 年	奉还版籍	
1871 年	废藩置县，《日清修好条规》签订	朝鲜大院君“排外锁国”
1871—1873 年	岩仓使节团出访欧美	
1872 年	颁布《学制》，改用太阳历	
1873 年	颁布《征兵令》、《地税改革条例》，明六社成立	
1874 年	板垣退助成立爱国公党，提出建立民选议会的提案，立志社成立	
1875 年	大阪成立爱国社，发布“渐次立宪”之诏，《库页岛千岛交换条约》签订	

（续表）

时 间	日 本	东北亚
1876 年	《日朝修好条规》（即《江华条约》）签订，金禄公债	
1877 年	西南战争	
1879 年	琉球处分	
1880 年	颁布《集会条例》《工场转让简章》	
1881 年	北海道开拓使官有物转让事件；明治十四年政变，自由党结成	
1882 年	立宪改进党、立宪帝政党结成	中俄《伊犁条约》签订
1883 年	鹿鸣馆开馆	
1884 年	秩父事件	中法战争
1885 年	日清《天津条约》签订，制定内阁制度	中法《天津条约》签订
1887 年	大团结运动，“三大事件建议书”，颁布《保安条例》	
1889 年	公布《大日本帝国宪法》	
1890 年	首届帝国议会召开	

进一步阅读资料

韩东育在《德川幕府后期日本财政改革的正当性悖论》（《日本学刊》2018 年第 6 期）一文中指出：在日本近世史上，市场宽松与财政紧缩呈现为 17 世纪以降江户幕藩经济的更迭起伏曲线，前者以扩大消费为主导，后者以增收节支为指标。在以农业为基础的幕藩体制下，两者均具有维持社会稳定的正当性意义。但当二者间的平衡感被其中一方的极致走向打破时，这两大正当性便构成了事实与价值上的悖论。作为这一悖论的典型体现，天保改革试图改变过度经济开放和商业垄断所造成的四民失序、商富国贫和奢靡腐败等的一系列做法，原不失幕藩语境下的正当性。但当通过增加财政收入或减少财政支出的政策去不择手段地抑制社会总需求增长等做法步入绝境时，幕藩内部所固有的另一面正当性便开始了反弹。因此，由于体制框架的难以突破，两种正当性均无法跳脱此消彼长和相互否定的怪圈，于是能够破解重农抑商矛盾的明治维新适时登场，以及为这一登场而曲尽艰辛的幕末努力，使上述悖论在体制更迭后的新框架中得到了解决；

宋成有在《明治维新若干问题的再思考》(《日本问题研究》2018 年第 4 期）一文中认为：1853 年日本开港后内外交困的幕府为自救自强，自 1854 年至 1867 年接连推行安政、文久、庆应等三次改革。从日本资本主义近代化的全过程来看，幕末改革迈出先期探索的第一步，为明治维新提供了政策思路、工厂设施和人才梯队。在此基础上明治维新得以全面展开并实现社会转型的第二步。明治前十年的欧化改革，决定性地将日本引向资本主义道路，同时也产生了财政困难、社会动荡和政府危机等问题。以天皇亲政并介入改革为标志的后十年改革，维新官僚全面调整近代化政策，走出困境并最终使资本主义在日本扎下根；

杨栋梁在《皇权与明治维新》(《日本学刊》2018 年第 6 期）一文中指出：日本经历 1853 年“佩里叩关”后，天皇与尊王攘夷、尊王倒幕派地方强藩及下级武士相互利用、相互借力，推翻德川幕府，实现了“王政复古”。此后经历政府内部近代派与守旧派以及近代派中渐进派与激进派的激烈斗争，天皇“裁断”对明治日本治国理政方针的选择具有决定性意义，因此，从物质、精神和制度三个层面入手建构的近代皇权则为国民统合提供了现实有效的轴心，皇权是日本走向近代的重要支撑点；

莽景石在《明治维新：元制度与派生制度的非均衡演进及其对日本工业化的影响》(《现代日本经济》2018 年第 6 期）一文基于元制度与派生制度的相对关系及其演进的分析框架，探讨了明治维新对战前工业化的影响，即宪政元制度缺位条件下的替代制度与移植制度的非均衡演进。在明治维新的整个过程中，日本没有选择宪政民主制度，而是选择了天皇专制的威权主义制度，同时大力移植源自于西方先发展国家的高效率现代经济制度。明治维新的这种制度变迁模式，就其短期效应而言，由于国家具有更为强大的资源动员能力，有力地促进了日本战前工业化。但就其长期效应而言，由于对外发动侵略战争，最终使日本战前工业化归于失败；

宋志勇在《明治维新与日本近代外交体制的形成》(《日本问题研究》2018 年第 4 期）一文中指出：日本近代外交体制在幕末改革和明治维新过程中逐步形成，既有西方外交体制的形式，又有日本传统政治文化的传承。幕末近代外交意识的形成、外交机构的初建、外交经验的积累以及外交人才的培养，都为明治政府的外交近代化打下了良好的基础；

崔世广在《明治维新与近代日本》(《日本学刊》2018 年第 3 期）一文中指出：明治新政府建立的宪法体制，从根本上规定着近代日本的政治过程，对近代日本的发展道路产生了深远影响。明治宪法体制存在制度上的缺陷和漏洞，再加上日本政治文化的制约作用，在近代日本的实际政治运行过程中衍生出新的政治力学结构。居于顶层的天皇基本上只是一种权威性存在，居于中间层的藩阀元老、政党和军部三个政治集团则成为发挥主导作用的政治势力，而居于底层的民众也会通过舆论影响政治。各种政治力量相互作用，导致近代日本出现了藩阀元老政治、政党政治、军部政治相继登场的独特景象；

张东在《革命的冻结与激活：明治维新中的一君万民构造》一文中指出：在幕末维新的变局中，倒幕派发起王政复古，实现了权力革命，在强化皇权的同时，又对其加以限制，以一君万民构造冻结革命，这也为近代西方政治思想的实践提供了可能。自由民权等思想在明治维新中发生异化，在赋予天皇莫大权限的同时，将其融入国民抵抗权。一君万民构造下，天赋人权论看似激烈实则“虚构”，自由民权有其发展的契机与界限。当通过代议制来实现一君万民理想时，二者的根本性冲突则使冻结的革命又有了激活的可能。

许晓光在《论日本明治时期的民族平等意识及其变异》（《吉林大学社会科学学报》2019 年第 1 期）一文中写道：明治维新前后，日本被迫打开国门，感受到欧美列强不平等压迫的社会各阶层，从忧国意识中产生了民族平等意识。因此，日本思想界在国际关系认识上明确提出了民族之间应当平等的政治主张，在强烈要求与欧美列强地位平等的同时，也出现了平等对待亚洲邻邦的思想。但在排斥外来势力侵略和对抗欧美列强的强烈愿望中，这种民族平等意识逐渐变异为以日本为首、亚洲联合结为同盟的思想趋向，隐含了吞并他国之嫌；

王新生在《国民国家与近代日本宪政之路——以自由民权运动为中心》（《中央社会主义学院学报》2019 年第 4 期）一文中写道：作为后发型现代化国家的典型，日本在西方压力下开国 15 年后进行了政治变革，建立了有志于现代化的明治新政权，又在 20 年之后实施了宪政体制，初步完成了国民国家的内部构建。国民国家对内争取民权、对外争取国权，两者相辅相成。明治政权成立不久后，板垣退助等人组织政治团体，批判政府专制，要求制定宪法，开设国会，发动民众，开展轰轰烈烈的自由民权运动。因此，无论是“国民国家论”，还是“抗争政治”，均强调了以宪政体制为中心的国民主权在近代国民国家形成过程中的核心作用。从此视角看，自由民权运动是为形成国民国家的政治文化运动；

高兰在《明治天皇权力的虚像与实像——近代日本立宪君主制的形成对明治天皇权力双重影像的影响》（《复旦学报（社会科学版）》2019 年第 6 期）一文中指出：近代日本立宪君主制规定了明治天皇权力“实像与虚像”的双重结构，限制了天皇权力的运用。明治天皇与元老、内阁、议会之间进行协调，实施其作为国家主权象征的虚像权力以及制度化的实像权力，形成独特的多元角色形象。从虚像上看，明治天皇是日本的国家象征，也是形式上的“万机亲裁”的强权君主，但从实像上看，明治天皇更多作为“调停君主”，协调元老、内阁、议会等势力集团的政策主张，其本质依然是“无力君主”，发挥了国家象征作用。明治天皇采取传统的政治“自律”态度，不主动介入政治事务，固守“国家象征”意义，在一定程度上“统合国民”意志，确保了近代日本社会的存续。

第六章

对外侵略扩张

按照明治宪法的规定，帝国议会“协赞”立法行为，内阁“辅弼”行政事务，所有的权限集中在天皇手中。但天皇是“现人神”，在政治上免责，几乎不参与现实政治，所以在东京审判中，盟国的法官们为搞清楚实际关系与责任所在很是头疼，甚至有人将近代日本政治称为“无责任体制”。制订明治宪法的元老们觉得宪法基础上的政治制度有些问题，因而设置了几个辅助天皇的机构或集团。首先是元老集团，所谓元老是指从明治中期到昭和初期主导政局的政界人物，最初享受明治维新元勋待遇，1889 年 11 月，明治天皇下诏对伊藤博文、黑田清隆两人“赐予大臣之礼，以表示元勋待遇”。但元老既不是基于法律的政府机构，也不是官职名称，只是天皇的政治顾问。其后增加了山县有朋、井上馨、松方正义、西乡从道、大山岩等元老，大正年间又增加桂太郎、西园寺公望（一说有大隈重信）等，共九名元老。

正因如此，在明治宪法实施的五十多年时间内，政治发展大体上可分为三个阶段。1890 年到 1918 年为第一个阶段，即元老政治时期（后两个阶段分别为政党政治时期和军部政治时期）。而能够对明治宪法下多元统治机构加以统合调整的，也只有那些经历过明治维新的功臣，明治天皇将国家大权委托给他们，其本人也占据枢密院院长、首相、元帅等政治、军事上的重要职务。虽然也经常与其他政治势力产生较大的矛盾与冲突，但总能加以协调，例如伊藤博文在 1898 年推荐政党组织“隈板内阁”、自己在 1900 年组织立宪政友会那样；尽管山县有朋依靠陆军和官僚抵制政党政治，但其去世前几年已经出现了真正的政党政权——原敬内阁，由此也体现了元老之间的不同政治倾向，特别是伊藤与山县的对立。

甲午战争

朝鲜半岛危机

早在1882年朝鲜“壬午兵变”后，日本就以中国为假想敌进行扩军备战。尽管政府实行紧缩财政方针，但从1883年开始的8年内，军费计划总额为6740万日元。

1888年1月，山县有朋提出《军事意见书》，强调日本必须在俄国西伯利亚铁路修成之前完成侵略朝鲜的准备。1890年，山县有朋在其《外交政略论》和《第一次帝国议会上的施政方针演说》中，反复鼓吹所谓“主权线”和“利益线”的侵略扩张理论。在他看来，“主权线”是指日本本土，“利益线”是指其近邻地区，“要维持一国之独立，仅仅守卫主权线是决然不够的，必须进而保卫利益线”，而“保卫利益线”就必须侵犯邻国主权。另外，山县有朋明确提出，当时“利益线的焦点”就是朝鲜半岛。

1889年，朝鲜颁布《防谷令》，禁止大米、大豆出口，日本政府施加压力，迫使朝鲜政府在第二年取消了该法令。为将朝鲜变成日本商品输出的市场和原料来源地，日本进一步加快了扩军备战的步伐。1892年，日本军费开支占到政府财政支出的31%，并在1893年完成了扩军计划。按照战时编制，陆军拥有7个师团，兵力在12万人以上，再加上十多万后备力量，战时可调动23万人的兵力。在海军方面，也拥有31艘军舰、24艘水雷艇。

1894年3月，发动“甲申事件”的朝鲜开化党首领金玉均在上海被暗杀，清政府用军舰将其尸体送还朝鲜。日本借题发挥，国内要求对清开战的呼声骤然高涨，帝国议会中的反对派猛烈批判政府。虽然议会遭到解散，但政局仍处于极不稳定的状态。福泽谕吉在1894年1月26日的《时事新报》上撰文，“以吾人之见，如政府一变其方向而大力推进东洋政略，以使国内人心外转，或许是眼下适当的方案”。

1894年春，朝鲜南部发生大规模农民起义，其口号为“消灭权贵”“逐倭灭洋”，因其领导人全琫准曾参加过秘密结社“东学”，因而也称为“东学党运动”。朝鲜政府无力镇压农民起义，决定请求清政府出兵“代为征讨”。同年6月，清军1500人在忠清道牙山登陆。得知清朝出兵后，日本援引《天津条约》，也派出了大批军队从仁川登陆，并控制了从京城到仁川的战略要地。

朝鲜局势很快稳定下来，清政府驻朝鲜代表袁世凯与日本驻朝公使大鸟圭介达成口头协议，停止增兵，且逐步撤出各自的军队。但日本政府蓄意挑起战端，不断增加在朝鲜的兵力，同时指示其公使“促成日中冲突，为今日之急务。为断行此事，可采取任何手段”。此后，日本政府向清政府提出改革朝鲜内政的方案，遭到拒绝后又向清政府连续两次提出“绝交书”。

清政府北洋大臣、直隶总督李鸿章指示袁世凯尽量避免中日冲突，并委托英、美、俄等国进行斡旋。日本政府因在同年7月16日与英国签订了包括废除领事裁判权、最惠国待遇对等化在内的新《日英通商航海条约》而态度强硬起来。7月23日，日本军队占领朝鲜王宫，扶持傀儡政权，迫令其与清政府废除宗属关系，并“请求”让日本军队驱逐在朝鲜的清朝军队。

战争进程

1894年7月25日，日本军舰在靠近朝鲜的丰岛海面袭击清朝军舰，并击沉清政府运兵船高升号，造成清军八百余名将士死亡。8月1日，中日同时宣战。日本将参谋本部设置的大本营转移到广岛，明治天皇和伊藤博文首相出席大本营会议，第七届临时议会也在广岛召开。战争爆发以后，“民党”立即放弃反对政府的立场，议会全体一致通过政府的巨额军事预算，形成举国对外战争体制。与其相反，清政府内部矛盾重重，地方各自为政，难以动员全国力量进行战争，因而日本从始至终掌握着战争的主动权。

8月中旬，日本侵朝军队已达5万，并很快占领平壤，清朝军队退至中国境内。9月17日，双方舰队在黄海激战。当时日本有12艘军舰、272门大炮、总排水量4万余吨，清朝北洋舰队有10艘军舰、213门大炮、总排水量3.5万吨。经过5小时激战，清朝北洋舰队被击溃。此次海战后，李鸿章为保存实力，命令北洋舰队困守山东威海卫军港，不得出海作战。

10月25日，日本军队兵分两路攻入中国境内，迅速占领辽东半岛及大连、旅顺，并在旅顺进行大屠杀，全城人员所剩无几。1895年1月，日军进攻山东半岛的威海卫，将北洋舰队全歼在军港内。3月上旬，日军在辽东不断加强攻势，清朝军队连连败北，日军逼近山海关，清政府决意求和。这场战争进行了8个月，日本共花费2亿多日元军费，相当于两年半的政府财政开支，动员了10万军队，战死者17000人，其中70%为病死者。

3月19日，李鸿章代表清政府前往日本山口县马关（即下关）与日本政府代表伊藤博文谈判，日本为获得更多的权益，故意拖延停战时间。3月24日，李鸿章在谈判结束返回旅馆途中遭到日本暴徒的袭击，面部受伤。日本担心列强干预，同意停战，并同意就媾和条件进行谈判。

在日本的高压威胁下，李鸿章被迫在 4 月 17 日签订了极为屈辱的《马关条约》。其主要内容为中国承认朝鲜独立；中国割让辽东半岛、台湾及澎湖列岛给日本；赔偿日本军费白银两亿两；增加开放沙市、重庆、苏州、杭州四个城市以及长江、吴淞江航运线，日本人可在中国各通商口岸设厂制造产品，运销内地只交纳进口税，免征一切内地税；承认日本在租界内的治外法权等。

早对中国东北地区抱有野心的俄国极力反对将辽东半岛割让给日本，因而在 4 月 23 日伙同德国、法国进行干预，要求日本放弃辽东半岛。在其压力下，日本不得不接受三国的“劝告”，将辽东半岛归还中国，并要求清政府另付 3000 万两白银的“赎辽费”。

1895 年 5 月，日本任命海军大将桦山资纪为台湾总督兼军务长官，率军前往台湾，办理“台湾岛接受事宜”。日本军队登陆台湾后遭到当地军民的激烈抵抗，日本动用 5 万兵力，经过 5 个多月战斗，在付出 2700 多人伤亡的代价后才基本控制了台湾，但其后当地居民反抗日本统治的活动并没有停止。

战争影响

甲午战争对日本的政治、经济、社会均产生了较大的影响。在政治领域，政党逐渐采取与政府合作的立场。例如第二届伊藤博文内阁与议会中第一大党自由党合作，在 1895 年底通过了包括扩军计划在内的政府预算方案，第二年自由党党

日本人所绘《马关条约》谈判场景。

首板垣退助进入内阁任内务大臣。1896 年 9 月，松方正义组织内阁时，新组建的进步党党首大隈重信进入内阁任外务大臣。1898 年 6 月，自由党、进步党合并为宪政党，并组成以大隈重信为首相的内阁。但因内部矛盾导致政党分裂，部分成员组成宪政本党，该届内阁仅存在 4 个月。其后的山县有朋内阁也在宪政党的支持下将地税从地价的 2.5% 提高到 3.3%。

尽管山县内阁在 1899 年修改了 1893 年制定的《文官任用令》，限制政党成员担任政府官员，但政党的势力不断增强。为保证军队统帅权的独立性，山县内阁在 1900 年制定了军部大臣现役武官制，即内阁陆海军大臣必须由现任的大将或中将担任，从制度上为军部势力干预政治甚至操纵国家政权奠定了基础，因为军部可以通过拒绝推荐陆海军大臣的方式推翻他们不喜欢的内阁。与此同时，帝国议会通过了降低选举权财产资格的众议院议员选举修正法，扩大了选民的人数。

随着宪政政治的发展，伊藤博文等“藩阀”政治家意识到政党在议会中的重要性。1900 年，在宪政党的基础上，成立了以伊藤博文为总裁的立宪政友会。其后以伊藤博文、山县有朋为代表的“元老”逐渐退入幕后操纵政局，政党政治初露端倪。与此同时，由于《文官任用令》的制定与修改，行政官僚也逐渐脱离“藩阀”及政党色彩，帝国大学出身者逐渐占据支配地位，形成相对独立的特权集团。

尽管通过甲午战争从中国获得的巨额赔款绝大部分用到了扩军备战上，但战争赔款也改善了日本政府的财政状况，并且推动了日本经济的迅速发展。首先，日本政府以赔款作为准备金，从 1897 年开始实施金本位制，从而稳定了与欧美国家的贸易。其次，为实现钢铁国产化，日本政府利用部分赔款建设八幡制铁所，同时引进德国技术，以中国大冶铁矿的矿石为原料，生产钢铁。

政府投资扩张军备以及促进产业发展的措施，有力地推动了经济的快速发展。例如在棉纺织业，在 1889 年到 1899 年间，棉纱生产量从 6.7 万捆增加到 75.7 万捆，增长了 11 倍。不仅满足了国内的需求，而且 1897 年出口棉纱 14 万捆，大大超过了进口的 5.4 万捆。从对外贸易来看，1902 年的进出口总额比 1887 年增加了 5 倍多，而且进口以棉花等原料为主，出口以生丝、棉纱为主。主要出口对象国为美国，第二为中国。

随着工业经济的迅速发展，社会结构也发生了较大的变化。例如 1872 年时，日本总人口为 3311 万，其中农林业人口占 81.4%，但到 1900 年，在 4482 万总人口中，农林业人口下降到 66.6%。在农村，农民两极分化严重，许多农民失去土地，但工业不能完全吸收农村的剩余劳动力，因而租借地主土地的佃农迅速增加。

1873年时，出租土地的比例为27.4%，到1903年上升到43.6%。拥有大量土地的地主自己不经营土地，将土地分割出租给农民，收取实物地租，然后将其转化为公债或股票，成为所谓的“寄生地主”。

工人运动在甲午战争后有了实质性的进展。1897年，从美国回到日本的高野房太郎组织“职工义友会”，片山潜参加后改为“劳动组合期成会”，并发行《劳动世界》杂志。在该组织的指导下，各地工人组成工会，时常举行要求改善待遇的斗争。与此同时，在日本也出现了社会主义思想，并在1898年组成“社会主义研究会”。对此，政府在1900年颁布《治安警察法》，严厉取缔以争取结社权、罢工权为目的的工人运动。1901年，日本最早的社会主义政党——社会民主党成立，但仅存在一天就被政府取缔。

甲午战争及其胜利极大地刺激了日本朝野各界的对外侵略扩张意识。在战争尚未结束的1895年4月，山县有朋在有关扩军备战的建议书中进一步提出了扩大利益线的主张，“过去之军备专以维持主权线为本，然欲使此次战争之战果不致化为乌有，并进而成为东洋之盟主，则非谋求利益线之扩张不可”。

另一方面，舆论界也转向鼓吹对外扩张，其中最具代表性的是德富苏峰的“大日本扩张论”以及高山樗牛的“日本主义”。德富苏峰在19世纪80年代曾大力宣扬“平民主义”，但甲午战争爆发后，他发表一系列鼓吹对外侵略扩张的文章，并以《大日本扩张论》的名义出版发行。高山樗牛在甲午战后发表《作为殖民国民的日本人》等文章，认为“今日本人面临作为殖民之国民而必须认识到自己天职之大好时机”，鼓动对外侵略扩张。除德富苏峰、高山樗牛外，还有山路爱山的“平民帝国主义”、浮田和民的“立宪帝国主义”等，均主张日本应对外侵略、扩张殖民地。

日俄战争

争夺朝鲜半岛

如同前述，俄国与德、法“三国干涉还辽”，迫使日本归还辽东半岛给中国，这在日本朝野引起极大反响，“卧薪尝胆”式的报仇意识迅速蔓延。为此，日本政府制订了10年扩军计划，准备将现役军人从7万增加到15万，战时达到60万，海军舰艇总吨位从6万吨增加到26万吨，同时迅速扩充炮兵和骑兵的规模。每年的军备开支约占政府一般会计支出的半数，另外还增征酒税、地税，加征营业税、登记税等，以筹措巨额军费。

甲午战后，日本与俄国在朝鲜及中国东北地区的争夺更为激烈，双方的矛盾与冲突也不断加剧。1895年7月，在俄国公使的操纵下，朝鲜闵妃集团驱逐亲日分子，建立亲俄政权。同年10月，日本公使唆使日本军人杀死闵妃，建立以大院君为首的亲日政权。1896年2月，朝鲜国王逃往俄国使馆，再次建立亲俄政权。1896年5月，日俄双方签署协定，日本被迫承认俄国在朝鲜与其享有同等地位。结果俄国在朝鲜的势力迅速扩大，逐步掌握了朝鲜的军事、财政大权。1897年，朝鲜改国号为“大韩帝国”。

与此同时，俄国积极向中国东北地区扩张。1896年6月，俄国与清政府签订《中俄密约》，攫取了在中国东北修筑中东铁路的权利。1897年11月，俄国出兵强占了辽东半岛南端的旅顺和大连。1898年，俄国与清政府签订《旅顺大连租借条约》，不仅“租借”了包括旅顺、大连在内的辽东半岛，而且还取得修筑哈尔滨到大连之间的中东铁路支线的权利。1900年，俄国以保护中东铁路和俄国侨民免受“义和团事件”冲击为名，出动15万大军入侵中国东北。

1900年6月，日本派遣2万多军队参加“八国联军”进入北京镇压义和团。面对俄国势力在中国东北地区的扩张，日本政府内部出现不同意见。伊藤博文、井上馨等人主张承认俄国在中国东北地区的扩张，以换取俄国承认日本在朝鲜半岛的扩张，即所谓的“满韩交换论”；首相桂太郎、外相小村寿太郎等人则主张与英国结成同盟，对抗俄国在远东的扩张。

1901年11月，日本前首相伊藤博文访问俄国，并就协调两国在远东地区的利益与俄国政府进行谈判。虽然俄国最后承认日本在韩国具有工业、商业上的行动自由，但反对日本在中国北部地区扩张其势利，并试图将日本在韩国的殖民活动置于俄国的监督之下。此时英国为牵制俄国的扩张，巩固其在巴尔干、中亚和远东的殖民利益，全面承认日本在韩国以及中国东北的“特殊利益”。因此，日本决定与英国结成同盟，共同对付俄国。1902年1月，双方签订《日英同盟条约》，规定如果缔约一方与第三国发生战争，另一方严守中立，如果缔约一方与两个以上国家发生战争，另一方则给予援助并共同作战。

此后，日俄双方迅速进入扩军备战阶段。尽管俄国与清政府在1902年4月签署了约定撤兵的《交收东三省条约》，但到1903年5月，俄国决定停止撤军，并迅速增派军队到远东地区。到1904年初，日本10年扩军计划基本完成，陆军拥有现役兵员13个师团，二十余万人，海军新增加106艘军舰，总数达到152艘。在国际上，英国、美国支持日本，法国、德国支持俄国。

战争进程

1904年2月8日，日本海军联合舰队司令东乡平八郎率舰偷袭旅顺俄国军港，同时陆军前往韩国仁川，此后双方正式宣战。日本海军采取堵塞出口的战术，将俄国舰队封锁在旅顺军港内。日本陆军兵分三路进攻辽阳，经过激烈战斗，9月攻陷辽阳。与此同时，日俄在旅顺展开攻防战。在付出惨重代价后，日军终于在1905年1月占领旅顺。3月，双方在奉天（今沈阳）展开最大规模的会战，日军很快占领奉天。在海上，以逸待劳的日本海军几乎全歼远道而来的俄国波罗的海舰队。

日军以人海（肉弹）战术，用人梯登上俄军堡垒，伤亡惨重，四次总攻旅顺，伤亡人数共计6万人，指挥官乃木希典的两个儿子也死于此次战役。

此后俄国国内爆发革命，胜利无望，而日本也无力将战争继续下去，因而在美国政府的调停下，双方经过讨价还价的谈判，在1905年9月签订《朴茨茅斯和约》。和约规定俄国承认日本在韩国具有政治、经济、军事的优越地位，俄国从中国攫取的辽东半岛及附属的一切权益转让给日本，并将库页岛南部割让给日本。

日本在战争中动员了110万兵力，伤亡人数超过20万，军费开支18亿日元，相当于政府年度财政预算的8倍。由于没有得到各界渴望的战争赔款，结果引起国民的不满，甚至在东京出现了大规模骚乱的“日比谷暴动”，政府出动军队才将其镇压下去。

重工业革命

日俄战争的胜利加快了日本向大陆侵略扩张的步伐。在朝鲜半岛，1904年8月，日本与韩国签订第一次协约，掌握了韩国的财政。1905年11月，签订第二次日韩协约，日本掌握了韩国的外交。1907年7月，签订第三次日韩协约，解散韩国军队，内政权也被日本掌握。结果引起反抗日本的“义兵运动”，日本派军队将其镇压了下去。1910 年 8 月，日本正式合并韩国，将其重新改名为“朝鲜”，并设“朝鲜总督府”进行殖民统治。

在中国东北地区，日本在 1906 年设置关东总督府，管理辽东半岛南端的关东州，指挥驻扎在该地的军队，并组建“南满洲铁道株式会社（满铁）”，经营长春—旅顺铁路及其支线，以及铁路沿线的各种事业，进行经济掠夺。为防止美国的渗透，日俄先后签订四次协约，划分各自在中国东北地区的势力范围。因日本拒绝了美国开放东北门户的要求，美国遂限制日本向北美的移民，双方逐渐产生矛盾。

由于巨额军费来自国内外债务，因而日本政府在战后继续增加内外债务和税收，结果在 1907 年出现了短暂的经济危机，但并没有影响各产业部门的高速增长。从主要产业的生产指数来看，在 1904 年到 1912 年之间，造船业从 601 增长到 1245，生铁从 196 增长到 356，生丝从 143 增长到 262，均增加两倍左右。重工业部门也出现了产业革命，例如从 1901 年到 1913 年，铣铁产量从 5 万吨增加到 24 万吨，钢材产量从 6000 吨增加到 25 万吨。

经济增长推动了对外贸易的发展。1902 年，日本对外贸易总额约为 5 亿日元，到 1906 年达到 8 亿日元，1912 年进一步增加到 11 亿日元。尽管出口增加迅速，但需从欧美地区进口大量军需品和重工业设备，另外还要支付巨额外债本息，因而这一时期日本的国际收支状况恶化。

随着工业化的急剧进展，在 20 世纪初年出现了以三井、三菱、住友、安田、古河为代表的垄断集团——“财阀”。这些“财阀”经营的范围涉及金融、贸易、运输、矿山、产业等，并以控股公司为中心形成控制产业界的垄断资本。由此可以看出日本工业化的特征，即工业革命与垄断资本同步、国家保护色彩较浓、官营重工业特别是军事工业强大、重工业产品依赖进口、农业发展落后造成国内市场狭窄等。

第一次护宪运动

工人运动发展

虽然工业经济获得迅速发展，但大企业和中小企业之间的差距、工业与农业之间的差距使社会矛盾进一步加剧，另外受 1905 年俄国革命的影响，日本工人运动出现新的局面。1906 年 1 月，西川光次郎等人向政府提出建立日本平民党的申请，与此同时堺利彦等人也提出建立日本社会党的申请。当时的西园寺公望内阁是政友会政权，对社会主义较为宽容，因为社会党主张在“宪法许可的范围内实现社会主义”，于是两个申请均得到批准。同年 2 月，平民党与社会党合并，统称为日本社会党，拥有 200 名党员。同年 3 月，社会党组织了东京反对电车费涨价的斗争，虽然部分社会党成员遭到逮捕，但成功地阻止了电车费涨价，提高了社会党的声望。此后，日本各地接连爆发工人罢工事件。1907 年日本爆发经济危机，导致工人罢工事件骤然增加，当年就达到 92 次之多。其中规模较大、劳资对立较为激烈的是足尾铜矿、别子铜矿工人罢工事件，最后演变成暴乱，政府出动军队加以镇压。

1906 年 5 月，幸德秋水从美国回到日本，宣扬美国盛行的无政府工团主义，主张工人运动采取“直接行动”，实施总罢工，遭到片山潜等人的反对，后者主张应当以合法的议会斗争为主要手段。1907 年 2 月，日本社会党召开第二次代表大会，多数代表赞成幸德秋水的主张，并将其消息刊登在《平民新闻》上。政府以“妨碍社会秩序”为理由，禁止发行当天的《平民新闻》，其后政府下令解散社会党，并封禁《平民新闻》。

1908 年 6 月，领导工人斗争而入狱的山口义三获释，各派社会主义者在东京集会举行欢迎大会，受幸德影响的直接行动派成员打出印有“无政府共产”的红旗，并与警察发生冲突，史称“红旗事件”。政府保守派最大头目山县有朋趁机向讨厌社会主义者的明治天皇进谗言道：“西园寺内阁对社会主义者过于宽容，才出现了这种事。”结果西园寺政权倒台，山县大弟子桂太郎组阁。桂内阁积极镇压社会主义者，判处因“红旗事件”被捕的大杉荣、荒畑寒村等社会主义者一年到两年半的重刑。

大逆事件

1909 年 2 月，山梨县出身的工人宫下太吉找到幸德征求意见，计划为暗杀天皇而制造炸弹。1910 年 5 月 25 日，宫下在长野县明科町的山中实验炸弹效果时因违反《爆破物管制规则》被捕，带往松本审讯，结果暗杀天皇的计划泄露。尽管幸德曾经对朋友说过“向天皇扔个炸弹，如果能证明天皇不是神而是流血的普通人，那就有意思了”，但没有确凿证据表明幸德确实参与了暗杀天皇的计划。

同年 6 月 1 日，在神奈川汤河原疗养的幸德准备回东京时被捕。包括幸德在内的 26 人被起诉，其中以大逆罪判处 24 人死刑，两人分别被判处 18 年和 11 年有期徒刑，后因天皇恩赦，死刑者减至12人，另外12人无期徒刑。此次判决十分迅速，12月10日最高法院的大审院开始审理，禁止旁听，29日审理结束，1911年1月18日判决，24日执行死刑，幸德、宫下、管野等人第二天被处死，史称“大逆事件”。同时，政府在警察机构内设置“特别高等课”，专门镇压社会主义者等思想犯、政治犯。幸德被处死8天后，德富芦花在第一高等学校演讲，呼吁年轻学生不要害怕幸德那样的“谋反者”以及所谓的“谋反”，因为在政府看来新生事物均是谋反。美国、英国、法国也出现了抗议日本政府的运动。

“大逆事件”后，社会主义运动和工人运动进入低潮。尽管1911年底出现了东京电车公司工人大罢工事件并获得胜利，但随后立即遭到镇压，片山潜等人也被捕。

大正政变

日俄战争后，日本继续扩军。根据1907年颁布的帝国国防方针，陆军从现有的12个师团增加到25个师团，海军建造战列舰、巡洋舰各8艘，以其为中心组成“八八舰队”。因政府财政紧张，扩军计划迟迟未能付诸实施。1912年，陆军大臣上原勇为抗议政府没有采纳陆军提出的增加两个师团的要求，单独向天皇提出辞职，迫使西园寺公望内阁总辞职。同年12月，陆军出身的桂太郎第三次组织内阁，准备强行通过扩军方案。

幸德秋水像。据后来的历史学家考证，暗杀天皇计划确实存在，但有关者只有宫下、管野、新村忠雄及古河力作四人，幸德知道其计划，但态度消极，最后几乎没有参与。其他19人与该计划完全没有关系，却被判处死刑或无期徒刑，完全是冤假错案。

当时正值明治天皇去世，太子嘉仁即位，为大正天皇，社会舆论反对军部横行的气氛高涨。立宪政友会的尾崎行雄等人发动“护宪运动”，批判桂太郎内阁。支持“护宪派”的市民包围国会，与警察发生冲突，结果成立不到两个月的桂太郎内阁被迫总辞职，史称“大正政变”或“第一次护宪运动”。

1913 年 2 月，海军出身的山本权兵卫组成内阁。在立宪政友会的支持下，将陆海军大臣现役武官制扩大到预备役和后备役，并修改《文官任用令》，增加政党成员担任政府官员的机会。

参加第一次世界大战

侵占山东

19 世纪末期，德意志帝国崛起，其世界扩张政策威胁到英国的利益，英国逐渐放弃“光荣孤立政策”，除与日本结成同盟关系外，在 20 世纪初年与法国、俄国组成协约国，以对抗德国与奥匈帝国组成的同盟国。1914 年 6 月，奥匈帝国皇太子在波斯尼亚首府萨拉热窝被暗杀，两大军事集团成员国陆续宣战，第一次世界大战爆发。日本朝野均认为这是“对日本国运发展乃至大正年代之天佑”，纷纷主张趁此机会“确立日本对东洋之权利”。尽管英国仅要求日本在远东地区清除德国的武装船只，但日本政府不但迅速向德国提出最后通牒，并在同年 8 月对德宣战，而且迅速出兵中国山东省，占领青岛与胶济铁路沿线，以武装侵略的方式接管了德国在该地区的所有权益。随后，日本军队占领了德国在太平洋上的岛屿，甚至将舰队派到地中海地区，为协约国提供帮助。

为扩大在中国的权益，大隈重信内阁在 1915 年 1 月向袁世凯政府提出了体现其“根本解决中国问题”、实际上是灭亡中国的“二十一条”要求。其主要内容包括继承德国在山东的一切权利，延长日本在满蒙地区的租借权或所有权，汉冶萍公司由中日合办，所有中国沿海港湾岛屿概不租借或出让给他国，中国政府聘用日本人任政治、财政、军事顾问等。

尽管袁世凯并没有答应日本政府提出的全部要求，但其内容仍然引起全中国人民的大规模反袁抗日运动。1916 年 6 月，袁世凯去世，军阀段祺瑞掌握北京政府，寺内正毅内阁为进一步扩大日本在中国的权益，通过其亲信西原龟三向段祺瑞政府提供大量贷款，史称“西原借款”。尽管日本急剧扩大其在华权益的行为加深了与美国的矛盾，但已参加欧洲战争的美国无暇与其竞争，双方在 1917 年 11 月达成《石井—蓝辛协定》，即美国承认日本的在华权益，日本承认美国的“门户开放”政策。

1917 年 11 月，俄国爆发“十月革命”，新成立的布尔什维克政府与德国单独

原始文献

“二十一条”（摘录）

1915年，日方提出意图灭亡中国的“二十一条”要求。袁世凯政府在5月9日晚上11时接受其中第一至四号的要求，并于5月25日完成签字。5月9日因此被全国教育联合会定为国耻日。

第一号

关于日本继承德国在山东的特权，共四款：

1. 日本政府拟向德国政府协定之所有德国关于山东省依据条约或其他关系对中国政府享有一切权力利益让与等项处分，中国政府概行承认。

2. 凡山东省内并沿海一带土地及各岛屿，无论以何项名目，概不让与或租借与他国。

3. 日本建造由烟台或龙口接连胶济路线之铁路。

4. 中国政府从速自开山东省内各主要城市作为商埠。

第二号

关于“日本国在南满洲及东部内蒙古享有优越地位”，共七款：

1. 两订约国互相约定，将旅顺、大连租借期限并南满洲及安奉两铁路期限，均展至九十九年为期。

2. 日本臣民在南满洲及东部内蒙古营造商工业应用房厂，或为耕作，可得其须要土地之租借权和所有权。

3. 日本臣民得在南满洲及东部内蒙古任便居住往来，并经营商工业各项生意。

4. 中国政府允将南满洲及东部内蒙古各矿开采权，许与日本臣民。

5. 中国政府如准许他国在南满洲及东部内蒙古建造铁路或以该地区课税作抵押他国借款时，应先经日本政府同意而后办理。

6. 如中国政府在南满洲及东部内蒙古聘用政治、财政、军事各顾问教习，必须先向日本商议。

7. 中国政府允将吉长铁路管理经营事宜委任日本政府，其年限自本约画押之日起，以九十九年为限。

第三号

关于汉冶萍公司，共二款：

1. 俟将来机会相当，将汉冶萍公司作为两国合办事业，未经日本政府之同意，所有该公司一切权力产业，中国政府不得自行处分，亦不得使该公司任意处分。

2. 所有属于汉冶萍公司各矿之附近矿山，如未经该公司同意，一概不准该公司以外之人开采。

第四号

关于“切实保全中国领土”一款：

1. 中国政府允准，所有中国沿岸港湾及岛屿，一概不让与或租与他国。

第五号

共七款：

1. 在中国中央政府，须聘用有力之日本人充当政治、财政、军事等项顾问（该条袁世凯未直接同意，在段祺瑞执政时通过）。

2. 所有在中国内地所设日本医院、寺院、学校等，概允其土地所有权。

3. 须将必要地方之警察作为中日合办，或在此等地方之警察署内须聘用多数日本人，以资全面筹画改良中国警察机关。

4. 由日本采办一定数量之军械（譬如在中国政府所需军械之半数以上），或在中国设立日中合办之军械厂，聘用日本技师，并采买日本材料。

5. 允将接连武昌与九江、南昌之铁路，及南昌至杭州、南昌至潮州各铁路之建筑权，许与日本国。

6. 福建省内筹办铁路、开矿及整顿海口（船厂在内），如需外国资本时，先向日本协商。

7. 允认日本人在中国有布教之权。

——选自日本历史学研究会编：《日本史史料·4·近代》，岩波书店，1997年，第317—318页。

※ 从史料分析日本试图成为中国唯一“保护国”的企图及其对华战略的影响。

媾和，西方国家对其进行干预。对俄国远东领土怀有侵略野心的日本立即响应，在1918年8月宣布出兵西伯利亚。自此日本派兵数额逐年增加，最高时兵力达7万人。1920年西方各国均撤军，但日本到1922年才撤出其军队。此次日本出兵西伯利亚共花费10亿日元，死亡人数高达三千余人，不仅没有获得任何权益，而且受到国内外的严厉批评。

经济迅速发展

在第一次世界大战期间，由于工业部门的迅速发展以及城市人口的急剧增加，农产品价格飞速上涨。例如大米价格在1916年8月时每石（约150公斤）为13.62日元，到1918年1月上升到23.84日元。同年8月日本宣布出兵西伯利亚后，因传闻政府大量收购军粮，价格骤然增加到38.70日元，比两年前增加近3倍。要求降低米价的群众运动首先从富山县渔村妇女开始，然后迅速蔓延至全日本42个府县。城市民众捣毁米店，并与警察发生冲突，政府出动军队进行镇压，被逮捕者多达2万多人。史称“米骚动”。同年9月，寺内正毅内阁在一片批判声中倒台。

第一次世界大战为日本资本主义经济发展提供了绝好的机会，因为此时欧洲大多数国家均卷入战争，其商品不得不退出亚洲市场，包括欧洲在内的大批军需订货及生活用品需求使日本出口总额得到迅速增加。从数字上看，1914年日本的进出口贸易总额不足12亿日元，而1919年的进出口贸易总额达到43亿日元，其中1915年到1918年的贸易顺差达到14亿日元；黄金储备在1912年时仅为3.5亿日元，到1919年底则超过20亿日元；战前日本负有外债12亿日元，战后一举变成拥有28亿日元的债权国。

战争极大地推动了日本资本主义工业经济的迅速发展，并使其从农业国迅速转为工业国。例如1914年时，农业在各部门生产额中所占比例为45.1%，工业为44.5%（水产业约占5.1%，矿业约占5.1%），而1918年工业上升到56.8%，农业则下降到35.1%（矿业为4.3%，水产业为3.8%）。

在此基础上，资产阶级队伍不断壮大，其力量也逐渐增强。拥有资金10万日元以上、雇工5人以上的资本家在1914年时不到20万人，到1920年则超过了30万人，20年代末进一步增加到40万，远远超过地主阶级的总人数。其中大资本家人数由1914年的2664人增加到1920年的4764人，第一次超过了人地主阶级的4249人。中小资产阶级的发展同样迅速，从1914年的330多万人增加到1925年的410多万人，其中工商业领域的自营者尤为突出。如果以户计算，则从1914年的63.9万户增加到1925年的111.8万户，几乎增加了一倍。经济发展带来的社会结构变化为“大正民主运动”以及政党政治的出现奠定了阶级基础。

1920年股票市场暴跌，棉纱、生丝等价格下降一半；出兵西伯利亚也未得到利益，反而损失许多金钱；股票持有者纷纷抛售；原敬内阁未能出台有效对策，产业界对其不满；政友会所属政治家又不断卷入政治资金丑闻。1921年11月，背叛了平民的“平民首相”原敬被暗杀在东京站前。

1918年9月，众议院第一大党立宪政友会总裁原敬成为首相，组成除陆军大臣、海军大臣、外务大臣外均为立宪政友会成员的政党内阁。原敬本人既无贵族爵位，也不是藩阀政治家，是日本历史上第一位以众议院议员身份出任首相者，因而受到社会舆论的欢迎。他在任内实施了改善教育、振兴实业、完善交通、充实国防、将殖民地长官从武官专任制改为文武官并用制、降低选举权财产资格等改革措施，在国际上也采取了与帝国主义列强协调的政策。

巴黎和会与华盛顿会议

第一次世界大战以德、奥等同盟国投降而结束，1919 年 1 月，在法国巴黎的凡尔赛召开和会，日本派出以西园寺公望为首的大型代表团参加。和会在英、美、法三大国主导下进行，其重点是重建欧洲的国际秩序和瓜分德国在世界各地的殖民地遗产。日本代表团在和会上提出将德国在中国山东省的权益无条件地转让给日本，尽管参加和会的中国代表据理力争，但列强仍然同意了日本的要求。对此，中国国内爆发了激烈的反对浪潮。同年 5 月 4 日，北京以学生为中心举行了大规模的游行示威，反对政府签署和约，抵制日货的活动也蔓延全国，史称“五四运动”。在这种压力下，中国代表没有在《凡尔赛和约》上签字。

与此同时，朝鲜也爆发了反对日本殖民统治的“三一运动”。1910 年日本吞并朝鲜以后，采取军警高压统治，掠夺朝鲜农民的土地，实施同化政策。受俄国十月革命以及第一次世界大战后民族自决潮流的影响，朝鲜人民反对日本殖民统治、要求独立的呼声高涨。1919 年 1 月，韩国皇帝高宗去世，民间传说是中毒身亡，反日气氛骤然高涨。2 月，朝鲜留日学生在东京发表独立宣言。3 月 1 日，汉城市民举行集会，并宣读独立宣言。朝鲜各地纷纷举行要求独立的集会和示威，日本出动军队进行镇压，死亡者高达七千余人。日本政府被迫更换朝鲜总督，并实施文官亦可任总督等缓和军警统治的所谓“文化政治”。

在巴黎和会，根据美国总统威尔逊的提议，设立了以推动国际合作与和平为目的的国际组织——国际联盟，但因参议院的反对，美国没有参加这一国际组织。日本与英国、法国、意大利并列为国际联盟的常任理事国，日本学者新渡户稻造担任该组织的副秘书长。美国为抑制日本在亚洲的扩张，建立美国主导下的新东亚国际秩序，在 1921 年呼吁有关国家召开华盛顿会议。尽管日本政府感到压力，但还是派出以海军大臣加藤友三郎、驻美大使币原喜重郎为首的代表团参加了从 1921 年 11 月 12 日到 1922 年 2 月 6 日在华盛顿召开的国际会议。

经过讨价还价，华盛顿会议最终达成三个国际性条约，即《四国条约》《九国条约》以及《限制海军军备条约》。1921 年 12 月，美国、英国、法国、日本签署《四国条约》，规定缔约国相互尊重各国在太平洋区域的岛屿属地和领土权利，并规定自该条约生效起日英同盟即告终结。

1922 年 2 月，参加会议的美国、英国、法国、意大利、比利时、荷兰、葡萄牙、中国及日本等九国签署《九国条约》，规定尊重中国的主权、独立以及领土和行政完整，给予中国建立和维持有力的、强大的政府以充分和无限的机会，维持各国国民在中国的机会均等主义，不承认损伤国民权利的特权和危害友邦安全的行动等。与此同时，废除日美双方在1917年11月达成的《石井—蓝辛协定》。

在签署《九国条约》之前，美国施加压力，推动中国和日本签署了《中日山东悬案条约及附约》，规定日本将胶州湾租借权归还中国，日本在6个月内从胶济铁路线撤兵，中国以铁路为担保，利用15年时间分期偿还的公债“赎回”胶济铁路等。

1922年2月，美国、英国、日本、法国、意大利等五国签署《限制海军军备条约》，规定五国主力舰总吨位比例为5∶5∶3∶1.67∶1.67，10年内不得建造主力舰、不得在太平洋岛屿建设新的军事设施等。华盛顿会议以及由此形成的华盛顿体制在一定程度上暂时限制了日本的对外侵略扩张，从而加深了日美之间的矛盾。

城市化及其影响

城市化进程

在从1912年到1925年的大正年间，随着工业化、城市化的急剧发展，市民阶层逐渐形成。1903年，日本列岛总人口为4540万，到1925年达到5974万，农业人口从70%下降到50%。1903年，拥有5万以上人口的城市有25个，其人口总数为555万，约占总人口的12%，到1925年增加到71个城市，人口为1213万，约占总人口的20%。

在以东京为首的大城市中，政府部门、公共设施、商贸公司等逐渐采用钢筋混凝土的高层建筑，个人住宅也盛行美国风格的“文化住宅”。城市中煤气及上下水管道普及开来，农村也开始使用电气。1923年9月1日，以东京、横滨为中心发生“关东大地震”，绝大部分建筑物毁于一旦，死亡及下落不明者多达14万人，受害者达340万人。政府以此为契机，重新规划城市建设，数年后东京焕然一新。

联结城市间的铁路线扩展到全日本，大城市郊区也因住宅建设而开设铁路支线。在大车站建有百货商店，便于乘车者购物和就餐。在城市中心地带，交通工具除电车外，公共汽车也开始运营，并出现了出租车及私人轿车。在事业单位就职的工薪人员大量增加，特别是职业女性有所增加，这些属于中间阶层的成员主导着社会时尚，例如人们越来越多地穿戴出行方便的西装、女性发式西方化等。在城市化、市民化的过程中，诸如劳资纠纷、失业救济、交通住宅等社会问题逐渐显露出来。为此，政府在内务省设置社会局、城市计划局等部门，并制定了《职业介绍法》《健康保险法》《租借土地住宅法》等法律。

教育发展

作为大众文化基础的教育及传媒在大正年间也获得迅速发展。1918 年，政府全面改革学校教育体制，制定了《大学令》，许可成立单科大学、公立及私立大学。同时修改《高等中学校令》，允许成立公立、私立高等中学以及兼有初中的七年制高等中学。这些措施推动了中学教育的普及，1900 年时，职业学校以上学校的在校学生仅有 2.5 万人，到 1925 年增加到 13 万人。1920 年，在适龄儿童的小学就学率方面，男女均达到 99%。与此同时，出现了批判政府教育统制措施、主张尊重学生个性与自主等自由教育运动的呼声，同时也出现了成城小学校、自由学园等实践自由教育的学校。

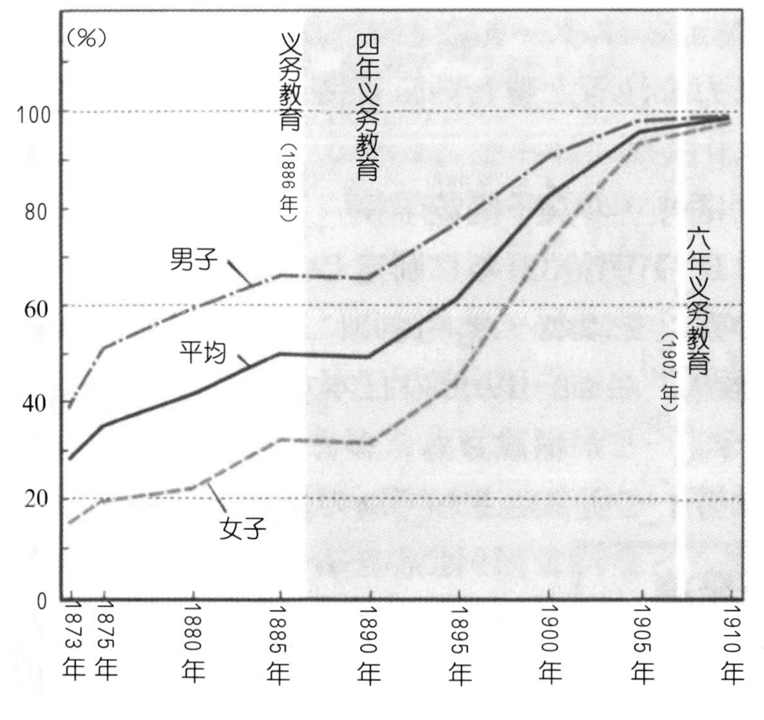

日本人重视教育倒是不假，但教育什么内容却是问题。近代灌输忠君爱国思想，虽然对赶超欧美所需的服从、纪律、贡献、牺牲等意识的形成起到了推动作用，但使受教育者很容易盲从并走向自我毁灭之路。

大众传播媒体

到20世纪20年代，传媒的发展更为迅速。《大阪朝日新闻》《大阪每日新闻》《东京朝日新闻》《东京日日新闻》四大报纸每天的发行量均在百万份上下。这些大型商业化大众报纸在文化普及以及政治民众化方面起到了重要的推动作用，同时在煽动民族主义情绪方面也起到了推波助澜式的巨大影响。在杂志方面，除《中央公论》《改造》《文艺春秋》等综合杂志外，还有月发行量超过百万份的月刊杂志和周刊杂志。1925年，在东京、大阪开始出现无线电广播，第二年成立了日本广播协会。

结　语

美国历史社会学家查尔斯·蒂利曾指出，民族国家这种形式之所以最终胜过所有其他国家组织形式，根本原因在于民族国家能够有效地汲取、动员国家内的各项资源，保证其在国家间的竞争（绝大多数时间是以战争的形式）中不被彻底打败。与民族国家的形成过程同时进行的，是传统国家向现代国家的转型。蒂利发现，传统国家为了应对战争所进行的准备工作，从根本上改变了国家与社会的关系，并进而促使传统国家从封建化的间接统治转向中央集权化的直接统治。一方面，战争促使国家对内的权力扩张，其目的在于扩大国家的资源汲取和动员能力，于是对此更为有效的直接统治成为国家的必然选择；另一方面，国家在汲取社会资源的同时，不可避免地与社会发生着结构性的冲突。与国家的中央集权化相对应，内部社会各个阶层也通过抗议性的集体行动和与统治者的讨价还价，重新缔结社会契约，并由此催生了普选权等现代公民权利的雏形。

蒂利的观点可用来观察近代日本。应该说从幕末开始，尚武好战的武士们始终将对外战争作为自己的目标。他们认为，为应付来自西方发达国家的挑战，必须统一全日本的资源及其动员能力，即从无组织、无纪律的杀伐攻战转化为统一的民族国家行为。甲午战争时期，日本企业家组成报国会，积极筹措军费，妇女们从事慰问工作，与政府对立的议会迅速通过军事预算，原计划募集3000万元的军事公债，实际募集了7700万。各家报纸向战场派遣记者，宗教也随军行动，军歌在民众中广为流行，军队斗志昂扬，国内舆论一致。不仅最终形成了近代民族国家，而且使帝国主义意识为全体国民所接受，自然而然地导向了接连不断的对外侵略行为。

大事记

时间	日本	东北亚
1891年	大津事件	
1894年	中日甲午战争爆发	朝鲜东学党运动
1895年	《马关条约》签订，三国干涉还辽	
1896年	进步党结成	
1897年	颁布新货币法、实行金本位	
1898年	第一个政党内阁隈板内阁成立	戊戌变法，德、俄、英取得中国租界
1900年	出兵北京，伊藤博文组织立宪政友会	清义和团运动
1901年	八幡制铁所开始运营	
1902年	第一次英日同盟缔约	
1904年	日俄战争	
1905年	第二次英日同盟缔约	
1906年	公布《铁道国有法》，建立“满铁”	
1910年	大逆事件，《日韩合并条约》签订	
1911年	第三次英日同盟缔约	中国辛亥革命
1912年	友爱会成立，第一次护宪运动	中华民国成立
1913年	大正政变	
1914年	对德宣战，加入第一次世界大战	
1915年	向中国提出“二十一条”	
1916年	宪政会成立	
1917年	《石井—蓝辛协定》	俄国十月革命
1918年	对西伯利亚出兵宣言，“米骚动”，组成原敬政友会内阁	
1919年	出席巴黎和会，签订《凡尔赛和约》	朝鲜“三一运动”；中国“五四运动”

（续表）

时　间	日　本	东北亚
1921 年	出席华盛顿会议，停止英日联盟	
1922 年	签订《九国条约》，缩减海军；水平社创立，西伯利亚撤军声明	

进一步阅读资料

臧运祜在《〈马关条约〉与近代中日关系》（《湖南师范大学社会科学学报》2018 年第 1 期）一文中认为：尽管中日 1871 年签订的《修好条规》开启了平等国家关系的建构，但《马关条约》结束了此前的平等竞争关系，开启了一系列不平等条约的签订以及不平等关系的构筑，并在民国初年为北京政府所继承。第一次世界大战爆发后日本乘机提出独霸中国的“二十一条”，并逼签《民四条约》。华盛顿会议后被迫归还山东，但没有废除“二十一条”，反而继续通过不同形式予以扩展。十五年战争期间通过一系列“事变”实施其侵华要求，并通过各种条约实现其大陆政策。中国政府在对日宣战后废除所有两国条约，伴随着世界反法西斯战争胜利和日本投降，结束了甲午以来近半个世纪的不平等关系；

王刚与赵正超在《孙中山与“中日盟约”问题新证》（《史林》2018 年第 1 期）一文中指出：“中日盟约”及相关的“盟约案”“小池信”经日本学者藤井昇三披露后，其真伪问题一直有很大争议。该论文以《谢持日记未刊稿》和日本海军省档案中的“王统密报”为主要材料，对若干关键环节进行补证，发现谢持在 1915 年 3 月日记中记录的部分情节与日本外务省档案中所见“盟约案”“小池信”的内容、时间均有相合之处，可推定“盟约案”为真。另外，据“王统密报”所提示的人物关系，“盟约”最初为日本海军省人物起草，藤井披露的 2 月 5 日版本是否为真及其与“盟约案”的确切关系尚存疑问。外务省在 3 月 14 日表达过“若有意、若无意”的态度，但最终未签约，更未提供过援助。因此，这一时期流传的孙中山因密约而得巨款的消息是不实之词；

徐志民在《放任自流与优待主义：日本对民国初期留日学生的政策（1912—1917）》（《民国档案》2019 年第 2 期）一文中指出：民国初期，中国从帝制走向共和，日本从明治时代走向大正民主运动时期。在这个转折时代，日本既继承和沿用对清末留日学生的积极接受、消极教育和利己管理政策，又不得不面对该政策日益明显的负面效应，最典型的是“留日者反日”，这与其培养留日学生“亲日倾向”和借此扩大日本在华势力的目的背道而驰。日本政府内部逐渐出现了改变对中国留日学生放任自流的“不干涉主义”，转而采取“优待主义”的建议。虽在当时未能落实，但毕竟是此后“改善”留日学生政策的量变积累，反映了任何事物的发展变化都离不开其所依存的时代环境；

陈伟在《原敬内阁的“满蒙”政策》（《安徽史学》2019 年第 3 期）一文中论述道：原敬内阁顺应国际局势演变，以新四国借款团与“满蒙除外”问题、珲春事件与善后处置、与奉系军阀张作霖的关系为背景确立“满蒙”政策。即在重申坚持日本在“满蒙”之特殊地位及权益的同时，明确提出“满蒙”政策之根本为扩张日本之势力。这种势力之扩张只有通过援助代理人——张作霖才可以实现，于是制定了对张作霖态度之决议。原敬内阁虽然对“满蒙”政策有所调整，但在扩大日本在“满蒙”权益方面并未有任何实质性改变。对于原敬内阁来说，“满蒙”始终是日本“实施稳定占有其地位”之地域；

邱帆在《日本政府对“天津外交”的认识与运用》（《史林》2019 年第 3 期）一文中论述道：明治初期日本政府趋向于通过总理衙门解决外交问题，在历经琉球案交涉失败的教训后，日本政府意识到李鸿章在对日外交中的地位，接受以李鸿章为主体的“天津外交”，进而巧妙地运用它来为日本谋取利益。“天津外交”的核心是“和戎”，从主观动机来说，李鸿章的和戎思想是着眼于国家和民族利益，因而具有一定的合理性。但从客观上来说，它虽为清朝解决了许多外交问题，却带来泄露国家军事机密等负面结果；

刘文明在《“文明”话语与甲午战争——以美日报刊舆论为中心的考察》（《历史研究》2019 年第 3 期）一文中写道：甲午战争发生在 19 世纪末西方“文明”话语盛行之时，以“文明”与“野蛮”二元划分为基础的文明观，将中国和日本列为“半文明”国家。日本以其“文明开化”而自诩为“文明”国家，宣称甲午战争是“文明”对“野蛮”的战争，并通过操纵“文明”话语而影响西方舆论。清朝被贴上“野蛮”标签，丧失了对日战争的正义性，遭受屈辱而未能得到美国舆论的同情。日本则因声称战争目的为推进“文明”而符合并顺应了当时西方的“文明使命”，虽制造了旅顺大屠杀并最终通过《马关条约》损害中国主权，反而得到美国舆论的支持；

姜春洁在《三菱海运的崛起与近代日本的海外扩张及海权意识》（《社会科学》2019 年第 8 期）一文中写道：日本在近代化过程中萌生的海权意识是历史发展到特定阶段的产物。明治政府为转移国内政治危机而决意出兵台湾，但汽船匮乏给军需输送带来的羁绊与三菱会社的积极参与，让政府认识到“民办”海运公司的发展潜力及其对国家的强烈依附欲。日本此后走上对外侵略扩张之路，明治初期海运公司与政府的“邂逅”以及此后的“互动”是不可忽视的因素。结果，国家对海权的追求成就了公司的海运事业，而公司的海运垄断又促使国家不得不采取措施对其加以管控。“公司发展海运”和“国家发展海权”由此成为密不可分的利益共同体，彼此间交织形成的这种既相互利用又相互角力的双重关系，其实质是政府与公司这对陷入各自利益和权力逻辑怪圈的对手共同推动对外侵略扩张的互利共生关系。

第七章

变革与战争

近代日本军事制度最重要的特征是统帅权（指挥权）独立。其原因是明治元老们为保障军队不受政府的制约，特意在1878年将参谋本部从陆军省独立出来，军队的指挥权名义上直属天皇。海军也照葫芦画瓢，在1893年将军令部从海军省独立出来，参谋本部与军令部形成专门的“军部”。决定军队装备、兵员数额的军政归陆军省与海军省，调动军队、指挥作战的军令归参谋本部与军令部。但无论在陆军省，还是在海军省，最重要的部门是策划及制定军队政策的军务局。因而有人认为，所谓军部是指军事体制的核心部门，即陆军是参谋本部作战部及陆军省军务局，海军是军令部作战部及海军省军务局。无论如何，在明治宪法体制下，天皇拥有所有统治大权和军队的统帅权，陆军省与海军省掌握统治权中的行政权，参谋本部与军令部掌握统帅权，两者的分离为“军部”能够“暴走”奠定了基础。海军好一些，海军大臣可以对军令部下达命令，因而省、部较为合作。但陆军省与参谋本部为对等部门，两者经常发生对立，帝国参谋们擅自行动，陆军省只好跟上，政府也被劫持，战争也就不断地扩大化了。

各种社会运动

工农运动

随着工人人数的急速增加，工人运动再次活跃起来。尽管第一次世界大战刺激了日本经济的高速增长，但通货膨胀带来的物价上升导致工人的生活环境难以改善，俄国“十月革命”和国内“米骚动”也推动了工人运动的高涨。1917 年发生了 398 次工人斗争，1919 年增加到 2388 次，参加人数高达 34 万人。特别是在八幡制铁所、神户三菱造船所、川崎造船所等大企业，均爆发了大规模罢工活动。与此同时，工会组织增加迅速。1914 年共有 49 个工会组织，到 1919 年增加到 187 个。1912 年，铃木文治等人组成“友爱会”，初期采取劳资协调的方针，但在 1919 年改称“大日本劳动同盟友爱会”后，提出确立八小时工作制、禁止雇佣童工、实施普选等要求。1921 年改称“日本劳动总同盟”后，明确提出阶级斗争的主张。1920 年，日本工人举行了历史上首次“五一节”示威游行。

在工人运动活跃的基础上，社会主义运动再次兴起。最初以大杉荣为代表的无政府工团主义影响较大。他们主张采取直接行动，鼓吹罢工万能论，轻视政治斗争，反对各种形式的政府。俄国“十月革命”后，马克思列宁主义开始在日本迅速传播，因而社会主义的影响逐渐扩大。1920 年，“日本社会主义同盟”成立，但由于内部成分较为复杂，该同盟在 1921 年解散，并分化为无政府主义、改良主义和共产主义三个派别，相互之间展开激烈的争论。

1922 年 1 月，片山潜等人参加了在莫斯科举行的“远东民族大会”，并得到列宁等第三国际领导人的会见和指示。同年 7 月，以片山潜、堺利彦、山川均为中心，秘密组建日本共产党，提出了废除君主制、没收大地主土地并将其国有化、实现八小时工作制、确立无产阶级专政等主张。在非法状态下，日本共产党积极开展活动，出版发行机关杂志《赤旗》和报纸《劳动新闻》，同时领导工人进行各种斗争。1923 年关东大地震时，社会主义者和朝鲜人计划暴动的谣言流行，不仅数千朝鲜人、中国人被杀，而且政府乘机镇压社会主义者，大杉荣等工人活动家被杀害。面对严峻的现实，日本共产党内部产生对立，在 1924 年做出解散共产党的决议。

20 世纪 20 年代上半期，农民运动也活跃起来，其主要表现为佃农斗争。1917 年，佃农斗争发生了 83 次，1921 年达到 1680 次。广大佃农不仅各自要求地主减轻地租，而且联合起来组成“佃农协会”共同斗争，从而发展成要求减轻地租、确立耕种权的农民运动。1919 年有 298 个佃农协会，到 1921 年增加到 732 个。1922 年 4 月，在贺川丰彦等人的积极推动下联合组成“日本农民协会”，起到领导农民运动的作用。在其压力下，政府在 1924 年制定《佃农争议调解法》，规定法院对地主佃农间的纠纷给予调解。

女性争取解放

随着更多的女性走向社会，要求扩大女性权利、改变女性从属地位的妇女运动也开展起来。1911 年，以平塚雷鸟等人为中心组成争取妇女解放的“青踏社”，同时发行机关杂志《青踏》。在其创刊号上，平塚写道：“原始社会女性是太阳，是真正的人，现在女性是月亮，必须恢复太阳的面目。”其呼吁女性觉醒的姿态引起较大社会反响，其杂志发行量很快从 1000 份增加到 3000 份。

1920 年，平塚雷鸟、市川房枝等人组成“新妇女协会”，从事妇女参政运动。在其活动的压力下，1922 年，政府修改禁止女性参加政治活动的治安警察法第五条，允许女性参加政治演说会。1924 年，“新妇女协会”发展成“争取妇女参政权期成同盟”，明确推动妇女参政运动的发展。另外，山川菊荣、伊藤野枝等人在 1921 年组成“赤澜会”，站在社会主义的立场上开展妇女运动。伊藤野枝在“关东大地震”时与大杉荣一道被军警杀害。

部落民运动

尽管明治初年政府废除“秽多”“非人”等贱民称呼，将他们与过去的农、工、商统称为平民，但他们聚居在特殊部落中，生活条件十分恶劣，被称为“部落民”，在就业、生活及婚姻等方面受到严重歧视。1919 年，全日本共有 5000 多个特殊部落，近 88 万人。部落民中的农民交纳特别高的地租，其他部落民也只能从事制革、建筑、清道夫、搬运工、人力车夫等行业，绝大多数部落民没有政治权利。

第一次世界大战后，在工农运动不断高涨的影响下，争取政治经济权利的“部落解放运动”也开始兴起。1919 年，部落民工人较多的皮革业、制鞋业、竹木制品业经常爆发罢工活动，从事农业的部落民也掀起要求减轻地租的斗争，同时各地陆续出现部落民解放组织。1922 年 3 月，各地部落民代表 2000 人在京都举行集会，成立“全国水平社”，作为统一的部落民解放组织。该组织的纲领包括争取部落民的彻底解放、争取彻底的经济与职业自由、实现人类最高目标等，机关杂志为《水平》。

大正民主运动的各主要形式。

尽管存在以上不同形式的运动，但社会各个阶层有一个共同的目标，即争取没有财产资格限制的选举权，也就是“普选运动”。自从开设帝国议会以来，选举权的财产资格也不断降低。1900 年，选举权的纳税额限制降到 10 日元，具有选举权者从 45 万人增加到 98 万人，占总人口的 2.2%。第一次世界大战后日本社会中的民主主义风潮再次兴起，以市民为中心争取普选的运动随之高涨，因而 1919 年选举权的纳税额限制进一步降到 3 日元，具有选举权者增加到 307 万人，占总人口的 5.5%。尽管宪政党、立宪国民党等在野党均在自己的纲领中写有争取实现普选的主张，并不断在议会中提出普选法案，但因执政的立宪政友会在议会中的席位超过半数，普选法案屡遭否决。

各种政治思想

民主主义

随着资产阶级在经济领域主宰地位的形成及其力量的逐渐壮大，他们提出进行政治改革，抑制明治维新以来一直把持政权的藩阀政治以及积极干预政权的军部势力，增加自己在政治上的发言权。美浓部达吉的“天皇机关说”及吉野作造的“民本主义”典型地代表了他们的意愿。

美浓部达吉是宪法学者、东京帝国大学教授。1912 年，美浓部达吉出版《宪法讲话》一书，提出“天皇机关说”。即利用“国家法人”理论解释明治宪法，认为日本的统治权属于国家这一“法人”，而天皇只是作为国家的最高机关行使统治权。美浓部达吉明确指出：“天皇大权非属于天皇个人之私权，乃天皇作为国家元首而行使之权能”，而且其权力的行使须依据内阁的意见，内阁则须对议会负责，议会是直接以宪法为依据的国民代表机关。

同为东京帝国大学法学部教授的吉野作造从 1916 年开始提倡“民本主义”，即“主张近代政治的理想在于保证最高、最完善的政治价值的最大限度的实现。因为其中最显著的特征在于重视民众的意向”；“所谓民本主义，就是对主权在法律理论上属于何人姑且不论，只主张当行使主权时，主权者必须尊重一般民众的福利与愿望，以此为方针的主义，就是民本主义”。

吉野认为，所谓“宪政”是指立宪政治或宪法政治，即“在宪法之下行使政治”，“依据宪法运行政治”，因而必须有一部国家根本性大法——宪法。宪法的存在与否是区别立宪政治与其他政治的标准。除“宪法被赋予比通常法律更高效力”之外，宪法还必须包括保障人民权利、实行三权分立、开设民选议会等内容。但宪政能否正常运行，其一取决于制度及其运用问题，其二取决于一般国民的智德问题。宪政是建立在国民智德相当发达基础上的政治组织。如果国民智德的发达程度还很低，只能依靠“少数贤人”进行所谓的专制政治或贵族政治，那么，为完成“最终完美之形态”，还需国民做出相当大的努力和奋斗。

吉野作造还认为，使代议政治付诸实际行动的只有政党，而且为使政党真正地担负起责任，就必须做到：第一，彻底地纯洁选举道德，并实现思想、言论自由和普选；第二，实现基于责任内阁主义而建立的政党内阁；第三，抑制限制下院和政党内阁活动的上院和元老的种种超法律权力，尽可能减少枢密院、贵族院、军部等非立宪主义势力的政治介入，使之局限在最小限度内等。

小日本主义

在对外政策方面，出现了以石桥湛山为代表的“小日本主义”，即反对领土扩张、主张产业贸易立国。石桥湛山长期任职于《东洋经济新报》，并从20年代起担任该报主编。第一次世界大战爆发前后，石桥湛山发表了一系列反对向外派兵的文章。在日本参战并出兵山东后，石桥连续发表了《决不可占领青岛》和《再论不可占领青岛》两篇文章，明确提出“我们一贯认为不应当向亚洲大陆扩张领土，而且应当尽快放弃满洲。至于现在又在中国山东的一隅取得领土，更是害上加害、险上加险，必须断然加以反对”。

当得知日本政府向中国袁世凯政府提出“二十一条”要求时，石桥湛山连续发表了《日中亲善之法如何》及《日中新约的价值如何》两篇文章，指出日本政府对中国以武力相威胁、提出“二十一条”要求的做法是错误的。同时，石桥湛山进一步指出日本帝国主义吞并中国的野心是不能实现的梦想，“如果认识到侵略中国的失策，终究必须建立亲善关系的话，那就应当明确地抛弃帝国主义”；“此项条约的签订，即便对我国国民来说，也是一个重大损失。因为邻邦中国的迅速富强，将成为促进我国富强的原动力。然而这次签订的新条约，把这股原动力切断了，即阻塞了我国奔向富强之路。因此，我们认为此次的日中谈判，是一次根本性的大失败”。

石桥湛山在1921年发表了一篇名为《大日本主义的幻想》的文章，从日本人口分布的具体状况，驳斥了日本军国主义者用强制手段向国外移民，试图解决人口问题的侵略扩张理论，并指出以侵略扩张为内容的大日本主义，既无价值，也行不通。时代不同了，被侵略的中国和朝鲜人民已发起民族解放运动，而这些运动绝不是警察、军队的干涉和压迫可以解决的。但是，这种“小日本主义”在当时并没有得到多数知识分子和国民的认同。

法西斯主义

与此同时，日本也出现了对内实施军事统治、对外侵略扩张的法西斯主义政治思想，以北一辉为代表。北一辉早年曾介入中国革命，写有《中国革命外史》等著作。他的《国家改造案原理大纲》（1923年出版时改为《日本改造法案大纲》）于1919年在上海写成，是其主要政治理论著作，也是日本法西斯思想与理论的代表作。当时他面对“五四运动”爆发后的中国新革命形势以及凡尔赛和会后新的国际秩序，寝食难安，深感“大日本帝国面临着内忧外患交相并至的未曾有过的国难”，并认为中国五四运动的参加者焚烧日本天皇画像是无法忍受的“奇耻大辱”，因此，必须对日本进行国家改造。

在内政方面，《日本改造法案大纲》宣布“天皇是国民的总代表，是国家的台柱”，并提出依靠“天皇大权之发动”，重新组织政权机构。具体措施是以天皇任命的顾问院代替枢密院，在全国范围内选举“伟器”，组成“改造内阁”以代替现行的内阁，以绝对拥护“国家改造根本方针”的“改造议会”代替现行议会。为进行社会改造，“三年间停止宪法，解散两院，在全国颁布戒严令”，实行军事管制，这是“完成革命的唯一途径”。在经济方面，北一辉提出限制私人资本，规定日本国民每家所有不得超过100万日元、所有土地不得超过时价10万日元、私人企业资本不得超过1000万日元的“经济三原则”，超过的部分由国家“统一经营”；北一辉特别强调下层军官的作用，他指责上层将校“冷血利己”，因而把在乡军人团视为国家改造的中坚力量，主张通过在乡军人的选举产生一些常设机构，直属内阁，担负维持国家改造秩序、调查各地财产状况等任务。在对外方面，北一辉认为日本应占领整个中国东北地区，保证“朝鲜及日本海能有泰山之安”。继而提出了建立“大日本黄人罗马帝国”的一整套扩张理论，其领土范围包括所谓的“北露南濠”，即从俄国远东西伯利亚到南半球澳大利亚之间的广大地区。

除北一辉外，鼓吹对外殖民扩张理论的还有大川周明、近卫文麿等人。大川周明早年在日本“满铁”任职，1920年起在拓殖大学任兼职教授，讲授殖民史课程，为日本的海外殖民活动总结经验教训。大川主张“旧欧洲必须进行革命，被压迫的亚洲必须复兴”，但他解释其殖民解放的涵义是，实行幕府时代佐藤信渊“合并支那”的主张，因为“合并是使支那和日本置于同样的政治体制之下，依靠‘谨奉皇天之神意，使衣食丰足而安黎民’的办法来实行万世人君模范的尧舜之道”。大川还是所谓“大东亚共荣圈”最积极的鼓吹者，他认为日本的战略是：“把日本、满洲、中国共同化的广阔经济圈加以巩固，以此为基础而实现从东南亚开始到印度、中亚的解放。”大川还强调，建立反对西方的“大东亚共荣圈”，必须以日本人掌握领导权为前提，这一领导权“可以说是为了东亚新秩序的确立和发展极其自然而必要的事情。不能为了缓和第三国的嫉视，或者为了顾虑东亚各民族的感情而表现出过分谦让”。

近卫文麿出生在东京一个显赫的贵族家庭，其父近卫笃麿公爵曾任教育皇族及贵族子弟的学习院院长和贵族院院长。近卫文麿13岁时因父亲去世而继承公爵身份，从京都帝国大学毕业后进内务省工作，1918年，近卫发表题为《排除英美本位的和平主义》的文章。近卫在文中明确指出，英、美在确保自己生存所必需的资本、资源、市场的基础上，通过封闭殖民地以及限制移民等政策，阻碍其他国家的发展，这是依靠财富的侵略与征服，是一种经济帝国主义。因此，英、美提倡的以维持现状为前提的和平主义，是一种利己主义的表现。“英美一跃成为世界经济的霸主，如同国际联盟提倡限制军备那样，完全是按照自己的愿望，在维持现状的幌子下支配世界。其余各国无论如何努力，即使被收缴武器亦无表达反感愤怒情绪之处，只好如同温顺羊群那样，乖乖追随英美之后。”近卫认为，日本不应盲从英美的和平主义，应提出开放殖民地、废除人种差别等要求。参加巴黎和会的经历使近卫文麿进一步认识到，在国际政治中，不是正义，而是力量起决定性的作用，这加深了近卫重新瓜分世界、确立国际新秩序的意识。他在《战后欧美见闻录》一文中写道："面积狭小，人口过多的我国，向外膨胀诚为自然之势，我国民应堂堂正正地为自己的生存要求发展之地。”

1920 年，大川周明专程到上海邀请北一辉回日本，参加大川在 1919 年创办的法西斯团体“犹存社”，合力进行“国家改造运动”。各种民间法西斯团体也在他们的影响下纷纷成立，并将《日本改造法案大纲》奉为经典。与此同时，军队内部也出现了“王师会”“双叶会”“一夕会”等法西斯团体，但当时的法西斯主义以及对外扩张思想对社会整体的影响并不大。因为在国际裁军风潮和国内“大正民主运动”的推动下，政党政治在 20 年代获得发展，从而对军部势力形成较大的压力，在社会上甚至出现了甚为普遍的“蔑视军人”“军人社会地位下降”的倾向。

政党政治

普选法案

1921 年 11 月，原敬首相被右翼分子暗杀身亡，立宪政友会的高桥是清继任首相，但因内部矛盾在 1922 年 6 月辞职。在加藤友三郎内阁之后，1923 年 9 月组成了第二届山本权兵卫内阁。虽然山本内阁全力进行关东大地震后的救援活动和复兴计划，但在 1923 年 12 月因出现无政府主义者刺杀摄政——皇太子裕仁事件而辞职。1924 年 1 月，清浦奎吾组成内阁。由于连续三届内阁均为非政党内阁，众议院中的立宪政友会、宪政会、革新俱乐部等三个政党结成“护宪三派”，并在社会舆论的支持下，提出“确立政党内阁”“打倒清浦内阁”“改革贵族院”“改革行政”等主张。史称“第二次护宪运动”。

尽管立宪政友会中支持清浦内阁的成员脱党后组成政友本党，但在 1924 年 5 月举行的众议院议员选举中，“护宪三派”获得压倒性胜利，结果宪政会总裁加藤高明组成“护宪三派”内阁。由议会最大党派出任政府首相的政党政治一直延续到 1932 年 5 月犬养毅政友会内阁倒台为止。

加藤内阁修改文官任用制，恢复各省政务次官和参议官制，由政党出身的人担任，同时对贵族院进行改革，增加选举议员的人数。为健全政府财政，加藤内阁裁减四个师团，但增加航空部队和坦克部队，并在学校中配备军官，实施军事训练。由于裁军，军费在财政支出中的比例从 1921 年的 49% 减少到 1926 年的 27%。在外务大臣币原喜重郎的主导下，实施“协调外交”。1925 年 1 月，日本与苏联签订《日苏基本条约》，两国建立邦交关系。

1925 年 3 月，国会两院通过《普通选举法案》，废除选举权的财产资格限制，规定年满 25 岁的男性臣民均有选举权。选民人数增加到 1241 万，约占总人口的 20.8%，但女性仍然没有选举权和被选举权。与此同时，为防止苏联影响下的社会主义运动激化，国会两院还通过了《维持治安法》，对那些参加“变革国体”或

1923 年 9 月 1 日，以东京、横滨为中心的关东地区发生 7.9 级大地震，死亡、失踪者超过 10 万人，受灾者达 340 余万人，极度混乱中“朝鲜人暴动”的流言满天飞，致使数千名朝鲜人、中国人遭虐杀。

“否认私有财产制”运动者给予严厉的惩罚。

尽管第一次世界大战使日本经济获得繁荣，但大战结束后，国内市场狭窄、以出口为动力的经济随即出现危机。从 1919 年开始，国际贸易呈现赤字，导致 1920 年股票价格急剧下降，棉纺织业、制丝业产量过剩，被迫缩短生产时间，史称“战后危机”。1923 年的“关东大地震”使经济雪上加霜，为促进银行资金流通，政府进行特别融资，向那些不能偿还票据的银行提供 4 亿多日元的补贴，但仍有 2 亿多日元的缺额。

加藤高明首相在 1926 年去世，宪政会再次组成若槻礼次郎内阁。若槻内阁准备继续向银行提供援助，但遭到政友会等在野党的反对。多家银行因不良债权过多而出现经营恶化的迹象，1927 年 3 月，银行倒闭的传言在社会上流行，引发客户挤兑风潮，结果导致在一个月的时间内有 37 家银行处于停业或倒闭状态，其中包括台湾银行及第 15 银行等大金融机构，史称“金融危机”。若槻内阁准备颁布挽救台湾银行的“紧急敕令”，但遭到枢密院的反对，被迫集体辞职。

出兵山东

1927 年 4 月，原陆军大将、政友会总裁田中义一上台组阁。田中内阁一方面颁布《缓期支付令》，指示所有的银行停业三周。另一方面，日本银行提供 20 亿日元贷款给台湾银行等大金融机构，以助其渡过难关。金融危机的直接结果是大大推动了日本产业、金融的集中程度，通过企业兼并和联合，在产业界形成三井、三菱、安田、住友四大“财阀”，即康采恩垄断组织，在金融界形成三井、三菱、住友、安田、第一银行五大垄断性银行。巨大金融资本与巨大产业资本的结合，使少数“财阀”控制了整个经济界。同时，它们通过提供政治资金的方式控制了政界，例如三井“财阀”与政友会、三菱“财阀”与宪政会的相互勾结等。另外，金融危机推动了日本大型纺织企业在海外的投资，特别是在中国的建厂投资。

经济与社会的动荡以及《普通选举法案》的通过再次引起工人运动的高涨。尽管“日本劳动总同盟”因内部矛盾在 1925 年发生分裂，激进派另组成“日本劳动组合评议会”，但代表工人农民的“无产政党”陆续出现。同年，“农民劳动党”成立，虽然很快因禁止结社受到处分，但第二年组成“劳动农民党”，随之又分裂为“劳动农民党”“日本劳农党”“社会民众党”。1926 年，日本共产党再次建立，并在 1927 年通过了《关于日本问题的纲领》，指出日本国家权力掌握在资本家和地主联盟手中，日本的革命是迅速向社会主义革命发展的资产阶级革命，革命动力是无产阶级、农民和城市小资产阶级，工农联盟是基础。该纲领也提出了停止干涉中国革命、拥护苏联、废除君主制等行动口号。

1928 年 2 月，首次举行由全部成年男子参加的众议院议员选举，结果有 8 名“无产政党”推荐的候选人当选。对此感到威胁的田中义一内阁，在同年 3 月 15 日出动大批军警对日本共产党活动家及其同情者进行搜捕，致使 1500 多人被捕，483 人被起诉。史称“三一五事件”。同年 4 月，田中内阁又下令解散日本共产党领导下的日本劳动组合评议会、劳农党和全日本无产青年同盟等团体。1929 年 4 月 16 日，田中内阁再次出动大批军警搜捕日本共产党员及其同情者，被捕及被起诉者多达 990 人，史称“四一六事件”。两次镇压行动不仅使日本共产党遭到毁灭性打击，而且工人组织及农民组织的发展也受到极大阻碍。

尽管日本政府在 1927 年签署了日内瓦《非战条约》，而且也没有大规模干预已到达长江流域的中国国民革命军“北伐”行动，但当国民革命军继续推进“北伐”时，田中义一内阁以保护日本居民为借口出兵山东。1927 年 5 月，日本军部前后调动四千余名驻扎在中国东北地区的军队——关东军——在山东青岛登陆，并进据省会济南。后因蒋介石镇压共产党，推迟“北伐”，且因中国人民的强烈反对以及国际舆论的压力，日本被迫撤军。同年 6 月，田中内阁召集外交、军部首脑参加的“东方会议”，决定利用所有手段维护日本在中国东北地区的权益，进而占领该地区。

1928 年 4 月，中国国民政府再次发动“北伐”，日本第二次出兵山东，在济南与中国军队发生冲突，并制造了大量屠杀当地军民的“济南惨案”。5 月，日本再次增派军队进占济南，是为第三次出兵山东。“北伐”军绕道山东进攻奉系军阀张作霖，由于张作霖没有满足日本的要求，因而在其败退东北时，在沈阳皇姑屯车站附近被关东军参谋河本大作等人埋设的炸药炸死。张作霖之子张学良宣布东北地区服从国民政府，使田中内阁分裂中国的阴谋破产。

日本出兵山东遭到中国人民的强烈抗议，抵制日货运动遍及中国各地，而且国际社会也反对日本占领山东，田中内阁被迫在 1929 年 5 月从山东撤兵。在日本国内，围绕张作霖被炸死事件，在野党追究田中内阁的责任，其前后不一致的言行也受到天皇的斥责，田中内阁在同年 7 月被迫总辞职。

经济危机

其后上台的民政党滨口雄幸内阁再次起用币原喜重郎任外相，推行“协调外交”。在1930年的伦敦海军裁军会议上，滨口内阁不顾海军的反对，与美国、英国缔结了裁军条约，将日本海军实力控制在美国海军的70%的水平上。但此举受到在野党及右翼团体的强烈抗议，他们攻击滨口内阁侵犯了“统帅权独立”原则，滨口首相因此遭到右翼团体成员的暗杀。同年，日本与中国签订《关税协定》，承认中国的关税自主权。

滨口内阁为挽救第一次世界大战后始终处在慢性萧条状态的日本经济，采取了产业合理化、整顿税制、改善金融关系、减少财政开支、恢复金本位制等紧缩财政政策。但这些政策刚刚启动不久，1929年10月24日，纽约股票价格猛跌，由此开始的经济大危机迅速席卷美国，然后扩及全世界，时间长达四年。持续萧条的日本经济在世界经济大危机的影响下，遭到更加严重的打击。紧缩财政使社会需求更加减少，产业合理化使失业队伍更加庞大，恢复金本位制后汇率上升，使危机时期已经出现暴跌的物价进一步降低。

在经济危机的打击下，中小企业因无法维持生产纷纷倒闭，结果进一步推动了失业工人的增加。到1930年中期，破产的企业达到830家，减资企业311家，破产和减产的资本总额达到5.82亿万日元。据官方统计，1931年失业工人为31万余人，到1932年增加到近49万人，连同半失业者，共达300万人，很多人挣扎在饥饿线上。

尽管1930年日本农业空前大丰收，但在全国范围内却出现了“丰收饥馑”的怪现象。当时农业经济的两大支柱——生丝和大米的价格都暴跌到生产费用以下，1931年的农民所得不足1926年的一半；工矿业生产比1926年下降了25%，而失业者最多时则增加了70%；1931年与危机前的1929年相比，国民生产总值减少了18%，出口减少47%，个人消费支出减少17%，设备投资减少31%，民营工厂工人减少18%，工人实际工资下降13%；制造业纯利润从1929年上半年的5%下降到1930年的1%；股票价格指数从1926年6月的90.5下降到1930年10月的44.6；1931年的农林水产业纯生产额下降到1929年的57%。

1931年的日本对外贸易总额与1929年相比，减少了45%，其贸易的减退率超过以往最严重的1921年，其中日美贸易下降最为严重。仅在1929年到1930年间，日本对美国的出口就减少了40%以上，而且由于美国在1930年将日本进口商品关税提高了23%，结果使美国进口日本商品的数量急剧下降。1930年美国进口日本商品总额近28亿美元，1931年下降到2亿多，1932年下降到1.34亿，1933年进一步降到1.28亿美元。

在日美贸易中受冲击最大的商品是生丝。1934年，生丝在日本出口总额中所占比例从危机前的42%下降到18%，导致生丝价格暴跌。1929年9月，每60公斤生丝的价格为1330日元，到1930年10月便下降到540日元。生丝需求量的锐减以及丝价的暴跌又引起原料茧价格的暴跌，1932年蚕茧的价格还不到1929年的三分之一。1931年的蚕茧总产值仅相当于1929年的42%，使占全国农户40%的养蚕农户生计出现严重困难。1929年，全日本农家负债总额约46亿日元，1932年增加到55亿日元，相当于农产品生产总额的2.7倍到3.25倍，差不多每户农家平均负债达900日元左右，而正常年景每户农家的结余也不过200日元左右。

广大农民迫于生计，只好逃荒或卖儿卖女。据山形县一个村庄的统计，在467名15—24岁的青年妇女中，有110名被卖出，有150名外出当女佣或女招待。危机时期，青年妇女的价格十分低廉，平均身价只有50日元到100日元，在青森地区只值9日元。军队中来自农村的下级士官生们，面对城市达官贵人灯红酒绿、荒淫无耻的生活，想起自己家乡的悲惨情景，很容易被法西斯势力“反权门”“反资本”“救济农村”的口号所吸引，因而积极要求实施“改造”乃至“革命”的“昭和维新”。

中日战争

侵占中国东北

1931年4月，因滨口雄幸首相受伤辞职，民政党组成第二届若槻礼次郎内阁，继续担任外相的币原喜重郎围绕“满蒙问题”与中国政府谈判。主张以军事手段占领中国东北地区的关东军以及陆军部攻击币原的协调外交为“软弱外交”，同时利用当时日本军事情报人员被中国军队处死的“中村事件”以及中国农民与朝鲜农民发生冲突的“万宝山事件”煽动民族扩张主义情绪。

1931年9月18日，在关东军参谋板垣征四郎、石原莞尔等人的策划下，日本军队炸毁了沈阳郊区柳条湖的一段铁路，诬称中国军队所为。关东军以此为借口，展开大规模的军事行动，很快占领了沈阳、长春等位于中国东北地区南部的主要城市，驻扎在朝鲜的日本军队也擅自越过边境支援关东军。尽管若槻内阁发表了“不扩大方针”声明，但关东军继续扩大军事行动，到1932年2月，占领了整个中国东北地区。

因为未能阻止军事行为的扩大，若槻内阁被迫在1931年12月总辞职，其后政友会总裁犬养毅组成新内阁。为转移国际舆论的注意力，1932年1月，军部唆使日本僧人和浪人在上海闹事，随即借口保护侨民于28日派兵进攻上海。由于中国军队的顽强抵抗，不断增兵的日本军队没能占领上海，被迫暂时停战。3月，在关东军的操纵下，日本宣布在中国东北地区建立"满洲国"，清朝最后一位皇帝溥仪任执政。5月，日本从上海撤兵。

在日本国内，民间和军部的法西斯团体也不断制造暴力恐怖事件，推动国家政权的法西斯化。1931年10月，军部少壮派军人计划发动军事政变，袭击首相官邸，推翻政府，建立军事独裁政权。尽管其计划因内部意见分歧未能执行，但迫使若槻内阁总辞职。民间法西斯团体"血盟团"制订"一人杀一人"的计划，暗杀政界、经济界首脑。该团体首先在1932年2月杀死原大藏大臣井上准之助，接着在同年3月杀死了三井"财阀"首脑团琢磨。

1932年5月15月，海军少壮派军人伙同民间法西斯团体在东京发动军事政变，袭击首相官邸，杀死首相犬养毅，同时袭击了警视厅、政友会总部、日本银行、东京郊区变电站等机构，但没有达到建立军事独裁政权的目的，史称"五一五事件"。陆军强烈反对政党组织内阁，因而组成了以海军大将斋藤实为首相的新内阁，长达8年的政党政治寿终正寝。

日本武力侵占中国东北地区后，中国政府强烈抗议日本的侵略行为，并向国际联盟提出诉讼，美国也发表了不承认日本利用武力扩大在华权益的声明。国际联盟派出李顿调查团到中国东北地区调查事实真相，该调查团在1932年10月发表了"李顿调查因报告书"，否认日本的主张——即"满洲国"是自发的民族独立运动的结果，承认中国对该地区拥有主权，劝告外国军队撤出该地区。但斋藤内阁在"李顿调查因报告书"发表前一个月，就与"满洲国"签订了《日满议定书》，承认其"独立"地位。

1933年1月，驻扎在山海关附近的日本军队挑起事端，向中国军队发动突然袭击，屠杀中国军民三千余人，并占领山海关。同年2月，日本军队兵分三路向热河进攻，不仅占领热河全省，而且侵占了冀东地区。与此同时，国际联盟以42票赞成、仅日本1票反对的投票结果通过了承认中国对东北地区的主权和劝说日本从该地区撤军的决议案。在国内狂热的民族主义情绪推动下，同年3月，日本宣布退出国际联盟。

1933 年 5 月，蒋介石政权与日本签订《塘沽停战协定》，日本暂时停止其军事行动，致力“满洲国”的建设。1934 年 3 月，“满洲国”实施帝制，溥仪成为“皇帝”。但日本在该地区驻有大量军队，日本官员掌握军事、行政大权，交通设施也由日本人经营，“满洲国”完全是傀儡国。为镇压中国人民的反抗，日本军队制造了众多惨案，屠杀了大量中国军民。日本政府同时动员国内居民迁移“满洲国”，即所谓的“满蒙开拓团”，霸占中国人的土地，疯狂掠夺战略物资。另外，不少朝鲜半岛的居民也被迁移到该地区。

政权法西斯化

经济危机爆发以后，日本政府恢复禁止黄金出口制度，停止货币兑换，通过日元贬值的方式促进出口。另一方面，在 1931 年颁布《重要产业统制法》，协调各种产业内部的行为及限制价格，同时发行赤字国债，以扩大军费、救济农业。因此，日本较快地从经济危机中摆脱出来，到 1933 年时，恢复到危机前的经济水平，而且产业结构也发生变化，即重化工业的比重超过轻工业。1934 年，八幡制铁所合并其他钢铁厂组成“日本制铁公司”，其产量基本满足了国内对钢铁的需求。随着重化工业的迅速发展，出现了以新兴产业为基础的新兴财阀，例如“日产”“日氮”“日曹”等垄断组织。而且这些新兴财阀与军部结合，在海外殖民地获得迅速发展。

进入 20 世纪 30 年代以后，日本法西斯主义骤然高涨。以各种右翼团体与军部为中心，推动要求废除政党政治、资本主义经济及协调外交的“革新运动”。在其压力下，左翼阵营中陆续出现“转向者”。首先在 1933 年，狱中的日本共产党最高领导人佐野学、锅山贞亲等人发表了“转向”声明，宣布放弃打倒天皇制以及反对帝国主义战争的日本共产党方针，并称对外侵略战争为“国民解放战争”。受其影响，在因违反《维持治安法》而被捕的人中“转向者”多达 90%，甚至被录用为政府官员者也不在少数。其他“无产政党”不是转向与政府、军部合作，就是在残酷的镇压下停止活动。

政府对思想、言论也采取了严厉控制的措施，自由主义、民主主义的思想和学术活动成为取缔的对象。1933 年，在文部省的压力下，撰写《刑法读本》等著作、提倡自由主义学说的京都帝国大学教授泷川幸辰被迫辞去大学职位；1935 年，美浓部达吉的“天皇机关说”受到右翼团体攻击，他们推动政府发表“国体明征声明”，否认“天皇机关说”，并迫使美浓部达吉辞去贵族院议员职务，其著作也遭到禁止发行的处罚。

30年代中期以后，在势力越来越大的陆军内部，“皇道派”和“统制派”之间的对立却越来越严重。前者主张以天皇为中心建立军事独裁政权，后者主张在军部的统制下建立“高度国防国家”。1934年7月，海军大将冈田启介组成新一届内阁，采取压制“皇道派”的措施。1935年8月，“皇道派”核心人物教育总监真崎甚三郎被撤职，结果“统制派”核心人物军务局长永田铁山在办公室被“皇道派”军官相泽三郎杀死。

1936年2月26日，“皇道派”青年军官率领1400余名士兵在东京发动军事政变。他们分兵数路袭击首相、内大臣、教育总监、大藏大臣、侍从长的官邸或私人住宅，杀死了内大臣斋藤实、大藏大臣高桥是清、教育总监渡边锭太郎，侍从长铃木贯太郎受重伤，首相冈田启介和前内大臣牧野伸显侥幸逃脱。政变军队占领了包括首相官邸在内的永田町一带，提出实施军队人事改革等要求，史称“二二六事件”。在海军和天皇的坚决要求下，军部采取镇压措施，政变领导者被捕，并通过秘密军事法庭将17名青年军官判处死刑，法西斯思想家北一辉也受其牵连而被处死。

1936年3月，外交官出身的广田弘毅组成新内阁。在军部的强大压力下，其内阁不仅恢复了军部大臣现役武官制，而且借口建设“高度国防国家”增加巨额军事预算，陆海军都提出了庞大的扩军计划。同年8月，由首相、外务大臣、陆军大臣、海军大臣、大藏大臣参加的“五相会议”决定“基本国策”，宣布“一方面确保帝国在东亚大陆的地位，另一方面向南方海洋发展”，从而确定了发动世界大战、实施“北守南进”战略的基本方向。同年11月，日本与德国签订《日德防共协定》，12月又与意大利签订《日意协定》，形成一个国际法西斯主义集团，共同对付苏联及英、美等国。

在中国华北地区，日本军队不断挑起事端。1935年6月，以亲日报社社长被杀及日军间谍被扣留为借口，日本迫使国民党政府与其达成《何梅约定》及《秦土协定》，从而控制了河北、察哈尔两省。同年11月，日本军队扶植汉奸成立“冀东防共自治政府”，12月成立“冀察政务委员会”。日本军队逼近天津、北平，中日战争迫在眉睫。

中日全面战争

广田弘毅内阁因军备扩张引起国际收支恶化而遭到政党的批判，军部也因

“二二六事件”表面上看是皇道派发动的军事政变，实际上最后是统制派受益，其直接影响是统制派完全控制了陆军，而且对政治拥有绝对的影响。

未能建设高度国防国家而对广田内阁不满，因而该内阁在 1937 年 1 月总辞职。曾擅自出动朝鲜驻军到中国东北地区支援关东军的“越境将军”林铣十郎组成新内阁，但该届内阁成立不到 4 个月就因缺乏支持而倒台。1937 年 6 月，近卫文麿组成新内阁。1937 年 7 月 7 日，驻扎在北平附近卢沟桥的日本军队借口一名士兵失踪而与中国军队发生军事冲突。尽管冲突双方随即达成了停战协定，近卫内阁也声称“不扩大事态”，但在军部以及各党派、社会舆论要求采取强硬方针的压力下，日本政府决定大规模地向华北地区派遣军队，由此开始了全面的侵华战争。

在华北地区，尽管中国军队进行了顽强的抵抗，但日本军队还是在 7 月 30 日占领了北平及天津，然后沿平绥、平汉、津浦三线扩大进攻。平绥线日军顺次攻陷南口、张家口，在平型关遭到中国军队的沉重打击。平汉线日军顺次攻陷保定、石家庄、太原、安阳等地，津浦线日军顺次攻陷德州、济南等地。

在华东地区，日本海军不断挑衅，8 月 13 日，日军集结 20 万兵力进攻上海，但中国军队英勇作战，使其迅速占领上海、进逼国民政府首都南京的战略企图破产。11 月 5 日，大批日军从杭州湾登陆，从侧翼包围上海，中国军队被迫撤离，日本军队在付出伤亡 5 万多人的代价后，于 11 月 12 日占领上海。其后日军分兵三路向南京方向进攻，并于 12 月 13 日占领南京，随即进行了大规模的屠杀、奸淫、掠夺等种种暴行，屠杀中国军民总计三十多万，制造了震惊中外的“南京大屠杀”事件。其残暴行为不仅引起国际舆论的谴责，而且更加激发了中国人民的抗日决心。

在进行战争的同时，近卫内阁通过德国驻华大使向中国政府提出和谈，但因条件过于苛刻而被国民政府拒绝，近卫首相在 1938 年 1 月发表了“不以国民政府为对手”的声明。与此同时，为连接华北和华中两条战线，华北地区津浦线的日军继续南下，4 月初，其先头部队在台儿庄遭到中国军队的迎头痛击。日军集中兵力准备发动徐州战役，但中国军队迅速西撤，随后日军开始策划武汉会战。国民政府内迁重庆，8 月，日军开始进攻武汉，于 11 月中旬占领了武汉，同时占领广东。

虽然在不到一年半的时间内，日本军队相继占领了中国华北、华东、华中、华南等地区，但迅速征服中国的企图未能得逞。当时日本陆军共有 34 个师团，其本土和朝鲜分别有 1 个师团，为防备苏联在中国东北地区派驻了 8 个师团，其余 24 个师团、百万兵力均使用在中国关内战场上。

为摆脱长期战争的困境，1938 年 11 月，近卫首相发表“希望国民政府参加东亚新秩序建设”的第二次声明，同年 12 月又发表了“与中国调整关系”的第三次声明。国民党副总裁汪精卫被日本诱降，从重庆秘密出逃，绕道越南到南京，在 1940 年 3 月建立傀儡政府。尽管如此，日本军队的压力也没有减轻，为应付中国军民的抗战，日本不得不陆续增加兵力。太平洋战争爆发之前，共有 27 个师团陷于中国战场。

发动全面侵华战争后，为保证庞大兵员和军需物资的征集，近卫内阁在经济、思想、政治等各个领域逐渐加强控制，迅速建立战时法西斯体制。首先在经济领域，中日战争全面爆发后，政府立即制定《进出口商品等临时措施法》，停止进口无关紧要的商品，重点保障军需产业所需物资，随后又制定了将资金优先投入军需产业的《临时资金筹措法》。另外组成企划院，其成员为陆海军现役军人、行政官僚、专家学者，职责是调查世界主要国家的经济状况，研究计划经济或统制经济的实施。

1938 年 4 月，帝国议会通过《国家总动员法》，其主要内容为：无须议会的批准，政府可就物资的生产及分配、劳动力征用、进出口限制、企业管理及设备更新，甚至利润分配等加以控制。同时，议会通过《电力国家管理法》，强化政府对私人企业的干预。1939 年，日本政府陆续颁布《工资统制令》《米谷分配统制法》《公司利益分配及融资法》以及《国民征用令》等。1940 年，政府实施大米认购制。至此，战时统制经济体制基本形成。

为在劳资合作的基础上进行战争，企业经营者与劳动者的组织也被加以改编。1938 年，组成有经营者和工会干部参加的“产业报国联盟”，每个企业均成立包括工会在内的“产业报国会”。1940 年，成立作为全国性统一组织的“大日本产业报国会”，组织会员约 7 万，个人会员 418 万。

随着战争规模的扩大，政府财政，特别是军费急剧增加。1930 年时，军费为国民总收入的 5% 以下，但到 1940 年，已接近国民总收入的 20%。为弥补财政收入的不足，政府不断增加税收。即使如此也难以平衡财政收支，只好发行巨额赤字国债，并增加发行日本银行券，结果不可避免地出现了通货膨胀。

中日战争全面爆发后，政府进一步加强了对思想文化的控制。1937 年 8 月，近卫文麿内阁通过《国民精神总动员计划实施纲要》，开展国民精神总动员运动，对民众灌输军国主义及法西斯主义思想。同时奖励勤俭节约、储蓄，取缔奢侈的生活方式，禁止男性留长发和女性烫发，关闭霓虹灯和舞场，在城镇组织“町内会”“邻组”，相互监督。

在学术领域，30 年代前半期以马克思主义理论研究日本近代历史的“讲座派”“劳农派”及其相互之间围绕明治维新性质进行的争论推动了历史研究的进步，从自由主义立场研究立宪政治史以及从实证主义出发研究日本古代史均出现高潮。进入 30 年代后半期以后，上述学术性研究的客观环境不复存在，以平泉澄为中心的“皇国史观”、即以天皇为中心的历史观成为学校教育的主要内容。批判政府政策的矢内原忠雄、河合荣治郎、大内兵卫、有泽广巳以及实证研究日本古代历史的津田左右吉等学者，不仅被迫辞去大学教授的职务，其著作也被禁止发行。文学、戏剧、绘画等艺术也被要求为战争服务。

30 年代后半期，军部势力愈发强大，政党势力受到严重削弱。1940 年 2 月，民政党议员斋藤隆夫在众议院发表反对军部的演说，立即被剥夺议员职务。在军部的推动下，1940 年 7 月，第二次组阁的近卫文麿发起“新体制运动”。社会大众党、政友会、民政党等政党或政治团体陆续解散，同年 10 月，组成以首相为总裁的“大政翼赞会”。尽管该组织没有成为独裁性政党，但后来将“产业报国会”“大日本妇女会”“町内会”等组织统一起来，从而形成了法西斯政治体制。不仅在动员所有国民参与战争方面起到重要作用，同时也使议会失去了原有的功能。

太平洋战争

日美对立

在欧洲，德国希特勒政权对外实行扩张政策，与法国、英国关系紧张，因而希望在远东地区与日本结成同盟，以起到牵制苏联的作用。日本陆军对此持赞成态度，并命令驻朝日军在1938年7月进攻苏联占据的张鼓峰，双方展开了为时半个月的攻防战，日本损兵折将，未能实现占领该地的目标。1939年6月，日本关东军与苏联军队在蒙古与中国东北地区边境诺门坎发生大规模冲突，日军惨败，关东军司令也被撤职。同年8月，德国突然与苏联签订《苏德互不侵犯条约》，受其打击，平沼骐一郎内阁倒台。

鉴于日本在中国的侵略扩张行为，美国在加强对中国支持的同时，也对日本采取了制裁措施。1939年7月，美国宣布废除《日美通商航海条约》。同年9月1日，德国入侵波兰，英、法对德宣战，第二次世界大战爆发。最初阿部信行内阁及其后的米内光政内阁采取不介入方针，但当德国军队横扫西欧并占领法国巴黎后，以陆军为中心的军部强烈主张与德国结成同盟，趁机向东南亚地区侵略扩张，占领法国、荷兰、英国在该地区的殖民地。

在军部的压力下，1940年7月，米内光政内阁倒台，近卫文麿组成第二届内阁，并起用“主战派”成员松冈洋右、东条英机为外务大臣和陆军大臣。同年9月，日本与德国、意大利在德国首都柏林签订《德意日三国同盟条约》，其中规定日本承认并尊重德意两国在“欧洲新秩序”中的领导地位，德意两国承认并尊重日本在“大东亚秩序”中的领导地位。

为获得东南亚地区的战略资源，并截断国际社会在东南亚地区的援华通路，日本军队在1940年9月进入越南北部。1941年4月，日本与苏联签订《日苏中立条约》，正式决定“北守南进”。为同美国进行谈判，近卫首相在同年7月进行内阁改造，排除了主张对美强硬的外务大臣松冈洋右。但日本军队在8月初开始侵入越南南部后，美国宣布对日本实行石油禁运政策。9月，日本政府在天皇参加的“御前会议”上做出决定，如果10月上旬以前不能与美国达成协议，将对美国、英国开战。

由于双方提出的条件相差悬殊，日美谈判陷入僵局。围绕是否与美国继续谈判，近卫首相与陆军大臣东条英机产生严重对立，近卫内阁被迫在 1941 年 10 月总辞职。其后，东条英机组成新内阁，并在 11 月初的战争大本营及政府联席会议上决定，在准备作战的同时与美国进行谈判。美国也意识到战争不可避免，因而提出日本从中国及越南撤兵、废除《德意日三国同盟条约》、仅承认重庆国民政府等内容的“赫尔备忘录”。日本将其视为最后通牒，遂在 12 月 1 日的御前会议上决定对英、美开战。

偷袭珍珠港

1941 年 12 月 7 日，以 6 艘航空母舰为中心的日本海军“机动部队”偷袭了美国在夏威夷的海军基地珍珠港，同时日本陆军在马来半岛登陆，随即对英、美宣战。美国、英国也对日宣战，12 月 9 日，中国国民政府对日本、德国、意大利宣战，整个亚太地区卷入第二次世界大战。

由于在夏威夷的美国军队完全没有防范，而且当时正值星期天休息日，日本海军“机动部队”偷袭成功，共击沉和重创美国各种军舰二十余艘，炸毁飞机三百余架，死伤者达 3500 余人，而日军仅损失二十多架飞机，战死者不到百人。美国方面损失惨重，其太平洋舰队除三艘航空母舰未回港而幸免于难外，几乎全军覆灭。偷袭进行了一个小时后，日本才向美国递交了最后通牒书。

在日本海军偷袭珍珠港的同时，日本陆军向马来西亚、香港、菲律宾、泰国及缅甸地区发起四路进攻。1941 年 12 月 8 日，日本第 25 军在马来半岛北部及中部登陆，同时日本空军将英国远东舰队两艘巨型军舰击沉。随后日本陆军沿马来半岛南下，不断攻陷英军的防线，英军退守新加坡。经过一番激战后，1942 年 2 月 15 日，英军被迫投降。进攻香港的日本第 23 军在 1941 年 12 月 13 日控制了九龙半岛，18 日登陆香港岛，英军经过顽强的抵抗后，25 日向日军投降。

1941 年 12 月 10 日，日本第 14 军进攻菲律宾。面对强大的日军，美国远东司令麦克阿瑟命令美军撤至菲律宾首都马尼拉西边的巴丹半岛，在科雷希多要塞固守待援。日军 1942 年 1 月占领马尼拉，然后强攻巴丹半岛。3 月，麦克阿瑟奉令撤至澳大利亚，4 月，日军攻占巴丹半岛，5 月，日军攻陷科雷希多要塞，美军投降。

1941 年 12 月 8 日，日本第 15 军从印度支那进入泰国境内，泰国政府与日本订立攻守同盟，并允许日军以泰国为基地进攻缅甸。1942 年 3 月，日军攻陷缅甸首都仰光。5 月，日军控制缅甸全境，迫使英军撤至印度，并切断了美国援华通路

(滇缅公路)。

从偷袭珍珠港到1942年5月，在不到半年的时间内，日军以很小的代价，占领了印度以东、澳大利亚以北、夏威夷群岛以西的广大区域，面积达386万平方公里，人口约一亿五千万。连同已经占领的中国领土和朝鲜、印度支那地区，日本统治区域为七百多万平方公里，有五亿人口。

为掩盖其侵略本质，日本政府声称战争目的是“排除美英之暴政”，建设亚洲人共存共荣的“大东亚共荣圈”。1942年2月，日本成立“大东亚建设审议会”，同年11月，在政府内部设置“大东亚省”，处理日本占领地区的事务。日本在占领地区扶植傀儡政府，甚至给予其“独立”的名义。1943年11月，在东京召集有“满洲国”、“南京政府”、泰国、菲律宾、缅甸、“自由印度临时政府”等傀儡政府代表参加的大东亚会议，并发表鼓吹摆脱欧美殖民统治及呼吁战争合作的大东亚共同宣言。

实际上，日本在占领地区实施残暴的军政统治，疯狂掠夺战略资源，并采取强制性统合文化的政策，残酷奴役当地居民，其行为引起当地居民的强烈不满及民族抵抗运动。特别是在中国占领区，日军实行烧光、抢光、杀光的“三光政策”，同时利用活人进行细菌实验，并进行细菌战和利用毒气的化学战，其罪行引发了中国人民顽强的抗日斗争。

在日本国内，由于战争初期的胜利，政府及军部受到国民的狂热支持，东条内阁乘机在1942年4月举行众议院议员选举。结果在此次所谓“翼赞选举”中，80%的当选者为政府推荐的候选人，组成了“翼赞政治会”，强化了战时法西斯政治体制。1942年12月，在内阁情报局的指导下，支持战争的知识分子组成“大日本言论报国会”，使政府加强了对社会舆论的控制。

另一方面，政府对经济的控制进一步加强。政府决定原料的分配、产品的价格等，并命令民间企业陆续转为军需工厂，竭尽全力增加军需产品。为弥补大量征兵后劳动力的严重不足，政府动员初中以上学生在军需工厂劳动，并组织“女子挺身队”等组织，动员女学生从事工厂生产。1943年，废除文科大学生缓期征兵的政策，动员大学生走上战场。为镇压国内反政府及军部的活动，东条内阁利用军警严厉监视国民生活。

在朝鲜、台湾等殖民地，日本最初以志愿兵的形式征用当地人参加军队，战事紧张后开始实施征兵制。同时，强制性将大量中国人、朝鲜人掠到日本，从事矿山、土木工程建设等沉重劳动，残酷地进行奴役。另外，迫使占领地区的女性作为“慰安妇”为日本士兵提供性服务。

无条件投降

1942 年 6 月，日美双方在太平洋中途岛附近展开大规模的海战，因美国事先破译了日本海军密码，结果日军受到沉重打击，损失了四艘航空母舰、三百多架舰载飞机，以及大批训练有素的飞行员。同年 8 月，美军进攻地处太平洋战场最南端的瓜达尔卡纳尔岛（简称“瓜岛”）。在这个小岛上，日美双方进行了六个月的争夺战。美军投入 7 万大军，死亡约 2000 人。日军也先后派出 3.6 万多名士兵，死亡约 2.5 万人。同时双方海军在这一地区进行了六次大海战，损失都很大。但因制海权、制空权已掌握在美军手中，最后日军不得不撤出瓜岛，收缩战线。

此后，太平洋战场发生逆转，美军开始转入进攻，日军节节败退。1943 年 4 月，日本海军联合舰队司令、指挥偷袭珍珠港的山本五十六大将在视察前线

1943 年 10 月 21 日，在东京都四谷区的明治神宫外苑竞技场冒雨举行了盛大的“出阵学徒壮行会”，来自东京都、神奈川县、千叶县、埼玉县的 77 所大学和专门学校的 2.5 万名学生持枪列队，6.5 万名尚未达到服兵役年龄的 107 所学校的男女学生为其欢送。

时被美军飞机击毙，严重挫伤了日本军民的士气。同年5月，两万美军组成的机动部队登陆太平洋北端的阿图岛，2600余名日本守军全部战死，日本政府将其行动誉为“玉碎”。进入1943年下半年后，美军为加快进攻速度，采取“越岛战术”，对日军重兵守卫的岛屿围而不攻，而对孤守小岛的日军进行歼灭。同年10月，美军包围腊包尔，实行连续大轰炸。11月，攻占吉尔伯特群岛的塔拉瓦岛和马金岛，全歼岛上的日军。随着战线的急剧扩大以及兵员的急速消耗，1943年10月2日，东条英机内阁颁布《在校征集延期临时特例》，规定取消除理科及培养教师科之外的在校文科系学生免除服兵役的措施，主要对象为大学、旧制高中、专门学校的在校文科生。他们作为保留学籍的休学生接受征兵体检，合格者立即入伍。

在欧洲战场上，盟军展开全面反攻，意大利在1943年9月被迫向盟军投降。同年11月，美国总统罗斯福、英国首相丘吉尔、中国国民政府主席蒋介石在埃及开罗会晤，并发表了《开罗宣言》要求将战争持续到日本无条件投降、日本归还中国东北及台湾、朝鲜获得自由及独立的。

1944年2月，美军攻占马绍尔群岛。同时，因中国远征军进入缅甸，驻扎该地的日军为截断中印交通，决定进攻印度东部的英帕尔。三个师团的十多万日军在高山密林中长途跋涉，补给极为困难，在盟军的攻击下狼狈撤退，兵力损失大半。同年6月，日美海军在马里亚纳群岛附近的海面会战，兵力及武器性能均占优势的美军重创日军，日军完全丧失了制海与制空权。同时美军登陆马里亚纳群岛中的塞班岛，经过二十多天的激战，岛上3万余名日军全部被歼，万余名日本平民跳海自杀。

塞班岛失守迫使东条英机内阁倒台，陆军大将小矶国昭组成新内阁。面对“帝国之实际战争能力已消耗殆尽”的现实，日本最高战争指导会议决定“彻底集结现有战争能力”与美国在菲律宾决战，以“护持国土”。1944年10月，美军集结170艘军舰、25万陆军进攻菲律宾中部的莱特岛，日军集结77艘军舰、近8万陆军进行决战，并首次使用了自杀性进攻的“神风特攻战术”，即驾驶载有炸弹的小型飞机冲撞美国军舰。此次战役到1945年2月结束，日本共战死7万人，海军基本伤亡殆尽。

1945年2月，美军进攻硫磺岛，全歼岛上2万余名日军。3月25日，美军动用1457艘舰船、18万登陆部队、36万海上支援部队，对日本南端的冲绳岛发起猛烈攻击。经过3个月的苦战，近10万名日军战死，丧生的一般平民也超过10

1944年10月，一直在海军航空部门担任要职的大西泷治郎中将就任驻扎马尼拉的第一航空舰队司令，立即组织了在舰载战斗机上装置250公斤炸药、驾驶员驾机冲撞敌舰的“第一神风特别攻击队”。

万人，万余名美军战死。6月25日，美军攻占冲绳全岛。

1944年6月美军占领马里亚纳群岛后，其大型轰炸机持续大规模空袭日本本土。同年8月，日本政府命令大城市的小学生向地方疏散。1945年2月美军攻占硫磺岛后，空袭更为频繁，平均每月3000架次，沉重地打击了日本。仅从3月9日深夜到10日凌晨，300架美军大型轰炸机在东京就扔下19万发燃烧弹，约10万东京居民死亡。据统计，日本全国共有119座城市被炸，250万户住宅被焚，30多万居民被炸死。

在中国战场，由于广大中国军民顽强不屈的抗战，粉碎了日本军队企图“以战养战”的计划，不仅牵制了日军大量有生力量，而且从1944年起开始进入局部反攻阶段。另外，中国远征军在缅甸战场与盟军一道展开反攻，缅甸抗日游击队也在各地进攻日军。1945年5月，缅甸宣告解放。在朝鲜半岛、印度支那、马来亚、菲律宾、印度尼西亚等地，均有抗日武装发展壮大，为全面反攻奠定了基础。

进入 1945 年以后，日本政府面临财政危机，军需生产难以为继，民众生活十分困难。兵员从太平洋战争爆发时的 240 万增加到近 700 万，军费在政府年度预算中接近 80%。战争资源几乎全部来自海外，但美军占领塞班岛后切断了日本的海上运输线，加速了战争经济的崩溃。多数青壮年被征兵，劳动力严重不足，而且其素质急剧下降，厌战情绪蔓延。军需产品不仅迅速减少，质量也急剧下滑。因战争破坏及缺乏劳动力，农产品也严重不足，民众生活受到极大影响。

1945 年 2 月，美国总统罗斯福、英国首相丘吉尔、苏联最高领导人斯大林在雅尔塔集会，讨论对德战后处理问题。同时作为秘密协定，美国要求苏联在结束对德战争后参与对日作战。同年 5 月，德国向盟国投降，日本彻底孤立，刚刚成立的铃木贯太郎内阁开始考虑结束战争的方式。同年 7 月，中、美、英三大盟国（其后苏联加入）以宣言的形式发表了促使日本无条件投降的《波茨坦公告》。

由于没有得到日本政府的明确答复，8 月 6 日和 9 日，美国先后在日本的广岛和长崎投下两颗原子弹，死亡人数高达 30 多万。8 月 8 日，苏联对日宣战，并迅速出兵，向中国东北、朝鲜及库页岛发起进攻。与此同时，中国及东亚其他国家的抗日武装也展开大反攻行动。

尽管如此，在 9 日深夜召开的最高战争指导会议上，日本首相、外务大臣、海军大臣三人主张在维持天皇制国体的前提下接受《波茨坦公告》，而陆军大臣、陆军参谋总长、海军军令部长三人主张继续作战，希望获取更宽松的投降条件，双方僵持不下。10 日，在御前会议上，昭和天皇做出“圣断”，日本政府遂通告盟国，在“不变更天皇统治大权”的前提下接受《波茨坦公告》。盟国答复“自投降之时起，日本天皇及日本政府统治国家之权力即须听从盟军最高统帅之命令”，结果再度引起日本政府内部的争议，主战者反对投降。14 日，再次召开御前会议，由天皇决定接受《波茨坦公告》。15 日中午，电台播放了昭和天皇亲自宣读的《终战诏书》，各地日军放下武器。26 日，美军进驻日本。9 月 2 日，日本代表和盟军代表在美国军舰“密苏里号”上签署了日本投降书，第二次世界大战最终结束。

原始文献

波茨坦公告

全称《中美英三国促令日本投降之波茨坦公告》，亦称《波茨坦宣言》。该公告系于波茨坦会议期间，由中国、美国和英国于1945年7月26日发表，苏联于同年8月8日加入。

（一）余等：美国总统、中国国民政府主席及英国首相代表余等亿万国民，业经会商，并同意对日本应予以一机会，以结束此次战事。

（二）美国、英帝国及中国之庞大陆、海、军部队，业已增强多倍，其由西方调来之军队及空军，即将予日本以最后之打击，彼等之武力受所有联合国之决心之支持及鼓励，对日作战，不至其停止抵抗不止。

（三）德国无效果及无意识抵抗全世界激起之自由人之力量，所得之结果，彰彰在前，可为日本人民之殷鉴。此种力量当其对付抵抗之纳粹时不得不将德国人民全体之土地、工业及其生活方式摧残殆尽。但现在集中对待日本之力则较之更为庞大，不可衡量。吾等之军力，加以吾人之坚决意志为后盾，若予以全部实施，必将使日本军队完全毁灭，无可逃避，而日本之本土亦必终归全部残毁。

（四）现时业已到来，日本必须决定一途，其将继续受其一意孤行计算错误，使日本帝国已陷于完全毁灭之境之军人之统制，抑或走向理智之路。

（五）以下为吾人之条件，吾人决不更改，亦无其他另一方式。犹豫迁延，更为吾人所不容许。

（六）欺骗及错误领导日本人民使其妄欲征服世界者之威权及势力，必须永久剔除。盖吾人坚持非将负责之穷兵黩武主义驱出世界，则和平安全及正义之新秩序势不可能。

（七）直至如此之新秩序成立时，及直至日本制造战争之力量业已毁灭，有确定可信之证据时，日本领土经盟国之指定，必须占领，俾吾人在此陈述之基本目的得以完成。

（八）开罗宣言之条件必将实施，而日本之主权必将限于本州、北海道、九州、四国及吾人所决定其他小岛之内。

（九）日本军队在完全解除武装以后，将被允许返其家乡，得有和平及生产生活之机会。

（十）吾人无意奴役日本民族或消灭其国家，但对于战罪人犯，包括虐待吾人俘虏在内，将处以法律之裁判，日本政府必将阻止日本人民民主趋势之复兴及增强之所有障碍予以消除，言论、宗教及思想自由以及对于基本人权之重视必须成立。

（十一）日本将被允许维持其经济所必须及可以偿付货物赔款之工业，但可以使其获得原料，以别于统制原料，日本最后参加国际贸易关系当可准许。

（十二）上述目的达到及依据日本人民自由表示之意志成立一倾向和平及负责之政府后，同盟国占领军队当撤退。

（十三）吾人通告日本政府立即宣布所有日本武装部队无条件投降，并以此种行动诚意实行予以适当之各项保证，除此一途，日本即将迅速完全毁灭。

——选自日本历史学研究会编：《日本史史料·4·现代》，岩波书店，1997年，第144—145页。

※ 从史料来看，日本是否为无条件投降？

结　语

在明治宪法实施的五十多年时间内，政治发展大体上可分为三个阶段。1890 年到 1918 年为第一个阶段，即元老政治时期。1918 年到 1932 年为第二个阶段，即政党政治时期。为适应政党政治的出现，法学家美浓部达吉自明治末期重新解释明治宪法，从法理上阐明议会内阁制和政党政治，也就是通过将议会的立法权限从“协赞”引向与天皇共有、内阁的权限从“辅佐”引向对议会负责的责任内阁制，将国家与天皇分离，以国家法人说的理论将天皇作为国家的最高机关。在此基础上，元老西园寺公望支持原敬政党内阁的成立，其后立宪政友会、宪政会（后为立宪民政党）轮流执政。尽管实现了短暂的政党政治，但在枢密院改革、贵族院改革上挫折不断，陆海军以统帅权独立为基础对抗议会、内阁的统制。1932 年犬养毅内阁倒台后三年，美浓部达吉的“天皇机关说”在议会受到攻击，结果政党这种自杀性行为也埋葬了自己。

1932 年到 1945 年为第三个阶段，即军部政治时期。负责作战、指挥等军务的军令部门秉持议会、内阁不能参与的“统帅权独立”原则，本来是远离政治的存在。但 1929 年爆发的经济大危机、民众对追求集团利益的政党政治的不满，使军部的势力急剧增长。虽然直接夺取政权进行国家改造的运动——从二月事件到二二六事件——失败了，但陆军“统制派”通过扩大解释“统帅权独立”而介入政治，强迫政府接受自己的要求。各种势力逐渐为军部的极端行为所胁迫，从九一八事变到七七事变，一直到太平洋战争爆发，最后以战败和无条件投降告终。

大事记

时　间	日　本	东北亚
1923 年	关东大地震，虎之门事件	
1924 年	第二次护宪运动	
1925 年	日苏恢复邦交，颁布《维持治安法》《普通选举法案》	

（续表）

时　间	日　本	东北亚
1927 年	金融危机，第一次出兵山东，东方会议	
1928 年	第二次、第三次出兵山东	关东军暗杀张作霖
1930 年	允许金输出，伦敦海军裁军条约签订	
1931 年		九一八事变
1932 年	血盟团事件，五一五事件	上海事变，“满洲国”成立
1933 年	退出国联	
1935 年	“天皇机关说”受攻击，美浓部达吉被迫从贵族院辞职	
1936 年	二二六事件	西安事变
1937 年	中日全面战争爆发	七七事变，南京大屠杀
1938 年	颁布《国家总动员法》，张鼓峰事件	中国政府内迁重庆
1939 年	诺门坎事件	
1940 年	大政翼赞会开始活动，产业报国会创立	汪精卫伪南京政府成立
1941 年	缔结《日苏中立条约》，偷袭珍珠港，太平洋战争开始	
1942 年	中途岛海战，瓜岛战役	
1943 年	召开大东亚会议	
1945 年	冲绳登陆，美国原子弹轰炸广岛和长崎，日本投降	

进一步阅读资料

郭循春在《20 世纪 20 年代日本陆军在对华决策中的地位与“二元外交”》（《世界历史》2018 年第 1 期）一文中指出：战前日本陆军在制定对华政策方面情报丰富、流程明晰，表现出很强大的决策能力，因而在日本政府的对华决策过程中具有相当的发言权。20 世纪 20 年代，由于对华外交理念的差异，陆军和外务省在对华决策方面产生了不少矛盾，双方的博弈经历了三个阶段，并在 1924 年到 1927 年达到对华“二元外交”的最高峰。因此，20 世纪 20 年代日本对华“二元外交”的本质是外务省在“宪政常道”的背景下对日本传统军国主义外交的“二元化”，这一特点明确地体现出了日本军国主义的顽固性；

纪浩鹏在《20世纪20年代中日关系的一个侧面：日本关东大地震后中国苏、湘两省米粮弛禁之争》（《民国档案》2018年第3期）一文中指出：1923年日本关东大地震发生后，中国政府和民众基于救灾恤邻的立场对日本进行了援助和赈济。日本驻华公使为弥补日本国内米粮的不足，向中国政府提出开弛长江沿岸通商口岸及各处的米禁，以便米谷出口至日本。江苏民众对赈济日灾并无异议，但对于开弛米禁则一边倒地反对，最终江苏没有开放米禁。日本其后不得已转向湖南购运米粮，虽未像在江苏那样遭遇到大范围的反对，但最终未能如愿购粮赴日，最主要的阻力来自英国和北京政府；

祝力新在《伪满日语文献〈满洲评论〉与中日领土领海问题研究》（《社会科学研究》2018年第5期）一文中指出：伪满时期的日语文献作为特殊历史时期的产物，为追根溯源地解读当时中日关系提供了史料依凭，同时也为今天的中日领土领海等现实问题的研究开拓了全新的视野。该文以伪满时期日语文献中较为典型的《满洲评论》作为切入点，尝试厘清该文献资料中所记载的中日领土领海问题的历史线索，从未曾触及的日文史料角度解析中日领土领海争端的历史形成及其背后成因；

文春美在《满铁"历史地理调查部"与"满鲜史观"》（《史学理论研究》2018年第3期）一文中指出：素有"日本东印度公司"之称的"南满洲铁道株式会社"（简称"满铁"）组织并推动日本史学界对中国东北地区和朝鲜进行大规模的地理和历史调查，为日本以"学术研究"的形式实施大陆政策提供理论依据。1908年，在"满铁"第一任总裁后藤新平的大力支持下，"历史地理调查部"白鸟库吉等东洋史学者研究"满洲"与朝鲜的历史地理，出版了《满洲历史地理》《朝鲜历史地理》《满鲜地理历史研究报告》等一系列调查报告和专著，构筑了一整套完整的殖民主义理论体系和东亚历史叙事方法。其中"满鲜史观"强调"满洲"和朝鲜的不可分割性，试图从史学角度证明"满鲜一体"，为日本在中国东北地区和朝鲜半岛的殖民统治提供"合法"的历史依据；

马嘉在《东北沦陷期间日系报纸的文化殖民叙事——对后殖民主义主体间性的反思》（《北方论丛》2019年第3期）一文中指出：后殖民主义认为，"主体间性"可以遏制主体性的泛滥，避免过于膨胀的主体主义引发文化殖民，通过间性思维建构文化的"杂交"策略，解决东方主义的文化霸权、文化殖民等问题。日本殖民者在中国东北殖民统治期间大力兴办报刊，借由间性思维提出文化的杂交、融合理念，意图掩盖殖民本质。然而，杂交主体与客体难以平等互通、共在，真正的主体间性在文化政治中并不存在。日系报纸在新闻叙事中常以"优等生"身份自居，对我国东北进行彰显"自我主体性"的"救赎""启蒙"。"主体性"正是日本侵略者殖民统治的哲学理据，也是其侵略本质的明证；

王铁军在《"满洲问题协议会"：满铁、关东军在东北的权力关系构筑》（《社会科学战线》2019年第8期）一文中指出："满洲问题协议会"是为协调和解决日本陆军省、大藏省和铁路部门围绕在东北的铁路问题和驻军之间所产生的不同意见而设立的机构，尤其以1905年5月22日内阁所举行的协议会最为重要。该次会议不仅基本上中止了日本陆军省和其他省厅之间的对立意见，而且还确立了其后日本在中国东北地区所形成的“满铁”和关东都督府等殖民统治框架。由此，“满洲问题协议会”成为日俄战争后满铁与关东军之间所构筑的相互权力关系中具有指标性意义的会议。文章通过对日俄战争后日本朝野在“满洲经营”问题上所产生的政策争论以及“满洲问题协议会”的会议经过等史实的系统分析，探讨日俄战争后满铁与关东都督府之间所构造的权力关系；

孙立祥在《战前日本右翼势力的谱系构成及其历史嬗变》(《社会科学战线》2019年第11期)一文中指出：战前日本右翼势力经历了从“传统右翼”谱系向“革新右翼”谱系的嬗变。“传统右翼”谱系的基干成员来自幕末保守派士族，其龙头团体是玄洋社和黑龙会，主体思想是天皇中心主义和大亚细亚主义，历史危害主要体现在协助政府打赢了中日甲午战争和日俄战争。“革新右翼”谱系与“传统右翼”谱系既有区别又一脉相承，其核心团体是犹存社和樱会，主体思想是国家社会主义和法西斯主义，历史危害集中体现在给亚太国家带来了惨痛的民族灾难。战前日本右翼势力研究有五个问题须给予特别的关注和重视，即对其祸国殃邻的历史危害性要有深刻的认识、对其思想理论的毒害性不宜低估、对其逞凶肆虐的社会土壤不应回避、对其成员的所谓“献身精神”不可掉以轻心、对其暗杀传统需保持高度警惕等。

王文佳在《战时日本官方妇女团体的地位、作用与双重角色》(《历史教学问题》2019年第2期)一文中指出：战时日本官方妇女团体是日本建立战时体制的需要，由官方扶持、授意成立和领导的具有国家主义、法西斯主义性质的妇女组织，是战时体制不可缺少的重要组成部分，在激发疯狂杀戮、支持侵略战争、维持战时经济、稳固后方阵地等方面发挥了不可替代的重要作用。因此，战时日本官方妇女团体及其领导人和成员，既是日本军国主义发动侵略战争的直接受害者，也是遭受侵略国家人民的间接加害者，应该对自己加害者的角色进行深刻反省，以便在防范和反对日本军国主义复活方面发挥应有的作用。

第八章

占领与战后体制

在占领时期的经济复兴中，如果没有“道奇计划”“倾斜生产方式”，日本经济能否恢复并得到发展？如果没有朝鲜战争，“道奇计划”下的日本经济会不会停滞不前甚至倒退？不可否认的是，类似“倾斜生产方式”的公共资本可以弥补“市场的缺陷”或者防止“市场的失败”，但也容易造成企业的依赖心理、效率低下和腐败现象，正如战后初期煤矿国有化以及 1948 年发生的“昭和电工行贿案”那样；类似“道奇计划”式的市场体制迫使企业提高劳动生产率和竞争能力，但也容易造成竞争过度、无序生产的弊端。

军事占领结束后，两种体制均保留下来并被合成为“日本模式”，即政府主导下的市场经济体制，强调“灵活运用财政金融政策，积极进行财政投资”。这是一种既不同于统制经济、又不同于市场经济的间接控制模式，也就是充分利用市场和价格机制，通过政策手段间接诱导，使产业发展方向与政策目标相一致。但正如日本学者高桥龟吉所说的那样：“合成在日本社会传统结构下的这种体制，恐怕移植到日本以外的任何地方都难于生长，只有日本才能使这一体制充分发挥作用。”从某种程度上讲，在日本，是“被组织的市场”乃至“被组织的社会”。

占领及改革

盟军进驻日本

日本政府决定接受《波茨坦公告》后，以美国军队为首的盟国军队从1945年8月26日开始陆续进驻日本。尽管有少数英联邦国家军队参加，但基本上是由美军占领。美国太平洋陆军总司令及盟军最高司令官麦克阿瑟被任命为占领军的最高统帅，指挥盟国占领军总司令部（简称“盟军总部”，GHQ）及其下属的占领军对日本实施占领。虽然决定占领政策的最高机构是设在华盛顿的远东委员会，但由美国、英国、中国、苏联、澳大利亚、荷兰、法国、印度、加拿大、新西兰、菲律宾11个国家构成的委员会的任何决定，都是通过美国政府传达给盟军总部，因而作用十分有限。同时，在东京设有带有咨询色彩的机构——对日理事会，由美、英、中、苏四国代表构成。但这一机构除在农地改革以及从苏联遣返日本战俘问题之外，所发挥的作用也十分有限。因此，盟军总部对日本的占领以及实施的改革政策主要体现了美国政府的意志。

另一方面，美国对日本并不直接实施军事管制，而是利用原有的日本行政机构进行间接统治。即盟军总部制定的各种政策以备忘录、文书、指令、口头指示等传达给日本政府，后者以法律、政令、条例的形式加以实施。尽管盟军总部具有超法规的权力，并可以撤换那些不听从其指令的日本官员，但间接统治的结果不仅几乎原封不动地保留了日本旧有的官僚机构和人员，而且在占领政策的具体内容上也给予日本政府讨价还价的机会。

9月22日，美国政府颁布了《日本投降后美国初期对日方针》，宣称其最终目标是“保证日本不再成为对美国或世界和平与安全的威胁”，“最终建立起一个尊重其他国家的权利，并支持在联合国宪章的理想和原则之中的美国的目标的和平和负责的政府”。为实现上述目标，日本必须放弃海外殖民地，完全解除日本的武装并实行非军事化，彻底消除法西斯军国主义分子的权力及影响，发展资产阶级民主自由，建立议会民主的政治制度，允许建立和平经济。11月1日，美国政府再次颁布《对占领及管理日本的联合国最高司令官的日本投降后最初基本指令》，进一步将占领方针具体化。

1945年8月17日，组成以皇族成员东久迩稔彦为首相的内阁，处理结束战争事宜。尽管皇族内阁在解除军队武装、接受盟军进驻、签署投降书等方面起到稳定局势的作用，并在同年9月20日颁布了《波茨坦紧急敕令》，即不经过立法程序便可下达执行盟军总部发布的命令，但该内阁在逮捕、审判战犯嫌疑以及开放政治自由、宗教自由方面与盟军总部产生冲突。东久迩内阁要求自行审判战犯嫌疑，而且对释放政治犯持消极态度，同时禁止刊登麦克阿瑟觐见天皇的照片，因而遭到盟军总部的拒绝和批评，被迫在10月4日总辞职。

在两人的合影中，麦克阿瑟着军便服，两手卡腰，神态自若，昭和天皇着大礼服，双手下垂，拘谨严肃。内务省自然禁止将最高统治者看起来不像是天皇而是麦克阿瑟的照片刊登在各家报纸上，后来在占领军的强行命令下才勉强同意，日本国民受到的冲击可想而知。

政策性改革

10月9日，曾在20年代积极推行“协调外交”的币原喜重郎继任首相，并接受麦克阿瑟的五大指令，即赋予妇女参政权、鼓励建立工会组织、改革教育制度、废除秘密警察、经济民主化等，开始大规模的非军事化、民主化改革。

在军事方面，盟军总部从1945年下半年开始陆续颁布指令，命令日本军队立即缴械投降并迅速复员，废除大本营、参谋本部、军令部、陆军省、海军省等军事指导机构以及《兵役法》《国家总动员法》《战时临时措施法》等一系列军事法令，解散“在乡军人会”“黑龙会”“大政翼赞会”等军国主义团体，禁止研究和生产与军事有关的物资，拆除战争工业设备并将其作为对盟国的赔偿等。

在政治方面进行的改革主要有以下几项内容。第一，逮捕并审判战犯嫌疑。

盟军进驻日本后陆续逮捕一百多名甲级战犯嫌疑，并在 1946 年 1 月设置远东国际军事法庭，同年 5 月开庭审判 28 名甲级战犯嫌疑。1948 年 11 月，判处东条英机等 7 名甲级战犯绞刑，判处其他 18 名甲级战犯终身监禁和有期徒刑。同时，在日本或其他有关国家也设置了 50 个法庭，起诉 5400 多名乙级或丙级战犯嫌疑，其中 937 名被判死刑，358 名被判无期徒刑。然而美国为利用天皇权威进行占领，授意天皇在 1946 年元旦发表了否认自己是神的"人间宣言"，并庇护天皇逃脱了被审判的命运。

第二，剥夺军国主义分子的公职。1946 年 1 月，盟军总部颁布《剥夺公职令》，即"关于从公职人员中罢免和排除不受欢迎的人"的指令，剥夺战争罪犯、陆海军人、"大政翼赞会"成员、殖民地官员、大企业主要干部等军国主义者的公职。到 1948 年 5 月，以旧军人为中心的 21 万人被剥夺公职，然而被剥夺公职的行政官僚仅有千名左右。

第三，废除军国主义治安法令，释放政治犯和思想犯。1945 年 10 月，盟军总部颁布《人权指令》，币原内阁根据其指令，废除了《维持治安法》和"特高警察制度"。在罢免警察机构主要成员公职的同时，约有四千多名政治犯、思想犯获得自由，其中包括德田球一、宫本显治等日本共产党领导人。

第四，废除军国主义教育，实施政教分离。1945 年 10 月，盟军总部颁布《日本教育制度的管理政策》，要求日本政府删除所有教材中的军国主义内容，同时允许教职员和学生对教育内容进行批判性的议论，并可以自由讨论有关政治、公民自由等问题。同年 12 月，盟军总部颁布《废除政府对国家神社神道的保护、支持、延续、管理和传播》的指令，禁止日本政府给予神社神道任何经济上、政治上的支持。

第五，开放言论与新闻自由，给予工人和妇女政治权利。1945 年下半年，盟军总部颁布《关于言论与新闻自由》《新闻法规》等一系列指令，废除战时为加强军国主义统治而实施的控制新闻、言论、出版、阅览等的法令，但禁止批评占领军及其政策。同时，国会在 1945 年底制定并通过了《众议院议员选举修正法案》和《工会组织法案》，赋予妇女选举权和被选举权，工人获得结社、集体谈判、参加政治运动和社会运动的权利。

在经济方面，盟军总部主要采取了两项改革措施，即"农地改革"与"解散财阀"。盟军总部对日本政府在 1945 年 11 月提出的农地改革方案极为不满，在将该问题提交远东委员会和对日理事会讨论后，提出较为彻底的"第二次农地改革方案”。即政府强制性购买不在村地主的全部土地和在村地主一公顷以上的土地，并优先出售给耕种这些土地的佃农。结果在两年的时间内，大约 200 万公顷的土地从地主手中转移到佃农手中，自耕农的比例也因此从改革前的 30% 上升到 70%。

1946 年 8 月，盟军总部指令日本政府成立“控股公司清理委员会”，并通过解散控股公司、排除财阀家族对企业的控制、分散财阀企业的股票、排除经济力量过度集中等措施，对以十大财阀为中心的巨大家族企业进行分割经营，并禁止原有的财阀家族成员担任该企业的领导职务等。为防止垄断资本的再次出现，盟军总部又指示日本政府在 1947 年制定了《禁止垄断法》《排除过度经济力量集中法》。但远东局势的变化使该领域的改革在很大程度上半途而废，而且也没有对战时形成的政府控制型金融体制进行改革。

制度性改革

除上述政策性改革之外，盟军总部还在日本进行了制度性改革，其中最重要的是修改宪法。早在 1945 年 10 月，麦克阿瑟就对东久迩内阁的近卫文麿国务大臣提出修改旧宪法的要求，币原喜重郎内阁成立后再次提出这一要求。尽管币原内阁成立了以国务大臣松本烝治为委员长的宪法调查委员会，但该委员会提出的宪法修正案引起盟军总部的不满。麦克阿瑟提出“改宪三原则”，即象征天皇制、放弃战争、废除以华族为中心的封建制度，并指示盟军总部民政局起草新宪法。民政局花费一周的时间完成宪法草案，在得到麦克阿瑟的批准后提交日本政府。最初日本政府表示难以接受，但在盟军总部的压力下，只好同意在该草案基础上修改宪法。

1946 年 3 月，日本政府发表的《宪法修正草案要纲》基本上保留了盟军总部草案的精神，例如象征天皇制、主权在民、放弃战争及非武装、保障基本人权及自由、男女平等等内容，但在某些方面也做了修改，例如取消了土地及一切天然资源归国家所有的规定、将一院制国会改为两院制国会等。其后根据旧宪法规定的修正程序，宪法修正案顺次得到国会两院及枢密院的审议批准，同年 11 月以《日本国宪法》的名义颁布，从 1947 年 5 月 3 日起正式实施。

根据新宪法精神，1947 年 3 月 31 日帝国议会众议院解散以前，国会两院又先后制定和通过了《参议院议员选举法》《国会法》《内阁法》《地方自治法》《法院法》《国家公务员法》《检察厅法》《财政法》《教育基本法》《劳动基准法》《劳资关系调整法》《皇室典范》《皇室经济法》等制度性法规，从而形成了战后政治制度。

政治与社会

建立政党

非军事化、民主化改革推动了政党政治的复活。战前和战时的一些政治家为在新的议会政治中掌握主导权，纷纷着手重建和组建政党，因而推动了各种政治势力的分化组合，陆续组建了五大政党。1945 年 11 月 2 日，战前几个政见不同的社会民主主义政党在建立“大社会主义政党”的口号下，仓促联合起来成立了社会党，拥有 15 名议员。该党属于革新政党中的右翼，但因内部矛盾，当时没有充分阐述党的基本政策，党的最高职务委员长空缺，右派的片山哲任书记长。

同月 9 日，自由党成立，战时内阁大臣鸠山一郎当选为党的总裁。该党主张“维护君民一体的国家”，“确立负责任的立宪政治”，坚决“与无产阶级独裁政治做斗争”，坚持“维护私有财产及自由主义经济”，是典型的资产阶级保守政党。当时拥有 43 名议员。

同月 16 日组成的进步党，其成员大多数为战时御用政治团体“大日本政治会”所属议员。该党强调“维护国体”以及“统制经济”，攻击共产主义，是保守政党中的右翼。当时拥有 273 名议员，但因内部派系林立，成立时未能选出党的总裁，一个月后才决定由 84 岁的町田忠治担任。

同月 18 日协同党成立，山本实彦担任委员长，当时拥有 23 名议员。虽然该党主张“维护皇统”，但同时提倡“确立民主政治体制”，标榜合作主义，主张劳资合作，是保守政党中的左翼。

战争结束后，日本共产党领导人走出监狱，随即以合法的身份着手重建党组织。1945 年 12 月 1 日，该党召开了时隔 19 年之久的代表大会，选举党的领导机构，德田球一被选为书记长。该党号召国民“打倒天皇制，建立人民共和政府”，“废除钦定宪法和旧议会”，实现民主主义革命，同时充分肯定议会斗争的重要性，是革新政党中的左翼。

各党之所以在 1945 年年底前纷纷成立，是准备参加原计划 1946 年 1 月举行的众议院议员选举（简称“大选”），但占领当局为防止战时军国主义政治家当选，在 1 月 4 日颁布《剥夺公职令》，结果使许多政治家不能参加选举。进步党受到的冲击最大，在 274 名所属议员中仅有 14 名议员能够参加大选。另一方面，众议院议员选举法修正后，年满 20 岁的男女均有选举权，选民突然增加了三倍，接近全部人口的 50%。因此，在 1946 年 4 月举行的战后首次大选中，82% 的当选者为新议员，其中有 39 名女性议员。

吉田茂内阁

大选后没有加入任何党派的币原喜重郎首相借口议会政治不稳将引起社会混乱，准备继续执政，但各党派坚持组成政党内阁。在 464 个总议席中占有 140 席的自由党为议会第一大党，因该党总裁鸠山一郎被剥夺公职，由当时并非国会议员、外交官僚出身的吉田茂接任其职务，与拥有 94 个席位的进步党联合组成第一届吉田茂内阁。

尽管在第一届吉田内阁时期完成了宪法修正、制定第二次农地改革方案、将众议院议员选举中的大选区制改为中选区制等立法工作，但来自国民的压力异常巨大。一方面由于战争的破坏，1945 年度日本经济处在崩溃状态。按当时的价格计算，日本财产损失 1057 亿日元，约占国民财富的四分之一。包括军人、平民在内的战争伤亡人员高达 870 万，全国大多数城市变成一片废墟，近半数的工业生产设备被破坏。军需产业停止生产，该部门的 400 万从业工人失去工作，再加上从海外回国的 350 万复员军人及 289 万平民等，失业人数高达 1400 万。

另一方面，农业严重歉收，粮食产量只有战时的一半，而且也不能再从旧殖民地进口粮食，因此，以大米为中心的生活资料价格飞速上涨，黑市流行。为制止严重的通货膨胀，早在币原内阁时期就颁布了《金融紧急措施令》，通过冻结存款、发行新货币的方式限制货币流通，但未能取得较好效果。吉田内阁成立后，设置“复兴金融金库”，向煤炭、电力、钢铁等重要产业提供资金，希望以刺激生产资料部门生产的方式稳定整体经济，称为“倾斜生产方式”。但这种重视生产资料生产的经济政策在短时期内难以解决国民的生活困难问题，因此，吉田政权遭到工人和市民的强烈反对。

占领初期的“非军事化”及“民主化”改革措施有力地推动了工会组织的发展。到 1946 年底，全日本共有 17000 个工会组织，拥有会员近 500 万，其组织率也达到 40%。在此基础上形成了两个全国性工会组织，即社会党影响下的“日本工会总同盟”和日本共产党影响下的“日本行业工会会议”。组织起来的工人为保障就业、提高工资、改善劳动条件甚至争取生产管理权等不断展开斗争。从 1946 年 8 月开始，要求提高工资、反对解雇的工人运动迅速发展起来。12 月，各工会组成“联合斗争委员会”，并在东京召开有 50 万人参加的群众集会，提出打倒拒绝工人要求的“吉田亡国政府”“建立新民主政府”的口号。

“轻军备，重经济，在美国保护下发展”的“吉田路线”为日本留下一份经济大国的正面遗产，但其亲笔签订的《日美安全保障条约》也留下一份“经济巨人，政治侏儒”的负面清单。

社会党政权

由于吉田政权没有满足工会的要求，“联合斗争委员会”决定在1947年2月1日举行全国性大罢工。尽管在盟军总部的干预下，大罢工未能实现，但在1947年4月举行的战后第二次大选和同时举行的参议院议员首次选举中，得到工会组织支持的社会党获得胜利，在众、参两院均成为第一大党。因此，形成了社会党、由进步党演变而来的民主党、国民协同党三党联合政权，由社会党委员长片山哲出任首相。

片山内阁时期颁布了战后第一个《经济白皮书》，并制定了《国家公务员法》《排除过度经济力量集中法》《警察法》等重要法律，而且经济也逐步走向稳定，但联合政权却危机重重。首先是执政伙伴之间的矛盾，保守的民主党、国民协同党反对社会党一贯主张的重要产业国有化政策；其次，社会党内部左、右两派在选择执政伙伴以及具体措施上也存在着对立；另外，社会党继续执行的倾斜生产方式、提高间接税和降低工资等政策，使失业率和通货膨胀率进一步上升，国民生活更加困苦。从1947年夏季开始，工会组织再次掀起斗争高潮。在此压力下，社会党左派采取行动，与在野党一道否决了片山内阁提出的追加政府预算方案，片山首相被迫在1948年2月辞职。

民主党的芦田均首相继续维持三党联合政权以及片山内阁的经济政策，但为对付日趋高涨的工人运动，在麦克阿瑟的指示下，芦田政权在7月颁布了禁止各级政府公务员参加罢工、怠工以及行使集体谈判权的“201号政令”，引起广大工人群众的强烈不满。另外，担任副首相的社会党书记长西尾末广因暗中接受建筑业界的政治捐款而被迫辞职，并因违反政令罪和伪证罪受到检察院的起诉。其后，大型肥料制造企业通过向政府官员行贿而从复兴金融金库得到巨额非法贷款的

“昭和电工行贿案”曝光，包括西尾在内的许多官员被捕，受其影响，芦田内阁被迫于 1948 年 10 月总辞职。

由于两届联合政权均未满足工人群众的要求，反而采取了压制工会组织的政策，社会党的形象受到严重损害，大批原有的支持者脱离该党。在 1949 年 1 月举行的大选中，社会党的得票率从上一届大选的 26.1% 猛跌到 13.5%，议席数也从 147 个下降到 48 个，其主要领导人片山哲、西尾末广等均落选。

走向媾和

美国对日政策变化

以社会党为首的两届联合政权存在时间较短与美国对日政策发生变化也具有一定的关系，而美国对日政策转变的背景是第二次世界大战结束后不久美苏对立的冷战格局逐渐形成。1946 年 3 月，英国前首相丘吉尔在美国演讲时指出东西方阵营对立的“铁幕”，1947 年 3 月，美国总统杜鲁门提出遏制共产主义的“杜鲁门主义”。在远东地区，中国大陆以及朝鲜半岛的局势也令美国政府担忧。因此，1948 年 1 月，美国陆军部长罗亚尔在一次演讲中宣称美国的对日政策正在修改，“力求在日本确立稳定而强有力的自主的民主，使日本自立”，“在阻止将来有可能在远东发生的集权主义战争方面发挥作用”。

另一方面，“美军占领地区救济资金”“占领地区经济复兴援助资金”及巨额占领费用也成为美国的沉重负担。1948 年 10 月，美国国家安全保障委员会提出“美国对日政策的建议”，主张将占领政策从“非军事化”转为“经济复兴”，并在日本建立市场经济体制。

1948 年 12 月，美国政府提出“稳定经济九原则”，即指令日本政府贯彻平衡预算、加强税收、限制贷款、稳定工资、统制物价、加强贸易及外汇管理、完善出口企业物资分配、增加国产原料及产品、改革征购粮食体制等原则。为此，美国总统特使、底特律银行家道奇到日本，要求日本政府编制紧缩型预算方案、采取措施鼓励出口、制定 360 日元兑换 1 美元的固定汇率、恢复市场机制以促进企业生产合理化等，史称“道奇计划”。同时，以夏普为团长的美国税制代表团来到日本，劝告日本政府采用以直接税为中心的税制政策。另外，美国国务院政策制定委员会主席凯南也到日本，与麦克阿瑟商谈对日政策的转变。凯南回国后提出以复兴经济、防止共产主义化、尽快媾和、逐渐终止赔偿、美军长期驻扎冲绳等为主要内容的对日政策报告书。

日本国内的政局也对保守政党比较有利。1948 年 3 月，退出民主党的币原喜重郎、田中角荣等人加入自由党，组成坚持“自由经济”的民主自由党（简称“民自党”，1950 年 3 月重新改组为自由党），拥有 152 名众议员，总裁仍为吉田茂。同年 10 月，芦田均内阁倒台后，由于民自党在众议院的席位超过社会党成为第一大党，吉田茂第二次担任首相，但这届吉田内阁仍为少数党内阁。为改变这种局面，吉田茂在国会通过限制公务员政治活动的《国家公务员法修正案》后解散了众议院，并决定在 1949 年 1 月举行大选。

选举结果民自党获得大胜，其议席增加到 264 席，战后首次出现了超过半数议席的政党。民自党获胜的原因一方面是选民对社会、民主、国民协同三党联合政权的表现不满，另一方面也是随着农地改革的结束以及农业保护政策的实施，大批自耕农逐渐成为保守政党坚实的社会基础。在此次大选中，日本共产党的席位也从 4 席猛增到 35 席，其原因是原来支持社会党的选民转而支持共产党。

道奇计划

尽管民自党获得众议院的过半数议席，但为适应美国对日政策的变化并准备媾和、实施稳定经济九原则以及对付势力增强的日本共产党，1949 年 2 月吉田茂组织内阁时坚持民自党与民主党组成联合政权。这种“强强合作”使第三届吉田内阁执政长达三年多，从而为实施一些重要政策奠定了政治基础。

吉田内阁根据“道奇计划”的精神在国会中通过了 1949 年度超平衡政府预算案，从而有效地稳定了物价。但增加财政收入、减少财政支出，以及减少贷款、补贴的措施，既抑制了消费，又限制了投资，从而造成有效需求不足和企业生产停滞的状况，结果使刚刚出现复兴迹象的日本经济受到严重打击。大批企业倒闭，失业人数迅速增加，加剧了经济危机的程度。与此同时，吉田内阁制定《定员法》，大幅度裁减铁路、邮电等国营企业和政府机关的职员，人数高达 62 万。正因如此，劳资纠纷和工人运动急剧高涨，特别是在国营铁路部门，斗争十分激烈。1949 年 7 月和 8 月连续出现了国铁总裁不明死亡的“下山事件”、电车撞毁民宅致人伤亡的“三鹰事件”以及列车出轨致人伤亡的“松川事件”，吉田政权利用这些事件打击日本共产党和工会组织，导致工会组织及会员急剧减少。

1950 年 6 月，盟军总部下令剥夺日本共产党员的公职，同时禁止日本共产党机关报《赤旗》的发行。25 日，朝鲜战争爆发后，驻扎在日本的美军多数调往朝鲜战场。为填补治安空白，麦克阿瑟指示吉田政权组建7.5万人的警察预备队，并增加8000名海上保安厅成员。同年11月，解除3250名旧军人的剥夺公职处分，大批旧军人进入警察预备队。

旧金山媾和

1951年5月，接替麦克阿瑟任盟军总部最高统帅的李奇微发表声明，要求吉田内阁"重新审查为实施盟军总部的指令而发布的各项政令"，并"进行必要的修改"。吉田内阁借此机会采取了一系列称为"逆流"的反民主化措施，例如解除被剥夺公职者的处分，使大批旧政治家重返政坛；重建中央集权式的警察制度，加强对社会的管理与控制；修改有关劳动法规，限制工人的合法斗争权力；废除各级教育委员会的公选制度，在学校加强所谓的"爱国心"教育；终止解散财阀的改革，使大企业集团得以重新出现。虽然这些措施奠定了保守政党长期执政的基础，但并没有改变战后初期民主化改革中形成的基本政治制度。

另一方面，朝鲜战争的爆发使日本经济得到迅速恢复的机会。因为以美军为首的联合国军队在朝鲜半岛进行激烈战争，需要用美元征购大批战争所需物资，这样就为日本的纤维、金属、机械等行业带来了"特别需求"，企业生产急剧增加。同时，世界经济也出现好转的迹象，有利于日本产品的出口。1949年底，日本外汇储备仅2亿美元，但其后三年日本获得了24亿美元的外汇收入。1949年的日本外贸赤字是1.92亿美元，1950年后则连续三年黑字。到1951年，日本工矿业生产超过战前水平。

早在朝鲜战争爆发以前，吉田内阁为尽快实现媾和、结束占领状态，公开声明希望媾和后美军继续驻留在日本。为此，自由党主张同愿意媾和的国家缔结和约（即片面媾和）、与美国缔结安全保障条约。由民主党和国民协同党合并而成的国民民主党有条件地支持自由党的媾和政策，社会党则提出全面媾和、坚持中立、反对美军基地的三原则，日本共产党也主张全面媾和，并主张同所有国家建立和平关系。从社会舆论来看，多数国民赞成尽快结束占领状态。

朝鲜战争爆发以后，美国也加快了对日媾和的步伐。不仅美国国务院与国防部达成了放弃战争赔偿、对日本安全保障及经济体制不加限制的"宽大媾和"基本原则，而且美国也与英国就均不邀请中华人民共和国及"中华民国"两个政权参加和会、日本与哪个政权建立外交关系由其自行决定等问题达成一致。

1951年9月4日，在美国的主导下，对日媾和会议在美国的旧金山正式召开，

吉田茂在《旧金山对日和平条约》上签字，背后站立者是日本代表团成员。

共有 52 个国家参加。朝鲜和韩国没有得到邀请，南斯拉夫、印度和缅甸因对媾和条约不满拒绝参加会议，苏联、波兰、捷克斯洛伐克虽然参加了会议，但拒绝在和约上签字。9 月 8 日，日本与 48 个国家签署《旧金山对日和平条约》，同时又与美国签署了《日美安全保障条约》，规定美军继续驻扎在日本。

1951 年 11 月，日本国会众参两院较为顺利地通过了两个条约。1952 年 2 月，日本与美国签署了《日美行政协定》，就美国军人在日犯罪的审判、日本无偿提供基地并负担驻扎费用等问题达成协议。同年 4 月，对日媾和条约正式生效，长达近七年的军事占领结束。与此同时，日本政府与台湾国民党政权签署和约，建立“邦交”关系。

原始文献

旧金山对日和平条约（摘录）

中国政府一再声明：《旧金山和平条约》由于没有中华人民共和国参加准备、拟制和签订，中央人民政府认为是非法的、无效的，因而是绝对不能承认的。但《旧金山和约》对于结束美国的军事占领与行政控制，使日本走上自主发展之路，意义重大。

……

第一章和平

第一条

甲．日本与每一盟国间之战争状态，依照本条约第二十三条之规定，自日本与该盟国间所缔结之本条约生效时起，即告终止。

乙．各盟国承认日本人民对于日本及其领海有完全的主权。

第二章领土

第二条

甲．日本承认朝鲜之独立，并放弃对朝鲜包括济州岛、巨文岛及郁陵岛在内的一切权利、权利根据与要求。

乙．日本放弃对台湾及澎湖列岛的一切权利、权利根据及要求。

丙．日本放弃对千岛群岛及由于1905年9月5日《朴茨茅斯条约》所获得主权之库页岛一部分及其附近岛屿之一切权利、权利根据与要求。

丁．日本放弃与国际联盟委任统治制度有关之一切权利、权利根据与要求，并接受1947年4月2日联合国安全理事会将托管制度推行于从前委任日本统治的太平洋各岛屿之措施。

戊．日本放弃对于南极地域任何部分的任何权利、权利根据或利益之一切要求，不论其是由于日本国民之活动、或由于其他方式而获得的。

己．日本放弃对南威岛及西沙群岛之一切权利、权利根据与要求。

第三条

日本对于美国向联合国提出将北纬二十九度以南之南西诸岛（包括琉球群岛与大东群岛）、孀妇岩岛以南之南方诸岛（包括小笠原群岛、西之岛与琉璜列岛）及冲之鸟岛与南鸟岛置于联合国托管制度之下，而以美国为唯一管理当局之任何提议，将予同意。在提出此种建议，并对此种建议采取肯定措施以前，美国将有权对此等岛屿之领土及其居民，包括其领海，行使一切及任何行政、立法与司法权力。

……

第三章安全

第五条

甲．日本接受联合国宪章第二条所订的义务，特别是下列各项义务：

（一）应以和平方法解决国际争端，避免危及国际和平、安全及正义；

（二）在其国际关系上不得使用威胁或武力，或以与联合国宗旨不符之任何其他方法，侵害任何国家之领土完整或政治独立；

（三）对于联合国依据宪章规定而采取之行动，应尽力予以协助，并于联合国对于任何国家采取防止或执行行动时，对该国家不得给予协助。

乙．各盟国确认在其对日关系上，将以联合国宪章第二条之原则为准绳。

丙．各盟国方面承认日本以一个主权国家资格，具有联合国宪章第五十一条所提及的单独或集体自卫之自然权利，并得自愿加入集体安全协定。

第六条

甲. 各盟国所有占领军，应于本条约生效后尽早撤离日本，无论如何，其撤离不得迟于本条约生效后九十日之期。但本款规定并不妨碍外国武装部队依照或由于一个或二个以上的盟国与日本业已缔结或将缔结之双边或多边协定，而在日本领土上驻扎或留驻。

乙. 1945 年 7 月 26 日《波茨坦宣言》第九条关于遣送日本军事部队回国的规定之尚未完全实施者，应实施之。

丙. 所有曾供占领军使用、并于本条约生效时仍为占领军所占有尚未予补偿之日本财产，除相互协定订有其他办法外，均应于本条约生效后九十日内归还日本政府。

……

第十条

日本放弃在中国之一切特权与利益，包括由于 1901 年 9 月 7 日在北京签订之最后议定书及其所有附件、补充照会与文件所产生之一切利益与特权，并同意就日本方面而言，该议定书及其所有附件、照会与文件概行作废。

第十一条

日本接受远东国际军事法庭与其他在日本境内或境外之盟国战罪法庭之判决，并将执行各该法庭所科予现被监禁于日本境内之日本国民之处刑。对此等人犯赦免、减刑与假释之权，除由每一案件课刑之一个政府或数个政府之决定并由日本之建议外，不得行使。如该项人犯系由远东国际军事法庭所判决，该项权利除由参加该法庭之多数政府之决定并由日本之建议外，不得行使。

——选自日本历史学研究会编：《日本史史料·4·现代》，岩波书店，1997 年，第 236—237 页。

※ 分析《旧金山和约》的宽大性及其背景。

两党体制

旧势力重返政坛

1951 年 9 月，被解除剥夺公职处分的战前政治家为重返政坛而组成“新政俱乐部”，并筹划建立新党。在他们的积极活动下，1952 年 2 月，新政俱乐部、国民民主党、农民协同党联合组成改进党。在该党的政策大纲中，明确主张“创建适应民力的民主性自卫军，尽快将安全保障条约改为相互防卫条约”，同时提出“全面重新研究占领下的各项法令（包括宪法）、各项制度”及尽早归还“库页岛、千岛、冲绳、奄美大岛、小笠原群岛”的主张。由于各派之间的矛盾，结党时未能决定党的总裁，直到同年 6 月才选出被远东国际军事法庭判处 7 年徒刑、尚未恢复公民权的甲级战犯重光葵为总裁。另一方面，重返政界的鸠山一郎也迫不及待地想收回自由党的领导权，但此时在政界已站稳脚跟并将日本带入重建之路的吉田茂自然不愿将权力拱手相让，自由党也因此分裂成拥有140名众议员的吉田派和拥有119名众议员的鸠山派。

1952年3月，为防止《旧金山对日和平条约》和《日美安全保障条约》生效后可能发生的群众运动，吉田内阁向国会提出《破坏活动防止法案》《公安调查厅设置法案》和《公安审查委员会设置法案》。社会舆论将其看作是“镇压国民抵抗、剥夺民主自由”的法案，因而引起广大国民的反对。同年5月1日，由工人和学生组成的游行队伍闯入禁止聚会的皇居前广场，与警察发生冲突，2人伤亡，1230人被捕。尽管如此，国会仍然在7月通过了《破坏活动防止法》，并设置了公安调查厅。另一方面，应美国再军备的要求，吉田政权将警察预备队改编为保安队，并新设置了海上警备队。

与此同时，自由党内部的争斗也愈加激烈。在1952年7月召开的自由党全体议员大会上，吉田派、鸠山派围绕干事长的人选问题，互不相让，并发生激烈冲突。为打击党内以战前政治家为主的反对派，吉田首相在事先毫无预兆的情况下解散了众议院。

尽管是“突然解散”，但在329名竞选众议院议员的解除公职经历者中，仍有139人当选，约占众议院全部议员的三分之一，鸠山一郎、河野一郎、石桥湛山等重要人物均恢复议员身份。最终自由党获得240席，改进党85席，右派社会党57席，左派社会党54席，劳农党4席等。在自由党的议员中，除中间派的席位外，吉田派与鸠山派大体上势均力敌，因而加剧了党内的混乱，新首相处于难产状态。

在接受了鸠山一郎提出的“党内民主化四原则”之后，第四届吉田内阁才在10月底得以成立。但鸠山派不断与吉田内阁作对，并于11月配合在野党通过了对吉田首相亲信通产大臣池田勇人的不信任案。甚至在1953年3月再次与在野党配合，通过了因吉田首相辱骂社会党议员“混蛋”而提出的惩罚首相动议。其后鸠山一郎率领部分议员脱离自由党，成立鸠山自由党。同时在国会中与其他在野党一道行动，通过了内阁不信任案，迫使吉田首相解散众议院举行大选。

自由党分裂

在1954年3月举行的大选中，吉田自由党获得199席，鸠山自由党获35席，改进党76席，左右社会党合计138席，日本共产党恢复了一个席位。虽然未超过议院半数席位的第一大党吉田自由党仍组成了第五届吉田内阁，但不得不在防卫政策上对改进党做出让步，以换取该党的支持。美国也对日本政府施加压力，要求日本三年内将陆上部队增加到 32 万人，但吉田认为日本的当务之急是在美国的保护下发展经济，因而以和平宪法、国民意识、财政状况为由婉言拒绝，仅提出 18 万人的方案。经过一番讨价还价，最后双方在“逐渐增加防卫力量”问题上达成一致。同年 3 月，吉田政权与美国签署《日美防卫互助协定》，约定美国向日本提供经济、军事援助。随后日本政府将保安队与海上警备队合并，另外新设航空部队，统称为自卫队，并设置管辖机构——防卫厅。

在经济方面，朝鲜战争所引发的特需景气结束，国际收支出现巨额赤字。为此，吉田内阁采取了紧缩财政政策。1953 年 10 月，日本银行宣布提高利率，限制商业银行贷款，同时废除优惠进口的政策。另一方面，吉田内阁压缩 1954 年度的政府开支，财政投资贷款和公共事业费分别下降 15% 和 10%。虽然这一紧缩政策使财政收支平衡得以实现，而且也控制了通货膨胀，但引起许多企业倒闭，失业工人大量增加。

与此同时，吉田内阁继续采取完善金融体系和产业合理化政策。早在 1951 年，在政府的主导下组建日本开发银行，同时制定了《互济银行法》和《信用金库法》。1952 年又成立日本进出口银行和日本长期信用银行，1954 年成立农林渔业金融金库和中小企业金融金库等。这些银行的成立及金融体系的完善，能够充分利用社会资本和政府资金为企业生产提供较为充足的资金。

另外，政府加大了推动产业合理化的力度，相继制定了《产业合理化促进法》《产业投资特别会计法》《第一次钢铁合理化计划》等，在技术改造或技术引进的基础上提高劳动生产率的同时，调整产业结构。尽管产业、企业合理化为即将到来的经济高速增长奠定了基础，但其过程也伴随着大量解雇、失业工人增加的现象，由此导致劳资纠纷及工人运动的不断高涨。

1954 年 11 月，自由党鸠山派、改进党及其他保守系小党派组成民主党，拥有 121 名众议院议员，总裁为鸠山一郎。接着民主党与社会党联合提出对内阁的不信任案，吉田首相被迫辞职。新成立的民主党鸠山内阁为改变少数党内阁的不利局面，在两个月后解散众议院举行大选，但仅获得远不到半数议席的 185 个席位，社会党势力却进一步增长。

社会党势力发展

1949 年 1 月的大选失败后，社会党内部左右两派斗争激烈，甚至在 1950 年初分别召开了社会党的第五次大会。三个月后两派统一起来，但相互之间的矛盾依然存在。1951年10月，因对《旧金山对日和平条约》和《日美安全保障条约》见解不同，社会党正式分裂成以书记长浅沼稻次郎为首的右派社会党和以铃木茂三郎为首的左派社会党。即使如此，50年代上半期左右两派社会党在议会中的势力均得到不同程度的发展。在经历了1952年、1953年、1955年的三次大选后，左右两派社会党在众议院的席位增加到156个，比1947年执政时还多12个席位。

两派社会党力量增长的主要原因有：日本人民反对美军基地与政府大规模重整军备的斗争持续高涨、工人运动的持续发展与日本共产党的低落、保守政党之间再次分化组合以及自由党内部的分裂等。

占领结束以后，美军继续驻扎在日本，其基地遍及日本各地。日本国民意识到日本不仅尚未实现彻底的独立，而且很有可能再次卷入美国发动的战争中。因此，反对美军基地、保卫和平宪法、反对核武器及重新军备等群众斗争在50年代前半期接连不断。与此同时，工人运动得到进一步发展。1950年7月，"日本工会总评议会"（简称"总评"）成立，拥有365万会员。"总评"本来是在占领军当局的扶植下成立的，但作为以国营企业工会为中心的工会组织，迅速左倾。1951年旧金山媾和前夕，"总评"发表了"全面媾和、坚持中立、反对提供军事基地、反对重新军备"的和平四原则，逐渐成为社会党的主要支持团体。特别是50年代前半期因产业调整引发的劳资纠纷及工人运动，大大推动了社会党势力的增长。

另一方面，日本共产党在40年代末遭到占领当局和保守党政权的镇压后，1951年决定通过组织"中核自卫队""山村工作队"的方式进行武装斗争。从1951年末到1952年7月的一段时期内，日本共产党实施了许多暴力性斗争，结果不仅遭到保守政权的进一步镇压，而且也远离了人民群众。在1952年10月举行的大选中，日本共产党丧失了在众议院中的全部席位，得票数也从上一次选举的298万张选票下降到89万张，其原有支持者大部分转移到奉行"和平过渡"的社会党方面。

保守政权不稳的局面大大鼓舞了左右两派社会党人，为利用保守党之间的矛盾早日上台执政，两派社会党在尚存严重分歧的情况下，于1955年10月13日仓促合并。委员长为左派的铃木茂三郎，书记长为右派的浅沼稻次郎。社会党在467个众议院席位中占156席，达到阻止修改宪法所需的三分之一议席。另外，社会党在250个参议院席位中占62席。

左右两派社会党的统一刺激了保守政党，同时被称为"财界"的大资本家集团也对保守政党施加压力。因此，自由党与民主党在同年11月15日合并成为自

两个保守政党仓促统一，内部派系林立，随后形成吉田茂、岸信介、大野伴睦、石井光次郎、河野一郎、石桥湛山、三木武夫、佐藤荣作“八大师团”。

由民主党（简称“自民党”），在众议院拥有 299 个议席，在参议院拥有 118 个议席。从此，日本政坛形成了保守与革新两大政党对立体制，即“55 年体制”。

民族主义

政治优先内阁

作为传统的党人派政治家（最初就投身政界的国会议员），鸠山一郎不仅对吉田茂等官僚派政治家（由行政官僚转为国会议员）具有本能的抵触感，而且对吉田政权一味追随美国的外交政策也持反对态度。因此，自民党成立后组成的第三届鸠山内阁提出修改宪法和增加防卫力量的主张，并在 1956 年制定了《宪法调查会设置法》，同时还设置了国防会议。虽然在以社会党为中心的和平势力及党内反对派的抵制下，鸠山内阁没有实现修改宪法的目的，但在重整军备方面取得一定进展，即将自卫队兵力从 15.2 万人增加到 21.4 万人。

另一方面，鸠山一郎极力主张实行“自主外交”，其具体行动就是恢复与苏联的邦交关系。实际上，其背后隐藏着鸠山急于建立政绩的心情以及日本尽快加入联合国的需求，另外也有需要与苏联达成北太平洋地区捕鱼协议和要求遣返日本战俘等社会压力。因此，尽管日苏邦交正常化谈判遭到吉田茂、池田勇人等党内亲美派的反对，身为外交大臣的重光葵也持消极态度，但在农林大臣河野一郎的支持下，鸠山仍抱病亲自前往莫斯科进行日苏首脑会谈，最终在1956年10月19日签署了《日苏共同宣言》。其内容主要包括日苏间结束战争状态、恢复邦交正常化、苏联支持日本加入联合国并放弃战争赔款的要求、两国和平条约签订后归还北方四岛中的齿舞和色丹两岛等。同年12月，日本加入联合国。

1956年12月，鸠山内阁总辞职，岸信介、石桥湛山、石井光次郎三人争夺自民党总裁职位，结果石桥湛山获胜，并组成石桥内阁。在施政演说中，石桥首相表示将与反对党协调在国会中的行动，扩大就业，增加生产，建设福利国家及努力确立世界和平，并特别强调改善中日关系，发展两国贸易。但是，由于健康的原因，石桥首相执政两个月后辞职，并指定外务大臣岸信介继任首相。

岸信介在战时曾任内阁大臣，负责规划统制经济，并负责指导军需生产与战争物资调配等事务，因而在占领时期作为甲级战犯嫌疑，被捕入狱。1952年解除剥夺公职处分后恢复政治活动，历任民主党和自民党的干事长，明确主张修改和平宪法和重整军备。1957年5月，岸信介内阁颁布《第一次防卫力量整备计划》，准备在三年内大幅度增加自卫队的兵员及装备。1957年8月，正式成立宪法调查会，并在记者招待会上公然声称“废除宪法第九条的时代已经到来”。

另一方面，岸信介积极推行“自主外交”，上台不久连续两次访问亚太地区的15个国家和地区，协商战争赔偿，设立亚洲开发基金与亚洲技术研修中心等。日本通过提供劳务和商品的方式进行战争赔偿，为日本生产资料产品进入东南亚地区开辟了道路，同时也便于日本充分利用这一地区丰富的资源。与此同时，岸信介采取敌视中华人民共和国的态度，不仅在访问台湾时表示支持蒋介石国民党政权“反攻大陆”，而且阻碍中日之间的民间贸易往来。

反安保斗争

实际上，岸信介的最大目标是修改《日美安全保障条约》，因为1952年生效的该条约具有不平等色彩，例如没有明文规定美国保卫日本的义务，没有明确条约的期限、远东的地理范围，美国可以介入日本的内乱等。为此，岸信介提倡“日美新时代”，强调两国关系的平等性。从1958年10月开始，岸政权不断与美国政府协商修改《日美安全保障条约》事宜，以期改变条约带来的对美从属性。

为防止修改《日美安全保障条约》引起较大的社会混乱，岸信介内阁采取了两项加强国内控制的措施，一是实施“教师考核制度”，二是修改《警察官职务执行法》。出于对侵略战争的反思，战后教育界革新势力较强。特别是1947年组成的“日本教职员组合”（简称“日教组”）不仅力量较强——1958年时有会员67万人，组织率为86%，而且积极主张教育民主化，维护和平与自由，在朝鲜战争爆发时曾提出“不能再次送子上战场”的口号，是反对日美安保体制和美军在日基地的主力军。因此，岸内阁企图通过将教员待遇划为不同档次的教员考核制度来制造教员之间的矛盾，从而达到分裂“日教组”、削弱其力量的目的。尽管“日教组”采取了针锋相对的行动，各地均爆发了大规模的抗议活动，但最终政府规定的教师考核制度还是得到实施。

1958年10月，岸内阁向国会提交了《警察官职务执行法修正案》，其主要内容是以维护公共秩序为借口，扩大警察镇压群众运动的权限。这一侵犯国民权利与自由的法案引起社会党及众多社会团体的强烈反对。以社会党和总评工会为中心，65个团体组成“反对修改警职法国民会议”，共同在全国开展集会、游行、罢工等活动。10月28日，全日本共有350万工人、学生参加了示威游行。社会党国会议员拒绝出席国会的审议活动，社会舆论界也强烈谴责自民党为通过该法案而强行延长国会会期。在这种形势下，自民党内也出现反对的声音，迫使岸内阁收回了该法案。

尽管如此，岸内阁仍然按计划与美国政府进行谈判，并在1960年1月正式签署了《日美相互合作及安全保障条约》，即“新日美安保条约”。其内容包括：明确美国有保卫日本的义务和日本在其行政管辖区域内保卫美军的义务、日本承担增加军备的义务、美军利用在日设施及军事行动的事先协商制度、双方政治及经济合作关系、删除美军镇压日本内乱条款、新条约有效期为10年等。同时，新条约第六条规定驻扎在日本的美国军队亦有维护远东地区和平与安全的义务，而且岸信介内阁明确表示远东地区“大体上为菲律宾以北、日本及其周围地区，也包括韩国及‘中华民国’统治下的地区”。这些规定不仅使新条约具有军事同盟的性质，而且也有可能将日本卷入因远东地区纠纷而引起的战争。正因如此，“新日美安保条约”遭到广大国民的强烈反对。

早在1959年3月，社会党与总评工会就组织了由134个团体参加的“阻止修改日美安保条约国民会议”，并不断开展大规模的反对运动。当年共组织了8次统一行动，每次都有数十万甚至数百万工人、市民、学生举行罢工或游行。1960年1月，为阻止岸信介首相前往美国签署“新日美安保条约”，大批日本各地的学生

尽管岸信介每天处在示威游行队伍的包围之中，但仍然坚持留在首相官邸，等待“新日美安保条约”自然成立的6月18日夜晚。当晚，在33万人的反对浪潮中，岸信介和佐藤荣作兄弟两人喝着白兰地，直到零时钟声响起。23日，日美双方交换批准书，岸信介宣布辞职。

汇集东京羽田机场，与警察发生冲突，不少学生受伤或被捕。

1960年2月，“新日美安保条约”提交国会审议，抗议活动进一步加剧。学生游行队伍不断冲击国会，社会党所属国会议员在国会内进行激烈的抵抗。5月19日，自民党动用警察排除社会党议员的干扰后，在众议院单独表决通过了“新日美安保条约”。其后各界群众不断举行大规模游行示威，反对通过条约，同时要求岸信介辞职。6月4日，总罢工的人数达到战后最大规模的650万，东京的交通全部停止，商店也一律关门。

6月7日，美国总统特使被愤怒的群众围困在羽田机场，艾森豪威尔总统被迫放弃了访问日本的计划。6月15日，16万人的游行队伍包围了国会，并与警察发生冲突，东京大学四年级学生桦美智子当场死亡。自民党没有在参议院审议“新日美安保条约”，而是利用如果参议院在30天内不审议众议院通过的条约案则该条约自然成立的有关规定，6月19日宣布新条约“自然成立”。但岸信介内阁面对声势浩大的国民反对浪潮，不得不在6月23日宣布总辞职。

经济恢复增长

尽管鸠山一郎内阁和岸信介内阁采取政治优先主义的策略，但为稳固政权，也注重推动经济的恢复与增长。鸠山内阁在1954年12月制定《综合经济六年计划》，1955年7月，经济审议厅改组为经济企划厅后又编制了《经济自立五年计划》。所谓“经济自立”，是指在不依靠美国援助和“特需”前提下达到国际收支平衡与扩大，以及充分吸收迅速扩大的适龄劳动人口。岸信介1957年2月上台后，为改变国际收支恶化的局面，在同年6月制定了以削减财政投资、限制进口、鼓励出口、扶助中小企业为主要内容的《综合紧急对策纲要》。同年年底，制定了《新长期经济计划》，提出从1958年起的五年内，实现年均6.5%的经济增长率，其具体实施内容包括加速纵贯全日本公路和收费高速公路的建设、提高电力和钢铁部门的产量等。

另一方面，日本在50年代上半期陆续加入以西方阵营为中心的各种经济组织。1952年8月，日本加入国际货币基金组织和世界银行（国际复兴开发银行）。1955年6月，日本加入关税及贸易总协定组织。这些经济组织以自由、平等、多国间谈判为原则，不仅起到稳定世界贸易的作用，也促进了特定国家在固定汇率制下的设备投资，因而从外部推动了日本经济迅速走上高速增长之路。

从1954年底开始，日本经济出现高速增长势头。在进口物价稳定、企业合理化措施取得实效、出口急剧增长、农业丰收、民间设备投资旺盛等因素的促进下，主要经济指标均超过战前的最高水平，国际收支出现5亿美元的顺差，在很大程度上实现了无通货膨胀的经济增长和经济自立的目标。换句话说，尽管1955年度和1956年度的日本国民生产总值增长率为12%，生产、销售、企业利润均有大幅度的增加，但物价并没有出现上涨的趋势。

1956年，政府编写出版的《经济白皮书》写道：“现在已经不是战后，我们正面临着和过去不同的新情况。经济恢复期已经结束，今后是以现代化为中心的经济增长时期。”这段话一方面意味着恢复型经济增长逐渐走到尽头，需要转化为技术型经济增长；另一方面，“已经不是战后”这句名言也意味着国民消费观念发生了变化，消费心理逐渐增强。即对未来发展持乐观态度，因而刺激了消费的欲望。

从1954年底开始的经济景气一直持续到1957年5月，长达31个月，新闻界以日本历史上传说的第一位天皇将其命名为“神武景气”。在这一过程中，造船、钢铁、电气机械以及石油化工等领域的过度设备投资很快遭到生产能力不足的限制，从1956年秋天开始，钢铁等原材料价格飞速上涨，进口急剧增加导致外汇储备锐减，由1956年底的14亿美元减少到1957年夏的5亿美元以下。岸信介内阁被迫采取强硬的紧缩政策，因而终止了“神武景气”。尽管如此，正如著名右翼政治家石原慎太郎在1955年7月出版的畅销小说《太阳的季节》中所描述的那样，50年代中期出现的追求物质生活的社会意识以及由此导致的“消费革命”，很快将日本经济再次推向高速增长。

早在50年代初期，“特需”就引发了日本国民的消费热潮。1952年、1953年国民购买家具和耐用消费品的开支分别达到消费开支的47.3%和26.1%，当时的“三大件消费品”是自行车、缝纫机和收音机。到鸠山一郎内阁时期，日本国民消费热进一步升温，以洗衣机、电冰箱和黑白电视机“三件神器”为代表的家用电器迅速普及。例如洗衣机的销量从1954年的27万台增至1958年的100万台，黑白电视机的销量更是增长迅速，从1954年的3000台增至1958年的100万台。从1954年至1958年的四年间，家用工业产品的增长率，电视机为47倍，电冰箱为24倍，洗衣机与合成纤维均为3.7倍。

消费热潮乃至“消费革命”的出现，首先是因为随着经济的迅速发展，城市居民的收入大幅度提高，农村居民的收入也因农业丰收和米价稳定而迅速增加。其次，因技术进步和大批量生产，家用电器价格不断下降，例如电视机从1953年每台18万日元下降到1959年的6万日元。第三，流通领域不断完善，例如连锁商店的建立、售后服务体制、分期付款制度等，著名的大型连锁商店“大荣”在1957年建立了第一家店铺。第四，如同前述，经济的迅速发展也增强了广大国民对未来的乐观心理及消费意识。大量生产、大量消费成为社会行为的主流，甚至在商品开发方面也适应了快速生活的需要，例如1958年“日清食品”发明的方便面立刻成为深受欢迎的食品。第五，媒体的大力推动，铺天盖地的广告也影响了消费者的行动。1959年，皇太子明仁结婚，厂家和商家及时推出“通过电视观看结婚仪式”的广告，结果在婚前一周，与官方电视台NHK签订收看合同的客户超过200万,一年间增加了一倍。

因此，尽管1958年初的《经济白皮书》估计日本经济将进入长期萧条，但从1958年6月开始，便出现了新一轮的经济高速增长时期，直到1961年12月，其持续时间长达42个月，年增长率在10%以上。新闻界以日本神话中太阳神躲避的地方命名这次高速增长，称之为“岩户景气”。

虽然“消费革命”一词最初出现在1960年的《经济白皮书》中，但50年代后半期，“消费革命”仍然是“岩户景气”出现的一个重要因素。日本家庭不仅继续朝普及洗衣机、电冰箱、黑白电视机“三件神器”的目标大步前进，而且娱乐性消费占到居民消费支出的10%以上。到1960年底，“三件神器”在城市居民家庭中的普及率，电视机达到71.9%、洗衣机达到55%、电冰箱达到26.6%。

使“岩户景气”出现的另外一个重要因素是旺盛的设备投资，而且是“投资引发投资”。从数字上看，1955年的日本民间设备投资不到1万亿日元，1960年增加到3.2万亿日元，相对10%的年均实际增长率，民间设备投资的年均增长率高达23.7%。消费资料产业的设备投资引发机械产业的设备投资，而机械产业的设备投资引发钢铁、水泥等基础产业的投资，基础产业的投资又引发电力、石油等能源产业的投资，从而形成各种产业相互促进设备投资的循环过程。

在这一过程中，以通商产业省（简称“通商省”）为中心的行政官僚机构起到了重要推动作用。1949年成立的通产省在50年代后半期陆续制定、实施了许多对经济高速增长产生巨大影响的产业政策，例如“第二次钢铁合理化五年计划”“合成纤维扶植五年计划”“水泥新增设三年计划”“合成橡胶制造事业特别措施法”“石油化工产业扶植政策”“纺织工业振兴临时措施法”“机械工业振兴临时措施法”“电子工业振兴临时措施法”。为保障这些法令的有效实施，政府通过价格、税收、财政补贴、低息贷款扶植新兴产业，提高产业部门的规模生产能力。政府的经济政策不仅推动了经济高速增长的出现，更重要的是形成了以钢铁、机械、石油化工为中心的重化学工业产业结构。

结　语

作为甲级战犯嫌疑的鸠山一郎，解除剥夺公职处分不到七年就当上日本首相，并明目张胆地恢复日本军事力量，追求日美平等的“新时代”，说明显然战前因素没有得到彻底的清除。尽管波澜壮阔的反对运动体现了日本民众期望和平与民主政治的心情，但正如一位在1958年离开、1960年秋再次访问日木的美国学者指出的那样：“愤怒迅速转化为虚脱，一年过后似乎什么也没有发生过。”“反安保斗争”与“三池煤矿斗争”[①]既为国民性的反体制斗争画上了句号，也在战前体制和战后体制之间画上了顿号，岸信介正是战前派的回光返照。

① 煤矿工人反对关闭矿山而进行的带有暴力色彩的大规模长期罢工，最后在政府的斡旋下得到解决，其后受石油能源革命的影响，煤矿及工人数量急速减少。

大事记

时间	日本	东北亚
1945 年	麦克阿瑟抵日，GHQ 系列改革：财阀解体、农地改革、政教分离。选举法修正、公布《工会组织法案》	中国内战开始
1946 年	天皇“人间宣言”，东京审判，公布《日本国宪法》，倾斜生产方式，战后首次大选	
1947 年	二·一大罢工被中止，公布《劳动基准法》《禁止垄断法》《地方自治法》，片山内阁成立，《警察法》《排除过度经济力量集中法》《改正民法》《教育基本法》《学校教育法》	
1948 年	昭和电工行贿案，稳定经济九原则	大韩民国、朝鲜民主主义人民共和国成立
1949 年	实行单一汇率（1 美元 =360 日元），国铁三大事件	中华人民共和国成立
1950 年	建立警察预备队，清共开始	朝鲜战争爆发
1951 年	《旧金山对日和平条约》《日美安全保障条约》签字	
1952 年	五一节事件，军事占领结束	
1953 年	第一例水俣病病例，奄美群岛归还	朝鲜停战协议
1954 年	《日美防卫互助协定》签字	
1955 年	社会党统一大会，自由民主党成立，砂川斗争	
1955–1957 年	神武景气	
1956 年	日苏邦交正常化，加入联合国	
1958–1961 年	岩户景气	
1960 年	“新日美安保条约”强行通过，《国民收入倍增计划》	韩国学生暴动，越南南方民族解放阵线成立

进一步阅读资料

黄俊凌在《战后国民政府的琉球政策与琉球划界分岛问题探析》（《边界与海洋研究》2019年第1期）一文中指出：战后初期国民政府在处理琉球领土主权问题时倾向将其托管，1946年占领日本的盟军总部制订《关于非日本领域各岛屿分离之文件》，将日本历次侵占的别国领土剥离出来，其中也包括琉球群岛。1947年，美国曾向国民政府试探性地提出将琉球“划界分岛”的策略建议，国民政府亦有机会把钓鱼岛及其附属岛屿从琉球的范围中划分出来，归入台湾省管辖，但经过慎重考虑，最终国民政府采取了“外宣托管，内行收复”的琉球托管政策。1949年底国民党当局败退台湾后，丧失了主导对外关系的实力，沦为美帝国主义对抗东方社会主义阵营的冷战工具，也彻底丧失了在琉球议题上的主导权，最终不得不面对琉球以及钓鱼岛被日本控制的事实；

徐持的《东京审判对南京暴行的审理模式与历史记忆》（《日本侵华南京大屠杀研究》2019年第2期）一文中写道：东京审判是第二次世界大战结束后同盟国对发动对外战争、实施南京大屠杀等战争暴行的日本政治和军事领导人进行的国际刑事审判。远东国际军事法庭认定被国际检察局指控纵容日军南京暴行的松井石根、广田弘毅等7名被告人构成战争罪，但并未采纳国际检察局提出的第45项诉因，且采取的审判模式、适用罪名、归责理论等都与纽伦堡审判有所不同，成为日本“虚构派”否认南京暴行甚至攻击东京审判的借口。加之美国占领时期对日本国民造成的心理影响、日本右翼的攻击、“不记忆文化”和极端相对主义思潮的冲击等，导致南京暴行审判历史记忆的模糊与传播困境。因此，需要多方破解东京审判历史当代传播的难题，走出战后历史记忆的误区；

刘广建在《民国媒体中的东京审判》（《档案与建设》2019年第8期）一文中写道：日本宣布无条件投降后不久，盟国便开始组建远东国际军事法庭对日本甲级战犯进行审判，史称“东京审判”。从逮捕日本战犯到法庭常规审理，中国的报纸和杂志等媒体对东京审判进行了不同程度的关注。在将近三年的漫长审理过程中，尤其是最终判决书宣读完毕后，中国媒体表达了对审理过程及结果的态度，认为此次审判虽然将一批甲级战犯判处极刑，但没有追究天皇的战争责任是最大的败笔；

刘轩在《日本战后改革中的财产税法及其政策价值》（《南开学报（哲学社会科学版）》2019年第3期）一文中指出：1946年在以美国为主的占领军盟军总部主导下，日本政府制定并实施了激进的财产税法，借此没收了包括天皇、贵族、财阀、豪商等在内的大地主、大资产阶级的绝大部分财产。因此，作为战后改革的重要内容之一，1946年的财产税法为顺利推动解散财阀、农地改革、其他民主化改革等提供了重要制度前提，重构了战后日本的社会生产关系。尽管改革后期美国对日政策转变导致战后改革“不彻底”，导致战后体制对战前体制乃至战时体制的“连续性”，但不足以改变战后改革的性质；

张士伟在《美国国务院与军方在日元汇率问题上的博弈（1945—1949）》（《世界历史》2019年第1期）一文中指出：战后初期，由于与日本经济的恢复存在密切联系，日元汇率受到美国的重视。出于占领需要，美国国务院将日元汇率分为军用汇率与商业汇率，初期仅设立了临时军用汇率，商业领域暂由盟军总部施行多重汇率。围绕军用汇率的调整与商业汇率的设定，美国国务院与军方进行了激烈的博弈，并派遣特别使团赴日调研，间接促使军方暂时掌握了在日元汇率问题上的主动权。美国国务院关注冷战背景下的美国远东战略调整，利用日元汇率推动占领目标的转变，而盟军总部仅从占领及改造日本的角度考虑汇率问题，视野局限于日本和远东地区的改造，这是造成国务院与军方在日元汇率问题上发生冲突的根本原因。最终，美国国务院得到杜鲁门总统的支持，确定日元兑美元汇率为 360 ∶ 1，同时终止军用汇率及多重汇率，为日本打下了对外贸易和经济复兴的基础；

徐显芬在《二战后日本处理台湾归还者财产问题初探》（《华东师范大学学报（哲学社会科学版）》2019 年第 4 期）一文中指出：二战后从台湾返回日本的日本人长期开展各种活动，要求日本政府对他们在战败后失去的财产进行补偿。在归还者团体呼吁、国会活动与政府应对这三者的互动中，日本政府采取多重标准的应对态度：一方面对外不断寻求缔结特别协定的机会，另一方面，主张政府不负有必须进行补偿的法律义务，同时通过立法给归还者们发放特别补贴作为最终的解决方法，并以“国民忍受论”作为思想工具以求宁人息事；

栗广在《美国与“旧金山对日和会”对南海诸岛问题的处置——对若干问题的释疑》（《中国边疆史地研究》2019 年第 3 期）一文中指出：1951 年旧金山对日和会在拟定参加者的过程中，主导会议进程的美国与苏、英两国在中国问题上发生分歧，导致中国政府未获邀请，但美国却支持同样对南海诸岛提出主权要求的法国及其殖民地印度支那三国参加。在制定和约草案期间，由美国起草的和约草案中有关南海诸岛问题的条款曾一度被删除，在法国的积极活动下再次在和约中添加了相关条款，和约确定日本放弃的南沙区域范围为“南沙群岛”，而非“南威岛”。在多方博弈之下，美国主导制定的和约只规定了日本放弃对南海诸岛的权利，却没有明确具体的接收方。“旧金山对日和会”与和约的模糊规定为其后南海争端的扩大化埋下了伏笔，也为日后美国介入南海争端提供了可能。

第九章

经济大国

2006 年 9 月，日本最大的报纸《读卖新闻》在网上进行有关战后首相评价的民意调查，结果吉田茂以 44% 的得票率获得第一，排在其后的依次是小泉纯一郎（41%）、田中角荣（36%）及中曾根康弘(30%)。作为最有个性的首相，具有清晰的理念、执著的追求、旺盛的斗志，“独裁者”吉田茂和“怪人”小泉纯一郎名列前茅在情理之中。重要的是，两人均将日本带入一片新天地。尽管小泉纯一郎“小政府，大社会”式的“结构改革”尚难盖棺定论，但“轻军备，重经济，在美国保护下发展”的“吉田路线”却为日本留下了“经济大国、政治小国”的遗产。

1954 年 12 月，虽然半身不遂的鸠山一郎终于将吉田茂赶下台，以 70 岁的高龄登上权力最高峰，但此时经济高速增长的列车已不可阻挡。从 1960 年到 1973 年，池田勇人、佐藤荣作、田中角荣三位“吉田学校”的优等生终于将日本推上了世界第二大经济强国的位置。吉田茂却没有等到这一天，于 1967 年去世。但“吉田路线”也有负面作用，正是因为《日美安全保障条约》的存在，美国几乎包办了日本的安全保障甚至外交，世界政治舞台上很少能听到日本的声音，同时也导致日本代表在国际会议上以“三 S”（微笑 [smile]、沉默 [silence]、瞌睡 [sleep]）而著称。吉田茂可能已经意识到这一点，因而在签署《日美安全保障条约》时拒绝了池田勇人的跟随，单刀赴会，理由是“这一问题将来会引起各种不测事端”。

经济的季节

池田勇人内阁

战后日本决策过程的一个重要特征是官僚主导。除明治国家以来的传统、官僚集中了社会精英人物、议会内阁制等因素外，吉田茂有意培养官僚派政治家也是一个重要原因。作为官僚出身的政治家，吉田茂对党人派政治家评价不高，并利用大批政治家被剥夺公职之机动员许多官僚通过选举进入立法机构，其中一些人成为自民党内著名的政治家，例如原大藏省事务次官池田勇人、运输省事务次官佐藤荣作等，均被看作是“吉田学校”的优等生。吉田对这些官僚出身的政治家爱护有加，委以重任，首次当选就派任大臣职务，甚至在他们涉及政治资金丑闻时也加以保护。大批官僚进入立法机构的结果就是决策过程向行政机构倾斜，不仅国会通过的大多数法案均由行政官僚起草，而且国会中的答辩也是由高级官僚担任，从而扩大了行政机构的权限。

1960 年 6 月，岸信介内阁集体辞职，自民党内部进行总裁选举。参加选举的有大野伴睦、石井光次郎、松村谦三、藤山爱一郎、池田勇人五名候选人，这在很大程度上是一场党人派与官僚派之间的决战。结果官僚派池田勇人当选，随后被国会指名为首相，组成新内阁。作为吉田茂的得意门生，池田忠实地执行维持最低军备、在美国保护下专心发展经济的“吉田路线”。另一方面，岸内阁修改《日美安全保障条约》引起的强大反对运动也迫使池田政权实施“经济至上主义”的政策。

因此，池田上台后立即提出了“宽容与忍耐”的口号，努力实现各政治势力和社会势力之间的和解。首先，池田在组织内阁时注意任命党人派政治家为主要内阁成员，调和党内矛盾，并任命历史上首位女性大臣；其次，以协商的态度处理与在野党的关系。1960 年社会党委员长浅沼稻次郎被右翼青年刺死后，池田罢免了国家公安委员长，并为悼念浅沼发表了演讲；在进行大选时，接受社会党的要求，举行党首电视讨论会；另外，在解决三池煤矿劳资纠纷时，尽量避免动用警察等暴力机构进行镇压，而是委任劳动大臣出面加以协调，以和平方式解决旷日持久的争端。

《国民收入倍增计划》

1960 年 12 月，池田内阁正式发表了著名的《国民收入倍增计划》，其主要内容为在 10 年内使国民实际收入增长一倍。为实现这一目标，年均经济增长率须超过7.8%。作为具体政策，政府在增加公共投资方面，制订了从1961年度开始的公路建设五年计划、国有铁路的柴油机化和复线化计划；在减少税收方面，计划从1961年开始，每年在个人收入调节税和企业税上共减免1000亿日元，同时降低利息、扶植公债和公司债的债券市场；在社会保障方面，计划改善养老金保险，并逐渐提高健康保险的付给率。

另一方面，池田内阁不仅在《国民收入倍增计划》中提出了“为促进落后地区的开发及消除地区间的差距，应迅速制订国土综合开发计划，利用税制、金融、公共投资、政府补助金等各种手段，促进适合当地的工业发展，提高当地居民的生活水平”，而且还在1961年制定了目的为“增加从事农业者的收入，使其达到从事其他产业者的生活水平”的《农业基本法》。该法在论述增加从事农业者收入的主要手段时，强调一方面通过扩大农户的经营规模和机械化提高劳动生产率，从而使那些专业农户只依靠农业收入便可达到城市劳动者的生活水平，另一方面通过不断提高政府收购农产品价格的方式提高农民收入。1963年政府又制定了《中小企业基本法》，通过各种措施推动中小企业的设备现代化和专业化生产，以便提高它们的劳动生产率。

池田内阁还积极推动地区开发计划，在1961年制订了《全国综合开发计划》和《落后地区工业开发促进法》，1962年又制定了《新兴产业城市建设促进法》。这些计划或法律的主要内容是通过政府资金促进落后地区的工业发展，建立适当的产业布局体系，以达到防止大城市人口和产业过度集中、缩小地区差别、稳定就业状况的目的。尽管后来实施的结果不尽人意，但公共投资的增加推动了经济的高速增长。

池田勇人性格直率，经常失言，但能够听取好的意见和建议，在其身边聚集了许多优秀的经济、政治智囊性人物。

经济高速增长

与此同时，池田内阁积极推行扩大贸易的经济外交。1961年6月，池田首相出访美国和加拿大，随后成立了加强双边经济关系的日美经济委员会；同年 11 月，出访印度、巴基斯坦、缅甸、泰国，就扩大贸易和输出资本问题达成协议；1962 年 11 月，出访德、法等西欧各国，因专心贸易问题，被法国总统戴高乐戏称为“半导体推销商”；在“政经分离”的基础上恢复与发展中日民间贸易，1962 年双方签订《中日综合贸易备忘录》，并互设常驻贸易机构。另外，也加快了与韩国的恢复邦交正常化谈判。

在以美国为首的发达国家的压力下，池田内阁也加快了贸易自由化的步伐。实际上，在池田内阁成立前夕的 1960 年 6 月，岸内阁就制定了《贸易外汇自由化计划大纲》，计划在三年的时间内，将进口自由化率从 40% 提高到 80%。同年 7 月，池田内阁制订了《贸易和外汇自由化促进计划》，决定到 1962 年 10 月，使进口自由化率达到 90%。1963 年，日本从《关贸总协定》第 12 条国家上升到第 11 条国家，即不能以国际收支为理由实施进口限制。1964 年，日本从国际货币基金组织第 12 条国家上升到第 8 条国家，即禁止以国际收支为理由实施外汇限制。至此，日本不仅实现了开放性经济体制，而且进一步推动了经济的高速增长。

因过度设备投资导致进口急剧增加，国际收支出现巨额赤字，外汇储备也迅速减少，设备能力超过社会需求造成库存增加，结果“岩户景气”在 1961 年 12 月结束，并出现经济危机的迹象。为此，池田内阁两次提高官定利率，并控制进口和设备投资，同时采取增加公共投资、补贴中小企业和农业、鼓励出口等措施。特别是为准备举办 1964 年东京奥运会而大幅度增加公共投资，有力地推动了经济景气的再现。1963 年和 1964 年的日本经济年增长率再次超过两位数，因而被称为“奥林匹克景气”。

作为经济迅速发展的成就，1964 年日本的粗钢生产超过联邦德国，居世界第三位；1965 年日本的汽车产量达到 190 万辆，居世界第四位；1965 年，重化工业产值在国民生产总值中的比率达到 57%，出口比率达到 45%。特别是在交通方面，以时速超过 200 公里的高速铁路东京—大阪“东海道新干线”为中心，首都高速公路、名古屋—神户高速公路等交通网在东京奥运会之前通车。1964 年，日本不仅成功地举办了东京奥运会，而且也加入了以发展经济、援助发展中国家、扩大贸易自由化为目标的经济合作与发展组织（OECD），在赋予资本自由化义务的同时，日本成为发达国家中的一员。

佐藤长期政权

佐藤荣作内阁

1964 年 10 月，池田勇人因癌症不得不辞去首相职务。在佐藤荣作、河野一郎、藤山爱一郎三名候选人中，鉴于财界和吉田茂对佐藤的支持，池田指定佐藤荣作为其继任者。尽管佐藤批评池田内阁过分重视高速增长的经济政策，并提出“社会开发”的口号，即将社会摩擦减少到最低程度，将经济高速增长转为稳定增长，同时与国民福利直接联系起来，但经济依据其惯性仍然处在高速增长状态，而且在经济出现萧条时佐藤内阁不惜利用发行国债的方式恢复经济景气。

从 1964 年 10 月开始，日本经济出现萧条局面，其主要原因是过度设备投资引起劳动力及开工率的不足。企业利润大幅度减少，1964 年度破产的企业比上一年度增加了 1.3 倍。1965 年 3 月，日本山阳特殊钢材公司负债 500 亿日元，宣布倒闭，是战后日本最大规模的破产企业。同年 5 月，四大证券公司之一山一证券公司出现经营危机，累计亏损额达到 262 亿日元，为其 80 亿日元资本金额的 3 倍多，客户竞相解除与该公司的投资信托合同，其风潮很快蔓延到其他证券公司。

为挽救证券业，并刺激经济恢复景气，日本银行在不断降低利率的同时，对山一证券公司提供特别融资。另外，政府也采取了通过增加财政支出刺激经济增长的措施，其中包括增加 2100 亿日元财政投融资、追加 1850 亿日元公共事业投资规模、降低法人税、发行建设国债甚至赤字国债等。发行国债是从 1949 年“道奇计划”以来首次打破政府财政收支平衡原则的举动，也是积极利用财政干预经济的体现。

在政府和企业的努力下，经济迅速恢复景气。从 1965 年 10 月到 1970 年 7 月，日本出现了长达 57 个月的经济繁荣，年均实际经济增长率为 11.6%，新闻界以创造日本国土之神将其命名为“伊奘诺景气”。1965 年，日本国民生产总值排在美国、联邦德国、英国和法国之后，居发达国家第 5 位。到 1968 年，日本国民生产总值已超过联邦德国，成为仅次于美国的第二大经济强国。1970 年，大阪举办了万国博览会，有 77 个国家参加，6400 万人次参观。

支持这一轮经济高速增长的原因除政府积极的财政扩张政策、较高的国民储蓄率保证了社会资本的充实、较高的教育水平提高了劳动力的素质并推动了技术革新的实施、廉价石油能源的广泛利用、以美国为首的西方发达国家经济出现繁荣局面、美国侵略越南战争的不断升级引发“特需”之外，特别值得一提的两个因素是出口急剧增加和“消费革命”继续升温。

如同前述，60 年代初，日本逐渐实行贸易自由化体制，到 1963 年 8 月，贸易自由化率已达到 92%，到 1965 年 10 月，汽车也实行了进口自由化。除武器、麻药、粮食等 39 种物资外，其贸易自由化程度基本达到先进国家水平。虽然贸易自由化对日本国内一些企业造成了竞争和冲击，但总体上有益于日本扩大出口，而且也促进了国内商品生产水平的提高。60 年代中期以后，日本出口态势强劲，出口总值由 1967 年的 106 亿美元跃升到 1971 年的 247 亿美元，年均增长率达到 20%，外汇储备也由 20 亿美元增长到 44 亿美元。

60 年代中期以后，以彩色电视机、空调、汽车为主的耐用消费品成为国民的追求对象，被称为“3C 革命”，其消费年均增长率达 17.5%。1970 年，家庭汽车拥有量就达到 878 万辆，彩电 640 万台，空调、音响等则迅速向一般家庭普及。到 1971 年，居民每千人汽车拥有量为 200 辆以上，彩色电视机的普及率为 84%。

在经济高速增长的基础上，日本在 60 年代末逐渐实现了资本自由化，即外国资本可以自由进入日本国内且日本企业对外投资自由。为应付资本自由化带来的影响，日本企业通过合并、增加设备投资、经营合理化等措施，提高了自身的国际竞争能力。与此同时，日本企业加快对外投资的步伐，其数额从 1965 年的 9 亿美元增加到 1970 年的 36 亿美元，投资的重点是这一时期陆续采取出口导向工业化政策的东南亚各国。

与池田勇人内阁的经济外交相比，佐藤荣作内阁在外交上不仅活动更多，获得的成果也较为突出，但由此引起了国内政治势力之间，特别是执政党与在野党之间的对立。

在外交方面，佐藤政权也取得较好成绩。首先在 1965 年，日本与韩国签订《日韩基本条约》及其他协定，结束了两国间自 1952 年开始的长期谈判，恢复邦交正常化。另外在冲绳行政权回归日本问题上，佐藤政权也做出了积极的姿态。自占领结束后，冲绳作为美军的重要基地，一直处在美国政府的控制之下。佐藤上台之前曾表示解决冲绳问题，1965 年 1 月访问美国时提出归还冲绳的要求，美国政府表示理解。同年 8 月，佐藤作为战后首次访问冲绳的首相，表示“只要冲绳尚未回归祖国，战后就没有结束”。1969年尼克松当选美国总统后，为换取日本自动限制向美国出口纺织产品的数量，在冲绳行政权回归日本问题上表现出了松动，发表了同意三年后归还的日美共同声明。1971年，两国正式签署了冲绳行政权归还日本的协定。

革新自治体

作为19世纪80年代内阁制度形成后任期最长的首相，佐藤执政长达7年零8个月。其原因除内政、外交的成就外，还得益于自民党内党人派势力的减弱以及在野党的多党化。佐藤上台执政以后，以大野伴睦、河野一郎为中心的著名党人派政治家相继去世，党内新一代领导人尚未成熟，再加上佐藤善于利用人事平衡党内派系，因而巩固了佐藤在党内的主导地位。

另一方面，革新政党社会党受到“总评”工会的控制，而“总评”主要以国营企业的工会组织为主，因而社会党扩大社会基础的目标难以实现，没有将工业化、城市化带来的城市新增人口纳入自己的动员体系，遂为其他政党的出现和发展留有较大的余地。于是，从社会党分裂出去的民社党在众议院的席位从1960年的17席增加到1969年的32席，日本共产党的席位也从1963年的5席增加到1969年的14席，1964年成立的公明党在1967年的大选中获得25个席位，在1969年进一步增加到47席。尽管自民党在国会议员选举中的得票率也有所下降，但在野党的多党化及其相互之间的矛盾减轻了自民党的外部压力，因而增强了佐藤的执政基础。

但是，佐藤政权也存在许多问题。首先在外交方面，佐藤为实现冲绳的回归，过分追求与美国的关系，不仅支持美国的越南战争，而且对中国实施封锁政策。虽然佐藤刚刚上台时表示重视中国问题，但随即在1964年11月拒绝中国共产党代表团访问日本。1965年，佐藤首相访问美国时攻击中国“威胁世界和平”，接着阻挠中日青年友好联欢活动。1969年以后，佐藤政权更是破坏中日两国的民间交流及贸易往来，相继发表敌视中国的言行，拼命抵制恢复中国在联合国的合法席位等，结果引起中国以及日本有识之士的强烈不满。

其次，急速的城市化以及过度的人口集中，造成严重的交通与住宅问题：汽车的普及不仅引发频繁的交通事故，而且也造成噪音、大气污染等公害问题，同时还有交通堵塞问题。佐藤政权在1965年设置了厚生大臣的咨询机构——公害审议会，并根据该审议会提出的咨询报告在1967年制定了《公害对策基本法》，

1970 年又对该法进行了修正，1971 年专门设置了新的行政机关——环境厅。尽管如此，以大气污染、水质污染、噪音污染及地盘下沉为代表的公害问题并没有得到及时的解决。

再次，城市中心房价过高，普通市民难以购买，而远离城市中心地区存在交通不便等问题。住宅问题连同上述公害、交通等问题引发了保护环境及个人生活的大规模市民运动。在野党借机攻击自民党政权的失败，从而受到广大城市选民的欢迎，较多的地方自治体被社会党或日本共产党等革新政党所掌握，所以这些地方自治体也被称为“革新自治体”。在 1971 年的统一地方选举中，由社会党与日本共产党组成的“革新统一阵线”推荐的候选人，在 5 个都道府县、34 个城市、17 个町村获得胜利，并担任东京、大阪、京都、横滨等特大城市的行政长官。

最后，高等教育虽获得迅速发展——从 1960 年到 1967 年，日本的大学从 245 所增加到 369 所，在校学生也从 67 万增加到 116 万，但在教育体制、教学设备及内容、管理水平等方面存在许多问题，而且学费偏高。因此，从 60 年代中期开始就不断出现学生与学校当局的纠纷，1968 年终于爆发为席卷全日本的“校园斗争”。佐藤政权不仅动用警察将学生运动镇压下去，而且在国会中通过了《大学运营临时措施法案》，加强了政府对大学的管理。然而激进的左翼学生组织了“中核派”“赤军派”等极端团体，进行武装斗争。1970 年 3 月，“赤军派”成员将一架日本航空公司飞机“淀”号劫持到朝鲜。1972 年 2 月，“联合赤军”成员占据轻井泽的浅间山庄，与警方进行枪战。

两党激烈对抗

在整个 60 年代，由于社会党意识形态逐渐加强，因而一直保持了战斗姿态，日本政坛上两党对抗的色彩浓厚。

在 1958 年 5 月的大选中，统一后的社会党得票率增加了 2.6 个百分点，所获得的选票也增加了一百多万张，议席增加 10 个，在众议院的总席位达到 166 席，议席占有率上升为 36%，为历史上最好的成绩。尽管如此，由于离选举前社会党第 14 次大会决定的“获得过半数议席”“建立社会党政权”的目标相差甚远，因而引起该党内部极左派的强烈不满与批评。他们指责党的纲领暧昧、党领导的主体性不强、对抗现体制的意识不明确，是导致此次选举失败的主要原因。

以西尾末广为首的极右派则认为社会党被“总评”工会独家控制，失去了国民政党的性质，才是失败的根本原因。当时正值“反安保斗争”兴起之际，西尾又公开发表了“日美安全保障条约虽有不完善的地方，但有利于我国安全”的谈话，结果受到党内谴责处分。西尾遂率其支持者退出社会党，在1960年2月14日成立民主社会党（后称“民社党”），当时拥有41名众议院议员和18名参议院议员。

右派社会党人退党后，在某种程度上增加了社会党的纯洁性，使该党更为积极地领导了1960年上半年的“反安保斗争”。尽管这一斗争未能阻止国会审议通过“新日美安保条约”，但社会党在国民中的声望继续呈上升态势。在1960年11月举行的大选中，社会党增加了23个议席，而民社党却从众议院解散前的40席下降到17席。

1960年底，社会党在总结“反安保斗争”和三池煤矿劳资纠纷的经验教训时，党的书记长江田三郎等人提出了“结构改革”的观点，试图减弱社会党的意识形态色彩。江田认为在目前情况下，一方面要通过议会斗争和群众运动使国家的政策有利于劳动人民，另一方面也要通过使普通群众参加各种决策机构，对经济部门实行民主监督，部分地改变生产关系，以便和平地过渡到社会主义。江田三郎还将“美国的生活水准、苏联的社会保障、英国的议会民主、日本的和平宪法”作为社会主义政党的奋斗目标，但其观点受到社会党主流派的严厉批判。

为统一党内思想，弥补右派退出社会党后“55年统一纲领”的局限性，社会党在1966年第27次党代表大会上通过了题为《日本走向社会主义道路》的纲领性文件。该文件将社会党规定为“领导社会主义革命”的阶级性群众政党，并强调指出“现在是从资本主义向社会主义过渡的时代”。虽然战后日本的国家垄断资本主义得到空前迅速的发展，但资本主义的基本矛盾也开始激化，出现了“繁荣中的贫困”现象。福利国家“不过是一种延缓资本主义寿命的政策”，“社会主义制度日益显示出其优越性”。在工人阶级取得国家政权初期，“必须实行某种形式的阶级统治”等。

尽管“反安保斗争”之后，池田内阁实施的《国民收入倍增计划》将国民的注意力吸引到了经济问题上，群众运动开始转入低潮，但社会党仍然保持着战斗姿态，并利用国会这一政治舞台，与执政的自民党展开针锋相对的斗争，甚至达到只要是自民党提出的法案就要反对的程度。因此，在整个60年代，自民党与社会党的激烈对抗成为国会活动的主要内容。在某些涉及两党基本政策方针的法案上，更是常常因为自民党的强行表决以及社会党的顽强抵抗而引起混乱，使得正常的国会审议活动被迫中止。例如1961年第38届通常国会的《政治暴力防止法案》、1963年第43届通常国会的《失业对策修正法案》、1965年第48届通常国会的《农地补偿法案》、1965年第50届临时国会的《日韩基本条约法》、1966年第51届通常国会的《国民节庆日修正法案》以及1967年第56届临时国会的《健康保险特例法案》等等，都是引起两党激烈冲突的法案。据统计，在60年代的每一届国会中，自民党都要强行表决一到两次。

自民党与社会党对抗最为激烈的是1968年12月开幕的第61届通常国会。由于在该届国会上提出的法案多为执政党与在野党对立的法案，因而在社会党的拼命抵抗下，包括《提高国铁运费法案》《公务员总定员法案》《大学临时经营措施法案》《防卫法修正案》在内的13项重要法案是被自民党强行表决通过的。尽管该届国会会期被自民党单独决定延长了72天，但仍然有50个与国民生活密切相关的法案因审议未了而成为废案，致使该届国会的法案通过率只有55.7%，为战后最低数字。

社会党与自民党激烈抗争的政治格局在某种程度上对经济高速增长也起到了重要的推动作用，这首先体现在社会党的挑战以及社会党领导下的国民运动迫使执政的自民党从“政治优先主义”转向“经济优先主义”上，正如岸信介政权和鸠山一郎政权注重修改宪法、重整军备转向池田勇人政权和佐藤荣作政权对经济高速增长的强调那样；其次，在社会党及广大国民的压力下，自民党注意借鉴社会党的主张，完善社会保障制度及福利制度，既推动了经济的发展，又侵蚀了社会党的社会基础。其中最具有代表性的政策是自民党政权在60年代初实现的全体国民均参加健康保险和养老金保险制度；另外，针对来自社会党及其支持团体“总评”工会的压力，自民党政权不断采取措施，尽可能将工人运动变为体制内的斗争。从1954年开始的“春季争取提高工资的斗争”（春斗），实际上是工会组织从反体制运动向在资本主义体制下提高生活水平的目标的转换。池田内阁时政府出面与工会组织谈判，逐渐将“春斗”演变成协商体制；最后，社会党的战斗性姿态及其对执政党的监督有助于市场经济的合理化，在一定程度上起到防止政治腐败泛滥的作用。

但是，社会党僵化的意识形态及其战斗性姿态限制了其社会基础的扩大。首先，随着工业化、城市化的迅速发展，大批农业人口流入城市，成为工薪劳动者，参加工会的工人也从1949年的666万人增加到1975年的1247万人，但组织率却从55.8%下降到34.4%；另一方面，50年代中期开始的经济高速增长和劳动生产率的提高，使工人的实际收入也随之大幅度增加。1966年工厂劳动者的年工资增长率为10.6%，1970年为18.5%，1974年达到创纪录的32.9%。由于社会党没有根据现实情况及时调整自己的纲领和策略，致使其在选民人数从战后初期到70年代中期增加一倍、即从4000万上升到近8000万的状况下，未能扩大自己的支持面，在历届大选中的得票数量一直保持在1000万张左右，而且稳固的组织票仅占三分之一。更为重要的是，社会党一味追求与自民党抗争的做法有时会引起选民的反感，例如社会党在第61届国会上的激烈对抗，使其在1969年举行的大选中的议席数从上一届的141席骤然下降到80席。

实际上，自民党也没有扩大自己的社会支持基础。在整个60年代，自民党在大选中的得票数保持在2300万张左右。未被自民党、社会党吸收的新选民或新城市选民成为其他政党的支持者，尤其是创价学会支持的公明党。创价学会是信奉佛教日莲正宗的宗教团体，成立于1930年，战时遭到政府镇压。战后重建时仅有数百户信徒，但到70年代初达到七百多万户。创价学会发展迅速的主要原因除以“折伏”为代表的信徒努力传教外，还在于适应了大量农村居民迅速流入城市的社会结构变化。这些城市新居民面对举目无亲、难以就业、居无定所、生活节奏较快、收入低下等困难，渴望他人的交流与帮助，创价学会在满足他们这种愿望的同时，又通过选举自己的政治代表进入各种立法机构，使他们产生政治平等感，因而推动了自身政治势力的增长。

1955年，创价学会参加地方议会选举，当选53名地方议员。1956年，参加参议院议员选举，当选3名参议员。1961年成立“公明政治联盟”，1964年发展为公明党，1967年首次参加大选，在众议院获得25个席位，1969年进一步上升到47席。在参议院的席位也增加到24个，成为国会中的第三大党。

和平主义思潮

自1945年第二次世界大战结束到20世纪70年代，和平主义思潮在日本社会文化中占主流地位。其原因一方面是战后初期以美国为首的盟军总部在日本实施的“非军事化、民主化改革”对日本国民的思想意识产生了较大影响，另一方面，日本国民亲身经历的战争灾难，特别是唯一遭到原子弹轰炸的经历，使其自然产生追求和平与民主的意识。1945年12月，美国“战略攻击调查团”在日本所做的舆论调查表明，普通日本国民在回答如何看待战败时，最多的答案是“日本将变成和平国家”以及“要清除军国主义者和军国主义思想的统治”，其比例占22%，表示难以回答和不清楚的也占22%，主张“要使日本更加民主”的达到20%，主张“削弱地主及垄断资本家的力量”“消除阶级差别”的达到12%。另外，根据《每日新闻》在1946年5月27日所做的民意调查，认为“放弃战争条款是必要的”的人高达70%，认为不必要的仅占28%。正是在这种社会思潮的基础上，吉田茂首相在国会答辩中认为，宪法第九条有关放弃战争的条款也就意味着日本放弃了自卫权。

与此同时，战时许多被解职的具有自由主义意识的知识分子重新回到教坛或再次活跃在舆论界，例如东京大学的矢内原忠雄、大内兵卫，京都大学的泷川幸辰。另外许多信奉自由主义的杂志复刊或创刊，例如《中央公论》《改造》《世界》等，形成了自由探讨问题的舆论阵地，并产生了丸山真男的政治学、川岛武宜的社会学、大塚久雄的经济史学。特别是发表在1946年5月号《世界》上的丸山真男的论文《超国家主义的逻辑与心理》，对战前超国家主义的思想结构与心理基础进行了实证性分析，并与西欧的政治思想史加以比较，对社会产生了较大影响。1950年，围绕对日媾和问题，以东京大学校长南原繁、教授大内兵卫、《世界》主编吉野源三郎、知名学者安倍能成为中心组成“和平问题研究会”，并发表了《关于媾和问题的声明》，明确提出“全面媾和、经济自立、中立不可侵犯、反对向外国提供军事基地”的四项主张。

1949年4月，以民主主义拥护同盟、全日本行业工会议会等社会团体为中心，联合文化知识界人士召开“拥护和平大会”，开始有组织的和平运动。1950年5月，响应“拥护和平世界大会委员会”开展签名运动的号召，日本各界在《斯德哥尔摩宣言》上签名者多达645万人。1951年7月，以“总评”工会和宗教团体为核心，组成了全国性政治团体“日本推进和平国民会议”，提出保卫和平宪法、坚持全面媾和和中立、反对重整军备、反对缔结军事协定、保障言论集会结社自由五项主张。

在文学艺术方面也出现了不少反思战争、追求和平的作品。例如描述原子弹轰炸灾难的小说有永井隆的《长崎的钟》、太田洋子的《横尸遍野的城市》、原民喜的《夏之花》等；反映战争残酷及其精神后遗症的小说有大冈升平的《俘虏记》、大佛次郎的《归乡》等；电影作品有关川秀雄导演的《广岛》、今井正导演的《待到重逢时》、木下惠介导演的《二十四只眼睛》、市川昆导演的《缅甸的竖琴》等。这些反对战争、特别是描述原子弹惨剧的文学艺术作品引起强烈的感情共鸣。

日本国民的和平主义思潮主要体现在反对以基地为代表的《日美安全保障条

约》、反对核武器、反对越战等方面。

旧金山媾和条约生效以后，美军继续驻扎在日本。到1953年3月，美军在冲绳以外日本本土的基地仍有658处，占地近1300平方公里。这些基地不仅给当地居民的生活和经济带来严重影响，而且也时刻提醒日本国民再次被卷入战争的危险。例如1955年的一项舆论调查表明，有19%的人认为驻日美军能起到在战争中保卫日本的作用，而43%的人却认为美军在日本的驻扎反而会使日本卷入战争。有29%的人认为日本是一个“优秀的独立国家”，但多达43%的人却认为日本“如同殖民地一样”。正是在这种意识的基础上，50年代出现了广大日本国民接连不断反对美军基地的斗争，其高潮就是1960年反对“新日美安保条约”的国民运动。甚至在1959年围绕“砂川基地冲突”的判决中，地方法院做出了《日美安保条约》违背宪法精神的判决。

1954年3月，美国在南太平洋比基尼环礁试验氢弹，在附近海域进行捕捞作业的日本渔船“第五福龙丸”全体船员和捕捞的金枪鱼均遭到放射性尘埃污染，其中一人回到日本后很快不治身亡。该事件经过媒体的报道后，引起日本国民的恐慌，担心广岛、长崎的惨祸重演。同年5月，东京都杉并区的家庭主妇发出“禁止原子弹氢弹签名运动”的呼吁书，迅速得到社会各界的响应，到年底已征集到2000万人的签名。1955年8月，广岛召开第一届“禁止原子弹氢弹世界大会”，共有14个国家参加。同年9月，日本成立全民性的反对核武器团体“禁止原子弹氢弹协议会”。受其压力，1956年2月，国会众参两院罕见地通过了自民党和社会党共同提出的“要求禁止核试验决议案”，1958年4月又一致通过了“禁止原子弹氢弹协议”。

1965年2月，美国将侵越战争扩大到越南北方后，日本各界纷纷开展反战运动。同年6月，阿部知二、中野好夫及日高六郎等文化界人士呼吁的“反对侵越国民行动日”，仅主会场参加人数就有7万人，日本各地的游行示威达到“反安保斗争”以来的最大规模；1966年10月，在“总评”和“中立劳联”等工会组织的发动下，91个行业工会的308万人举行了日本历史上的第一次反战罢工。除此之外，也有许多由著名人士发动的反战市民运动，例如作家小田实等人成立“越南和平市民联合”、学者和田春树发动市民向美军在日战地医院呼吁反战等。

但值得注意的是，70年代以前的和平主义思潮在很大程度上是出自作为受害者对战争的厌恶以及对和平的渴望，并没有深刻反省作为加害者参与的侵略战争及其对东亚邻国带来的巨大灾难。正如佐藤忠男在评价战后初期影视作品时所说的那样，“这个时期的影视等直观性作品虽然唤起了朴素的厌战和反战意识，但却仅仅强调日本人自身受到的侵害，客观地反映了日本人反思战争的方式”。历史教科书内容的变迁典型地反映了这一点。

占领时期在盟军总部的指令下，文部省主持编制的小学、初中、高中历史教科书中均有对邻国进行侵略的词汇，1947 年文部省颁布的《学习指导要纲》也明确写道“太平洋战争是侵略战争”。但 1951 年 7 月，文部省修订《学习指导要纲》后，高中《日本历史》课本中的“侵略”改写为“进出”。1952 年和 1953 年，吉田内阁两次修改《文部省设置法》，扩大了文部省和文部大臣的权力，即“文部省是国家权力机关，对学校教育所有行政事务负有责任”，教科书审定权力“永久归文部大臣所有”。文部省于 1958 年修订小学《学习指导要纲》，1960 年修订高中《学习指导要纲》，指示将战前日本的对外侵略全部改写为“进出”。从此以后，不仅“侵略”一词，而且有关“731 部队”、随军慰安妇、南京大屠杀、“三光政策”等战争罪行的词汇也逐渐在教科书中消失。尽管屡遭刁难的进步史学家家永三郎在 1965 年提出诉讼，状告教科书审定制度违反宪法，但旷日持久的诉讼并没有阻止政府在模糊过去日本对外战争的侵略性质及其犯罪史实上的倾向。

田中角荣政权

中日邦交正常化

进入 70 年代以后，国际局势发生较大变化。越南战争对美国经济产生了严重影响，其国际收支恶化，美元与黄金直接挂钩的固定汇率难以为继。另一方面，因日本和德国经济实力迅速增加而带来的巨额贸易顺差也引起美国的不满，特别是佐藤内阁未能在纤维贸易问题上及时向美国做出让步，致使美国政府在事先并未通告日本的情况下，在 1971 年 7 月突然宣布尼克松总统将访问中华人民共和国。同年 8 月，尼克松总统发表“新经济政策”声明，其主要内容为停止美元兑换黄金，并对进口商品一律征收 10% 的进口附加税，其意图是迫使日元升值。结果日元被迫在同年年底升值，从 360 日元兑换 1 美元变为 308 日元兑换 1 美元。“越顶外交”及“新经济政策”对一味追随美国的佐藤政权以及日本经济的打击可想而知，史称“尼克松冲击”。

1972 年 5 月，美国将冲绳行政权归还日本的协定正式生效。6 月，内外交困的佐藤首相宣布辞去自民党总裁和政府首相职务。当时准备竞争其职务的候选人有福田赳夫、田中角荣、大平正芳、三木武夫、中曾根康弘等人，其中福田和田中的实力最强。本来佐藤将福田视作自己的接班人，决意在自己任期届满后推荐其接任自民党总裁和政府首相，但田中对此不服，依靠雄厚的政治资金暗中积极发展自己的势力，并不断与福田明争暗斗。结果在自民党总裁选举中，田中以较大的优势战胜福田。只有小学毕业文化程度、平民出身、年仅 54 岁的田中出任内阁首相，不仅打乱了自民党内按资排辈的惯例，而且也埋下了所谓“角福战争”的隐患。

尽管中日恢复邦交正常化是两国人民长期以来的愿望，并且双方为此进行了不懈的努力，但在美国的压力下，日本政府不能越雷池一步，反而追随美国，对中国采取敌视或对中日邦交正常化持消极态度。但是在美国对华政策发生变化、特别是尼克松总统访华后，日本国内各种政治势力和社会团体为恢复中日关系正常化积极活动，中国政府也采取了相应的积极态度。鉴于这种形势，田中就任首相后第一次会见新闻记者时公开表示：“日中邦交正常化的时机业已成熟，我要认真地处理这一历史性课题。”即使如此，田中首相仍然首先赶到夏威夷与美国总统会谈，双方在确认维护《日美安全保障条约》重要性的同时强调指出：“（美国）总统最近访问中华人民共和国和苏联是意义深远的第一步。同时希望，（日本）总理大臣不久访问中华人民共和国，也将会有助于亚洲局势的缓和。”

1972 年 9 月 25 日，田中首相等人访问北京，经过多次磋商，同中国政府共同发表了联合声明，宣布日本对战争给中国人民造成的重大损害表示深刻的反省，中国放弃战争赔偿要求，日本充分理解、尊重中国政府关于台湾是中华人民共和国领土不可分割的一部分的立场，两国关系正常化。同时，日本外相大平正芳宣布终止日本与台湾之间的官方关系。

《中日联合声明》签字仪式在北京人民大会堂举行，图为签字后周恩来总理（右）与日本首相田中角荣（左）互换文本。

原始文献

中日联合声明

1972年9月25日，中日共同发表联合声明，就一些双方共同关注的问题达成一致，中日关系解冻。声明中尤可注意的是对台湾问题和日台条约的相关条款。大平外务大臣表示“日本政府的见解是，作为中日关系正常化的结果，日华和平条约失去了存在的意义，承认其结束”。

中日两国是一衣带水的邻邦，有着悠久的传统友好的历史。两国人民切望结束迄今存在于两国间的不正常状态。战争状态的结束，中日邦交的正常化，两国人民这种愿望的实现，将揭开两国关系史上新的一页。

日本方面痛感日本国过去由于战争给中国人民造成的重大损害的责任，表示深刻的反省。日本方面重申站在充分理解中华人民共和国政府提出的“复交三原则”的立场上，谋求实现日中邦交正常化这一见解。中国方面对此表示欢迎。

中日两国尽管社会制度不同，应该而且可以建立和平友好关系。两国邦交正常化，发展两国的睦邻友好关系，是符合两国人民利益的，也是对缓和亚洲紧张局势和维护世界和平的贡献。

（一）自本声明公布之日起，中华人民共和国和日本国之间迄今为止的不正常状态宣告结束。

（二）日本国政府承认中华人民共和国政府是中国的唯一合法政府。

（三）中华人民共和国政府重申：台湾是中华人民共和国领土不可分割的一部分。日本国政府充分理解和尊重中国政府的这一立场，并坚持遵循波茨坦公告第八条的立场。

（四）中华人民共和国政府和日本国政府决定自一九七二年九月二十九日起建立外交关系。两国政府决定，按照国际法和国际惯例，在各自的首都为对方大使馆的建立和履行职务采取一切必要的措施，并尽快互换大使。

（五）中华人民共和国政府宣布：为了中日两国人民的友好，放弃对日本国的战争赔偿要求。

（六）中华人民共和国政府和日本国政府同意在互相尊重主权和领土完整、互不侵犯、互不干涉内政、平等互利、和平共处各项原则的基础上，建立两国间持久的和平友好关系。

根据上述原则和联合国宪章的原则，两国政府确认，在相互关系中，用和平手段解决一切争端，而不诉诸武力和武力威胁。

（七）中日邦交正常化，不是针对第三国的。两国任何一方都不应在亚洲和太平洋地区谋求霸权，每一方都反对任何其他国家或国家集团建立这种霸权的努力。

（八）中华人民共和国政府和日本国政府为了巩固和发展两国间的和平友好关系，同意进行以缔结和平友好条约为目的的谈判。

（九）中华人民共和国政府和日本国政府为进一步发展两国间的关系和扩大人员往来，根据需要并考虑到已有的民间协定，同意进行以缔结贸易、航海、航空、渔业等协定为目的的谈判。

——选自田桓主编：《战后中日关系文献集（1971—1995）》，中国社会科学出版社，1997年，第110—111页。

※ 试从中日联合声明对“结束战争状态”“放弃战争赔偿”的表述看中日之间的分歧。

日本列岛改造论

在国内政策方面，田中上台执政前夕发表了《日本列岛改造论》，其主要内容是：为进一步推动经济的高速增长，同时针对产业过于集中于太平洋沿岸地区而造成的环境污染、交通状况恶化等问题，提出三大改革措施，即重新调整工业布局、建设一批拥有25万人口的新城市、建设新干线等高速交通工具。在消除人口过密或过疏及其弊端的同时，“能够使城乡的差距以及临太平洋地区和临日本海地区的差距必然消失”。为实现其目标，通产省、自治省、建设省等政府机关均提出新城市计划，并将全日本分为工业移动地区、工业诱导地区和维持原状地区。此后，田中内阁为实施“列岛改造计划”而制定了大规模的1973年度政府预算方案。一般会计的预算总额比上一年度的最初预算总额增加了25%，增长率为战后最高，公共事业费也比上一年度增加32%。

尽管由于大企业的强烈反对，向地方分散工业的措施未能顺利进行，但拥有雄厚资金的企业大肆抢购那些将来有可能成为工业或住宅用地的土地，结果导致土地价格大幅度上涨。住宅用地价格上涨幅度超过工业用地价格上涨幅度，不仅通过房租价格上涨直接推动了消费物价上涨，并且通过增加生产成本以及土地保有者的资产增值从而扩大消费等多种途径推动了消费物价的上涨。据日本银行当时公布的数字，1972年11月的批发价格指数比前一个月上升2.3%，是自1952年以来的最高纪录。社会党、共产党等在野党批评“日本列岛改造论”导致了严重的通货膨胀，并引起选民的共鸣。

因此，虽然田中内阁实现的中日邦交正常化得到社会各个阶层的欢迎和支持，但在1972年12月举行的大选中，自民党惨遭失败，比选举前减少28个议席，只得到271个，是建党以来的最低数字。与其相反，社会党和共产党分别增加31个和24个议席。田中内阁为增加执政党的议席，准备向国会提出实施小选区制的《公职选举法修正案》，结果进一步引起在野党及社会舆论的反对，国会审议活动被迫停止，长达280天的通常国会几乎没有通过任何有关列岛改造的法案。

第一次石油危机

1973年10月，第四次中东战争爆发，石油输出国组织为打击以色列及其盟国，宣布减少石油产量，同时将石油价格由每桶2.8美元提高到11美元，被称为“石油冲击”。战后廉价石油的广泛利用使日本对石油能源的依赖率从1953年的18%上升到1973年的78%，其中83%的石油来自中东地区。受其影响，已经为通货膨胀所困扰的日本国内物价如脱缰之马飞速上涨。1973 年的批发物价上升 30%，消费物价上升 20%，由此引发抢购风潮，包括卫生纸、洗衣粉在内的生活用品普遍脱销。

面对上述严峻形势，田中首相被迫采取紧急对策，首先任命自己的死对头福田赳夫为大藏大臣，将官定利率从 4.25% 提高到 9%，同时编制紧缩性财政预算。其次，在国会两院中迅速通过《稳定国民生活紧急措施法》和《石油供求合理化法》，赋予行政机关控制物价的权力。另外，派遣副首相三木武夫访问中东国家，寻求稳定的石油供应。1974 年 1 月，田中首相访问东南亚国家，试图与该地区各国建立更为密切的经济合作关系，但因贸易不平衡和资源掠夺引起的自然破坏，田中首相的访问遭到当地居民的强烈抗议。

尽管田中内阁采取了许多措施，但日本的物价在 1974 年初仍持续大幅度上升，各界群众不断举行抗议活动，大规模的罢工导致交通停滞或中断。田中内阁的支持率迅速下滑，从该内阁成立之初的 62% 下降到 1973 年 11 月的 22%，到 1974 年 3 月进一步下降到 17%。为应付 1974 年 7 月的参议院选举，自民党不仅从

1973 年 10 月底，大阪郊外千里小区 200 名家庭主妇看到超级市场降价出售卫生纸的小广告后，在店家开门后一个小时内将一个星期的库存抢购一空。当地一家报纸刊登了一篇题为《主妇抢购两年使用量的卫生纸》的报道，结果“手纸不足”的传言迅速蔓延到日本各地，并掀起一阵“抢购风潮”。抢购的对象也很快波及洗涤剂、砂糖、食盐、煤油及煤气等物品，这一骚动一直持续到 1974 年 2 月。

银行贷款投入巨额费用，而且动员企业强制员工投自民党的票。尽管如此，该党在改选的 70 个议席中只得到 62 席，总议席也比上一届减少 10 个。

福田赳夫在选举活动中对田中角荣进行了猛烈的批判，统帅自民党内一个小派系的三木武夫也因在选区候选人问题上与田中产生严重的对立，选举后两人立即分别辞去大藏大臣和内阁副首相的职务，并公开批评田中的“金钱政治”，要求进行“党内改革”。继而党内反对派组成“重建议员联盟”，向田中首相施加压力。同年 10 月，《文艺春秋》杂志刊登了评论家立花隆的文章《田中角荣研究——其资金来源与人事关系》，揭露了田中经营的企业内幕及其收集、分配政治资金的不正当手段。社会舆论对田中首相的批判骤然增加，其内阁支持率进一步下降到 12%，不支持率上升为 69%，田中在万般无奈的状况下不得不在 11 月宣布辞去首相职务。

政界的混乱

三木武夫内阁

自民党推出三木武夫作为田中之后的政府首相，是希望借助其“清廉”“诚实”的形象恢复该党在国民中的威信，同时避免自民党发生分裂。但三木武夫率领的派系在党内人数较少，为稳定政权，他不仅在内阁成员的构成上尽量做到派系平衡，而且采取改革措施，清除政治资金丑闻和经济行为不公正问题。

首先，三木内阁向国会提出《政治资金限制法修正案》和《公职选举法修正案》，主要内容是限制政治资金的数额、政治资金公开化、鼓励个人捐献政治资金、增加选举中的公共开支、严厉惩罚违法选举活动等。尽管两法案给自民党带来许多不利，但在社会舆论的压力下，仍然得到国会的审议通过。其次，三木内阁提出了限制大企业不当行为的《禁止垄断法修正案》，但由于遭到“财界”和党内保守派的强烈反对，最终没有通过国会的审议。再次，三木内阁还通过了“防卫费不得超过当年国民生产总值 1%”的规定，也引起党内部分鹰派议员的不满。

1976 年 2 月，美国参议院传出美国飞机制造商洛克希德公司为向日本航空公司推销该公司生产的飞机曾贿赂日本政府高官的消息，三木首相下令追查。结果查明田中角荣任首相时利用职权指示运输大臣购买其飞机，同时暗中接受 5 亿日元的资金，田中前首相因违反外汇法嫌疑被捕，震惊日本政坛的“洛克希德案”由此曝光。6 月，河野洋平等 6 名国会议员不满党内腐败，退出自民党，组成“新自由俱乐部”。

本来三木武夫采取的“修正资本主义”措施就已引起党内的不满，对“洛克希德案”的追查更是遭到党内多数议员的反对，因为他们担心引火烧身，危及自民党的执政地位。另一方面，三木首相拒绝给予国营企业工人罢工权，在 8 月 15 日参拜靖国神社的行为也引起在野党和普通国民的不满。因此，在 12 月战后首次因众议院议员四年任期届满而举行的大选中，自民党仅获得 249 个席位，发展 8 名无党派议员加入自民党后才勉强超过半数，三木首相不得不引咎辞职。

自民党内部矛盾

1976 年 12 月，年逾古稀的福田赳夫终于登上自民党总裁与政府首相的宝座。由于自民党在众参两院的席位刚过半数，而且经济尚未恢复，福田首相不得不在“协调与合作”的口号下惨淡经营其政权。在推动经济恢复景气的同时，进行党内改革，消除派系，但此举并未产生任何效果。为获得大平正芳派系的支持，福田首相许诺“两年后将政权让给大平”，由此平稳度过了 1977 年 7 月的参议院议员选举。其后福田自食其言，双方很快因下一届总裁选举而演变成对抗关系。

在对外关系方面，1977 年 8 月，福田首相访问东南亚六国，并在菲律宾首都马尼拉发表日本对东南亚政策的“福田主义”，即日本不做军事大国、在各个领域加强日本与东南亚各国的合作、促进东南亚整个地区的和平与繁荣；1978 年，福田内阁通过了《日美防卫合作指针》，密切了日美双方的军事合作；同年 8 月，中日两国签署《中日和平友好条约》，进一步推动了双边关系的发展。

1978 年 11 月，自民党举行总裁选举。在田中派系的大力支持下，大平在首次实施的总裁预选中胜出，福田退出正式选举，获胜后的大平在 12 月组成内阁。因党内派系斗争趋于激化，大平政权十分不稳，同时因计划导入消费税以及政府特殊法人“建设公团”谎报差旅费等问题引起国民的不满，使自民党在 1979 年 10 月的大选中再次惨遭失败，党内矛盾骤然激化，选举后 40 天竟然向国会提出福田和大平两名首相候选人。尽管最终大平获得再次组阁的权力，但半年后自民党反主流派配合在野党的行动，在国会中通过了对大平内阁的不信任案，迫使后者在 1980 年 5 月解散了众议院。

在战后首次举行的众参两院同日选举中，因大平在竞选活动中突然发病去世获得了选民的同情，自民党在众参两院均获得稳定多数议席。为调和党内的派系斗争，政治能力较弱但善于协调的铃木善幸当选为自民党总裁。1980 年 7 月，铃木内阁成立。尽管铃木内阁为推动行政、财政改革而成立了“第二次临时行政调查会”，并试图通过减少发行“赤字国债”和改革公务员制度解决政府财政危机，但实际进展不大。另外，铃木首相在日美同盟问题上失言，发表该同盟“不包括军事合作”的言论，引起轩然大波。1982 年 10 月，铃木首相自动表示不再参加自民党总裁选举。

中道政党

进入 70 年代以后，50 年代形成的“保守”（自民党）与“革新”（社会党）对立的政治格局大体上变成“保守”（自民党、新自由俱乐部）—“中道”（民社党、公明党）—“革新”（社会党、共产党）三足鼎立的政治格局。另一方面，由于自民党支持率的降低，出现了执政党与在野党议席不相上下的“朝野伯仲”局面，从而刺激了在野党的执政欲望，因而不断提出排除自民党的联合政权构想，但最终也没有获得成功。

在野党不能联合起来的主要原因是社会党仍然具有浓厚的意识形态色彩，妨碍了该党与其他在野政党的合作。在整个 70 年代，较为激进的左派依然控制着社会党。因提出“结构改革”论受到党内批判的江田三郎等人在 70 年代初又提出“新社会主义、新社会党”的口号，主张社会党进行自我改造，以便实现“基于个人自由、承认多样化的价值观、工人代表参与企业决策、多元主义下的政治参与式的分权社会主义”，以此适应市民运动、革新地方自治体、工人自主管理的新潮流。江田派的观点仍然受到党内主流派的批判，江田三郎提出与公明党、民社党联合的主张也受到党内的抵制，因而身为社会党副委员长的江田被迫在 1977 年脱党，准备另行组建“社会市民联合”，但在计划实施之前江田去世。后来由其子江田五月与退出社会党的田英夫等人，在 1978 年 3 月组成了追求“自由社会主义体制”的“社会民主联合”。

社会党僵化的意识形态不仅阻碍了与其他政党的合作，而且也影响到自己实力的恢复与增长。社会党在众议院的席位从 1972 年的 118 个减少到 107 个，比 60 年代减少许多，其支持者大多转到同为革新政党的共产党一面，使后者的席位猛增到 40 个左右。具有相同社会基础的两党为争取左翼工会的支持，相互攻击，难以联合起来。

70 年代公明党的政策转变反映了其对社会党的失望。1973 年，公明党发表

《中道革新联合政权设想》，提出“反自民党、反现政权、反大资本”的基本方针，主张废除《日美安全保障条约》和“改组自卫队”，这样的政策主张接近社会党和共产党。同时，公明党还致力于与社会党、民社党的联合，争取在选举中实现“保守、革新势力的逆转”，以期建立“中道革新联合政权”。由于数次联合行动未能取得实质性的进展，从70年代末开始，公明党逐渐向右倾斜。在1978年举行的公明党第15届大会上，该党委员长竹入义胜在开幕词中提倡设立包括自民党与财界在内的“80年代基本问题研究会”，并表示公明党将在政治资金、选举制度、《日美安全保障条约》、自卫队、原子能发电等问题上采取现实主义态度，特别强调“自卫队的存在是既成事实”，废除《日美安全保障条约》要充分考虑亚太地区国际形势的变化等。对此，自民党福田赳夫首相致电表示感动，自民党干事长大平正芳发表了公明党是“友党”的谈话。

稳定增长

克服危机

1973年，因第四次中东战争爆发导致的第一次石油危机（冲击）使日本经济遭到战后最严重的打击，生产过剩与通货膨胀同时出现，1974年度的经济增长率为-1.3%。从1973年11月到1975年3月，工矿业生产指数从最高点下降20.6%，私人企业设备投资减少27.2%，商品库存增长47.8%，股票价格下跌29.7%，倒闭的企业达11681家，官方公布的失业人数达到112万人。

1973年和1974年，为控制物价、平衡国际收支，日本政府采取紧缩财政政策，但从1975年开始加大公共投资，以刺激经济恢复景气。为弥补税收不足与财政支出规模增大之间的差额，只能连年发行“赤字国债”。三木内阁时期发行国债12万亿日元，福田内阁时期的发行量为20万亿日元，大平内阁时期的发行量为28万亿日元，铃木内阁时期发行量上升到30万亿日元。国债发行额越来越多，政府财政收入中依靠国债的比例也越来越大。例如1970年时，其比例只有4.1%，1975年上升为25.3%，1979年进一步增加到34.7%。政府每年用于偿还国债本息的费用也迅速增加，1975年，其费用在一般会计年度中的支出比例只有5.3%，到1979年上升到39.6%。

在公共投资和出口的带动下，1976年和1977年的经济增长分别达到5.9%和5.8%，其后国内消费和设备投资又使1978年的增长率达到5.7%，但1978年的伊朗革命导致其石油产量骤减，再次引发世界石油价格飞速上涨，1980 年，每桶石油价格上涨到 30 美元，被称为“第二次石油危机”。日本国内的批发物价也因此迅速上升，国际收支从 1978 年的 119 亿美元顺差变为 1979 年的 190 亿逆差。由于第一次石油危机后，政府和企业均采取了许多措施，因而第二次石油危机对日本影响不大。到 1980 年，日本的国际收支出现顺差，国内物价也平稳下来。

在两次石油危机之间，政府实施了许多具体的产业政策，例如调整长期萧条产业、调整国际贸易摩擦、以节能和开发石油替代以能源为中心的综合能源对策、资助尖端技术领域的技术开发并扶植有关产业、限制公害和中小企业对策等。另一方面，企业也通过本身的努力克服了经济危机及其后经济低速增长卜的生产与销售困境。这些努力包括，通过实现节省能源与节省劳力的投入要素的最佳配合来提高劳动生产率、全面贯彻质量管理、适应多样化需求改进产品与开发新产品、适应产业结构的变化并向经营多样化转换、促进产业向尖端技术领域发展、扩大旨在实现上述目的的研究开发投资等。

经济大国

正因如此，日本经济不仅很快从危机中摆脱出来，而且在 70 年代基本处在稳中上升的状态。例如从 1973 年至 1980 年，日本经济的年均增长率为 4%，远高于法国的 2.5%、美国和联邦德国的 2.3%、英国的 0.9%。

与此同时，日本经济结构也发生了较大的变化，这首先体现在产业结构由资本集约型向技术集约型的转化上。例如从 1975 年到 1979 年之间，钢铁、石化等资本集约型产业的固定资本投资分别下降 30% 和 35%，而精密仪器、数控电机等技术集约型产业的固定资本投资分别上升 141% 和 118%。在产品上也从“重厚长大型”向“轻薄短小型”转变；其次是能源多样化，例如原子能、太阳能、海洋能等新能源得到大力开发，特别是在原子能方面，原子能发电站从 1970 年的 3 座增加到 1981 年的 23 座。

1973 年以前，国民生产总值与石油消费数量大体上同步增长，但在 1974 年到 1979 年之间，国民生产总值增长了 27%，石油消费却基本没有增长。另外，出口结构与数量以及对外投资迅速增长。第一次石油危机后，由于物价上涨，国内需求下降，政府与企业均重视扩大对外贸易。在其后的 12 年中，生产年平均增长仅为 3.1%，但出口年均增长为 8.5%，机械产品在出口中不仅增长最快，所占比例也最高。对外投资也随之迅速增加，从年均投资额上看，70 年代比 60 年代增加了 5 倍

1980年的日本汽车产量达到1100万辆，钢铁产量1.1亿吨，均为世界第一。日本的汽车制造业不仅劳动成本较低，而且节省能源，1980年一辆日产轿车出口到美国，交纳关税后的价格仍然比美国本土轿车低1700美元。同年日本对美出口汽车182辆，在美国市场的占有率从1976年的9.3%上升到21.3%。

多，投资地区也从发展中国家转向发达国家，投资领域从第二产业向第三产业转化。

1970年，日本的国民生产总值为2042亿美元，1979年增加到10085亿美元，人均产值大致与美国相等。1980年，日本的汽车产量超过美国，1981年，日本的外汇储备超过联邦德国，均居世界第一位。

保守主义思潮

日本经济的成功引起西方国家的关注，美国著名日本问题专家沃格尔在1979年撰写出版了《日本名列第一》一书。该书利用丰富的第一手资料，详细分析了日本在汲取知识、政府领导、政治结构、企业管理、基础教育、社会福利、社会治安等领域的状况，说明其成功的经验。沃格尔指出，美国应在产业贸易政策、培养精干干部、共同体展望、集体利益等方面向日本学习，同时避免压制个性、歧视少数派及失败者、鼓吹爱国主义、内部纠纷等日本固有的问题。该书出版后在日本和美国均引起较大反响。

60年代的经济高速增长和70年代的经济稳定增长，不仅使日本成为仅次于美国的经济强国，而且也使国民生活水平得到大幅度提高。1976年总理府进行的抽样调查表明，认为自己处于中等生活水平的国民约占90%。这种“中流意识”既是对现实生活基本满意的表现，也是一种维护既得利益的保守心理，即维持现存体制和秩序的观念。在此基础上形成了一股保守主义社会思潮，主要有以下几个特征。

第一，50年代及60年代和平民主主义思潮在政治目标和社会运动价值取向上的历史使命的终结。也就是说，尽管反对战争特别是防止卷入美国发动的战争的心理防线依然存在，但运动形式的锋芒已被歌舞升平的景象所磨灭，人们更注重对物质生活的追求和享受，和平民主主义的表现已经从公开的政治斗争转化为维持和发展和平生活的社会心理。其具体表现就是大规模的劳资纠纷逐渐低落，尤其是民间企业，“劳资一体”“命运共同体”意识强烈，例如在因石油危机引发的经济危机中，不仅企业实施的“减量经营”——即减少人力、物力、资金、组织——等措施得到工人的支持，而且在1975年的“春斗”中，最初工会方面提出增加工资30%以上，但最后接受了比经营者提出的15%还要低的13%。即使在国营、公营企业中，以“国铁”为首的工会组织在1975年争取“罢工权”失败后，其斗争方式也逐渐转向以劳资协调为主。从某种意义上看，这是日本能够迅速摆脱经济危机、走向稳定增长的重要原因。

第二，对保守政党及其政权抱有支持态度。自民党从50年代中期执政以来，其支持率一直处于下降趋势。其原因除不断出现的政治资金丑闻外，农业人口不断减少也是一个重要的因素。由于自民党采取有利于农民的政策，而且农村具有严密的集票组织——农业协同组合（简称“农协”），所以自民党的选票大多来自农村。70年代中期以后，自民党的支持率逐渐回升。1976年，该党的支持率为最低的25.1%，1980年上升到32.7%。这种状况在地方选举中表现得尤为突出。在1975年以前，社会党、共产党控制的地方自治体约占全日本人口的39%，但其后革新自治体接二连三地被自民党等保守势力夺回。

实际上，具有保守意识的选民大多仅关心自己身边的实际问题，例如防止公害、保护环境、消费者权利等，因而造成不固定支持特定政党的浮动选票大量增加。尽管进入70年代以后，浮动选票的比例从40%上升到60%，但绝大多数浮动选票是以自民党能否维持政权为前提。即自民党势力太强或党内爆发较大的政治资金丑闻时，持浮动选票的选民或者不去投票，或者将选票投给在野党。如果自民党政权出现危机，那么这些浮动选票又会转向自民党。1980 年大选自民党大胜的结果，虽然带有同情大平正芳去世的色彩，但也反映了选民希望维持现状、确保政局稳定的保守意识。

第三，对日美安全保障体制和自卫队的肯定。1960 年时，只有 15%的被调查者认为《日美安全保障条约》有利于日本的和平与安全，但到 1978 年，对该条约给予积极评价者多达 66%；1974 年以前，不到半数的人肯定自卫队符合宪法，但到 1978 年赞成或主张加强自卫队的人数上升到 76%。1979 年，有 90%的人希望保持自卫力量。这种保守思潮不仅推动了自民党扩充军备的步伐，而且也迫使在野党改变过去的行动纲领。例如在 1979 年 12 月和 1980 年 1 月，公明党与民社党、社会党分别发表《关于联合政权的设想》，三党一致表示鉴于国内外形势的变化，应肯定日美安全保障体制和自卫队的积极作用，并主张继续保留《日美安全保障条约》和自卫队。

第四，民族优越感增强，对自民党政权鼓吹的“新国家主义”抱认同感。日本广播协会所做的抽样调查表明，认为“出生在日本好”的人，在 1973 年占 91%，到 1983 年上升到 96%；认为“日本是第一流国家”的人，1973 年为 41%，1983 年上升为 57%；认为“日本国民比其他国民更加优秀”的人，1973 年为 60%，1983 年上升到 71%。这种民族优越感直接导致“日本人论”和“日本文化论”热出现，在 1946 年到 1978 年间，58% 的“日本人论”著作是在 1970 年以后出版的，而且此时的“日本人论”大多强调其先进性，而不像 50 年代前后多论述其后进性。

结　语

如果从经济高速增长及衰退的政治体制动因上分析，也就是自民党优势下的竞争性政党政治既保持了政局的稳定，为经济高速增长提供了良好的政治环境，同时又发挥了在野党的有效监督作用，使得执政党的经济政策带有较强的合理性。由于“1955 年体制是以经济增长的极大化为目的的体制”，因而无论是执政党还是在野党，其大部分活动均围绕经济发展的主题。在此状态下政治体制的特征还包括：执政党的支配结构建立在政府扩张性财政基础上、“财界”通过对执政党的影响维护市场经济的基本框架。为应付 70 年代初石油危机引发的经济危机，日本加强了本应逐渐削弱的行政机构所拥有的权限，而且随着其后经济低速增长时代的到来，以扩张性财政为基础的政府资源和政策空间受到限制，为保护自己的权限，行政官僚寻求执政党的支持；已经逐渐熟悉决策过程的自民党，亦希望继续维持通过利益分配巩固选举地盘的方式；利益集团为维护自己的既得利益，则利用正常的或非正常的渠道向行政官僚与执政党施加政治影响力，三者结成对经济发展具有消极影响的互利性同盟。另外，以大制造业提高劳动生产率为基础的微观经济的成功，在80年代暂时掩盖了政府以加强统制为中心的宏观经济政策的失败，进一步延误了必要的改革措施，90年代日本经济的危机与衰退在很大程度上肇因于70年代政府的经济政策。

大事记

时　间	日　本	东北亚
1961年	颁布《农业基本法》	韩国军事政变
1962年	指定“新兴产业城市”，《全国综合开发计划》	
1963年	《部分停止核试验条约》签字	
1964年	公明党成立，东海道新干线营业，东京奥运会	中国爆炸原子弹
1965年	家永三郎第一次教科书诉讼，《日韩基本条约》签字，首次发行赤字国债	
1965—1970年	伊奘诺景气	
1966年	众议院“黑雾”解散	中国开始“文化大革命”
1967年	家永第二次教科书诉讼，颁布《公害对策基本法》，羽田事件	
1968年	小笠原群岛归还，大学骚动	
1969年	《日美共同声明》	
1970年	《核不扩散条约》签字，大阪世界博览会，《日美安保条约》自动延长，三岛由纪夫自杀	
1971年	设立环境厅，采用变动汇率制，众议院通过“非核三原则”	
1972年	冲绳行政权归还，田中首相访华，发表《中日联合声明》；札幌冬奥会，浅间山庄事件	尼克松访华

（续表）

时　间	日　本	东北亚
1973 年	汇率浮动、日元急剧升值；金大中绑架事件	第一次石油危机
1974 年	田中金脉问题，物价飞涨	
1976 年	洛克希德案	中国“文化大革命”结束，南北越统一
1977 年	赤军劫持日航事件	
1978 年	《中日和平友好条约》签字，日元急剧升值	中美邦交正常化
1979 年		第二次石油危机，三里岛核电站事故，中越战争
1980 年		韩国光州事件

进一步阅读资料

牟伦海在《战后日本经济高速增长时期的文化外交研究》（《历史教学（下半月刊）》2017 年第 1 期）一文中指出：在 60 年代经济高速增长时期，日本文化外交实质上发挥着推动日本经济海外扩张的文化润滑剂作用。60 年代末 70 年代初，随着东南亚反日情绪高涨以及日美关系的恶化，为缓和日益恶化的国际形象，日本政府开始强化文化外交并反思经济高速增长时期对文化外交的定位。整体上，战后日本经济高速增长时期的文化外交带有浓厚的功利主义色彩与文化进化论思想，占领改革的不彻底性与日本文化的“超克史观”特征则是其客观历史根源与文化思想根源；

张少君在《战后日本青年文化的变迁轨迹》（《青年探索》2018 年第 5 期）一文通过对战后日本青年文化变迁轨迹的梳理，发现日本青年文化在 20 世纪 50 年代以后开始从依附于主流社会的文化转变成拥有自主性的文化。伴随社会的发展，其从每个阶层青年分别共享的文化转换为同一世代共享的文化，并最终演变为多种亚文化集团构成的碎片式文化。从性质上看，日本青年文化从由精英青年为主的反抗性文化和大众青年为主的享乐性文化所组成的二元文化，逐渐转换为以享乐性和消费性作为表征的多元文化，并影响了日本青年的交流模式。如今的日本青年文化已很难再用本质主义视点去解读，应多角度地围绕青年文化实践进行研究，不断挖掘多元青年文化的深度；

康成文在《中日国民收入倍增计划及其意义的差异分析》（《哈尔滨商业大学学报（社会科学版）》（2018 年第 1 期）一文中指出：中日两国的国民收入倍增计划既有相同点，也有不同之处。两国计划的差异主要表现在提出背景、经济基础及结构、形式内容及措施、行政现代化程度、计划的现实意义等方面。日本的国民收入倍增计划在为日本跨入先进国家行列奠定了坚实基础的同时，也带来了公害等重大的负面效应。中国的双倍增计划是实现包容性增长和跨越中等收入陷阱的前提和重要途径，在实施该计划的整个过程中，避免发生像日本那样的负面效应。因此，日本实施国民收入倍增计划的成功经验和教训对中国实施双倍增计划具有重要的参考和借鉴价值；

崔丕在《美日返还琉球群岛施政权谈判中的财政补偿问题》(《世界历史》2018 年第 2 期）一文中指出：1969 年 12 月 2 日美日两国代表签署的《财政谅解备忘录》是美日返还琉球群岛施政权谈判进程中的秘密谅解文件，规定日本政府要向美国政府支付 5.2 亿美元的财政补偿。但在 1971 年 6 月 17 日美日两国政府签署并对外公开的《美日关于琉球群岛和大东群岛协定》中，仅规定日本政府向美国政府支付 3.2 亿美元财政补偿，有意隐瞒了《财政谅解备忘录》的真相。为此，美日两国政府精心谋划应对本国国会审议的策略，相互协调应对本国国会质疑有关财政补偿问题的答辩。美日两国政府之所以采取双重方式，最根本的原因在于竭力避免佐藤荣作政府被日本国会和公众舆论指斥为“赎回冲绳”；

吴怀中在《论日美双向防卫合作体制的开启——20 世纪 70 年代日美防卫政策的调整与互动》(《军事历史研究》2018 年第 2 期）一文中指出：日美安保体制在确立之初后较长一段时期内，呈现出日本“以基地换保护”的单向非均衡形态。直到 20 世纪 70 年代，日美才开始实质性地加强双向型防卫合作。以美国“尼克松主义”出台为标志，美方对日传递的主要信息是要求其分担防卫责任。在冷战缓和时期，日本基于“基础防卫力量构想”，也需要加强对美合作，双方在战后罕见地同调，并开启了磋商双向合作协定的进程，其结果是制定了战后首个《日美防卫合作指针》。该指针明确了日本“有事”时的日美联合作战和角色分担，初步构建了两国双向防卫合作体制；

卢毅在《毛泽东“感谢”日本“皇军”之真相》(《党史博览》2019 年第 12 期）一文中指出：中国人民经过长达 14 年的浴血奋战，终于战胜日本侵略者。但近年来网上却流传一种说法，即毛泽东晚年在接见外宾时曾对日本发动的侵略战争表示“感谢”，因为此举把中共从国民党“围剿”的灭顶之灾中拯救出来，最终夺取了全国政权。这种说法引起许多人的困惑和误解，真相究竟如何呢？毛泽东这些话都是一种诙谐、幽默、风趣的说法，既带有对敌人的嘲讽，同时也充满着胜利者的自豪。因此，所谓“感谢”日本“皇军”的话其实是一种反话，绝非肯定日本侵略。网上流传毛泽东接见田中角荣时曾说“要感谢日本人救了中共。没有抗日战争，中共很难那么快就夺取全国政权”，更是无稽之谈，未见相关记载。无论是在公开出版的资料还是在坊间流传的版本中，都找不到毛泽东说过日本侵略者“救了中共”之语。由此可以看出，这种谣言显系好事者故意杜撰、存心误导，明眼者当细辨之。

第十章

改革的年代

随着冷战国际体制的结束和日本经济进入泡沫膨胀时期，“日美命运共同体”和“新保守主义”改革并没有直接继承下来。直到近20年后小泉纯一郎执政，不仅将“对美一边倒”的外交政策发挥到极致——“日美关系好就万事大吉”，而且在内政方面也完全重复中曾根执政时期的内容和形式，甚至在执政时间和最后结局方面也具有惊人的相似之处。尽管如此，对于亦步亦趋地追随美国是否完全符合日本国家利益，恐怕日本政治家也需要三思而后行，泡沫经济的出现及崩溃给日本带来“失去的二十年”就是一个具有说服力的教训。

新保守主义改革

中曾根内阁

1982 年 11 月，中曾根康弘顺利当选为自民党总裁和政府首相。作为自民党内的小派系首领，中曾根完全是在田中派的支持下上台的，因而在第一届内阁中，包括内阁官房长官在内的 7 名阁员来自田中派。中曾根本身具有较强的政治能力，也具有强烈的保守主义政治信念，同时善于把握时机和巧妙地利用媒体。因此，不仅执政时间较长，而且进行了较有实效的改革。

1983 年 1 月，中曾根首相访问韩国，并向韩国提供 40 亿美元的经济援助，以此加强两国的合作关系。接着访问美国，发表了日本列岛是抵御外来武力攻击的“不沉航空母舰”、一旦有事将“封锁四海峡”的谈话。然后又在国会施政演说中提出“战后政治总决算”，也就是“对过去的检查与修正，从占领政治到今天，有好的一面和应该修正轨道的一面”，为此需要在政治、经济、文化、教育、外交、军事等领域采取改革措施。但是，中曾根首相首先面临的问题是如何稳定其政权。

1983 年 10 月，法院一审判决田中前首相在“洛克希德案”中有罪，在野党提出劝告田中辞去议员职务的决议案，中曾根只好在同年 11 月解散众议院举行大选。尽管田中以最高得票数再次当选议员，但自民党仅获得 250 个席位，不到众议院总席位的半数。中曾根首相在发表“彻底排除田中政治影响”声明的同时，与新自由俱乐部组成联合政权。

1983 年 3 月“第二次临时行政调查会”解散之前，陆续提出五个建议书，其中包括减少公共事业费与政府补助金、审批制度合理化、国营企业民营化、削减国家公务员等内容。其后成立了许多直属首相的审议会、恳谈会或研究会等政府或私人咨询机构，如“和平问题研究会”“高度信息化社会恳谈会”“经济政策恳谈会”“临时教育审议会”“关于阁僚参拜靖国神社问题恳谈会”等。中曾根首相的智囊人物，如伊藤忠商事顾问濑岛龙三、东京大学教授佐藤诚三郎、学习院大学教授香山健一等人均为审议会的成员，并主导其讨论方向，以引起社会舆论对改革的支持。

各种改革措施

1984 年 10 月，中曾根在田中派的支持下再次当选自民党总裁。由于田中派为自民党内最大派系，田中角荣以此为基础成为操纵政局的“幕后将军”，但压制本派系成员的做法引起内部矛盾。同年 12 月，竹下登率领田中派多数成员成立自己的派系“创政会”，而田中角荣因脑中风失去政治影响力，中曾根首相得以推行自己的改革。

首先在行政改革方面，将原行政管理厅和总理府的大部分机构合并成新的总务厅，加强内阁编制和人事方面的综合协调能力。同时修改《国家行政组织法》，把原来需根据法律设置的各种审议会和各省厅机构，改为由内阁政令设置，既方便对省厅内部机构的改组，又加强了首相的权力。此外，还对中央政府的地方派出机构进行精简，同时改革行政业务的程序。通过废除和简化审批手续等形式，放松对企业和居民经济活动的限制。其中废除和简化审批手续约 390 项，委托转让权限 260 项，移交和简化机关委任事务约 120 项。

其次在财政改革方面，一方面大力推进国营企业民营化，即对国营铁路公司、电信电话公司和烟草专卖公司进行分割股份化，并加以出售，在减少政府财政负担的同时，提高其劳动生产率。尤其是国营铁路公司，由于缺乏竞争意识、人浮于事，从 1965 年开始就出现亏损，到 1985 年，债务余额高达 22 万亿日元，相当于年经营额的 7 倍。1986 年，国会通过相关法案，将国营铁路公司分成 7 个部分出售给民间，不仅减轻了政府的财政负担，而且民营铁路公司的服务态度和经济效益均有明显好转。更重要的是，民营化措施削弱了社会党所依赖的国营企业工会组织。

再次，在社会福利制度方面，实行养老金制度一元化，并通过提高缴纳数额、减少领取数额以及提高领取年龄的方式减少政府负担。与此同时，废除老人医疗免费制度，提高健康保险制度中的个人负担率，减轻国库负担。

在文化教育方面，除重视个性、培养创造力之外，还提出教育的开放及国际化，并计划到 2000 年接纳 10 万名外国留学生。为向世界推广日本文化，政府专门在京都成立了“国际日本文化研究中心”。

在审议会的建议下，1985 年 8 月 15 日，中曾根以“内阁总理大臣”的身份率内阁成员正式参拜祭有甲级战犯的靖国神社。1986 年，再次出现美化战前日本对外侵略历史的教科书事件，1987 年度防卫费首次突破国民生产总值 1% 的限制，这些举动均引起邻国的强烈抗议和担忧。

扩大内需政策

进入 80 年代以后，日本经济在出口不断扩大的基础上持续稳定增长，导致贸易顺差也迅速增加。1984 年，日本的外贸顺差达到 440 亿美元，其中对美贸易顺差为 331 亿美元，美国国会陆续出台制裁日本的决议。为解决严重的贸易不平衡问题，1985 年 9 月，美国、英国、法国、联邦德国和日本五国财政部长在美国纽约广场饭店举行会议，并达成了美元贬值、德国马克与日元升值的“广场协议”。其后一年内，日元对美元的汇率从 240 日元兑换 1 美元上升到 120 日元兑换 1 美元。

1986 年 4 月，中曾根内阁发表了缓和金融政策、扩大内需的“前川报告”，同年 8 月成立“经济结构调整推进本部”，在大力调整产业结构的同时，推动对外投资和扩大内需。1987 年 2 月，日本银行将官定利率调到空前低水平的 2.5%，政府也在 1987 年制订了实施大规模公共投资的“第四次全国综合开发计划”。上述一系列政策导致政府的财政规模与权限再次扩大，例如国债发行余额从 1982 年中曾根上台时的 90 万亿日元增加到 1987 年其下台时的 150 万亿日元，政府所拥有的审批权限也从 1985 年 12 月的 10054 项增加到 1989 年 3 月的 10278 项。

1986 年 7 月 6 日，众参两院举行同日选举，自民党大获全胜，分别增加了 45 席和 11 席。众议院席位达到 304 个，参议院席位达到 145 个，均居稳定多数，包括河野洋平在内的“新自由俱乐部”所有成员重返自民党。在此形势下，自民党众参两院议员全体会议决定修改党章，破例决定中曾根的总裁任期延长到 1987 年 10 月。

最大的在野党社会党在这次大选中惨败，其议席从 113 个减少到 86 个，主要原因是其政策的迅速转换。1983 年 9 月，石桥政嗣当选为社会党委员长，并提出“新社会党”的口号，不仅再次与公明党达成联合政权协议，而且也发表了“自卫队违宪合法论”。1986 年 1 月，社会党代表大会通过了全面改变其路线的《日本社会党新宣言》，宣称从“阶级性群众政党”向“国民政党”转变，“在政权问题上积极同任何政党进行合作”。但此次政策转换在党内和支持者之间产生了混乱，结果导致在选举中的失败。石桥政嗣辞去委员长职务，同年 8 月，社会党选举土井多贺子为委员长，从而在日本历史上第一次出现了担任较大政党首领的女性。

中曾根首相希望在自己的任期内导入大型间接税，以解决日益严重的政府财政危机，为此甚至不惜打破多次表明“不增设间接税”的诺言。1986 年 10 月，政府税制调查会提出征收间接税的建议报告。在此基础上，1987 年 1 月，内阁向国会提出以征收销售税为主的税制改革法案。但该法案遭到在野党和国民的强烈反对，自民党内部也有不同的声音。在参议院补缺选举和地方统一选举中，不少自民党候选人落选，国会中在野党也采取各种手段阻止法案的审议通过。为通过下一年度的政府预算方案，中曾根内阁被迫放弃了销售税法案。同年 10 月，中曾根指定竹下登为下一届自民党总裁。11 月，竹下内阁成立。

竹下登具有很强的政治影响力，但因利库路特案件成为短命首相。他在任期间向中国提供了第三次日元贷款，无偿援助敦煌文物保护。

政治改革的启动

利库路特案件

竹下登之所以被中曾根首相指定为下一届自民党总裁并成为政府首相，是因为他统领着自民党内最大的派系，而且具有较强的协调能力。另外，竹下在组织内阁时充分照顾到各派系间的平衡，并将竞争对手宫泽喜一任命为副首相兼大藏大臣，任命安倍晋太郎为党的干事长，所以被舆论看作是具有相当实力的政权。

1988 年 6 月，日本与美国达成牛肉、柑橘进口自由化的协议。1988 年 3 月，竹下首相在国会答辩中详细介绍了间接税的必要性，并表示在实施消费税之前减轻工薪阶层的所得税、居民税，营业额在 3000 万日元以下的企业免税等。同年 4、5 月召开两次会议，由自民党税制调查会听取 338 个社会团体对消费税以及 3% 税率的意见。面对在野党的强烈抵抗，竹下首相亲自出面联系公明党和民社党，尽量避免自民党单独审议的局面。同年 12 月，在社会党和共产党议员拒绝参加国会审议、公明党和民社党议员反对、自民党议员赞成的形式下，以开征消费税为主要内容的《税制改革相关六法案》通过国会众参两院的审议，从 1989 年 4 月开始实施。

与此同时，给予竹下政权致命打击的战后最大政治资金丑闻——“利库路特案”逐渐曝光。1988 年 7 月 6 日，《朝日新闻》在头版头条的显著位置报道了前首相中曾根康弘、现任自民党干事长安倍晋太郎以及现任内阁大藏大臣宫泽喜一等政界要人暗中接受利库路特公司未上市股票的内幕。同一天出版的《朝日周刊》报道了日本经济新闻社社长森田康也曾接受过利库路特公司未上市股票的新闻，迫使森田在当天辞去社长职务，利库路特公司的会长江副浩正亦辞去会长职务以消除舆论的压力。第二天的《朝日新闻》又继续报道了现任首相竹下登的秘书购买未上市股票之事，结果竹下首相成为反对党的攻击对象。

8月1日，日本社会党委员长土井多贺子领导该党与其他在野党一道向竹下首相就其事提出质问。9月5日，社会民主联合国会议员楢崎弥之助出示了“日本电视”拍摄的利库路特公司社长室室长松原弘向其行贿500万日元、作为不在国会追究此案之报酬的录像带，结果形势急转直下，大批政界人士纷纷落网。最后导致竹下登首相、宫泽喜一大藏大臣、长谷川峻法务大臣、原田宪经济企划厅长官、安倍自民党干事长等要人辞职，以及自民党国会议员藤波孝生、公明党国会议员池田克也、劳动省政务次官加藤孝因受贿罪被起诉。

出兵海外法案

1989年1月7日，昭和天皇因病去世，皇太子明仁继位，年号改为“平成”。同年4月25日，竹下首相宣布辞职。在竹下派的操纵下，原外交大臣、中曾根派的宇野宗佑被指定为自民党总裁及政府首相，成为第一位非派系首领出任首相的政治家。但政治能力有限的宇野上台伊始就遭到桃色事件的困扰，即媒体透露了宇野与一位艺妓交往并拖欠报酬的消息。

受首相桃色新闻、消费税、农产品进口自由化以及利库路特事件的影响，自民党在7月举行的参议院选举中惨遭失败，其总席位从142个下降到109个，远不到参议院半数席位的127个，出现“朝野逆转”局面。与其相反，社会党获得大胜，其总席位从42席上升到74席，特别是在女性党首土井多贺子的影响下，当选者中有22位女性。

执政仅68日的宇野首相因选举失败引咎辞职。同年8月8日，海部俊树、林义郎、石原慎太郎三人争夺自民党总裁职务。在竹下派的支持下，党内小派系出身、较为清廉和年轻的海部当选为自民党总裁及政府首相。

海部内阁成立后，提出推进政治改革的主张，以便改善自民党的形象，恢复国民对自民党的信任和支持，同时表示妥善处理消费税及农产品进口自由化问题，明确反对大米进口自由化。海部在组阁时全部起用新人，并特意任命两位女性大臣。因此，在1990年2月举行的大选中，尽管自民党减少了18个席位，但仍然保持了286个席位的稳定多数。社会党再次获得大胜，其席位从83个增加到136个。

1989年，美苏首脑马耳他会谈标志了冷战体制的结束，同时在东欧地区出现了民主化运动。作为冷战的最大受益者，日本成为世界上最大的债权国、资本输出国和政府开发援助提供国（ODA）。海部内阁充分利用这一有利时机，积极开展“大国外交”，在不到一年的时间里，海部首相出访了19个国家，其中三次赴美访问。

1990年8月，伊拉克侵占科威特后，应美国的要求，海部内阁匆忙向国会提交了派遣人员去中东地区的《联合国和平合作法案》，但因自民党内部意见尚未统一，在野党也持反对态度，该法案没有通过国会的审议。尽管如此，1991年1月海湾战争爆发后，日本政府向海湾地区派遣航空自卫队运送难民，并派遣海上自卫队清除波斯湾内的水雷。

1991年8月，海部内阁将《政治改革相关三法案》提交国会审议，不仅遭到在野党的反对，自民党出身的政治改革特别委员会委员长也有意将改革法案作为废案处理。海部首相准备解散众议院进行大选，但遭到竹下派的反对，而且竹下派也不支持海部再次参加自民党总裁的竞选，海部内阁被迫在同年10月总辞职。

自民党下台

1991年11月，宫泽喜一在竹下派的支持下当选自民党总裁和政府首相。如同海部内阁一样，宫泽内阁的主要任务是实现日本的“国际贡献”和“政治改革”。尽管遭到在野党的反对，但在接受了公明、民社两党的修正要求后，1992年6月，《联合国维持和平活动合作法案》（PKO法）终于通过国会的审议。同年9月，日本的自卫队在战后首次走出国门，到柬埔寨参加联合国维持和平活动。另外，在宫泽首相的努力下，明仁天皇到中国访问，实现了历史上的首次天皇访华。

与此同时，接二连三的政治资金丑闻进一步增加了政治改革的必要性。宫泽上台不久就出现了其派系成员阿部文男接受共和公司资金贿赂的“共和事件”，接着在1992年2月，以自民党为中心的多名政治家非法接受佐川快运公司政治资金的“佐川事件”曝光，竹下派领袖人物金丸信因此辞去自民党副总裁以及国会议员的职务。1993年3月，金丸信因偷税漏税问题被检察机关逮捕，导致“大型建筑公司贿赂案”曝光，涉及前首相竹下登、前副首相渡边美智雄、前建设大臣中村喜四郎等多名自民党重量级人物。国民要求政治改革的呼声骤然高涨。

尽管自民党在同年3月向国会提出以导入小选区为主要内容的政治改革法案，而且宫泽首相在电视采访节目中也保证在通常国会闭幕前通过该法案，但社会舆论普遍认为自民党没有改革的诚意，在野党趁机提出对宫泽内阁的不信任案。由于积极主张政治改革的小泽一郎、羽田孜和武村正义分别率领44名和10名国会

原始文献

《联合国维持和平活动合作法案》（摘录）

为使日本能够及时、合法地应对冷战结束后频发的地区争端，日本政府专门制定了可以派兵海外的该项法律。

第一条　目的

本法之目的在于通过决定国际和平合作业务实施计划和国际和平合作业务实施要点的制定手续及通过决定设立国际和平合作队等来建立国际和平合作业务的实施体制，并制定出给这些活动提供物资帮助的措施，以期使我国能够对联合国维持和平行动和国际人道主义救援活动提供适当的及时的合作、对以联合国为核心的国际和平活动做出积极贡献。

第二条　基本原则

一、政府将把根据此项法律实施的国际和平合作业务和物资合作以及非政府人士的合作等有机地结合起来，并听取和运用参加国际和平合作业务的人的创造性建议，使我国能够对联合国维持和平行动及国际人道主义救援活动提供有效的合作。

二、国际和平合作业务决不可依靠武力威胁或依靠动用武力来实施。

三、在实施国际和平合作业务时，内阁总理大臣根据国际和平合作业务实施计划代表内阁指挥和监督各行政部门。

四、为实现第一条所述之目的，有关行政机关之负责人应在实施国际和平合作业务时协助国际和平合作总部长。

第三条　定义

本法律中所用关键词语之含义在以下各款项中定义如下：

一、联合国维持和平行动

联合国维持和平行动系在联合国的统一支配下根据联合国大会或安理会的决议而采取的行动，旨在确保武力争端当事双方遵守已达成的有关防止再度发生争端的协议、在争端结束后帮助建立民主的统治机构、处理争端以维护国际和平和世界安全。它是在争端当事双方已就停止争端和维持这种局面达成协议、采取维持和平行动地区的所属国和当事者同意在该地区采取维持和平行动的情况下（武力争端未发生时得到采取和平行动地区的所属国同意的情况下）根据联合国秘书长的要求所采的行动，由两个以上的参加国及联合国来执行，执行中不偏向争端当事者的任何一方。

……

——选自《日本政治概论》，东方出版社，1995 年，第 544—559 页。

※ 试从选文内容分析，国会通过该法案，表明日本安全战略发生了怎样的变化。

议员脱离自民党，不信任案得到通过，宫泽首相只好解散众议院举行大选。

第 40 届众议院议员选举的结果，自民党获得 223 席，虽然保住了选举前的席位，但远不足过半数议席。另外，社会党丧失近半数席位，仅获得 70 议席。从自民党分裂出来的新生党与新党魁党分别获得55席和13席，公明党51席，1992年成立的日本新党35席，民社党和日本共产党各15席，社民联4席等。自民党仍然是国会中的最多席位政党，但在当时“不要错过让自民党下台好时机”的社会氛围下，除自民党、日本共产党以外的其他八个党派（即社会党、新生党、公明党、日本新党、民社党、新党魁党、社民联及参议院民主改进联盟）组成了以日本新党党首细川护熙为首相的联合政权。

联合政权与政治改革

政治改革四法案

1993年8月，执政38年的自民党成为在野党，细川护熙八党派联合政权成立，其内阁支持率高达80%。细川为贵族家庭出身，风度优雅，言语明快，年仅55岁，上任后的首次记者招待会就声明“太平洋战争是侵略战争，错误的战争”。

八党派联合政权是在“政治改革”的旗号下成立的，所以很快在以选举制度改革为中心的政治改革问题上达成一致。尽管社会党不赞成以小选区为中心的选举制度，但该党委员长山花贞夫任内阁政治改革大臣，因而不得不接受改革方案。最大的反对声音来自在野的自民党，因为该党要求实施对其有利的纯小选区制度。

1993年9月，细川内阁决定“政治改革四法案”后提交临时国会审议。11月18日，众议院以270票赞成、226票反对通过，但在1994年1月21日的参议院全体会议上，由于社会党部分议员造反，四法案却遭到否决。在两院协议会未能达成一致意见的情况下，细川首相与自民党总裁河野洋平举行最高级会谈，联合政权向自民党做出了许多让步。在临时国会的最后一天、即1994年1月29日，国会两院勉强通过了政治改革四法案。

政治改革四法案分别是《公职选举法修正案》《政治资金限制法修正案》《政党助成法案》以及《众议院议员选区划分审议会设置法案》。

《公职选举法修正案》的主要内容是将过去实施的中选区制改为小选区比例代表区并立制，众议院议员的定额为500名，其中300名来自小选区，200名来自比例代表区，全日本划为300个小选区和11个比例代表区。

《政治资金限制法修正案》的主要内容为以政党为中心筹措政治资金、加强对向公职人员的政治活动提供政治资金的限制、强化政治捐款的公开性、明确政治捐款的对象、强化违法现象的处罚规则等。

《政党助成法案》的宗旨是通过国家向政党提供政治资金的方式，促使政党政治以及民主政治的健全发展，消除政治腐败现象。补助金总额按照每位国民 250 日元计算，每个政党应得的补助金数额按照该党所属议员数额以及国家级选举中的得票数算定。《众议院议员选区划分审议会设置法案》是关于成立划分众议院议员选区审议会的法案。

1994 年 2 月，细川首相访问美国，并以强硬的态度抵制美国在贸易问题上的压力，成为战后首位对美说“不”的首相。尽管其举动受到国内舆论界的赞扬，但其政权的基础十分脆弱。细川率领的日本新党势单力薄，不仅处处受到其他执政伙伴的牵制，而且也容易受到行政官僚的操纵。在首相和农林省的主导下，细川决定逐步开放国内大米市场，但遭到社会党等执政伙伴的强烈反对。

1994 年 2 月 3 日，细川首相突然会见记者，宣布废除消费税，新设税率为 7% 的国民福利税，在其背后大藏省起到了重要作用。在社会党和新党魁党的反对下，细川首相不得不在第二天就撤回了该设想。自民党趁机揭露细川首相本人曾暗中接受企业捐款的违法行为，1994 年 4 月，细川内阁被迫集体辞职。

政治改革相关法案通过国会审议后，在新生党核心人物小泽一郎的策划下，以新生党为中心，联合日本新党、民社党以及刚刚从自民党内脱离出来的“改革之会”、自由党等宣布成立名为“改新”的统一团体，然后组建较大的政党，以适应新制度下的选举。社会党受到排斥，因为在小泽一郎看来，尽管社会党已经发生较大的变化，但在协调政策方面仍然困难重重。社会党、新党魁党愤而退出联合政权。

因此，在细川内阁之后成立的羽田孜内阁成为少数党政权，国会通过政府新年度预算方案后的 6 月 22 日，在野党提出内阁不信任案并迅速得到通过。在小泽一郎的坚持下，羽田内阁全体辞职。自民党趁机以推荐社会党委员长村山富市担任首相为条件，与社会党、新党魁党组成联合政权。

自社联合政权

1994 年 9 月，社会党举行第 61 届临时代表大会，通过了《我党对当前政局的基本姿态决议案》，大幅度改变社会党的政策。决议案的主要内容是放弃“非武装中立”的立场、承认自卫队符合宪法、坚持《日美安全保障条约》、在宪法允许的范围内派兵参加联合国维持和平活动、支持和平利用原子能发电、承认“日之丸”为国旗、“君之代”为国歌等。除维护宪法以外，社会党与自民党在政策上已经没有多少差别。

与此同时，由新生党、日本新党、公明党等在野党的187名国会议员组成了一个国会内团体——“改革”，同时成立一个新党筹备会。同年12月，由新生党、公明党、日本新党、民社党、自由党、未来新党、高志会、改革之会、自由之会等九个党派组成“新进党”。当时拥有国会议员214名，其中众议院议员178名，参议院议员36名。党首为海部俊树，干事长为小泽一郎。

与宿敌自民党组成联合政权，对社会党来讲无疑是自杀行为，因为其不仅被迫改变过去的立场，而且不得不实施许多损害自己形象的政策。1994年9月，村山内阁决定将消费税的税率从3%提高到5%，以适应日益高龄化的社会的需求。但是，过去社会党曾强烈反对消费税，并因此获得了1989年参议院议员选举的胜利。

1995年是日本的多事之年。首先在1月17日，兵库县南部发生“阪神大地震”，造成5500人死亡，20万户住宅被毁，财产损失高达10万亿日元，成为战后最严重的灾害。由于首相官邸的通讯系统及内阁的危机管理体制尚不完善，导致救援活动不能及时进行，政府受到社会舆论的激烈批评。3月20日，宗教团体奥姆真理教在东京地铁释放“沙林”毒气，造成11人死亡，3800多人受伤。村山首相紧急召见运输大臣亀井静香和国家公安委员会委员长野中广务，指示尽快查明此事，并着手修改《宗教法人法》。

6月9日，在村山首相的坚持下，为迎接第二次世界大战结束50周年，国会众议院通过了《以历史为教训再次决心走向和平的决议》，即“不战决议”。但由于执政伙伴自民党的抵制，决议的用语十分暧昧，未能正视战前日本对外侵略战争的历史及其责任，因而遭到国内外舆论的强烈谴责。

7月23日，举行第17届参议院选举。结果自民党增加13个席位，新进党增加21个席位，社会党减少25个席位。9月4日，发生驻冲绳美军强奸日本小学女生事件，引发全日本的抗议浪潮。在社会舆论的支持下，冲绳县知事大田昌秀拒绝在继续提供美军土地的协定上签字。村山首相与大田知事会谈没有取得结果，只好诉诸法律。

泡沫经济崩溃

经济长期低迷也是村山内阁面临的重大问题。从股市来看，日经指数从1985年的13128点上升到1989年38915点，此后开始迅速下降，到1992年8月，竟跌到14309点，跌幅高达63.2%，甚至超过20世纪20年代末世界经济大危机时的数值。同时，房地产价格也在迅速下降，降幅达一半以上的地区比比皆是，土地与住宅的买卖停滞，“泡沫经济崩溃”。不动产价格迅速下降，严重影响了为不动产提供抵押贷款的金融机构，大量呆账坏账形成的不良资产使大批中小金融机构倒闭、大型金融机构负担过重。尽管在1990年和1991年，工商业仍然处在强劲的扩张中，设备投资、私人消费和出口均保持了较高的增长，但从1992年开始，连续三年的经济增长率分别为0.4%、0.5%、0.6%，基本为零增长。企业倒闭及失业人数急剧增加，日本经济从“平成景气”转向“平成危机”。

尽管如此，在巨额贸易顺差的作用下，日元对美元的汇率持续上升。1995年4月19日，东京外汇市场日元对美元的汇率达到历史最高点，为80日元兑换1美元，进一步打击了日本经济以及金融机构。包括最大地方银行兵库银行在内的三家银行倒闭，以住宅贷款为主要业务的住宅金融专门公司不良债券高达8万亿日元。为防止该金融机构倒闭并引起金融危机，12月19日，村山内阁准备向住宅金融专门公司投入6850亿日元的公共资金，但引起社会舆论的批评。

1996年1月，身心疲惫的村山富市将首相职务让给自民党新总裁桥本龙太郎，仍然维持自民、社会、新党魁三党联合政权。同时召开社会党代表大会，将党名改为社会民主党（简称“社民党”），当时拥有63个众议院席位。

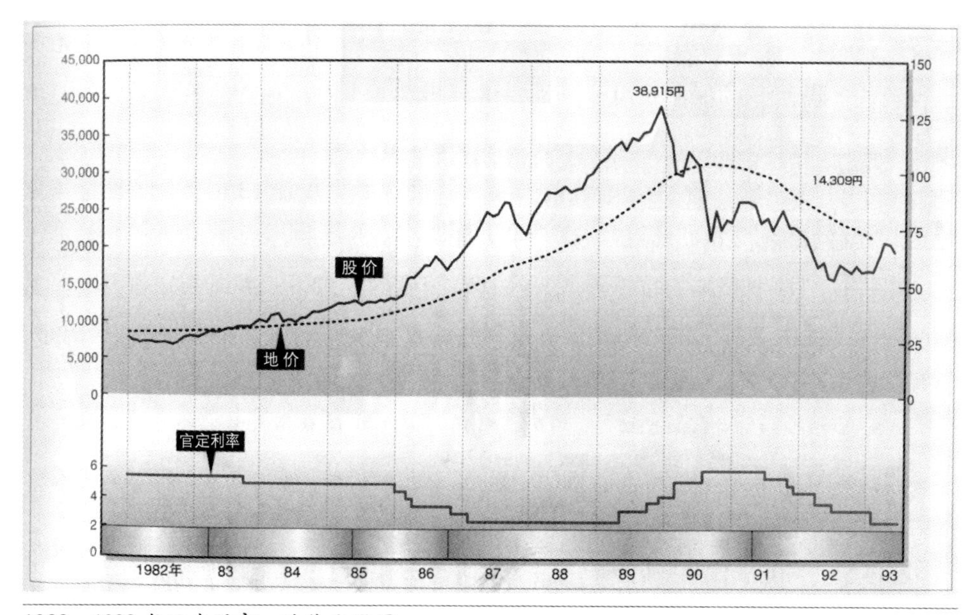

1982—1993年日本股市、地价曲线图

桥本内阁改革

桥本龙太郎政权

雄心勃勃的桥本龙太郎上台后在内外政策上采取了许多果断措施。首先，排除在野党的强烈抵抗，在国会通过了向住宅金融专门公司提供6850亿日元公共资金的法案和1996年度政府财政预算。4月，与到访的美国总统克林顿会谈，并发表强化日美安全保障体制的联合宣言，计划制定新日美防卫合作指针，并提出“周边事态”的概念，将联合防卫体制扩大到整个亚太地区；7月，以政府首相的名义参拜靖国神社，引起国内外舆论的批判。

1996年9月，鸠山由纪夫、菅直人等人联合自民党、新进党、民社党、新党魁党的部分成员，宣布成立拥有57名国会议员的民主党，试图形成与自民党及新进党这两个新旧保守政党相对立的市民政党。在此情况下，自民党不顾执政盟友民社党和新党魁党被民主党釜底抽薪的严重局面，决定利用自己支持率上升的有利时机解散众议院举行大选，以便趁新进党受到削弱而民主党立足未稳之机增加自己的议席。

1996年10月，首次在小选区比例代表区并立制选举制度下的大选举行。比起其他政党来，自民党的准备工作做得比较充分，因而在众议院500个总席位中获得239席，比选举前增加38席。新进党比选举前减少了4个席位，为156席，但比成立时减少了22席。民主党未能掀起“新党效应”，仅仅保住了原有的52席。日本共产党获得较大的胜利，席位从上次大选时的15席增加到26席。社民党和新党魁党分别从上次大选时的70席和13席减少到15席和2席，其减少部分大多是选举前加入民主党的成员。

大选之后，自民党单独组成少数派政权，社民党与新党魁党实施阁外有限合作。桥本内阁在11月成立行政改革会议，大力推进行政改革。新进党在选举中的失败，加剧了内部的对立与矛盾，党内要求追究小泽一郎党首责任的呼声颇高，前首相细川护熙甚至提出了“分党构想”。1996年底，羽田孜带领13名支持者脱离新进党另立山头，成立了“太阳党”。

六大改革

1997年年初，桥本首相提出六大改革的口号，即同时进行行政改革、财政结构改革、金融体系改革、经济结构改革、社会保障改革以及教育改革。行政改革是通过重组中央行政机构、放宽政府管制、推进地方分权、整顿特殊法人、推动行政透明化等措施，削弱政府的权限；财政改革是通过控制政府预算增长规模、减少公共债务、压缩行政开支、减轻国民税收负担等措施健全政府财政；金融改革的目标是消除泡沫经济的后遗症、清除不良债权、彻底放松政府对金融机构的管制等，其手段之激烈，被称为“金融大爆炸”；经济结构改革的主要内容是以高科技改造传统产业，强化金融业对技术开发的支持，发展知识型产业结构，以遏制制造业“空洞化”的趋势；社会保障改革的主要内容是通过提高个人医疗及养老保险的负担，完善社会保障体系，适应老龄化、少子化社会的发展；教育改革的目标是培养有创造力的新型人才，追求个性化和国际化等。

为实现上述改革目标，1997 年 4 月，桥本内阁不仅实施了紧缩性的政府预算方案，而且正式实施税率为 5% 的消费税，并取消了一些所得税的优惠减免政策。这些措施严重打击了刚刚出现复苏迹象的日本经济，同年第二季度的经济增长率为 −11%。尽管此后受东南亚金融危机的影响，日本经济进一步显示出危机征兆，但桥本内阁还是在同年 9 月向国会提交了以大幅度压缩公共投资为主要内容的《财政改革法》，并很快通过国会两院的审议，准备从 12 月开始实施。

1997 年 11 月，日本第十大银行北海道拓殖银行因巨额不动产贷款无法收回而倒闭，同时，四大证券之一的山一证券也因巨额债务而破产。12 月 17 日，桥本首相被迫宣布放弃紧缩财政计划，大幅度减免个人所得税和公司所得税，但 20 日大藏省公布的下一年度政府预算方案中仍然没有扩张型财政的内容。经济形势的恶化，迫使自民党在 1998 年 3 月公布了有史以来最大的经济刺激方案，金额高达 16 万亿日元，相当于政府新预算的 20%，主要用于公共投资。4 月，桥本首相再次宣布大幅度削减所得税，并正式启动经济刺激方案，但市场没有任何反应，日元汇率与经济增长率进一步下降。1997 年度的经济增长率从上一年度的 4.4% 转为 −0.4%。

另一方面，在野党进入新一轮分化组合时期。1997 年 12 月 27 日，新进党解散，分裂成以小泽一郎为首的“自由党”、以鹿野道彦为首的“国民之声”、由众议院原公明党成员组成的“和平新党”、由参议院原公明党成员组成的“黎明俱乐部”、由原民社党成员组成的“友爱新党”、以小泽辰男为首的“改革俱乐部”六个政党。再加上成立不久的以细川护熙为首的“从五开始”以及原有的自民党、民主党、日本共产党、社民党、先驱新党、太阳党和民主改革联合，共有大大小小 14 个政党。其后不久日本民主党、友爱新党、民政党、“民主改革联合”合并成“新民主党”，成为拥有 131 个众参两院议席的第二大政党。

政界分化组合

在野党一片混乱的局面，无形之中加强了自民党的执政基础，但其失误的经济政策导致该党在 1998 年 7 月参议院议员选举中惨遭失败，桥本首相引咎辞职。小渊惠三在自民党总裁选举中获胜，同时成为政府首相。

小渊内阁成立后立即冻结《财政改革法》，并扩大公共开支，大规模减税，对中小企业采取援助措施，官定利率也下调到世界金融史上绝无仅有的“零利率”。至此，日本经济下滑的势头终于得到遏制。1999 年 1 月，自民党与自由党组成联合政权，并在国会中通过了诸如《周边事态法》《国旗国歌法》《监听通讯法》等重要法案。同时，在国会中通过有关法案，减少 20 个众议院席位，总席位从 500 个减少到 480 个。同年 10 月，公明党参加到联合政权中，三党执政联盟在众议院的席位超过三分之二。

2000 年年初，自由党脱离联合政权，并发生分裂，部分成员组成保守党。4 月，小渊首相因病突然去世，自民党各派系秘密协商后决定由森喜朗接任首相职务，并与公明、保守两党组成联合政权。6 月举行大选，尽管执政三党在选举后仍然拥有稳定多数的 271 个议席，但总共减少了 65 个议席，仅自民党就比选举前减少了 38 个议席。民主党从 95 个席位增加到 127 个，成为最大的赢家，自由党也增加了 4 个席位，共产党和民社党的席位有所减少。

森首相不仅能力有限，而且不思进取，因发表“日本是神之国”的言论而受到社会舆论的强烈批判，甚至在接到美国潜水艇撞翻日本实习渔船的信息后仍若无其事地打高尔夫球，其内阁支持率一度下降到 9%。更为重要的是，其内阁没有采取任何重要的政治措施或经济政策，只是在 2001 年 1 月按计划启动了新的中央行政机构，即将过去的 1 府 22 个省厅改为 1 府 12 个省厅。

2001 年 4 月，小泉纯一郎当选为自民党总裁和政府首相。以“改造自民党”“进行结构改革”为招牌而获得较高支持率的小泉政权虽然在内政改革方面进展不大，但在对外政策和安全保障方面却取得不少突破。首先利用美国受到恐怖袭击的“9·11 事件”，在同年 10 月以最快的速度通过《反恐怖三法案》，将“专守防卫”的自卫队派往印度洋，支援美国对阿富汗进行的战争；2002 年 9 月，作为战后首位访问朝鲜的日本首相，与朝鲜领导人会谈并发表了联合声明，但因“朝鲜绑架日本人问题”与“朝鲜核开发问题”，两国邦交正常化的步伐受阻；2003 年 1 月，在美国和英国绕开联合国发动对伊拉克战争后，小泉政权不仅在国会通过了带有建立战时体制色彩的《有事三法案》，而且坚定不移地支持美、英两

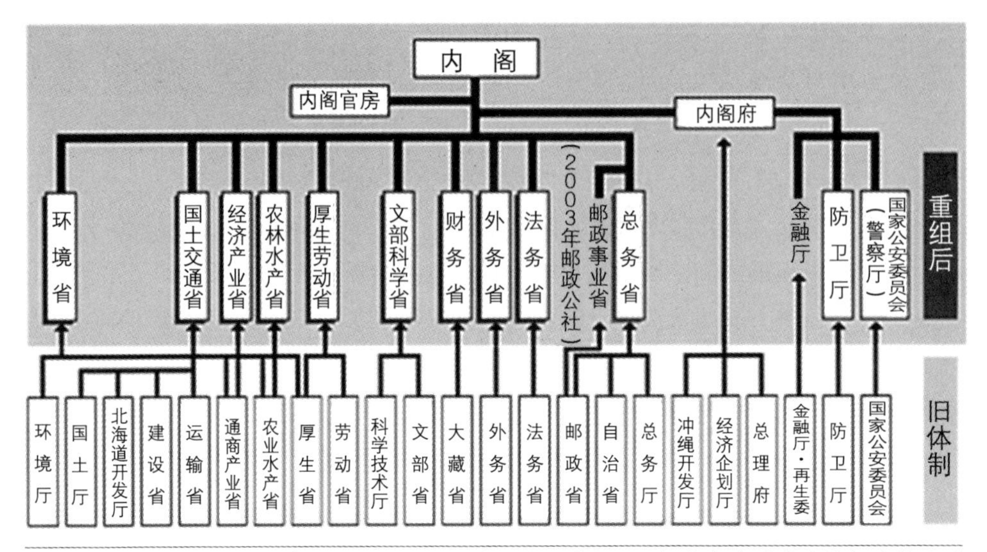

通过行政机构的重组削减其权限，例如权限最大的大藏省，不仅大部分财政政策权限转移到内阁府经济财政咨询会议，金融行政全部转移到新设置的金融厅，对中央银行——日本银行的监督权限也受到较大限制，其名称也改为财政省。

国的对伊战争。同年 7 月，国会通过了支援驻伊美军的《伊拉克战后重建支援法案》，将自卫队派往当地武装势力不断袭击美英军队的伊拉克。

2003 年 9 月，小泉再次当选自民党总裁，并在 10 月解散众议院举行大选。其结果，自民党基本维持了原有的席位，并在吸收无党派议员的基础上超过众议院半数席位。选举前合并了自由党的民主党席位增加 40 个，为 177 个，公明党增加到 36 个席位。共产党从 20 个席位减少到 9 个，民社党从 18 个席位减少到 6 个，均成为无足轻重的小党。保守新党从 9 个席位减少到 4 个，选举后合并到自民党。因此，日本政坛初步出现了自民、民主两大保守政党对立的形态。

持续的结构改革

经济低迷

从 1991 年到 2001 年被认为是日本经济“失去的十年”，不仅年均经济增长率在零增长上下徘徊，而且各项经济指标也十分悲观。例如直到 2001 年底，日本经济依然存在许多问题。首先是工矿业生产下降，企业收益减少，破产企业增加，失业率创历史纪录。工矿业生产指数下降到 1988 年 3 月以来最低水平，销售额和税前利润为近 3 年来的最低点，10 月份的完全失业率达 5.4%，再次更新历史最高纪录。

其次，个人消费持续低迷，经济恢复基础脆弱。个人消费占日本经济的60%以上，因而个人消费的增减直接关系到经济的盛衰。2001年10月的商品零售额比上年同期下降4.9%，为1999年1月以来的最大降幅，商品零售总额连续9个月低于上年同期水平。日经股票指数一直在10000点上下徘徊，还不及两年前的一半。股价大跌致使投资者金融资产大缩水，严重地抑制了个人消费的增长。

再次，金融机构不良债权有增无减，金融体系依然存在相当大的隐患。日本经济虽然经历了十年的调整，但泡沫经济的负面影响依然十分严重。1995年，日本政府曾经宣布全日本的金融机构共有40多万亿日元的不良债权，其后有增无减。金融机构为了保证贷款的安全性，不得不谨慎放贷，导致整个金融业的惜贷现象。由于企业得不到资金支持，即使有良好的发展前景，也被迫关闭。企业和金融机构之间出现资金的恶性循环，影响了经济的正常运行。

最后，日本财政赤字再创历史最高纪录，债务净额超过全年国内生产总值。2001年，日本中央和地方政府的债务净额高达660多万亿日元，约为国内生产总值的130%，其比例在发达国家中占居首位。

2002年和2003年，日本经济仍然没有多大起色，显示股市行情的日经指数一度跌到了8000点，国民财富严重缩水。

经济长期低迷影响了国民的情绪，1999年上半年《读卖新闻》报道了日本文部省的"国民性调查"结果。在回答"日本经济情况"问题时，认为"很好"以

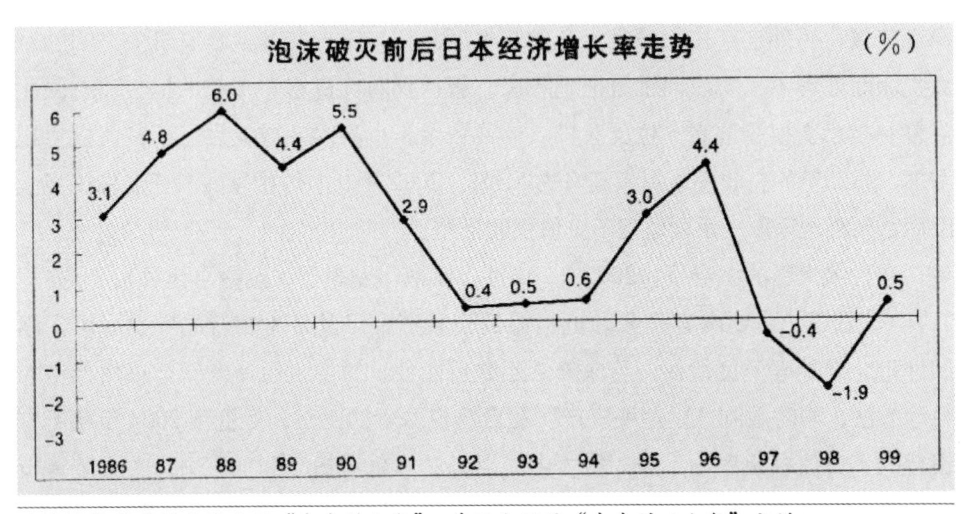

泡沫经济崩溃的后遗症是"失去的十年"，甚至出现了"失去的二十年"之说。

及“较好”的被调查者占 32%，相比 5 年前的 79%明显下降。在回答“精神充实”这一问题时，给予肯定回答的也仅占 26%，比 5 年前减少了 15 个百分点。在展望未来时，认为将会“更富裕”的仅为 15%，而 20 年前的这一比重为 44%。相反，认为今后会“贫困”的占到 50%，预感今后会不幸的也有 28%之多，因此，对社会感到“不满”或“稍有不满”的人占 71%。

结构改革

小泉首相重视市场经济原理，强调“民间能做的事情就由民间来做”，另一方面表示“排除既得利益团体的干扰，改革无禁区”，暗示对自民党及官僚的利益诱导政治体制也进行改革。小泉内阁成立时任命庆应大学教授竹中平藏为经济财政担当大臣负责经济政策，同时最大限度地利用“经济财政咨询会议”所提出的建议。

2001 年 6 月，咨询会议提出第一个《2001 年基本方针》（全称为《关于今后经济财政运营及经济社会结构改革的基本方针》），其中明确规定“刷新财政体制及预算编制过程，以提高政策形成过程的透明度，确保中短期经济财政运营的综合性”，“每年编制政府预算时，首先在经济财政咨询会议进行有关经济财政综合性讨论，提出应重视的领域及政策变更的必要性等”。在结构改革方面，《2001 年基本方针》提出了处理不良债权、特殊法人民营化、地方自立、改革社会保障、缓和劳动法规、城市再生等内容。

首先是处理不良债券问题。尽管在 1998 年成立金融监督厅，而且国会也通过了议员起草的《金融再生法案》，但在经济持续低迷中，反对实施严格会计基准的声音较强，另外也存在大藏省、金融监督厅、日本银行及其他政府机关之间的对立，因而处理不良债权问题被拖延下来。银行仅对优良客户贷款，担心政府强化监督并指示变换经营者，也反对投入公共资金。小泉内阁成立后，不良债权急剧增加，第二年的失业率达到最高峰的 5.4%。2002 年 9 月竹中平藏兼任金融担当大臣后，果断地采取一系列处理不良债权的措施。

在竹中大臣的主导下，2002 年 10 月，金融厅发表了“金融再生项目”（亦称“竹中计划”），主要内容是金融机构得到公共资金以及日本银行的特别融资，强制性地公开处理不良债权。为保障偿还的可能性，竹中大臣命令银行采用严格的会计方法，同时限制“延期税资产”在自身资本中的比率。尽管到 2004 年秋所有银行的不良债权比率均下降，但竹中大臣仍然不断对银行施加压力。对大荣等没有偿还能力且长期抵抗结构改革的大型债务人，直接或间接地迫使其罢免创始人，更换领导机构成员，进行彻底整顿。在这些政策的影响下，2005 年 3 月的决算报告显示，7 家大型银行集团的不良债权比率下降到 2% 到 3%。

特殊法人是介于政府与民间的组织，大多利用公共资金进行基础建设或公共事业，较少考虑成本核算。将其民营化，可以减少政府财政支出，同时也可利用民间企业经营方式提高效率。小泉政权实施的特殊法人改革主要是道路公团和邮政事业民营化。道路建设涉及建筑业以及利用其道路的地区居民利益，因而战后一直是执政党十分注重的利益分配领域。同时因日本的地价较高，道路建设特别需要资金。在经济高速增长时期，包括道路在内的基础设施建设发挥了较大的作用。但随着经济高速增长的结束以及人口增长的停滞，70 年代以后建设的道路利用率较低，难以收回成本。如果提高利用费用，将陷入利用者进一步减少的恶性循环状态。为此，小泉内阁在 2002 年提出《道路相关四公团（日本道路公团、首都高速道路公团、阪神高速道路公团、本州四国联络桥公团）民营化推进委员会设置法》，在内阁设置第三者机构，推进民营化。委员会在 2002 年 8 月 30 日提出中间报告，建议道路公路所有者及管理者分离，民营化后组成“资产及偿还债务机构”继承四公团的资产与偿还债务；由另组建的新公司管理道路运营，建设新道路时由新公司自己负担其费用，并保证赢利；“资产及偿还债务机构”以新公司征收的道路费偿还债务。《道路公团民营化相关法案》在 2004 年 3 月 9 日提交国会审议并得到通过，2005 年 10 月 1 日，新的 6 个道路公司和“资产及偿还债务机构”成立。

相较而言，邮政三事业（邮政、邮政储蓄、简易保险）民营化遇到的阻力更大。邮政事业原由国家垄断，效率存在问题，另外免征法人税，对银行、保险公司、运输公司来说也是不正当竞争；邮政储蓄和简易保险集中了 360 万亿日元的资金，在其基础上的财政融资也加剧了特殊法人的效率低下。小泉首相多年来一直坚持邮政事业民营化改革，在提高效率的同时，推动特殊法人改革和财政改革。2001 年 7 月，《邮政公社法案》和民间可以参与邮政事业的《书信邮政法案》通过国会审议，随后日本邮政公社成立，也有 5 家企业提出参与邮政业务的申请。

社会保障费在政府预算中占有相当比重，例如 2001 年度社会保障费最初预算为 12.6 万亿日元，约占一般会计的 21%，小泉政权主要对社会保障费中的医疗制度和养老金制度进行了改革。在医疗制度改革方面，首先在 2002 年 7 月通过了《医疗制度改革相关法案》，主要内容包括提高医疗费的个人负担比例、提高健康保险费率、抑制老年人医疗费增加、降低诊疗报酬等，通称为医生、费用支付者、患者三方共同增加负担的“三方一起损”，2003 年 6 月国会又通过了设置医疗费总体框架并逐渐加以减少的新《医疗制度改革相关法案》。另外在 2004 年 6 月通过了规定保险费率及支付标准、夫妇养老金分离、减少社会保障费等内容的《养老金改革相关法案》。

民族主义思潮

如果说 80 年代的大国主义思潮来自于日本成为世界第二大经济强国后带来的民族优越感，那么经济持续衰退的局面就是 90 年代民族主义思潮蔓延的社会基础。日本经济长达十多年萎靡不振的主要原因是陈旧的政治经济体制严重束缚了日本社会经济的发展以及对全球经济一体化的适应，但日本的民族主义者将其简单地归结为外来势力所致。正如 1999 年 3 月法务大臣中村正三郎抱怨“和平宪法”是盟军强加给日本的、日本经济衰退是美国的阴谋那样。

在表现形式上，90 年代的民族主义思潮与 80 年代的大国主义思潮相比，既有共同点也有不同点。共同点就是继续歪曲历史，美化过去的侵略战争。80 年代中期以来，日本政府内阁成员一而再、再而三地否认日本侵略战争历史，抹杀日本军队在侵略战争中犯下的滔天罪行，美化日本在海外的殖民统治，即使被罢免官职或者被迫辞职也在所不惜。例如中曾根康弘内阁的文部大臣藤尾正行、竹下登内阁的国土厅长官奥野诚亮、羽田孜内阁的法务大臣永野茂门、村山富市内阁的环境厅长官樱井新、文部大臣岛村宜伸以及总务厅长官江藤隆美等等。

这股政界逆流在第二次世界大战结束 50 周年之际得到充分的表演。围绕原日本社会党提出的对日本在第二次世界大战中的侵略和殖民统治进行反省和道歉的“不战决议”，各种右翼政治势力纷纷登台亮相，竭尽全力加以抵制。结果国会众议院通过的《战后 50 周年决议》，措辞暧昧，意义不明，引起了国际社会的强烈不满。即使如此，仍受到右翼政治家的强烈反对。同一时期，由 105 名自民党国会议员组成的自民党历史研究委员会编辑出版了名为《大东亚战争的总结》一书，书中声称“满洲不是中国的领土”“日本是为了自卫而出兵亚洲的”“南京大屠杀是虚构的”等，极力为当年日本的对外侵略战争辩护。

另外，日本的政治家们还通过在“8·15”战败纪念日正式参拜靖国神社来美化侵略历史，因为神社内供奉着明治维新以来直到第二次世界大战在国内外战争中死去的 250 万官兵，其中包括被远东国际军事法庭判处绞刑的东条英机等 14 名甲级战犯。自 1985 年 8 月 15 日中曾根康弘以现任首相身份正式参拜靖国神社以来，尽管遭到曾深受日本侵略战争之苦的东亚各国社会舆论的强烈批判，但每年的 8

月 15 日，仍有为数众多的内阁成员和政治家去参拜靖国神社。

在文化教育领域，以东京大学教育学部教授藤冈信胜为首的一小部分知识分子大肆鼓吹为日本近代对外侵略历史翻案的“自由主义史观”。这种史观认为战后日本的历史教育来自美国占领当局改造日本思想计划的“东京审判史观”和基于原苏联国家利益的“共产国际史观”，并在这两种史观的基础上形成了“否定日本国家”的历史意识。因此，应在国民中间进行“对本国历史充满自豪的”以及“值得骄傲的”教育，而不是上述否定明治维新以来历史的“自虐史观、黑暗史观”。这些人组成的“自由主义史观研究会”，从 1996 年 1 月 15 日起在《产经新闻》上连载“教科书中未教过的历史”，实际上是美化日本侵略战争的历史，并在当年年底汇集成书出版，颇为畅销。

1998 年，小林善纪的《战争论》出版，这部否认侵华战争、妖魔化中国的漫画书立即成为畅销书。2000 年 5 月，一部美化甲级战犯东条英机、名为《自尊——命运的瞬间》的电影在日本上演，这部耗资 15 亿日元（约合 1100 万美元）的影片以远东国际军事法庭对日本战犯的审判为主线，着力描写法庭审判“缺乏公正”，渲染东京审判“不是实现正义，而是胜利者对失败者的报复”等。影片的制作者公开宣称希望通过这部影片“改变日本国民的历史认识”，达成“日本没有进行过侵略战争”的共识。

2000 年 4 月，以日本电气通信大学教授西尾干二为会长、藤冈信胜为副会长的“新历史教科书编撰会”向文部省提交了《历史》与《社会》两部教科书书稿，其内容颠倒黑白、否认侵略历史。尽管如此，新启动的文部科学省只让该编撰会做了些无关紧要的修改后就给予通过，并毫无道理地拒绝了中国及韩国提出的修改要求。

与 80 年代大国主义思潮不同的是，90 年代民族主义思潮还体现在“皇国史观”沉渣泛起、排外言论盛行、抛弃和平宪法重做军事大国等问题上。尽管战后日本实施的是象征天皇制，但民族主义者又扛起了天皇这面大旗，用作凝聚日本民众心理的工具。小渊内阁通过的《国旗国歌法》、森喜朗首相的日本是“神之国”言论、“新历史教科书编撰会”的“神国起源说”无不如此。

除将日本的困境归罪于其他国家外，排外主义也开始抬头。2000 年 4 月 9 日，东京都知事石原慎太郎在陆上自卫队创建纪念日上发表演说，声称日本社会治安的恶化是“三国人”造成的，呼吁自卫队在必要时刻发挥作用。所谓“三国人”是历史上日本人对居住在日本的朝鲜人和中国台湾人的蔑称，石原慎太郎所言显然是泛指居住在日本的外国人，尤其是亚洲人，其言论无疑迎合了日本国民心中因经济衰退而产生的排外和厌外情绪。

另外，修改现行和平宪法不仅成为众多政治家们公开讨论的话题——例如在1999年自民党总裁和民主党代表的竞选过程中，多数候选人均不同程度地主张修改宪法，而且为修改宪法做准备的《宪法调查会法案》在1999年下半年通过了国会的审议，随即成立了宪法调查研究会。从已经举行的多次听证会来看，修改宪法已成为主流意见，其焦点直接对准放弃战争及军备的宪法第九条。

修改和平宪法在部分知识分子和媒体中也颇有市场。例如原东京大学教授佐藤诚三郎就认为，必要时行使武力是必不可少的，他批评日本过去的“一国和平主义”缺乏世界领导意识，认为“不能一味地把行使武力看作是不好的东西”。佐藤对日本和平宪法提出质疑，指责其为“绝对和平主义”的宪法观，必须重新加以解释，即把宪法第九条看作是“禁止对他国的侵略”，而如果遭受侵略则可以采取自卫行动。

在媒体方面，《读卖新闻》和《产经新闻》等大报纸对修改宪法持积极态度，甚至采取实际行动。例如《读卖新闻》组织了以和平保障研究所所长猪木正道为首的“宪法问题调查会”，前后举行了11次公开讨论会，并在1994年底公布了一份《日本国宪法修正草案》。草案删去了“不保持陆海空军和其他武装力量，不承认国家的交战权”，代之以“日本可以拥有用来保卫日本的和平和独立，维护其安全的自卫的组织”，并声称日本“为参加国际维持和平活动及其他人道主义救援活动，可以派遣公务员以及一部分自卫队的组织”等。根据《读卖新闻》在1993年3月所做的舆论调查表明，赞成修改宪法的被调查者占50%，反对者占33%；另外根据《朝日新闻》1997年4月所做的舆论调查，也有高达46%的被调查者赞成修改宪法，反对修改宪法者为39%，甚至有20%的被调查者主张修改宪法第九条有关放弃战争的规定。

正是在上述民族主义思潮的推动下，1998年上台的小渊惠三这位拙于言辞的“钝牛”首相，尽管面对的主要课题是恢复经济景气，但在政治上也大体完成了自70年代末大平正芳内阁以来历届政府追求的“战后政治总决算”目标，特别是著名鹰派政治家中曾根康弘想做而没有完成的事业。例如被社会舆论称作“战争法”的《日美防卫合作新指针相关法案》、容易令人想起战前军国主义时代的《国旗、国歌法案》、几乎可以同战前臭名昭著的《维持治安法》相提并论的《住民基本登录簿法修正案》以及被称为“盗听法”的《组织犯罪对策三法案》等，均在1999年上半年顺利通过了国会的审议，成为法律。

2001 年 4 月当选为自民党总裁和内阁首相的小泉纯一郎更是迎合了这种激进的民族主义情绪，屡屡以强硬政治家的姿态出现。不仅在历史教科书问题上无视中国、韩国等亚洲近邻国家的强烈抗议，仍让有问题的历史教科书通过文部科学省的审查，而且放言准备修改宪法，使拥有集体自卫权的日本军队走向世界。

小泉首相的强硬姿态尤其表现在参拜靖国神社问题上。尽管遭到邻国政府和国民的强烈批判，但仍然接二连三地参拜了靖国神社，其内阁支持率也一直居高不下。另据一项舆论调查表明，有 70% 的被调查者赞成小泉首相参拜靖国神社，由此可见日本民族主义思潮的盛行。

结　语

日本正处在历史性的转折时期，也就是改革战后日本的政府主导型发展模式。正因为如此，泡沫经济崩溃以来日本历届政府均提出了“结构改革”的口号及目标，其中以小泉纯一郎政权最为突出。公共部门领域的“结构改革”主要内容之一是建立市场原理作用下的公共部门管理，大幅度减弱政府在经济发展中的功能和作用，即实施所谓的“新自由主义经济政策”。具体地说，日本发展模式是国家集中各种资源并将其加以分配，既带来了经济的高速增长，也形成了日本经济社会的标识，即终身雇佣制、全民医疗服务、公司福利和员工对公司保持忠诚等。但这种模式无法适应全球化、信息化、经济成熟等环境变化，泡沫经济的形成及崩溃造成“失去的十年”说明了这一点。但是，小泉政权所进行的改革不是刺激经济活力的经济改革，而是打破政界既得利益的政治改革。小泉首相那种容易获得电视媒体认可的独特个性、霸气形象、简练话语赢得了大多数选民的支持，以至于忽略了改革的内容，结果数年之后才发觉过急的“结构改革”带来的是工作不稳定和贫富差距扩大。小泉政权再三强调建立“小政府”，将公共服务机构的任务转移到民营机构并放松政府管制，持续大幅度减少公共投资，却将大笔政府资金用于援助和扶植私人金融机构，并鼓励企业大量雇佣临时劳动者。尽管这种改革有利于提高大企业的国际竞争能力，但以集团主义为突出特征的传统文化及其价值观、传统社会组织原理及其体系遭到破坏，“一亿中流”开始向“下流”（社会底层）转化。

大事记		
时　间	日　本	东北亚
1983 年	中曾根首相访美，发表“日美命运共同体”言论	
1985 年	《男女雇用机会均等法》成立	
1986 年		
1987 年	国铁、日航民营化	中国台湾解除“戒严令”
1988 年	利库路特案	
1989 年	实行消费税等新税制	
1991 年	海湾战争资金援助，美滨核电站冷却水泄漏事故	苏联解体
1992 年	泡沫经济破裂，佐川事件，明仁天皇访华	
1993 年	非自民联立内阁成立，政治改革四法案	
1994 年		朝鲜金日成主席去世
1995 年	阪神大地震，东京地铁沙林事件，《日美汽车协议》破裂，冲绳美军强暴少女事件	
1997 年	山一证券破产，金融机构破产潮	香港回归中国
1998 年	民主党结成，朝鲜导弹飞越日本列岛	
1999 年	石原慎太郎当选东京都知事，东海村核临界事故	
2000 年	森首相“日本神国”发言，三宅岛火山喷发	
2001 年	小泉旋风，小泉参拜靖国神社	
2002 年	小泉首相访问朝鲜，“宽松教育”开始	
2004 年	向伊拉克派遣自卫队，日朝首脑会谈，新潟中越地震	
2005 年	JR 西日本列车脱轨事故，邮政民营化法案通过，爱知世博会	
2006 年	取消日银零利率，活力门事件	

进一步阅读资料

许祥云、李立恒、谢静在《未破裂的房地产泡沫是否损害经济增长——基于日本泡沫经济的历史考察》(《日本学刊》2017年第6期）一文中指出：通过分析日本泡沫经济的相关资料，并围绕房地产泡沫上升时期日本经济主体行为的变化对长期经济增长的影响进行考察后发现，房地产泡沫会诱导企业“脱实向虚”，提升银行系统风险，挤占研发投入，扭曲产业结构。上述因素将共同引致未来生产效率的提升出现停滞，并最终损害长期经济增长。即便不发生泡沫破裂，房地产泡沫的长期存在仍会削弱经济发展潜力。政府不仅需要防止房地产泡沫过度膨胀或迅速崩溃，更需要逐步消化现存泡沫，为实现经济长期可持续增长的目标清除隐患；

徐万胜在《行政改革与日本自民党支配体制变迁》(《日本问题研究》2018年第3期）一文中指出：日本的行政改革与自民党支配体制的变迁密切关联，在自民党内部，行政改革的推进始终与其权力结构的变化交织在一起，不仅政治家个人因表现不同而导致其权力地位消长变化，而且至21世纪初期邮政民营化改革进一步导致了各派阀势力的兴衰。从决策过程的视角看，行政改革持续推进了“首相官邸主导”型决策模式的机制化建设，但其决策效益的发挥则受多重因素的影响。行政改革对自民党社会支持基础的影响则是复杂的，面对日趋多元化的市民社会，自民党政权难以通过行政改革“固化”其社会支持基础；

湛中乐、黄宇骁在《日本历史教科书问题的法理解读——以家永三郎教科书案为例》(《华东师范大学学报（教育科学版）》2018年第5期）一文中指出：作为世界最长的公法诉讼，家永教科书案用法学的方法解决了复杂的历史教科书问题，是“政治问题法律解决”的一个典型代表。本案涉及一系列宪法、行政法、教育法的交叉问题，是比较法研究的良好素材。在法庭审理过程中，双方围绕教育权归属问题、教科书审定制度与受教育权、学术自由、表达自由的关系、教育领域裁量行为的司法审查方法、行政程序中的正当程序原则适用、狭义的诉的利益等法律问题产生了激烈争论。我国公法学和教育法学研究中尚存在一系列亟待明确的问题，家永教科书案中体现的裁判法理具有一定借鉴意义；

应江黔、武剑红在《日本国铁民营化改革债务清算研究》(《综合运输》2018年第9期）一文中指出：1987年日本国铁民营化改革的主要起因是债务问题，民营化时的债务偿还除了由民营化公司(JR公司）直接承担与其资产价值相当部分之外，还计划通过出让剩余土地与JR公司的股份资产，再加上财政负担来清算。对此过程的折现值计算显示，在30年的清算过程中，与改革开始时的计划相比，在财政负担高于预期的同时，铁路资产总收益也高于预期。其中土地出售收入少于预期，但JR公司股份转让收入、新干线资产收益等高于预期。其结果部分归因于日本国铁时期所形成的优良资产，包括连接大城市圈的新干线、与城市经济资源融为一体的城市与市郊铁路，部分归因于国铁改革的方式与机制较好发挥了这些资源的优势；

郑竑的《日本房地产泡沫破裂的深层次成因与经验教训》(《发展研究》2018年第9期）一文在全面回顾1986–1990年日本房地产泡沫发展和全面破裂过程的基础上，对泡沫破裂的成因进行了系统性研究，认为未正确区分泡沫经济发展与经济周期性繁荣以及一系列政策失误是导致全局性泡沫破裂的深层次成因。文章使用哲学中必然性因素与偶然性因素相关关系的原理来解释房地产泡沫破裂背后的深层次成因，并对中日房地产上涨特点进行比较，认为二者存在本质上的不同。该文从坚持底线思维的角度出发，讨论如何防范个别城市可能出现房价快速下跌的现象，体现了宏观调控的前瞻性；

裴桂芬、李潇潇在《日美贸易摩擦与日本结构改革》（《日本问题研究》2019 年第 3 期）一文中指出：日美贸易摩擦是否推动了日本国内的结构改革一直是学界关注的问题，尤其是在日美经济摩擦从产品摩擦过渡到体制摩擦之后，二者出现了一定的同步性。如 1985 年市场导向的个别领域谈判与日本的扩大内需政策、1989 年日美结构协议与结构调整、1993 年开始的系列经济对话机制与日本规制缓和等。日本并不是屈服美国压力、全盘接受美国的改革建议，而是利用美国压力推动必要的经济结构改革，对那些并不亟需或不必要的改革，日本采取了迂回或敷衍方式，实现了“息战”；

张敏、林志刚在《打造小而有效的政府——日本规制改革的回顾与评析》（《现代日本经济》2019 年第 1 期）一文中指出：战后日本在政府主导的经济发展模式下，创造了“东亚奇迹”，同时也使日本成为一个规制大国。随着国内泡沫经济破裂和全球经济一体化的驱动，日本政府启动了一系列规制改革，处理政府与市场的关系，向以市场为导向的经济发展模式转变。日本规制改革先后经历了行政审批精简、放松规制和规制改革 3 个阶段，通过设置结构改革特区，启动市场化改革，实施“国民参与”等举措，有效推动了日本规制改革的进程，但仍面临官僚制的制约、利益集团的寻租、流于形式的评估等问题。通过系统回顾和梳理日本规制改革的演进，发现日本规制改革在改革机制设计、建构法律体系、完善参与机制、重视社会性规制等方面，均为我国推动国家治理体系和治理能力现代化提供了有价值的启发和借鉴。

第十一章

漂流的国度

小泉纯一郎长期政权结束后日本政局再次出现动乱，内阁像走马灯一样换来换去。首先是自民党在2009年重新失去政权，民主党上台执政，但其政策未能获得多数选民的支持，而且其“敲打官僚”的做法引起强烈的反弹，决策过程、执行过程均出现障碍，再加上冲绳美军基地搬迁问题、东北大地震、钓鱼岛附属岛屿国有化等，外交、内政均出现较大问题，不仅在2012年失去政权，而且在众议院的席位与第二在野党相差无几。自民党总裁安倍晋三再次执政，首先提出由三支箭组成的“安倍经济学”，其次推动国会通过以行使集体自卫权为中心的安保法案、达成TPP协议等，接着提出振兴经济的新“三支箭”，但均未取得明显效果，已执政近四年的安倍首相能否顺利走下去仍然是个未知数。

短命的自民党内阁

三届政权暗淡无色

在2006年9月举行的自民党总裁选举中安倍晋三当选，接着当选为首相，仍然维持了自民党与公明党联合执政的框架。安倍晋三出身政治世家，外祖父为岸信介，属于保守派政治家，热衷修改宪法、恢复武装，上台之初便在众议院全体会议发表施政演说时强调修改宪法的必要性。在其推动下，2006年秋季召开的临时国会通过了旨在提高国民爱国心的《教育基本法修正案》以及《防卫厅升格为防卫省法案》，2007年5月国会通过了允许就修改宪法举行全民投票并制定相关法律程序的《国民投票法》。

尽管如此，内阁成员丑闻不断，特别是丢失养老金交纳记录事件的曝光更是引起国民不满。2007年5月，社会保险厅丢失5000多万份养老金交纳记录一事浮出水面，使本来就因老龄化、少子化而处在危机状态的养老金制度更陷困境，许多已经缴纳保险费的国民担心无法按期领取养老金。尽管国会通过了带有补救内容的《取消养老金时效特例法案》和《社会保险厅改革相关法案》，但舆论调查显示安倍内阁的支持率迅速降至30%以下。在此形势下于7月29日举行的参议院选举严重打击了自民党，减少了改选的近半数席位。加上没有改选的席位，在野的民主党共有109席，超过自、公执政党合计的103席。加上日本共产党、社民党等党派，在野党总共拥有242个总席位中的138个席位。

尽管安倍不得不暂时搁置所谓“建设美丽国家”“脱离战后体制”的政治理念，在推动修宪等敏感议题上顾虑主流民意，并通过改造内阁提高支持率，但终究无望在国会通过即将到期的《反恐特别措施法》，因而在临时国会召开后的第三天——9月12日宣布以健康原因辞去首相职务。出于对过急改革引发不满的反省，自民党选择了性格温和、政策稳健、擅长协调的福田康夫为该党总裁和政府首相。

自、公两党在10月召开联席会议，决定向临时国会提交《新反恐对策特别措施法案》，替代即将到期的《反恐特别措施法》。新法案删除了原法案中“救援灾民”和“搜索救助”的内容，将自卫队在印度洋的支援活动限定在供应燃料和供水两项，实施期限也改为一年。尽管在自、公执政两党的多数赞成下两次决定延长临时国会会期，但在2008年1月众议院终于以三分之二以上多数票再次表决通过反恐法案，不过大大影响了其他法案的审议及成立。在2008年年初召开的通常国会上，在野党故伎重演，两次在参议院否决政府提出的日本中央银行——日本银行总裁人选，使这一职位自二战结束以来首次出现空缺，参议院甚至在6月11日通过针对福田首相的问责决议案，福田首相自知难以过关，而且在内阁支持率低迷的状态下也难以解散众议院举行大选，只好以辞职了事。

面临即将到来的大选，为逃避败选的责任，自民党内重量级人物纷纷回避总裁选举，结果使数次参加自民党总裁竞选、性格直率、政治统率能力较弱的麻生太郎脱颖而出。由于麻生首相漫画性的直线思维导致其经常失言，因而内阁支持率迅速跌至25.5%，受其影响，自民党内所谓"反麻生"的倾向日渐活跃起来，甚至出现与在野党联合或者脱离自民党的动向。

经济再陷困境

2006年日本经济继续平稳复苏，各产业状况良好，股市稳中有升，地价缓慢回升，不良债权处理完毕，企业的设备、人员及债务"三过剩"问题得到解决，物价出现全年度正增长，失业压力减轻，居民消费也得到一定的恢复。但政府财政状况严峻，2006年财政赤字在GDP中的比重为5.1%，远远超过国际警戒线，在发达国家最为糟糕。另外，还有地区之间经济差距、贫富差距重新拉大，人口老龄化与社会保障负担愈加沉重等问题。为解决贫富分化越来越严重的问题，安倍首相提出"再挑战计划"，试图为经济竞争失败的弱势群体提供一个重新发展的机会，但需要较多费用。

2007年的日本经济复苏势头明显减弱，首次从2002年以来2%以上的年均增长率下降为1.6%左右。首先是股市急剧走低，在2007年6月上升到18000点的峰值后下跌，年底跌到15000点。其主要原因除美国次贷危机和国际股市普遍下跌的影响外，与日本国内经济停滞也不无关系；其次是住宅投资急剧下降。针对不断出现的耐震建筑造假事件，日本政府修改《建筑标准法》，提高建筑质量标准，同时审查标准进一步严格，审查文件增多，并且规定在申请得到批准后不得擅自修改设计、工艺程序等，结果使建筑业遭到较大打击；设备投资明显趋缓。2003年到2006年设备投资年均增长率为10%，但2007年出现连续三个季度的负增长；职工收入停滞不前。

2008年受美国次贷危机引发的全球金融危机影响，日本经济遭受严重冲击，2008财政年度GDP实际增长率为−3.5%，创战后年均经济增长率新低，衰退速度甚至超过美国和欧洲。日经平均股指从2008年9月初的12834点下降到10月底的7163点，两个月内跌幅高达44%，前所未有；其次是出口急剧减少，时隔28

年首次出现7253亿日元贸易赤字；大型制造业企业出现年终赤字，是自2000年以来的首次；设备投资第四季度比前期下降16.7%，创历史最高纪录，工业生产指数在第四季度下降至1953年以来最低点，消费在第四季度也出现负增长，失业率从2007年的3.8%上升为4.4%。

为应付此次来势凶猛的危机，日本政府在2008年先后采取“紧急综合对策”“生活对策”“紧急对策”等措施，计划分别投入1.8万亿、4.8万亿、5.8万亿日元，预期调动11.5万亿、27万亿、37万亿日元规模的事业投资，以期减轻高龄者的医疗费负担、支持中小企业解决资金周转困难、向居民发放消费补助金、下调高速公路费、创造自治体就业机会、降低就业保险费、强化住房贷款减税、降低中小企业法人税等。

在经济危机影响下，就业环境不断恶化，受冲击最大的是钟点工、派遣员工、临时工或合同工等非正式雇佣者。2009年1月，参议院通过《确保雇佣和居住》的紧急决议，要求政府确保失业人员的居住和生活稳定，要求企业“不要轻易解雇员工和取消内定就业人员，全力维持雇佣的稳定”。与此同时，内阁会议通过包括放宽保险加入条件、延长难以再就业人员的事业补贴时间、降低雇佣保险费用等内容的《雇佣保险法修正案》并提交国会审议，两个月后众参两院通过该法案。

趋于平衡的外交

在安倍政权之前的小泉纯一郎内阁时期，中日关系面临着前所未有的困难局面。由于小泉在执政的5年多时间里顽固坚持参拜供奉有甲级战犯的靖国神社，导致日本和中国的政治关系严重倒退，同时也使日本的亚洲外交陷入孤立的困境。安倍就任日本首相后，应中国国务院总理温家宝的邀请，于2006年10月8日至9日对中国进行了舆论界称为“破冰之旅”的正式访问。中国是安倍就任日本首相后访问的第一个国家，也是日本领导人5年来首次访华，反映了其希望打破中日关系僵局、以访华为契机改善两国关系的迫切愿望。

安倍首相在访华期间与温家宝总理就年内启动中日历史共同研究达成共识，胡锦涛主席在越南首都河内举行APEC会议期间会晤安倍首相时对该共识再次予以确认。中日双方各自成立由10名学者组成的委员会，设置“古代史”和“近现代史”两个小组，由中日双方轮流主办会议，对中日2000多年来的交往历史、近代以来发生的不幸历史以及战后半个多世纪中日关系发展的历史进行共同研究，旨在通过加深对历史的客观认识，增进相互之间的理解。

福田康夫首相访华，图为在北京大学演讲。相对于安倍首相访华的“破冰之旅”、2007年4月温家宝总理访日的“融冰之旅”，此次福田首相访华为“迎春之旅”，其后胡主席访日称为“暖春之旅”，显示中日关系逐渐转好的趋势。

安倍首相访问中国后在10月9日访问韩国，恢复了中断一年的首脑互访和会谈，并就历史问题和朝鲜核问题交换了意见。当天朝鲜宣布核试验成功，日本不仅再次带头推动联合国通过对朝制裁的决议案，而且对朝鲜采取追加制裁措施，决定禁止向朝鲜出口高级食物材料和贵金属等24种商品，同时全面禁止进口朝鲜产品以及所有朝鲜船只进入日本港口，结果在与朝鲜邦交正常化谈判及解决“绑架问题”方面没有任何进展。

福田康夫政权成立后积极推动中日关系的发展。应日本海上自卫队邀请，中国海军“深圳”号导弹驱逐舰对日本进行了友好访问；首届中日经济高层对话在北京举行，双方围绕加强宏观经济政策交流、加强节能环保合作、加强贸易投资合作和加强多边及区域经济合作四大领域坦率交换意见，增进了相互理解。2007年12月27日，福田首相抵达北京，对中国进行了为期四天的正式访问。中国国家主席胡锦涛在2008年5月6日访问日本，并同福田康夫首相就中日关系和共同关心的问题坦率深入地交换了意见，达成了广泛共识。

2008年5月12日，中国四川省发生特大地震，日本政府宣布向中国提供5亿日元的紧急救援物资。6月18日，中国外交部发言人宣布，中日双方通过平等协商，就东海问题达成原则共识；6月24日，日本海上自卫队高波级导弹护卫舰“涟”号驶入湛江港，开始为期五天的友好访问；7月9日，应邀参加北海道洞爷湖八国集团峰会的胡锦涛主席在主会场温莎酒店会见了福田首相；8月8日，福田首相夫妇出席了北京奥运会开幕式。

在对外关系上，福田首相明确表示“以日美关系为主，首先是与美国的外交”，并于2007年11月访问美国，巩固和强化日美关系。比较右倾的麻生太郎首相也十分重视发展与大国的关系。2009年2月18日，麻生首相访问俄国萨哈林岛，与俄国总统梅德韦杰夫就北方领土问题举行会谈；同月24日访问美国，与奥巴马总统举行会谈，就加强日美同盟关系达成共识；4月29日访问中国，与中国国务院总理温家宝举行会谈。

混乱的民主党政权

不稳的政局

2009年8月30日，民主党在国会众议院选举中大获全胜，新增加193个议席，拥有480个总议席中的308席，从而成为执政党。9月16日，民主党代表鸠山由纪夫在特别国会会议上当选首相，民主党与社民党、国民新党联合组成政权。与此同时，谷垣祯一当选自民党总裁。

鸠山政权成立之初内阁支持率高达71%，但很快急速下降，主要原因是政治资金丑闻与驻日美军普天间机场搬迁问题。政治资金问题在民主党执政前就已出现，并一直困扰着该党。2009年3月，时任民主党代表的小泽一郎秘书大久保隆规涉嫌伪造政治献金报告书被捕，其办公室遭到检察机关的搜查。接着鸠山也在记者会上承认其政治资金管理团体的收支报告书存在虚假记录，就任首相一个月后又被曝出暗中接受母亲的资金援助，可能涉嫌偷逃赠与税等问题。

比起政治资金丑闻来，给予鸠山内阁致命打击的是在美军驻日基地问题上处理不当。普天间基地是美国海军陆战队驻冲绳的主要航空基地，位于城市中心，四周人口密集。长期以来，因其造成的噪音污染和飞行安全等问题，冲绳地方居民一直要求该基地迁离。20世纪90年代后半期，时任日本首相的桥本龙太郎与美方签订原则协议，决定迁出基地，并在冲绳本岛东部的边野古地区新建一处机场。在2009年大选前的竞选期间，民主党声称要推翻协议，将普天间基地迁出冲绳，并将其作为竞选纲领的重要部分。尽管该主张得到联合执政伙伴社民党和冲绳当地居民的大力支持，但美国方面强烈反对。2010年5月，日美两国政府发表联合声明，普天间基地迁址方案基本沿袭2006年日美政府达成的协议。社民党对此极为不满，决定退出联合政府，在野党纷纷指责鸠山违背竞选承诺。在多重压力下，鸠山首相被迫宣布辞职。

2010年6月，民主党选举副首相兼财务大臣菅直人出任新代表，并在紧接着的众议院全体会议上当选为日本第94任、第61位首相，但在7月举行的参议院选举中惨遭失败，总议席减少 10 个。尽管菅直人内阁支持率持续下滑，到 2011 年 3 月初不到两成，舆论普遍认为应解散众议院举行大选或者菅直人下台，但 3 月 11 日，日本东北地区出现严重的大地震、海啸和核泄漏。菅直人首相频频发表电视讲话，通报救灾进展，安抚民众情绪，内阁支持率猛增到 35.6%。

在国会迅速通过关于福岛第一核电站核泄漏事故的赔偿法案，即《原子能损害赔偿支援机构法案》《特例公债法案》《可再生能源特别措施法案》后的 8 月，菅直人正式宣布辞去党首职务，“执政一年多就不得不辞职的主要理由”是民主党在参议院席位不过半数、民主党内争斗不断，以及低支持率等。民主党所属国会两院议员参加的选举大会经过 3 个多小时的两轮投票，财政大臣野田佳彦最终战胜其他 4 位候选人成为新任党首并当选为首相。

野田首相表示新内阁将致力于实现灾后重建、处理福岛第一核电站事故以及重振日本经济。由于得到自民、公明两党的支持，国会通过了提高消费税率法案。但民主党发生分裂。小泽一郎率领 50 名国会议员成立新党，名为“国民生活第一党”。7 月 24 日，退出民主党的参议院议员谷冈郁子等成立新党派“绿之风”。内阁支持率不断下降，主要反对党同意尽快在国会通过发行赤字国债的《公债特例法案修正案》，满足野田首相提出的解散国会众议院的条件。11 月，相关法案在参众两院分别获得通过，野田首相宣布解散众议院举行大选。

地震引发的巨大海啸导致 561 平方公里的地域遭遇洪水，大约 2 万人遇难，38 万建筑物损毁，直接财产损失达 17 万亿日元。

天灾人祸

民主党因在大选中提出许多投选民所好的政策而获胜，但编制新年度政府预算时才发觉亏空太大，政府财政收入远远不能满足正常的支出。为寻找新财源，按照事业类型分为四个小组，发动众多民主党年轻议员追查官僚的小金库，并节约不必要的开支。声势浩大的追查活动仅获得1.7万亿日元的新财源，离民主党3万亿日元的目标尚有较大距离，执政党被迫暂缓废除汽油税暂定税率以及高速公路免费等政策。即使如此，政府新年度预算的一般会计支出达到历史最高规模的92.3万亿日元，但因经济萧条，税收比原来估计的减少9万亿日元，仅为37万亿日元，只好发行破纪录的44.3万亿国债。

在外需扩大和超宽松货币政策、积极财政政策等因素的共同作用下，2009年第二季度以后的日本经济形势逐渐好转。但日元汇率突破84日元兑换1美元，达到14年以来的最高点，出口企业受到较大冲击。政府实施一项总额为24.3万亿日元的经济刺激计划，以应对日元升值和通货紧缩的影响，避免经济恶化，但2009年度实际GDP增长率仍为−2.4%。

进入2010年后，前三个季度连续保持正增长，处在缓慢复苏状态，但严峻的就业形势和日元急剧升值，迫使2010年6月上台的菅直人首相立即将摆脱通货紧缩作为主要经济战略目标，努力阻止物价持续下跌。2011年3月11日，日本东北外海发生9.0级地震，引发巨大海啸，导致561平方公里地区遭遇洪水。另外，遭受地震和海啸袭击的福岛第一核电站出现严重的核泄漏，该电站4个机组先后发生不同程度的爆炸，周边的紧急撤离半径从3公里扩大到30公里。

强烈地震、巨大海啸以及核泄漏导致日本国内供应链条断裂、电力供应紧张、核污染阴云笼罩，工农产业、旅游服务业均受到冲击，尤其汽车和半导体电子产业遭受的打击最为严重。政府在灾后迅速确定战略性对策和配套措施，2011年6月国会通过《复兴基本法》，7月直属内阁的“复兴对策本部”提出《复兴基本方针》。主要内容包括专门设立复兴厅，负责灾后重建计划的落实工作；建立“复兴特区”制度，指定受灾严重的227个市町村为适用对象；五年内在厂房店铺建设用地和税收方面采取放松限制、简化手续、减免法人税等特例措施；发行“特别复兴国债”，以确保灾后重建的经费来源；制定《原子能损害赔偿支援法》，确保电力公司履行损害赔偿且维持运营等。

因日本产业实力雄厚，抗灾能力很强，并且企业平时较为注重危机管理机制的建设，因而经过各方的努力，产业得到迅速恢复。同年5月，日本汽车产业已恢复80%的生产，9月80.3%的受灾企业生产能力恢复到灾前水平。受其影响，尽管2011年前两个季度的实际GDP增长率为−7.3%和−2.8%，但灾后重建使第三季度出现强劲反弹，实际GDP增长率达到10.4%。不过好景不长，第四季度又出现波动，实际GDP增长率降为0.3%，2011年全年实际GDP增长率为−0.6%。

进入2012年后起初形势似乎良好，第一季度实际GDP增长率达到5.7%，但产业升级迟缓导致日本产品乃至产业国际竞争力下降，制造业企业向海外大规模转移导致国内工矿业生产"空洞化"，这些宏观因素加上财政危机、通货紧缩、全球市场萎缩、日元升值过快等微观因素的影响，第二季度实际GDP增长率降为−0.1%，第三季度进一步降到−3.5%，第四季度转为0.2%的微弱正增长，因而2012年实际GDP增长率为2.0%。

摇摆的外交

最初的民主党政权坚持重视亚洲的外交特色，例如在民主党竞选纲领中较为令人注目的是强调"以构建东亚共同体为目标，确立亚太地区区域内的合作"，鸠山由纪夫当选首相后积极提倡"东亚共同体"。中日关系出现顺利发展的态势，在民主党政权成立后的三个月内两国高层互访频繁。因此，日美关系呈现紧张化。民主党在竞选公约中提出构筑"紧密且对等的日美关系"，准备在2010年《日美安全保障条约》修改50周年之际重新定义日美同盟关系，并具体探讨《日美地位协定》和驻日美军费用负担等事项。但在美国的压力之下，鸠山政权后期中日关系发展势头出现放缓的迹象，菅直人担任首相后进一步疏远中国，并在某些敏感问题上刺激中国，例如外务大臣冈田克也在东盟论坛会议上称"日本对南海问题不能毫不关心"。

2010年9月7日，载有15名船员的中国拖网渔船"闽晋渔5179"在钓鱼岛附近海域捕捞作业时，日本海上保安厅巡逻船"与那国"号赶到现场并与渔船发生冲撞。日本以违反日本"渔业法"为由强行实施非法检查，并以"涉嫌妨碍执行公务"为由拘留渔船船长及其渔船、渔民。尽管中国政府再三提出抗议，但日本地方检察机关还是延长拘留时间并以日本国内法加以审判。为此，中国暂停双边省部级以上交往，同时终止双方有关增加航班、扩大中日航权事宜的接触，推迟中日煤炭工作会议等事项，中国国务院总理温家宝强烈敦促日方立即无条件放人。尽管在各方的压力下，日本那霸地方检察厅决定释放中国渔船船长，但对中日关系造成较大负面影响，两国均出现大规模游行示威。

野田担任首相后中日双方在钓鱼岛问题上继续对峙。2012年4月16日，正在美国华盛顿访问的日本东京都知事石原慎太郎在当地一个研讨会上表示“东京政府决定从私人手中购买钓鱼岛”，而且此计划已经获得钓鱼岛“土地拥有者”的同意。此举遭到中国政府与民间的强烈反对，8月15日，乘坐“启丰二号”保钓船前往钓鱼岛宣示主权的中国香港保钓人士登陆钓鱼岛，日本冲绳县警及海上保安厅以涉嫌违反《出入境管理及难民认定法》为由逮捕14名保钓人士，17日释放回国。8月19日，前往冲绳县石垣市为太平洋战争中“避难船遇难事件”举行祭拜活动的日本右翼人士登上钓鱼岛，其中包括国会、地方议员。

9月10日日本就钓鱼岛问题举行的阁僚会议将钓鱼岛、南小岛、北小岛三岛正式“国有化”，并以政府预算的准备金支付该款项，“国有化”后的钓鱼岛将由海上保安厅管理。中国外交部发言人在例行记者会上表示，中方正在密切关注钓鱼岛事态的发展，将采取必要的措施维护国家的领土主权。11日，中国海监船抵达钓鱼岛外围海域，宣示主权。北京、广东、山东等地民众走上街头，抗议日本政府“购买”中国钓鱼岛及其附属岛屿的非法行径。

10月30日，中国海监船编队在钓鱼岛领海内进行例行维权巡航，对进入其领海非法活动的日方船只进行监视取证，同时严正申明中国主权立场，并对日船实施驱离措施。其后中国渔政船、海监船持续在钓鱼岛领海内进行巡航，中国海监飞机也在钓鱼岛上空正常执法巡逻，使得日本起飞多架战机拦截。日本内阁府11月24日公布的舆论调查显示，认为中日关系“良好”者仅为4.8%，较上年下降14%，认为中日关系“不好”者占92.8%，较去年上升16.5%，分别创下历史最低和最高纪录。

再次翻盘的大选

“敲打官僚”

2009年7月27日，民主党发表执政纲领，即“政权公约”，核心内容是“全面改革总额为207万亿日元的国家预算，杜绝浪费税金和官僚到特定企业任职”，“通过改革结构产生新财源”等。为实现其目标，一百多名国会议员到行政机构各个部门担任决策者，在其基础上改变官僚主导决策过程的局面。

实际上，在民主党政权公约中最引人瞩目的亮点是通过主导编制预算过程以及人事任免权“敲打官僚”，并因此受到国民的极大欢迎并将其推向执政党的地位。针对自民党政权时期官僚主导决策过程带来的诸多弊端，民主党成为执政党以后采取诸多措施进行改革，首先取消了具有123年历史的事务次官会议。事务次官会议通常在每周两次的内阁会议前一天召开，主要就法案、政令及人事等方面的内阁议案进行协调。由于内阁会议大多原封不动地通过事务次官会议的决定，结果造成内阁会议逐渐形式化，因而民主党认为事务次官会议是“阻碍政治主导决策的罪魁祸首”。

与此同时，鸠山内阁正式启动体现“政治家主导决策过程”的三大行政机构——国家战略室、行政刷新会议、阁僚委员会。国家战略室最重要，担负着强化首相官邸功能、排除官僚单独制定预算框架的任务。该机构设置在内阁官房，其设置章程明确规定“就首相特别命令的税收财政基本框架、经济发展的基本方针及其他内阁重要政策进行策划、立案、综合调整”等。

在内阁府设置行政刷新会议，由首相担任议长，除部分内阁成员外，还有经济界、学术界的人士参加。该机构的主要职责是确保编制政府预算方案时的财源，而且预算方案编制过程不是像过去那样首先由各省厅提出各自预算方案、执政党最后进行审查的“从下而上汇总型”，而是在预测当年财政收入、经济增长、发行国债数量的基础上决定预算总额，然后按比例分配到各省厅的“从上而下指示型”。

为实现“政治家主导”，民主党也计划对国家公务员制度进行改革。在民主党提出的政权公约中，该领域改革的主要内容除“全面禁止官僚退职后到特定企业任职”外，还有“削减20%的工资总额”及“赋予劳动基本权利”。另外，计划向国会提出增加副大臣和政务官数量的内阁法及国家行政组织法等相关修正案；将首相助理从现在的5名增加到10名，新增加人员多为民间人士；将国家战略室升格为国家战略局，增加一名官房副长官担任国家战略局长；新设由民间人士担任的“内阁政务参事”“内阁政务调查官”，各省厅也设置“政务调查官”。

但是，民主党的执政并没有显示出其在削弱官僚决策权与利用官僚专业知识和能力之间掌握平衡，以及判断日本未来发展方向且将其转化为实际行动的能力，在遭到行政机构的消极抵抗后反而呈现回归官僚政治的迹象。以“反官僚”著称的菅直人当选首相后表示“绝不是排除诸位官僚、只靠政治家思考和决定问题”。“诸位官僚才是多年来搞政策和各种课题的专家”，要建立“利用官僚力量推进政策”的内阁，甚至还在国会上照本宣科地利用官僚提供的稿件进行答辩。正因如此，民主党政权实施的所谓“脱官僚化”改革依然带有浓厚的试探性色彩，但其措施造成的政官关系紧张化是民主党失去政权的一个重要因素。

组织化松动

1986年通过的《劳动者派遣法》在当时被普遍看作是一项临时性措施，因为该法允许高技术工人做派遣劳动者（非正式雇佣者），1997年小渊惠三执政时将其扩展到专业要求较高的行业，2004年小泉纯一郎首相进一步将这一制度推广到制造业和建筑业，结果2006年共有662万人成为派遣劳动者，包括派遣劳动者、种点工、合同工、临时工等在内的非正式雇佣者在全部就业者中的比例也从1995年的21%上升到33%。这些非正式雇佣者工作状态极不稳定，享受不到医疗保障或企业福利，工资也只有正式工人的一半，成为所谓的“劳动贫困”一族，即如何努力工作也改变不了生活的窘境。由此而来，贫富分化现象逐渐突显。

与上述社会结构变化直接相关的是工会的组织率逐年下降。2009年日本雇佣劳动者总数为5455万人，比1994年增加176万人，其中工会会员为1008万人，比1994年减少262万人，2009年的工会组织率仅为18.5%，不到战后最高峰的三分之一。支持民主党的“联合”工会拥有669万成员，占全部工会会员的66.4%，但在全部雇佣者中的组织率也仅为12.5%。因工作不稳定、流动性较强，在非正式雇佣者中，组织率只有5.3%。

在农业领域也是如此。由于公共投资减少、公共设施投标改革带来利润率下降、大米消费量逐年降低、减少农作物种植面积政策的实施、农产品进口自由化程度的增加、少子化老龄化等因素的影响，在整个20世纪90年代，农村地区的农业和建筑业领域就业者减少77万人。在此背景下，“农协”正式成员不仅从1975年的577万人减少到494万人，而且内部凝聚力也在急速下降。

各种利益团体、特别是对决策过程施加影响的压力团体的组织率降低一方面导致投票率降低，因为那些非利益集团成员具有政治无力感，即难以通过分散的选票实现自己的利益要求，甚至将利益要求输入到决策过程的可能性也较小，因而降低了普通选民以选举为中心的政治参与热情。正因如此，尽管泡沫经济崩溃后进入激烈的改革时期，但其后的历次大选投票率均差强人意，即使是投票率最高的2009年8月大选也低于“55年体制”时期的多数大选。

另一方面，组织率降低导致利益集团的内部凝聚力减弱，其政治动员能力及约束能力急速下降，其成员很容易为特定政党的临时性政策所吸引而擅自改变立场。具体地说，选民具有的政治无力感和产生于经济长期低迷、政府财政危机之下的社会保障体制破绽，以及邻国急速发展压力的焦虑感交织在一起，不仅容易对特定政党或特定政权产生过高期望，使政府政策的实施缺少必要的时间与空间，而且这种过高期望在媒体的推波助澜下也会迅速转化为对特定政党和特定政权的彻底失望，形成一种频繁更换首相的奇特政治现象。

2012 年大选

由于民主政权不稳且民望急剧下降，其他政治势力及人物纷纷出现，其中以大阪市长桥下彻最为积极。桥下彻本是一名律师，因出演日本热门电视节目“大家都想去的法律事务所”而成为日本知名人物。2008 年 1 月，桥下彻以 38 岁的年龄当选为大阪知事，成为当时日本最年轻的知事。为推进大阪府与大阪市合并的“大阪都构想”，2010 年 4 月成立由大阪府、大阪市议员等组建的地方政党“大阪维新会”，桥下担任党代表。2012 年 9 月，由“大阪维新会”创立的新党“日本维新会”在大阪成立，该党以参与国家政治为宗旨，参加下届众议院选举，党代表由桥下彻担任，其后有 9 名来自民主党、自民党、大家党的众参两院议员加入“日本维新会”。

9 月 26 日，自民党举行总裁选举，经过 2 轮投票，最终原首相安倍晋三胜出。10 月 25 日，东京都知事石原慎太郎表示辞去东京都知事一职，组建“太阳党”，平沼纠夫与石原共同担任新党党首。11 月 17 日，桥下彻和石原慎太郎等人宣布日本维新会和太阳党合并，由石原慎太郎担任代表，桥下彻担任代表代行；国民生活第一党党首小泽一郎积极推动滋贺县知事嘉田由纪子组建废除核电站的“日本未来党”，随即国民生活第一党、名古屋市长河村隆之组建的“废除核电站党”并入日本未来党。

除以上新党外，还有国民新党（2005 年 8 月由反对邮政民营化法案的绵贯民辅等 5 名国会议员脱离自民党组建，2012 年因消费税问题发生分裂）、新党大地（2005 年 8 月由原北海道开发厅长官铃木宗男发起成立，以北海道为据点）、新党日本（由反对邮政民营化改革相关法案的自民党议员小林兴起等 4 人和长野县知事田中康夫在 2005 年 8 月成立）、新党改革（前身是 2008 年由前民主党离党议员渡边秀央等人成立的改革俱乐部，2010 年自民党实力派议员舛添要一加入后改为现名）、大家党（前身是渡边喜美组建的政治团体“国民运动体日本黎明”，2009 年 8 月成立该党）等政党参加大选。

此次大选共有 12 个政党登记参选，是日本自 1996 年实行现行选举制度以来参选政党最多的一次大选。共有1504名候选人参选，是现行宪法1947年实施以来最多的一次。12月16日大选的投票结果是，自民党、民主党、日本维新会、公明党、大家党、日本未来党、日本共产党、社会民主党、国民新党、新党大地等党获得议席。自民党的席位从选举前的118个增加到294个，民主党从230席骤减为57席，维新会从11席增加到54席，公明党从选举前的21席增加到31席，大家党从选举前的8席增加到18席，未来党从选举前的61席减少到9席，共产党从选举前的9席减少到8席，社民党从选举前的5席减少到2席，新党大地从选举前的3席减少到1席，国民新党从选举前的3席减少到1席等。

第二次安倍政权

“安倍经济学”

12月26日，安倍晋三自民党、公明党联合政权成立。面对长期低迷的日本经济，安倍首相明确表示新内阁是“危机突破内阁”，将尽快重新启动经济财政咨询会议，实施灵活的财政政策、大胆的金融政策以及促进民间投资的成长战略三大战略。具体地说，就是制订大规模的补充预算方案，实施积极财政政策；实行无限制的量化宽松货币政策，要求日本银行设定2%的通货膨胀率；推出产业振兴政策，推动民间企业对技术与就业等至关重要领域进行投资。为表示推进其政策的决心，安倍首相亲自担任“日本经济再生本部”本部长。媒体将其称为“安倍经济学”，实际上是指安倍内阁计划实施的一系列新经济政策。

1月7日，安倍内阁出台总额为13.1万亿日元的2012年度追加预算案，下一年度的紧急经济对策预算也高达20万亿日元。其中政府主导的公共投资高达5.3万亿日元，具体包括在日本各地区的防灾、减灾，例如桥梁修复和各地学校建筑的防震加固等。同时促进民间融资，包括创设新的政府投资基金，诱导更多民间资金进入尖端科技领域，例如促进多功能干细胞的实际应用、超级计算机“京”的开发，甚至日本周边海域稀土资源探测船的建造等。在临时内阁会议决定的2013年度政府预算案中，一般会计预算总额达到92.61万亿日元，公共事业的财政投入比上一年度增加16%，加上2012年度补充预算中的公共事业相关费用4.7万亿日元，总计达10万亿日元，用于支援弱势群体的生活辅助费三年内削减740亿日元。

所谓大胆的金融政策，即树立通货膨胀预期，压低汇率调整供需缺口，也就是通过量化宽松措施抑制日元升值，提高股市价格，改善企业收益，增加设备投资和就业人员，在提高收入的基础上扩大消费，促使物价上升，摆脱长期的通货紧缩。日本银行与政府发表有关摆脱通货紧缩和防止日元升值的共同声明，首次明确引入2%的通胀目标，同时决定自2014年起实施每月定期购入资产的“无限期”货币宽松政策。其后货币量化宽松政策的积极推行者黑田东彦继任日本银行行长，表示提前启动无限资产购买计划、延长国债期限、扩大国债规模及制定新的资产负债目标等，同时用基础货币量取代无担保隔夜拆借利率作为央行货币市场操作的主体目标，两年内将基础货币量扩大一倍。

在促进民间投资方面，安倍政权计划在能源、环境、医疗、健康等成长领域实施大胆的规制缓和，争取名义GDP增长率达到3%以上，在继续推进“贸易立国”的同时，实现“产业投资立国”战略模式，推动海外投资收益回流日本，从而实现经济增长。在具体措施上采取降低企业法人税、支持中小企业融资、向节能及可再生能源等产业提供补贴、完善社会基础设施等政策。在贸易方面，积极推进EPA（经济合作协定）、FTA（自由贸易协定）、TPP谈判等。

安倍政权的经济政策在短期内出现效果，日经平均股票指数从2012年12月中旬的9000多点上升到2013年3月的12000多点，恢复到国际金融危机之前的水平。与此同时，日元对美元的汇率也从1美元兑换78日元贬到1美元兑换96日元，各大汽车厂家纷纷上调盈利估值。与此同时，由于消费者对日本经济复兴充满希望，所以珠宝首饰等奢侈品以及服装的销售状况非常好，3月日本全国商场的销售额同比呈上涨态势，244家商场销售总额为5447亿日元，同比增长3.9%，且连续3个月呈同比增长态势。正因如此，内阁支持率罕见地不断上升，安倍政权成立之初，内阁支持率为62.0%，一个月后升至66.7%，四个月后进一步升至72.1%。

“安保国会”

除经济方面的改革外，安倍政权的最大政治目标是推动日本“摆脱战后体制”，具体包括修改日本和平宪法、实现集体自卫权甚至创建国防军等。尽管第一届安倍内阁将推动经济发展作为最重要目标，但在安全保障政策上仍然有许多改变，例如内阁会议2014年4月1日决定通过“防卫装备转移三原则”，取代旧的“武器出口三原则”，大幅放宽出口日本武器装备和军事技术的条件，同年7月1日的内阁会议决定，通过解释宪法的方式解禁集体自卫权，确定日本行使武力的三项基本准则，即与日本有密切关系的国家遭到武力攻击、日本面临存亡危机、国民权利明显面临根本性威胁时，可以依据宪法行使“必要的最小限度的”武力。

自民党在2014年12月举行的大选中再次获胜，联合执政两党在众议院仍然保持绝对稳定席位。为实现集体自卫权，政府与执政党抓紧时间完善安保法案的内容，其重点是对有关集体自卫权的相关法律、包括现行的《自卫队法》和《武力攻击事态对处法》进行修订，将可行使集体自卫权的事态称作“存立危机事态”。5月15日，内阁将作为自卫队海外派遣恒久法的《国际和平支援法》和《武力攻击事态法修正案》等10项现行法案修正案（统称为《和平安全法制整备法案》）提交国会审议。在这一过程中，对行使集体自卫权持反对意见的大批民众不断聚集到国会周围进行抗议。

由于安保法案的关键点是即使日本没有遭受直接攻击，在他国遭受攻击、日本面临“存立危机事态”的情况下也可以行使展开反击的“集体自卫权”，在野党指责其判断标准模糊不清。什么情况属于日本面临存立危机事态？是否存在进入他国领土和领海的情况？如果存在，具体将是何种情况？众议院5月26日召开全体会议开始审议相关法案后，面对在野党的指责，安倍首相举例称因战乱导致生活物资及电力不足，均应列入“存立危机事态”的范畴内，并可行使集体自卫权。对此，宪法专家们纷纷说“不”，超过百名学者联名发表声明，要求安保法案作废，甚至受自民党之邀出席众议院宪法审查会的宪法学者也明确指出“法案违宪”。

共同社6月21日公布的最新民意调查结果显示，半数以上日本民众认为安倍政府提交的安保相关法案违反宪法，反对安保法案的民众比例大幅上升，达到56.7%，远远超出29.2%的赞成者比例。16日，众议院全体会议表决通过了包括解禁集体自卫权在内的新安保法案，当天傍晚提交参议院。《每日新闻》发布民调显示，安倍内阁支持率下滑至32%，为其重新掌权以来的最低水平。甚至联合执政的公明党母体“创价学会”的会员也纷纷表示反对安保相关法案，创价大学的教员与学生也成立相关组织反对安保法案，日本全国有90所大学的师生成立了反对安保相关法案的组织。8月30日，日本全国超过300处地点发生示威活动，估计人数超过100万，是迄今最大规模的反安保法示威活动。

在一片反对的浪潮中，9月17日，参议院特别委员会以执政的自民党等政党的赞成票为多数，通过安保法案。9月19日，参议院全体会议表决通过安保法案。

8月30日，数万示威者包围国会，要求废除“安保法案”、安倍下台。其情景似乎是1960年“反安保斗争”的再现，但与其外祖父岸信介命运不同的是，安倍并未因此下台，反而因随后改造内阁支持率有所上升。

25日内阁会议决定，于30日公布包括解禁集体自卫权等内容的安保相关法，公布起6个月以内施行。

由于得到党内各派阀的支持，安倍首相在9月份的自民党总裁选举中作为唯一候选人成功实现连任，任期到2018年。10月7日，安倍首相进行第三次内阁改造，主管经济金融、外交、防务的主要阁僚留任，9人为首次出任阁僚职务。除国土交通大臣由公明党党员出任外，其余阁僚均为自民党党员。日本媒体实施的一项紧急电话舆论调查结果显示，安倍内阁支持率为44.8%，比上次调查上升了5.9个百分点。

加入 TPP

2011年日本正式决定加入TPP谈判，但进展缓慢，2013年日本政府曾做过评估，不同部门之间由于立场不同结果也相异。例如内阁府认为加入TPP能拉高0.54%的GDP，经产省认为不加入GDP将损失10.5万亿日元，失去81.2万个工作机会。而农水省却认为加入 TPP 将损失 11.6 万亿日元，340 万农民失去工作，粮食自给率从 40% 下降到 13%。因此，以农业团体为主的利益集团强烈反对加入 TPP。

农业团体为农业协同组合（农协），截至 2014 年 12 月，日本共有各种全国性农协联合会 18 个，都道府县农协联合会 207 个，基层综合农协 708 个，各类专门农协 2011 个。实际上，存在地方农协、都道府县农协、中央农协三级体系架构，以农村社区为基础，向社员提供销售、供应、金融、保险、生产经营指导、仓储运输、福利文化等综合性服务。由于中央农协对地方农协负有监督、指导、审计甚至进行政治活动的责任，同时向地方农协征收 80 亿日元的监督指导费，因而政治影响力巨大，在国会中声称代表农民利益的国会议员团体被称为无敌的“农林族”。也正因如此，日本农业在政府以较高价格收购大米、提供大量政府补助金及保护国内农产品市场等政策的保护下缺乏国际竞争力。

为加入 TPP，日本政府一方面采取措施强化农业的国际竞争力，另一方面减弱农业团体的政治影响力。早在 2011 年，农林水产省就推出一份高达 159 亿日元的巨额农业补贴计划，如果一位青壮年有意下乡务农，中央政府每年可向其发放

日本“农协”具有较强的政治动员能力，经常发动农民举行游行示威，要求提高政府农产品收购价格、提高政府农业补助金、反对农产品进口自由化。

150万日元补贴，补贴期限最长可达7年。同时为鼓励农业法人单位招收年轻人，政府还向雇佣农业青年的农业法人发放每月10万日元的实践培训费，最长支付两年。与此同时，日本政府在2014年5月14日召开的规制改革会议上发表《关于农业改革的意见》，提出加快推进农协、农业生产法人、农业委员会改革。其中针对农协的改革内容包括废除以中央农协为最高机构的中央农会制度，将其改组为农业振兴方面的智囊团或社团法人，以恢复基层农协的经营自主性；进行中央农协公司化改制，以适应国际化竞争的需要；努力实现单位农协的专业化、健全化，逐步将基层农协的信用、保险业务剥离，分别交由农林中央金库和全国共济农业协同组合联合会管理，基层农协只作为上述业务的代理窗口等。

在2015年的通常国会上，新《农协法》也是重要审议法案。最终参议院全体会议在6月28日通过了新《农协法》，该法律正式生效。新法的最大变化是中央农协将在2019年10月之前从目前的特别民间法人转型为一般社团法人，失去了从地方农协收取赋课金，负责审计、指导及政治活动的权限，地方农协可以选择新设立的审计企业或一般审计企业对其进行审计。另一方面，从2015年10月起，农林中央金库将对新务农人员实施免费发放补助金的援助政策。今后4年，农林中央金库准备动用24亿日元，向每一位未满45岁的新务农人员支付最多60万日元的补贴，用于土地租赁和购买肥料。

2015年10月5日，美国、日本、澳大利亚等12个国家已成功结束TPP谈判，达成贸易协定。日本通过新设大米零关税进口框架以及下调牛肉和猪肉关税等部分开放措施，换取扩大出口汽车等工业品。为刺激仍处于低迷状态的日本经济，安倍首相在2015年10月初组成新内阁后提出将名义GDP从2014年度的490万亿日元上调到600万亿日元、特殊出生率达到1.8的育儿支援、护理离职率为0的社会保障新经济政策，并将其定位为“安倍经济学”的“新三支箭”。同时表示，在今后三年总裁任期的政权运营中，继续把经济放在首位。

原始文献

安倍首相战后70周年讲话

尽管有“侵略”“殖民统治”“反省”“道歉”等关键词汇，但总让人感到其语气中的含糊其辞和言不由衷。

正值战争结束七十周年之际，我们认为，必须平静地回顾走向那场战争的道路、战后的进程、二十世纪那一时代，并从历史的教训中学习面向未来的智慧。

一百多年前，以西方国家为主的各国的广大殖民地遍及世界各地。十九世纪，以技术的绝对优势为背景，殖民统治亦波及亚洲。毫无疑问，其带来的危机感变成日本实现近代化的动力。日本首次在亚洲实现立宪政治，守住了国家独立。日俄战争鼓舞了许多处在殖民统治之下的亚洲和非洲的人们。

经过席卷全世界的第一次世界大战，民族自决运动的扩大阻止了此前的殖民地化。那场战争造成了一千多万死难者，是一场悲惨的战争。人们渴望和平，创立国际联盟，创造出不战条约，诞生出使战争本身违法化的新的国际社会潮流。

当初，日本也统一了步调。但是，在世界经济危机发生后，欧美各国以卷入殖民地经济来推动区域经济集团化，从而日本经济受到重大打击。此间，日本的孤立感加深，试图依靠实力解决外交和经济上的困境。对此，国内政治机制也未能予以阻止。其结果，日本迷失了世界大局。

满洲事变（九一八事变）以及退出国际联盟——日本逐渐变成国际社会经过巨大灾难而建立起来的新的国际秩序的挑战者，该走的方向有错误，而走上了战争的道路。

其结果，七十年前，日本战败了。

正当战后七十周年之际，我在国内外所有死难者面前，深深地鞠躬，并表示痛惜，表达永久的哀悼之意。

由于那场战争失去了三百多万同胞的生命。有不少人在挂念祖国的未来、祈愿家人的幸福之中捐躯。战争结束后，也有不少人在严寒或炎热的遥远异国他乡于饥饿或疾病之中去世。广岛和长崎遭受的原子弹轰炸、东京以及各城市遭受的轰炸、冲绳发生的地面战斗等等，这些导致了许许多多的老百姓悲惨遇难。

同样，在与日本兵戎相见的国家中，不计其数的年轻人失去了原本有着未来的生命。在中国、东南亚、太平洋岛屿等成为战场的地区，不仅由于战斗，还由于粮食不足等原因，许多无辜的平民受苦和遇难。我们也不能忘记，在战场背后被严重伤害名誉与尊严的女性们的存在。

我国给无辜的人们带来了不可估量的损害和痛苦。历史真是无法取消的、残酷的。每一个人都有各自的人生、梦想、所爱的家人。我在沉思这样一个明显的事实时，至今我仍然无法言语，不禁断肠。

在如此重大损失之上，才有现在的和平。这就是战后日本的出发点。

再也不要重演战祸。

事变、侵略、战争。我们再也不应该用任何武力威胁或武力行使作为解决国际争端的手段。应该永远跟殖民统治告别，要实现尊重所有民族自决权利的世界。

我国带着对那场战争的深刻悔悟，作出了如此发誓。在此基础上，我国建设自由民主的国家，重视法治，一直坚持不战誓言。我们对七十年以来所走过的和平国家道路默默地感到自豪，并且今后也将继续贯彻这一坚定的方针。

我国对在那场战争中的行为多次表示深刻的反省和由衷的歉意。为了以实际行动表明这种心情，我们将印尼、菲律宾等东南亚国家以及韩国、中国等亚洲邻居人民走过的苦难历史铭刻在心，战后一直致力于这些国家的和平与繁荣。

这些历代内阁的立场今后也将是坚定不移的。

不过，即使我们付出多么大的努力，失去家人的悲哀和在战祸中饱受涂炭之苦的记忆也决不会消失。

因此，我们要将下述事实铭刻在心。

超过六百万人的战后回国者从亚洲太平洋的各地总算平安回国，成为重建日本的原动力。留在中国的接近三千人的日本儿童得以成长，再次踏上祖国土地。美国、英国、荷兰、澳大利亚等国家的被俘的人们，长期以来访问日本，祭奠双方的战死者。

饱尝战争痛苦的中国人、以及曾经被俘并遭受日军施加难以忍受痛苦的人做得如此宽容，他们内心的纠葛究竟多么大，付出的努力又是多么大？

我们必须将此事挂在心上。

战后，如此宽容的胸怀使得日本重返国际社会。值此战后七十年之际，我国向致力于和解的所有国家、所有人士表示由衷的感谢。

现在我国国内战后出生的一代已超过了总人口的八成。我们不能让与战争毫无关系的子孙后代担负起继续道歉的宿命。但是，尽管如此，我们日本人要超越世代，正面面对过去的历史。我们有责任以谦虚的态度继承过去，将它交给未来。

……。

——节选自日本驻华大使馆官网

※ 从该讲话分析日本政府及政治家对待历史问题的态度。

停滞的社会

少子化老龄化

进入21世纪以后，日本少子化老龄化日趋发展。尽管日本政府在1994年和1999年分别制订了缓解少子化进展的“天使计划”和“新天使计划”，2003年颁布了《少子化社会对策基本法》《培养下一代支援对策推进法》，2004年制定了《少子化社会对策大纲》和《支援儿童及育儿计划》，但从2000年到2005年新生儿数量仍连续五年下降，2005年日本人口总数自然增长比上一年减少2.1万人，为自1899年开始人口统计以来首次呈现负增长。与其相应，老龄化现象也越来越突出。根据日本内阁府发表的《2008年老龄社会白皮书》，截止到2007年10月1日，日本65岁以上人口为2746万人，在总人口中的比率为21.5%。少子化的最大原因是年轻人晚婚、未婚和生育活动的减少，而产生这一现象的主要原因有工

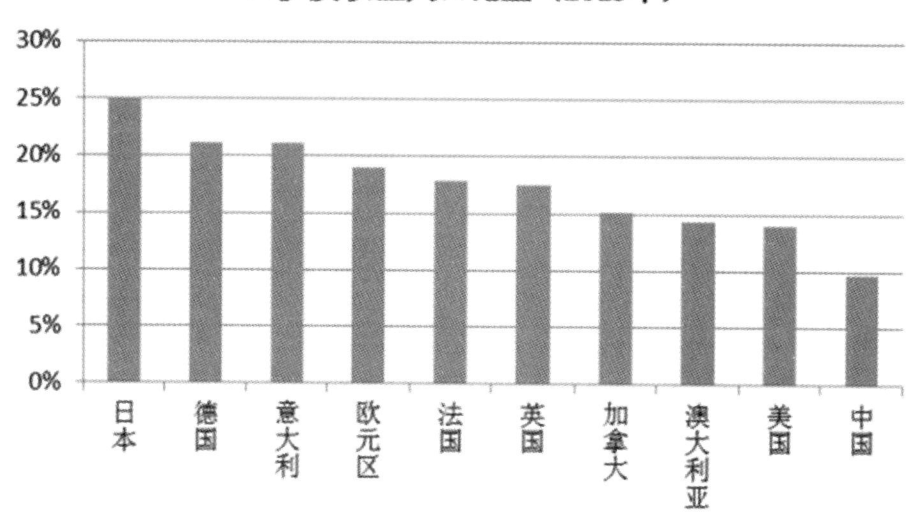

根据最新数据，日本65岁以上人口占比超过25%，75岁以上接近13%。日本女性预期寿命是87岁，世界居首。男性平均年龄为80岁，居世界第四。百岁人口规模日益庞大，到2050年，日本大约会有100万左右的百岁翁。

作不稳定、工资收入较低、工作与家务冲突、夫妻分工不当、教育费用增高等。

少子化老龄化发展趋势不仅限制了日本的国内消费，而且也影响到劳动力的供给。尽管因经济不景气，失业率上升，但从长期来看，日本将面临劳动力不足的难题。日本内阁府发表的《少子化社会白皮书》指出，如果不改变少子化趋势，2050年日本劳动人口将减少到4228万人，不足2008年的三分之二。2008年5月，福田康夫首相在经济财政咨询会议上表示，接受30万名留学生是使日本成为真正开放国家必不可少的措施，引进高级人才与接受留学生相互关联，需要完善其接受体制。与此同时，自民党外国人劳动者问题课题组发表了关于“外国人劳动者短期就业制度”的建议，主张允许外国人到日本短期就业，以劳务身份进入日本，逗留时间为三年。

为综合性、整体性缓解少子化老龄化趋势及其带来的社会问题，民主党执政后立即着手进行社会保障与税制一体化改革。在提出的法案中有三个涉及缓解少子化问题，并明确规定优先实施这些法律，目的是保障每个儿童都有良好的成长环境，动员全社会的力量支持儿童及育儿家庭，使每位有生育意愿的人能够放心地养育子女。相关主要内容包括，明确国家与地方自治体的一元化关系及其各自的责任、对幼儿园和保育所进行一体化改革、整合财政支付途径以扩大保育服务、建立全国统一的保育标准等。

与此同时，作为缓解老龄化趋势的配套制度性改革，社会保障与税制一体化改革还包括劳动雇佣、养老金方面的内容。在劳动雇佣方面主要有《劳动者派遣法修正案》《劳动合同法修正案》《高龄者雇佣安定法修正案》等三个法案。其中《劳动者派遣法修正案》的新内容有：原则上禁止每天或30日以内的派遣日工；派遣公司有义务采取措施推进有期限派遣劳动者转为长期雇佣劳动者，有义务公开派遣收费与派遣劳动者工资之间的差额；接受派遣劳动者的企业应告知派遣劳动者每人的派遣费用；解除派遣劳动者的合同时，派遣公司与接受派遣劳动者的企业有义务保证派遣劳动者有新的就业机会并负担其休业补贴等费用；如果企业知道派遣公司违法派遣但仍然接受派遣劳动者则视为有意与派遣劳动者签订雇佣劳动合同等。

2014年，日本出生婴儿为100.1万人，创历史新低。但死亡人数为126.9万人，死亡人数减去出生人数后的人口自然减少为26.8万人，减幅创纪录，并且已连续8年呈现自然减少。2015年7月，“经团联”会长榊原定征在该会举办的夏季论坛上表示，日本目前人口正在加速减少，为解决这一难题，扩大移民是日本经济和社会发展的必需。但他也承认日本是一个对待移民问题十分保守和排斥的国家，经济产业界如果不能提出具体有效的建议，这一课题恐很难有所进展。安倍首相本人也否认政府有关移民的计划，欧洲的难民潮及巴黎的恐怖事件进一步强化了日本社会接受移民的难度。

收入差距扩大

由于泡沫经济崩溃以来，社会差距问题逐渐明显，以至于“格差（差距）社会”入选日本2006年十大流行语。其差距不仅存在于收入方面，而且还包括社会各阶层在消费、资产、信息获得机会或教育机会、地区甚至主观意识方面的差距，简单地讲，所谓“格差社会”是指社会阶层之间的各种差距呈现明显扩大和相对固定化趋势的社会。各种统计数据表明，泡沫经济崩溃以后，日本的收入差距呈现扩大趋势。从以五位法划分的家庭户均收入来看，最高一级与最低一级之间的差距在1995年为8.7倍，但到2004年扩大到10.5倍。日本国内各媒体或调查机构进行的舆论调查也表明大多数日本人认为日本社会的经济差距在逐渐扩大，例如《朝日新闻》在2005年12月进行的邮寄问卷调查表明，大约74%的回答者认为收入差距有所扩大。

造成收入差距的最主要原因是非正式雇佣者的迅速增加，因为正式雇佣者与非正式雇佣者之间的收入差距较大。截至 2014 年 12 月，非正式雇佣者达到 2012 万人，约占全部雇佣者的 38%。另一方面，据日本总务省 2007 年的“劳动力调查”，正式雇佣者年收入在 300 万到 399 万日元之间的人最多，为 19.6%，年收入在 400 万到 499 万日元的次之，为 17.4%；而非正式雇佣者年收入在 100 万到 199 万之间的人最多，为 29.6%，年收入不到 100 万日元的人次之，为 27.5%。另外根据日本厚生劳动省 2006 年对钟点工进行的调查，有 63.9% 的人对现在的公司或工作感到不满和不安，对于不满和不安的原因，认为工资低的有 61.8%，认为不能休假的有 26.2%，认为钟点工工作辛苦的有 24.1%。

为改善非正式雇佣者的待遇，同时缓解正式雇佣者与非正式雇佣者的收入差距，日本厚生劳动省劳动政策审议会于 2006 年讨论钟点工劳动对策，并在同年底提出建议。厚生劳动省根据其建议在 2007 年 2 月向国会提出《钟点工劳动法修正案》，同年 5 月，该法案通过国会众参两院的审议，从 2008 年 4 月 1 日开始实施。该法明确规定企业在雇佣员工时必须出示写明劳动条件的文字材料，制定与员工的贡献相应的公平待遇规则，同等对待正式雇佣者和非正式雇佣者，不得歧视非正式雇佣者，采取各种措施推动非正式雇佣者转为正式雇佣者等。2007 年日本立法机构还对《雇佣保险法》《雇佣对策法》《最低工资法》《劳动基准法》等进行了修改，并制定了《劳动合同法》，这些法律的基本内容是扩大就业渠道、保障多种形式的就业、保证员工与企业的对等关系、确保员工的收入待遇等。

就业环境恶化引发了许多社会问题，其中秋叶原杀人事件和小说《蟹工船》反映了动荡时期人们的不安和愤怒。出身青森县的加藤智大为“日研总业”的派遣劳动者，任职于静冈县裾野市的关东汽车工业公司。2008 年 6 月 5 日，加藤智大在公司发现自己的制服失踪，认为这是被公司开除的意思，其后离开公司购买凶器。6 月 8 日，加藤驾驶货车到东京秋叶原，闯红灯后，以 40 公里的时速冲进行人专用区，导致 5 名行人惨遭撞击或辗压，加藤随即下车挥舞着刀与匕首攻击无辜的路人，结果导致 7 人死亡，另有 10 人负伤；《蟹工船》是日本共产党成员小林多喜二在 1929 年发表的一篇无产阶级文学作品，该小说真实地描述了劳工们在非人的劳动环境下被迫从事繁重的捕蟹及罐头加工的黑暗生活和斗争经历，作者为此受到当局的传唤、监视，并在 1933 年受迫害致死。时隔近 79 年之后，被社会淘汰的人们，特别是年轻人再次捧起《蟹工船》。以往该书每年仅能销售 5000 册左右，2008 年却发行了 50 万册，居当年畅销书榜首。岁末评选流行语，“蟹工”“蟹工船”也榜上有名。不仅如此，日本共产党也受到年轻人追捧，每月平均有 1000 人加入该党，订阅该党机关报《赤旗》的读者也不断上升。甚至日本媒体也对政府发出警告，必须高度关注“新贫困阶层”。

迷惘的年轻一代

2007 年，另外一个成为公共舆论关注焦点的社会现象是“网络咖啡难民”与年轻人贫困化问题。所谓“网络咖啡难民”是指没有正式工作、工资收入不足以支付房租，又不愿与家人居住在一起、夜晚栖身于 24 小时营业且收费低廉的网络咖啡店或漫画茶店的年轻人。同年 3 月，在野党议员针对“网络咖啡难民”问题向政府厚生劳动大臣提出质询，政府被迫对其进行调查。结果显示全日本在网络咖啡店或漫画茶店过夜的年轻人大约有 5400 名，其中半数为短期派遣劳动者的非正式雇佣者，另外是加班很晚的正式雇佣者、失业者、无业者。尽管数量并不庞大，但反映了年轻人在经济、生活、居住甚至政治方面的贫困化。

日本经济二十多年来一直都不景气，很多年轻人找不到正式工作，无法谈恋爱，更不可能结婚，而收入、雇佣形态也会影响到结婚和生育。日本内阁府于 2011 年进行的《结婚与建立家庭调查》结果显示，在 20 岁到 40 岁的男性中，年收入不满 300 万日元的已婚者占比为 8%—10%，300 万日元以上的已婚者占 25%—40%。2014 年相同的调查结果显示，尽管接受调查的未婚者中有近 90% 期望结婚，但在现实中仍然每 5 个男子中有 1 个、每 10 个女子中有 1 个为终身不婚者，而且 20 岁至 40 岁的非正式雇佣男子成婚率为 6.7%，正式雇佣者为 25.8%，差别较大；女性之间的差别较小，例如 20 岁至 40 岁的非正式雇佣女子成婚率为 25.8%；正式雇佣者为 28.2%。

由于难以就业，或者即使就业收入也不高，对社会和未来抱失望情绪，因而产生了不同的青年群体，例如“寄生单身族”“尼特族”“隐蔽青年”等。所谓“寄生单身族”是指那些具有正式职业但不结婚，与父母住在一起节省开支，将收入用于朋友聚会或购买个人电脑、移动通讯、游戏机等个人消费活动的未婚年轻人，20 世纪 90 年代以来其数量一直处于上升状态。2009 年的调查结果显示，与父母住在一起的 25—29 岁男性为 64.9%，30—34 岁男性为 47.9%，25—29 岁女性为 60.3%，30—34 岁女性为 36.5%；2014 年，民间团体组织以低收入且未婚的不满 40 岁的年轻人为对象开展了一项调查，结果显示 77% 的人与父母共同生活，自己独立生活者只占 18%。其中无业者最多达到 39%，打工形式者占 38%，契约员工、派遣员工等占 9%，正式员工占 8%，自由职业者占 6%。

“尼特族”指那些不升学、不就业、不进修或参加就业辅导，终日无所事事、依靠父母养活的 15—34 岁的年轻人，2012 年达到 63 万人，约占同龄段人口的 2.3%，创下自统计以来的历史最高纪录。“隐蔽青年”特指长期足不出户、不与社会接触、不上学、不上班，自我封闭地生活的一类年轻人。权威的定义是“由于各种因素，参与社会活动的机会减少，长期处于不就学、不工作、不接触社会，并将自己封闭于个人生活空间的一种状态”，由于这类人群以青少年为主，因此称之为“隐蔽青年”。但最近几年，由于经济不景气、社会压力大、家庭环境等因素，足不出户的中老年人群也开始逐渐增多。根据日本隐蔽青年家族会联合会 2014 年实施的调查显示，日本“隐蔽青年”的平均年龄约为 33 岁，自 2007 年首次超过 30 岁以来逐年递增，平均“隐蔽”时间约为 10 年，“隐蔽”时间超过 20 年的比例达到近 1 成，可以看出，“隐蔽青年”的高龄化以及长期化现象十分显著。

值得注意的是，作为发达国家，日本已经呈现出后工业化社会的显著特点，即生活的“个人化”。首先体现在家庭的“个人化”，即家庭成员关系更为松散；其次是职业选择的“个人化”，转职者、自由职业者迅速增加；第三是地域的“个人化”，民间组织、非政府组织、志愿人员增多；第四是消费的“个人化”，大量个性化产品流行。作为这一社会现象背后的价值观念，个性自由、自我决定论和生活方式的多样化开始受到肯定，人们只以自己的方式和节奏生活，注重自我感受，并不在乎社会评价。正是在这一背景下，形成了被称为“御宅族”的庞大的年轻社会群体，他们选择与主流社会“脱轨”，按照自己喜欢的节奏生活，经常宅在家中从事“趣味的事业”，从而推动形成了以动漫、电玩、影像等视觉消费为中心的亚文化趣味共同体文化。

结　语

对日本未来发展趋势做出判断是极其困难的事情，因为日本目前正处在历史性的变革时期，尽管有近代以来“第三次改革”“第三次开国”之说，但如果说明治维新、占领时期是制度性、技术性的变革，那么此次则是文化性、国民性的变革。具体地说，较为适应追赶型现代化的集团主义式社会组织结构在全球化浪潮面前却显得进退维谷，这正是泡沫经济崩溃后实施改革 20 年仍未形成新型政治、经济、社会乃至外交体制——即从官僚主导决策模式向政党主导决策模式、政府主导发展模式到民间主导发展模式、国家组织型社会向市民组织型社会、依附性外交向自主性外交过渡尚未结束的深层次原因。

大事记

时　间	日　本	世界
2006 年	取消零利率政策，活力门事件，安倍晋三内阁成立	潘基文担任联合国秘书长
2007 年	防卫厅升格防卫省，民营邮政公司正式营业，福田康夫内阁成立	李明博当选韩国总统
2008 年	实施后期高龄者医疗制度，毒饺子事件，麻生太郎内阁成立	北京奥运会；美雷曼兄弟公司破产；奥巴马当选美国总统
2009 年	实施陪审团制度；民主党大选获胜，鸠山由纪夫内阁成立	
2010 年	民主党菅直人内阁成立	钓鱼岛撞船事件
2011 年	东日本大地震，福岛核电站事故；野田佳彦内阁成立，参加 TPP 谈判	美军击毙拉登；朝鲜金正日去世
2012 年	国会通过《公债特例法修正案》；自民党大选获胜，安倍晋三内阁成立	钓鱼岛“国有化”引发冲突；朴槿惠当选韩国总统
2013 年	《特定秘密保护法》成立；执政党参议院选举获胜；安倍首相参拜靖国神社	克里米亚并入俄罗斯
2014 年	内阁会议决定“防卫装备转移三原则”，内阁会议决定解禁集体自卫权，自民党再次获得大选胜利	北京 APEC 第 22 次会议
2015 年	国会通过行使集体自卫权的“安保法案”，安倍首相发表“战后 70 周年讲话”	美、日等 12 国结束 TPP 谈判

进一步阅读资料

徐万胜在《论日本平成时代政党政治：改革、竞争与独大》（《日本学刊》2019 年第 2 期）一文中指出：日本平成时代政党政治发端于自民党“一党支配”体制的动摇，历经“多党重组”及

“两党竞争”，终于自民党“一党独大”格局形成。自民党先后两次在下野后又上台执政，并确立了“安倍一强”支配体制。此种演变脉络的形成存在内在逻辑，即在“变动”的时代环境里，以社会党、民主党为代表的在野党由于执政失败而逐渐走向党势衰落。小选区制有利于第一大党的运作特点，加剧了大党之间选举竞争的激烈程度。行政改革的效用有力地支撑了首相官邸主导型政策决定机制的构建，加之自民党党内支配体制的中央集权化倾向，这些均为“一党独大”格局的形成与“安倍一强”支配体制的确立奠定了基础。但平成时代的日本政党政治在朝野竞争、政策决定与政治参与等领域面临着是否完全体现“政治民主”的课题挑战；

崔健在《日本供给侧结构性改革的时机、措施与效果研究》（《日本学刊》2019年第2期）一文中指出：进入21世纪，许多日本学者从供给侧理论研究日本经济长期低迷的原因及解决对策，深入探讨供给侧改革与结构改革、需求管理之间的关系。从日本经济发展的历程和现状来看，在20世纪70年代经济增长开始减速时期和21世纪初长期经济不景气后，日本实施了两轮供给侧结构性改革。由于所处背景不同，这两轮供给侧结构性改革的时机把握和措施选择存在很大差别，第一轮改革基本上实现了稳增长、调结构的目的，第二轮的结构改革虽然实现了一些目标，但效果并不理想。从改革的背景、时机的选择、采取的措施以及存在的问题等方面来看，日本的两轮供给侧结构性改革对中国都有启示意义；

丁英顺在《日本人口结构变化与养老金制度改革》（《国外理论动态》2019年第8期）一文中指出：日本是养老金制度比较完善的国家，为老年人晚年生活提供了多种形式的养老保险，基本遵循了公平、公正的原则。但随着日本的生育率下降、老龄化速度加快、劳动年龄人口减少等人口结构的变化，日本养老金制度出现了难以为继的局面。为适应不断发生变化的人口结构以及社会经济环境，日本政府对养老金制度进行了多次改革。分析日本养老金制度的发展与改革，对中国正在进行的养老金制度建设具有多方面的启示意义；

胡澎在《从“增长型社会”到“成熟型社会”：平成时代日本社会的转型、困境与应对》（《日本学刊》2019年第5期）一文中指出：平成时代日本从“增长型社会”转化至“成熟型社会”，尽管内阁更替频繁，政党轮换，但官僚体制总体运转良好，社会运行平稳。平成时代日本物价稳定，基本告别“大量生产、大量消费、大量废弃”的生产生活方式，发展为“适量生产、适量消费、资源循环型”社会。但日本社会也面临少子老龄化程度加深、社会贫富差距加大、民众心理不安感增强以及“低欲望社会”“地方不振”等诸多困难与挑战。为走出困境，重振日本经济，实现“安心”“安全”“共生”的社会蓝图，日本政府在人口、劳动、社会福利以及社会治理等方面采取了一系列政策和措施，有些已初见成效，有些尚待观察；

田庆立在《平成时代象征天皇制的赓续及革新》（《日本学刊》2019年第3期）一文中指出：平成时代的象征天皇制处在连接昭和时代及令和时代的承前启后的重要历史阶段，《日本国宪法》中所规定的天皇“象征”作用在平成时代被赋予全新内涵。明仁天皇既系统性继承了昭和时代形成的宫中祭祀、接受“内奏”和“侍讲”以及开展“皇室外交”等传统，同时也在拓展“公务行为”边界、主动提出“生前退位”、运用大众媒体表述自己心迹等方面进行了有别于传统的突破性创新。平成时代的象征天皇制以其富有“继承性”“革新性”“大众性”和“世俗性”的鲜明特征，彰显了明仁天皇及皇后联袂主导的“平成风格”；

胡令远、寇建桥在《当前日本政治形势与修宪问题》(《现代国际关系》2019年第12期）一文中指出：2019年是安倍晋三重新执政的第七年，其执念的修宪问题一直伴随其间。在第25届参议院选举中，安倍首相一改2012年至今所举行的四次国政选举方针，将自卫队入宪明文写入自民党选举公约，刻意使修宪问题成为选战的重要争议点，但选举结果是以自民党为核心的修宪势力未及修宪所需2/3多数门槛。未来安倍领导的自民党一方面力图在国会重新整合集结修宪势力，希冀重新跨越修宪门槛，同时迫使在野党就范，力图尽早在国会通过“修宪原案”，进而提交国民投票。另一方面，利用政治资源广泛动员民众，为国民投票预做准备。安倍能否实现任期内修宪的政治夙愿，即日本修宪的走势，势必引起世人强烈关注；

刘江永在《安倍内阁的外交战略及前景》(《当代世界》2020年第3期）一文中指出：安倍晋三已成为日本宪政史上执政时间最长的首相，其对外政策理念将对日本外交产生深远的影响。安倍提出“俯瞰地球仪外交”，积极推进“自由与开放的印太战略”，推行所谓的“积极和平主义”，试图通过加强与西方国家和地区盟友的联系，构建符合自身利益的安全战略网络与国际战略格局。与此同时，安倍内阁的外交战略依然面临一些难题，即如何处理日美同盟与其他国家之间的关系、如何在国内右翼势力及美国牵制下发展同中国的关系、如何处理日本同朝鲜半岛的关系等。

附录一　日本天皇世系

世系	天皇谥号	在位时间	年号及备注
第 1 代	神武天皇	前 660—前 585	传说中日本的开国天皇
第 2 代	绥靖天皇	前 581—前 549	
第 3 代	安宁天皇	前 549—前 511	有说安宁天皇元年为前 548 年
第 4 代	懿德天皇	前 510—前 477	
第 5 代	孝昭天皇	前 475—前 393	
第 6 代	孝安天皇	前 392—前 291	
第 7 代	孝灵天皇	前 290—前 215	
第 8 代	孝元天皇	前 214—前 158	
第 9 代	开化天皇	前 158—前 98	有说开化天皇元年为前 157 年
第 10 代	崇神天皇	前 97—前 30	
第 11 代	垂仁天皇	前 29—70	
第 12 代	景行天皇	71—130	
第 13 代	成务天皇	131—190	
第 14 代	仲衷天皇	192—200	
	神功皇后	201—269	神功皇后摄政
第 15 代	应神天皇	270—310	
第 16 代	仁德天皇	313—399	
第 17 代	履中天皇	400—405	
第 18 代	反正天皇	406—410	
第 19 代	允恭天皇	412—453	
第 20 代	安康天皇	453—456	有说安康天皇元年为 454 年
第 21 代	雄略天皇	456—479	有说雄略天皇元年为 457 年
第 22 代	清宁天皇	480—484	
第 23 代	显宗天皇	485—487	
第 24 代	仁贤天皇	488—498	
第 25 代	武烈天皇	498—506	有说武烈天皇元年为 499 年

（续表）

世系	天皇谥号	在位时间	年号及备注
第 26 代	继体天皇	507—531	有说继体天皇卒年为 534 年
第 27 代	安闲天皇	531—535	有说安闲天皇元年为 534 年
第 28 代	宣化天皇	535—539	有说宣化天皇元年为 536 年
第 29 代	钦明天皇	539—571	
第 30 代	敏达天皇	572—585	
第 31 代	用明天皇	585—587	有说用明天皇元年为 586 年
第 32 代	崇峻天皇	587—592	有说崇峻天皇元年为 588 年
第 33 代	推古天皇	592—628	女皇，593—622 年由圣德太子摄政
第 34 代	舒明天皇	629—641	
第 35 代	皇极天皇	642—645	女皇
第 36 代	孝德天皇	645—654	孝德天皇“大化改新”，此后开始有年号：大化、白雉
第 37 代	齐明天皇	655—661	女皇
第 38 代	天智天皇	661—671	齐明女皇去世后，太子中大兄（天智天皇）守丧，监国，668 年始即位
第 39 代	弘文天皇	671—672	年号：白凤
第 40 代	天武天皇	673—686	年号：朱鸟
第 41 代	持统天皇	686—697	女皇
第 42 代	文武天皇	697—707	年号：大宝、庆云
第 43 代	元明天皇	707—715	女皇，登基第一年称庆云四年，第二年称和铜元年
第 44 代	元正天皇	715—724	女皇，年号：灵龟、养老
第 45 代	圣武天皇	724—749	年号：神龟、天平
第 46 代	孝谦天皇	749—758	女皇，年号：天平感宝、天平胜宝、天平宝字
第 47 代	淳仁天皇	758—764	
第 48 代	称德天皇	764—770	女皇，年号：天平神护、神护景云
第 49 代	光仁天皇	770—781	年号：宝龟
第 50 代	恒武天皇	781—806	年号：天应、延历
第 51 代	平城天皇	806—809	年号：大同
第 52 代	嵯峨天皇	809—823	年号：弘仁
第 53 代	淳和天皇	823—833	年号：天长
第 54 代	仁明天皇	833—850	年号：承和、嘉祥
第 55 代	文德天皇	850—858	年号：仁寿、齐衡、天安

（续表）

世系	天皇谥号	在位时间	年号及备注
第56代	清和天皇	858—876	年号：贞观
第57代	阳成天皇	876—884	年号：元庆
第58代	光孝天皇	884—887	年号：仁和
第59代	宇多天皇	887—897	年号：宽平
第60代	醍醐天皇	897—930	年号：昌泰、延喜、延长
第61代	朱雀天皇	930—946	年号：承平、天庆
第62代	村上天皇	946—967	年号：天历、天德、应和、康保
第63代	冷泉天皇	967—969	年号：安和
第64代	圆融天皇	969—984	年号：天禄、天延、贞元、天元、永观
第65代	花山天皇	984—986	年号：宽和
第66代	一条天皇	986—1011	年号：永延、永祚、正历、长德、长保、宽弘
第67代	三条天皇	1011—1016	年号：长和
第68代	后一条天皇	1016—1036	年号：宽仁、治安、万寿、长元
第69代	后朱雀天皇	1036—1045	年号：长历、长久、宽德
第70代	后冷泉天皇	1045—1068	年号：永承、天喜、康平、治历
第71代	后三条天皇	1068—1072	年号：延久
第72代	白河天皇	1072—1086	年号：承保、承历、永保、应德
第73代	堀河天皇	1086—1107	年号：宽治、嘉保、永长、承德、康和、长治、嘉承
第74代	鸟羽天皇	1107—1123	年号：天仁、天永、永久、元永、保安
第75代	崇德天皇	1123—1141	年号：天治、大治、天承、长承、保延、永治
第76代	近卫天皇	1141—1155	年号：康治、天养、久安、仁平、久寿
第77代	后白河天皇	1155—1158	年号：保元
第78代	二条天皇	1158—1165	年号：平治、永历、应保、长宽
第79代	六条天皇	1165—1168	年号：永万、仁安
第80代	高仓天皇	1168—1180	年号：嘉应、承安、安元、治承
第81代	安德天皇	1180—1185	年号：养和、寿永
第82代	后鸟羽天皇	1185—1198	年号：元历、文治、建久
第83代	土御门天皇	1198—1210	年号：正治、建仁、元久、建永、承元
第84代	顺德天皇	1210—1221	年号：建历、建保、承久
第85代	仲恭天皇	1221	

（续表）

世系	天皇谥号	在位时间	年号及备注
第 86 代	后堀河天皇	1221—1232	年号：贞应、元仁、嘉禄、安贞、宽喜、贞永
第 87 代	四条天皇	1232—1242	年号：天福、文历、嘉祯、历仁、延应、仁治
第 88 代	后嵯峨天皇	1242—1246	年号：宽元
第 89 代	后深草天皇	1246—1259	年号：宝治、建长、康元、正嘉、正元
第 90 代	龟山天皇	1259—1274	年号：文应、弘长、文永
第 91 代	后宇多天皇	1274—1287	年号：建治、弘安
第 92 代	伏见天皇	1287—1298	年号：正应、永仁
第 93 代	后伏见天皇	1298—1301	年号：正安
第 94 代	后二条天皇	1301—1308	年号：乾元、嘉元、德治
第 95 代	花园天皇	1308—1318	年号：延庆、应长、正和、文保
第 96 代	后醍醐天皇	1318—1339	南朝。年号：元应、元亨、正中、嘉历、元德、元弘、建武、延元
第 97 代	后村上天皇	1339—1368	南朝。年号：兴国、正平
第 98 代	长庆天皇	1368—1383	南朝。年号：建德、文中、天授、弘和
第 99 代	后龟山天皇	1383—1392	南朝。年号：元中
	光严天皇	1331—1333	北朝。年号：正庆
	光明天皇	1336—1348	北朝。年号：历应、康永、贞和
	崇光天皇	1348—1351	北朝。年号：观应
	后光严天皇	1352—1371	北朝。年号：文和、延文、康安、贞治、应安
	后圆融天皇	1371—1382	北朝。年号：永和、康历、永德
	后小松天皇	1382—1392	北朝。年号：至德、嘉庆、康应、明德
第 100 代	后小松天皇	1392—1412	年号：应永
第 101 代	称光天皇	1412—1428	年号：正长
第 102 代	后花园天皇	1428—1464	年号：永享、嘉吉、文安、宝德、享德、康正、长禄、宽正
第 103 代	后土御门天皇	1464—1500	年号：文正、应仁、文明、长享、延德、明应
第 104 代	后柏原天皇	1500—1526	年号：文龟、永正、大永
第 105 代	后奈良天皇	1526—1557	年号：享禄、天文、弘治
第 106 代	正亲町天皇	1557—1586	年号：永禄、元龟、天正
第 107 代	后阳成天皇	1586—1611	年号：文禄、庆长

（续表）

世系	天皇谥号	在位时间	年号及备注
第 108 代	后水尾天皇	1611—1629	年号：元和、宽永
第 109 代	明正天皇	1629—1643	女皇
第 110 代	后光明天皇	1643—1654	年号：正保、庆安、承应
第 111 代	后西天皇	1654—1663	年号：明历、万治、宽文
第 112 代	灵元天皇	1663—1687	年号：延宝、天和、贞享
第 113 代	东山天皇	1687—1709	年号：元禄、宝永
第 114 代	中御门天皇	1709—1735	年号：正德、享保
第 115 代	樱町天皇	1735—1747	年号：元文、宽保、延享
第 116 代	桃园天皇	1747—1762	年号：宽延、宝历
第 117 代	后樱町天皇	1762—1770	女皇。年号：明和
第 118 代	后桃园天皇	1770—1779	年号：安永
第 119 代	光格天皇	1779—1817	年号：天明、宽政、享和、文化
第 120 代	仁孝天皇	1817—1846	年号：文政、天保、弘化
第 121 代	孝明天皇	1846—1866	年号：嘉永、安政、万延、文久、元治、庆应
第 122 代	明治天皇	1867—1912	年号：明治
第 123 代	大正天皇	1912—1926	年号：大正
第 124 代	昭和天皇	1926—1989	年号：昭和
第 125 代	（明仁天皇）	1989–	年号：平成

附录二　历代幕府将军

	代	姓名	在位时间
镰仓幕府	1	源赖朝	1192—1199
	2	源赖家	1202—1203
	3	源实朝	1203—1219
	4	九条（藤原）赖经	1226—1244
	5	九条（藤原）赖嗣	1244—1252
	6	宗尊亲王	1252—1266
	7	惟康亲王	1266—1289
	8	久明亲王	1289—1308
	9	守邦亲王	1308—1333
室町幕府	1	足利尊氏	1338—1358
	2	足利义诠	1358—1367
	3	足利义满	1368—1394
	4	足利义持	1394—1423
	5	足利义量	1423—1425
	6	足利义教	1429—1441
	7	足利义胜	1442—1443
	8	足利义政	1449—1473
	9	足利义尚	1473—1489
	10	足利义稙	1489—1493，1508—1521
	11	足利义澄	1494—1507
	12	足利义晴	1521—1546
	13	足利义辉	1546—1565
	14	足利义荣	1568
	15	足利义昭	1568—1573

（续表）

	代	姓名	在位时间
江户幕府	1	德川家康	1603—1605
	2	德川秀忠	1605—1623
	3	德川家光	1623—1651
	4	德川家纲	1651—1680
	5	德川纲吉	1680—1709
	6	德川家宣	1709—1712
	7	德川家继	1713—1716
	8	德川吉宗	1716—1745
	9	德川家重	1745—1760
	10	德川家治	1760—1786
	11	德川家齐	1787—1837
	12	德川家庆	1837—1853
	13	德川家定	1853—1858
	14	德川家茂	1858—1866
	15	德川庆喜	1866—1867

附录三　日本历任首相

届	姓名	在任时间	政党或身份	备注
1	伊藤博文	1885年12月—1888年4月		
2	黑田清隆	1888年4月—1889年10月		
	三条实美	1889年10—12月		时任内大臣，临时兼任首相职务
3	山县有朋	1889年12月—1891年5月	陆军军人	
4	松方正义	1891年5月—1892年8月		
5	伊藤博文	1892年8月—1896年8月		第2次担任首相
	黑田清隆	1896年8月—1896年9月		时任枢密院议长，临时兼任首相职务
6	松方正义	1896年9月—1898年1月		第2次担任首相
7	伊藤博文	1898年1月—6月		第3次担任首相
8	大隈重信	1898年6月—11月	宪政党	
9	山县有朋	1898年11月—1900年10月		第2次担任首相
10	伊藤博文	1900年10月—1901年5月	立宪政友会	第4次担任首相
	西园寺公望	1901年5—6月	立宪政友会	时任枢密院议长，临时兼任首相职务
11	桂太郎	1901年6月— 1906年1月	陆军军人	
12	西园寺公望	1906年1月—1908年7月	立宪政友会	
13	桂太郎	1908年7月—1911年8月	陆军军人	第2次担任首相
14	西园寺公望	1911年8月—1912年12月	立宪政友会	第2次担任首相
15	桂太郎	1912年12月—1913年2月	陆军军人	第3次担任首相
16	山本权兵卫	1913年2月—1914年4月	海军军人	
17	大隈重信	1914年4月—1916年10月	立宪同志会	第2次担任首相
18	寺内正毅	1916年10月—1918年9月	陆军军人	
19	原敬	1918年9月—1921年11月	立宪政友会	
	内田康哉	1921年11月	立宪政友会	时任外务大臣，临时兼任首相职务

（续表）

届	姓名	在任时间	政党或身份	备注
20	高桥是清	1921 年 11 月—1922 年 6 月	立宪政友会	
21	加藤友三郎	1922 年 6 月—1923 年 8 月	海军军人	
	内田康哉	1923 年 8—9 月	立宪政友会	时任外务大臣，临时兼任首相职务
22	山本权兵卫	1923 年 9 月—1924 年 1 月	海军军人	第 2 次担任首相
23	清浦奎吾	1924 年 1 月—1924 年 6 月	司法官僚 贵族院议员	
24	加藤高明	1924 年 6 月—1926 年 1 月	宪政会	
	若槻礼次郎	1926 年 1 月	宪政会	时任内务大臣，临时兼任首相职务
25	若槻礼次郎	1926 年 1 月—1927 年 4 月	宪政会	
26	田中义一	1927 年 4 月—1929 年 7 月	立宪政友会 陆军军人	
27	滨口雄幸	1929 年 7 月—1931 年 4 月	立宪民政党	
28	若槻礼次郎	1931 年 4—12 月	立宪民政党	第 2 次担任首相
29	犬养毅	1931 年 12 月— 1932 年 5 月	立宪政友会	
	高桥是清	1932 年 5 月	立宪政友会	时任大藏大臣，临时兼任首相职务
30	斋藤实	1932 年 5 月—1934 年 7 月	海军军人	
31	冈田启介	1934 年 7 月—1936 年 3 月	海军军人	
32	广田弘毅	1936 年 3 月—1937 年 2 月	外交官	
33	林铣十郎	1937 年 2—6 月	陆军军人	
34	近卫文麿	1937 年 6 月—1939 年 1 月	贵族院议长	
35	平沼骐一郎	1939 年 1—8 月	司法官僚 枢密院议长	
36	阿部信行	1939 年 8 月—1940 年 1 月	陆军军人	
37	米内光政	1940 年 1—7 月	海军军人	
38	近卫文麿	1940 年 7 月—1941 年 7 月	大政翼赞会	第 2 次担任首相
39	近卫文麿	1941 年 7—10 月	大政翼赞会	第 3 次担任首相
40	东条英机	1941 年 10 月—1944 年 7 月	陆军军人	
41	小矶国昭	1944 年 7 月—1945 年 4 月	陆军军人	
42	铃木贯太郎	1945 年 4—8 月	海军军人 枢密院议长	

（续表）

届	姓名	在任时间	政党或身份	备注
43	东久迩宫稔彦王	1945 年 8—10 月	皇族 陆军军人	
44	币原喜重郎	1945 年 10 月—1946 年 5 月	外务官僚 贵族院议员	
45	吉田茂	1946 年 5 月—1947 年 5 月	外务官僚 贵族院议员	
46	片山哲	1947 年 5 月—1948 年 3 月	日本社会党	
47	芦田均	1948 年 3—10 月	民主党	
48	吉田茂	1948 年 10 月—1949 年 2 月	民主自由党	第 2 次担任首相
49	吉田茂	1949 年 2 月—1952 年 10 月	民主自由党（至 1950 年）；自由党（1950 年起）	第 3 次担任首相
50	吉田茂	1952 年 10 月— 1953 年 5 月	自由党	第 4 次担任首相
51	吉田茂	1953 年 5 月— 1954 年 12 月	自由党	第 5 次担任首相
52	鸠山一郎	1954 年 12 月— 1955 年 3 月	日本民主党	
53	鸠山一郎	1955 年 3—11 月	日本民主党	第 2 次担任首相
54	鸠山一郎	1955 年 11 月—1956 年 12 月	自由民主党	第 3 次担任首相
55	石桥湛山	1956 年 12 月—1957 年 2 月	自由民主党	
56	岸信介	1957 年 2 月—1958 年 6 月	自由民主党	
57	岸信介	1958 年 6 月—1960 年 7 月	自由民主党	第 2 次担任首相
58	池田勇人	1960 年 7—12 月	自由民主党	
59	池田勇人	1960 年 12 月—1963 年 12 月	自由民主党	第 2 次担任首相
60	池田勇人	1963 年 12 月—1964 年 11 月	自由民主党	第 3 次担任首相
61	佐藤荣作	1964 年 11 月— 1967 年 2 月	自由民主党	
62	佐藤荣作	1967 年 2 月— 1970 年 1 月	自由民主党	第 2 次担任首相
63	佐藤荣作	1970 年 1 月— 1972 年 7 月	自由民主党	第 3 次担任首相
64	田中角荣	1972 年 7—12 月	自由民主党	
65	田中角荣	1972 年 12 月—1974 年 12 月	自由民主党	第 2 次担任首相
66	三木武夫	1974 年 12 月—1976 年 12 月	自由民主党	
67	福田赳夫	1976 年 12 月— 1978 年 12 月	自由民主党	
68	大平正芳	1978 年 12 月— 1979 年 11 月	自由民主党	
69	大平正芳	1979 年 11 月— 1980 年 6 月	自由民主党	第 2 次担任首相

（续表）

届	姓名	在任时间	政党或身份	备注
	伊东正义	1980 年 6—7 月	自由民主党	时任内阁官房长官，临时代理首相职务
70	铃木善幸	1980 年 7 月—1982 年 11 月	自由民主党	
71	中曾根康弘	1982 年 11 月—1983 年 12 月	自由民主党	
72	中曾根康弘	1983 年 12 月—1986 年 7 月	自由民主党	第 2 次担任首相
73	中曾根康弘	1986 年 7 月— 1987 年 11 月	自由民主党	第 3 次担任首相
74	竹下登	1987 年 11 月— 1989 年 6 月	自由民主党	
75	宇野宗佑	1989 年 6—8 月	自由民主党	
76	海部俊树	1989 年 8 月—1990 年 2 月	自由民主党	
77	海部俊树	1990 年 2 月—1991 年 11 月	自由民主党	第 2 次担任首相
78	宫泽喜一	1991 年 11 月—1993 年 8 月	自由民主党	
79	细川护熙	1993 年 8 月—1994 年 4 月	自由民主党	
80	羽田孜	1994 年 4—6 月	新生党	
81	村山富市	1994 年 6—1996 年 1 月	日本社会党	
82	桥本龙太郎	1996 年 1—11 月	自由民主党	
83	桥本龙太郎	1996 年 11 月—1998 年 7 月	自由民主党	第 2 次担任首相
84	小渊惠三	1998 年 7 月—2000 年 4 月	自由民主党	
85	森喜朗	2000 年 4—7 月	自由民主党	
86	森喜朗	2000 年 7 月—2001 年 4 月	自由民主党	第 2 次担任首相
87	小泉纯一郎	2001 年 4 月—2003 年 11 月	自由民主党	
88	小泉纯一郎	2003 年 11 月—2005 年 9 月	自由民主党	第 2 次担任首相
89	小泉纯一郎	2005 年 9 月—2006 年 9 月	自由民主党	第 3 次担任首相
90	安倍晋三	2006 年 9 月— 2007 年 9 月	自由民主党	
91	福田康夫	2007 年 9 月— 2008 年 9 月	自由民主党	
92	麻生太郎	2008 年 9 月—2009 年 9 月	自由民主党	
93	鸠山由纪夫	2009 年 9 月—2010 年 6 月	民主党	
94	菅直人	2010 年 6 月—2011 年 8 月	民主党	
95	野田佳彦	2011 年 9 月—2012 年 12 月	民主党	
96	安倍晋三	2012 年 12 月—2014 年 12 月	自由民主党	第 2 次担任首相
97	安倍晋三	2014 年 12 月—	自由民主党	第 3 次担任首相